中学生数学思维方法丛书

7 充分条件

冯跃峰 著

中国科学技术大学出版社

内 容 简 介

本书介绍数学思维方法的一种形式:充分条件.书中讨论了利用充分条件的目的、相关形式及其方法与技巧,其中许多内容都是首次提出,比如:以简驭繁、中间点过渡、二色链、以充分条件分类等.这些是作者潜心研究的成果,也是本书的特点之一.本书首次对"充分条件"进行比较完整而深入的研究,旨在对解题者在探索解题方法方面有所帮助.

书中选用了一些原创数学题,这些问题,难度适中又生动有趣,有些问题是第一次提出,这是本书的另一大特点.此外,书中对问题求解过程的剖析,亦能给读者以思维方法的启迪:对每一个问题,并不是直接给出解答,而是详细分析如何发现其解法,这是本书的又一特点.

本书适于高中教师、学生及数学爱好者阅读.

图书在版编目(CIP)数据

充分条件/冯跃峰著.—合肥:中国科学技术大学出版社,2016.1(重印2019.12)

(中学生数学思维方法丛书)

ISBN 978-7-312-03856-3

Ⅰ.充… Ⅱ.冯… Ⅲ.中学数学课—教学参考资料 Ⅳ.G634.603

中国版本图书馆 CIP 数据核字(2015)第 297588 号

出版	中国科学技术大学出版社 安徽省合肥市金寨路96号,230026 http://press.ustc.edu.cn https://zgkxjsdxcbs.tmall.com
印刷	合肥市宏基印刷有限公司
发行	中国科学技术大学出版社
经销	全国新华书店
开本	880 mm×1230 mm 1/32
印张	14.125
字数	392 千
版次	2016 年 1 月第 1 版
印次	2019 年 12 月第 3 次印刷
定价	36.00 元

序

问题是数学的心脏,学数学离不开解题.我国著名数学家华罗庚教授曾说过:如果你读一本数学书,却不做书中的习题,那就犹如入宝山而空手归.因此,如何解题,也就成为了一个千古话题.

国外曾流传着这样一则有趣的故事,说的是当时数学在欧几里得的推动下,逐渐成为人们生活中的一个时髦话题(这与当今社会截然相反),以至于托勒密一世也想赶这一时髦,学点数学.虽然托勒密一世见多识广,但在学数学上却很吃力.一天,他向欧几里得请教数学问题,听了半天,还是云里雾里不知所云,便忍不住向欧几里得要求道:"你能不能把问题讲得简单点呢?"欧几里得笑着回答:"很抱歉,数学无王者之路."欧几里得的意思是说,要想学好数学,就必须扎扎实实打好基础,没有捷径可走.后来人们常用这一故事讥讽那些凡事都想投机取巧之人.但从另一个角度想,托勒密一世的要求也未必过分,难道数学就只能是"神来之笔",不能让其思路来得更自然一些吗?

记得我少年时期上学,每逢学期初发新书的那个时刻是最令我兴奋的,书一到手,总是迫不及待地看看书中有哪些新的内容,一方面是受好奇心的驱使,另一方面也是想测试一下自己,看能不能不用老师教也能读懂书中的内容.但每每都是失望而终:尽管书中介绍的知识都弄明白了,书中的例题也读懂了,但一做书中的习题,却还是不会.为此,我曾非常苦

恼,却又百思不得其解.后来上了大学,更是对课堂中老师那些"神来之笔"惊叹不已,严密的逻辑推理常常令我折服.但我未能理解的是,为什么会想到这么做呢?

20世纪中叶,美国数学教育家 G. Pólya 的数学名著《怎样解题》风靡全球,该书使我受益匪浅.这并不是说,我从书中学到了"怎样解题",而是它引发了我对数学思维方法的思考.

实际上,数学解题是一项系统工程,有许许多多的因素影响着它的成败.本质的因素有知识、方法(指狭义的方法,即解决问题所使用的具体方法)、能力(指基本能力,即计算能力、推理能力、抽象能力、概括能力等)、经验等,由此构成解题的基础;非本质的因素有兴趣、爱好、态度、习惯、情绪、意志、体质等,由此构成解题的主观状态;此外,还受时空、环境、工具的约束,这些构成了解题的客观条件.但是,具有扎实的解题基础,且有较好的客观条件,主观上也做了相应的努力,解题也不一定能获得成功.这是因为,数学中真正标准的、可以程序化的问题(像解一元二次方程)是很少的.解题中,要想把问题中的条件与结论沟通起来,光有雄厚的知识、灵活的方法和成功的解题经验是不够的.为了判断利用什么知识,选用什么方法,就必须对问题进行剖析、识别,对各种信息进行筛选、加工和组装,以创造利用知识、方法和经验的条件.这种复杂的、创造性的分析过程就是数学思维过程.这一过程能否顺利进行,取决于思维方法是否正确.因此,正确的思维方法亦是正确解题的重要因素之一.

经验不止一次地告诉我们:知识不足还可以补充,方法不够也可以积累,但若不善思考,即使拥有再多的知识和方法,不懂得如何运用它们解决问题,也是枉然.与此相反,掌握了正确的思维方法,知识就不再是孤立的,方法也不再是呆板的,它们都建立了有血有肉的联系,组成了生机勃勃的知识方法体系,数学思维活动也就充满了活力,得到了更完美的发挥与体现.

序

G. Pólya 曾指出,解题的价值不在于答案本身,而在于弄清"是怎样想到这个解法的","是什么促使你这样想、这样做的". 这实际上都属于数学思维方法的范畴. 所谓数学思维方法,就是在基本数学观念系统作用下进行思维活动的心理过程. 简单地说,数学思维方法就是找出已有的数学知识和新遇的数学问题之间联系的一种分析、探索方法. 在一般情况下,问题与知识的联系并非是显然的,即使有时能在问题中看到某些知识的"影子",但毕竟不是知识的原形,或是披上了"外衣",或是减少了条件,或是改变了结构,从而没有现成的知识、方法可用,这就是我在学生时代"为什么知识都明白了,例题也看懂了,还是不会做习题"的原因. 为了利用有关的知识和方法解题,就必须创造一定的"条件",这种创造条件的认识、探索过程,就是数学思维方法作用的过程.

但是,在当前数学解题教学中,由于高考的影响,教师往往只注重学生对知识方法掌握的熟练程度,不少教师片面地强调基本知识和解决问题的具体方法的重要性,忽视思维方法方面的训练,造成学生解决一般问题的困难. 为了克服这一困难,各种各样的、非本质的、庞杂零乱的具体解题技巧统统被视为规律,成为教师谆谆告诫的教学重点,学生解题也就试图通过记忆、模仿来补偿思维能力的不足,利用胡猜乱碰代替有根据、有目的的探索. 这不仅不能提高学生的解题能力,而且对于系统数学知识的学习,对于数学思维结构的健康发展都是不利的.

数学思维方法通常又表现为一种解题的思维模式. 例如,G. Pólya 就在《怎样解题》中列出了一张著名的解题表. 容许我们大胆断言,任何一种解题模式都不可能囊括人们在解题过程中表现出来的各种思维特征,诸如观察、识别、猜想、尝试、回忆、比较、直觉、顿悟、联想、类比、归纳、演绎、想象、反例、一般化、特殊化等. 这些思维特征贯穿于解题过程中的各个环节,要想用一个模式来概括,那就像用数以千计的思维元件来构造一个复杂而庞大的解题机器. 这在理论上也许是可行的,但在实际应用中

却很不方便,难以被人们接受.更何况数学问题形形色色,没有哪一个模式可以解决所有的数学问题.因此,究竟如何解题,其核心内容还是学会如何思考.有鉴于此,笔者想到写这样一套关于数学思维方法的丛书.

本丛书也不可能穷尽所有的数学思维方法,只是选用一些典型的思维方法为代表做些介绍.这些方法,或是作者的原创,或是作者从一个全新的角度对其进行较为深入的分析与阐述.

囿于水平,书中观点可能片面武断,错误难免,敬请读者不吝指正.

冯跃峰
2015 年 1 月

目 录

序 ·· (ⅰ)

1 以简驭繁 ·· (001)
   1.1 表达形式最简 ·· (001)
   1.2 元素极端分布 ·· (018)
   1.3 最易实现目标 ·· (043)
   习题 1 ··· (077)
   习题 1 解答 ·· (080)

2 回索推理 ·· (093)
   2.1 执果索因 ·· (093)
   2.2 中间点过渡 ·· (126)
   习题 2 ··· (149)
   习题 2 解答 ·· (152)

3 加强命题 ·· (172)
   3.1 加强结论 ·· (172)
   3.2 放宽条件 ·· (188)
   习题 3 ··· (197)
   习题 3 解答 ·· (199)

4 以充分条件分类 (212)
- 4.1 为运用定理分类 (212)
- 4.2 为简化问题分类 (227)
- 4.3 为实现目标分类 (241)
- 习题 4 (255)
- 习题 4 解答 (257)

5 等价变换 (276)
- 5.1 条件变换 (276)
- 5.2 目标变换 (298)
- 习题 5 (318)
- 习题 5 解答 (321)

6 发掘引理 (339)
- 6.1 核心结论 (339)
- 6.2 命题分拆 (380)
- 习题 6 (404)
- 习题 6 解答 (408)

1 以简驭繁

为了产生某种结论,我们可寻找一个充分条件,使结论在该条件下显然成立,这样,问题转化为对其充分条件的讨论.由于充分条件相对于原结论来说,可能更容易处理,从而使问题转化为一个更容易的问题.

本章介绍一种寻找充分条件的策略:以简驭繁.

所谓以简驭繁,就是考虑某种结果的表达形式的最为简单的情形.有些问题中,我们只需证明某种对象存在,而这种对象有各种各样的表达形式,我们选择其中一种最为简单的形式,证明这种形式的对象存在,由此即可完成这种对象存在性的证明.

1.1 表达形式最简

以简驭繁的最常见方式是,在欲证明存在的对象中,选取那些含有字母最少、运算单一、结构简单的对象,从而证明这样的表达形式最简的对象存在.

例 1 设 n,k 为大于 1 的整数,$n<2^k$.试证:存在 $2k$ 个不被 n 整除的整数,若将它们任意分成两组,则总有一组有若干个数的和可被 n 整除.(2013 年全国高中数学联赛试题)

分析与证明 本题是 2013 年全国高中数学联赛加试试题,命题组给出的解答是直接给出 $2k$ 个数,然后证明其合乎条件.但我们更关心的是

应如何找到合乎条件的 $2k$ 个数!

从目标看,要使一组数中有若干个数的和被 n 整除,最简单的情形是一组数中有若干个数的和为 n.特别地,一组数中有 2 个数的和为 n.更特别地,一组数中有 2 个数都为 $\frac{n}{2}$,这就要求 n 为偶数,我们对 n 的奇偶性分类讨论.

当 n 为偶数时,情况很简单:要使 $2k$ 个数任意分成两组,都有一组有 2 个数为 $\frac{n}{2}$,由抽屉原理可知,只要所构造的 $2k$ 个数中有 3 个为 $\frac{n}{2}$ 即可,而其余的 $2k-3$ 个数可取任意不被 n 整除的数,比如都取 1.此时,所取的 $2k$ 个数为

$$\frac{n}{2}, \frac{n}{2}, \frac{n}{2}, \underbrace{1, 1, \cdots, 1}_{2k-3 \text{个}}$$

它们显然合乎条件,从而 n 为偶数时结论成立.

下面考虑 n 为奇数的情形.

首先考虑,如何选取 $2k$ 个整数都不被 n 整除.设这 $2k$ 个数组成的集合为 $A=\{a_1, a_2, \cdots, a_{2k}\}$(其中允许有数相等),要使 $n \nmid a_i$ $(1 \leqslant i \leqslant 2k)$,最容易想到的是将 a_i 用模 n 的"带余表示",即每个整数 a_i 用 n 除时都含有非 0 的余数.特别地,为了使构造简单,可让其都含有最简单的非 0 余数 1,即取每个数都是形如 $pn+1(p \in \mathbb{Z})$ 的数即可.

但由抽屉原理可知,这样构造的 $2k$ 个数,必须保证 $2k \geqslant 2n-1$,才能使得一定有一组数的个数不少于 n,其中 n 个数的和被 n 整除.然而,我们这里的要求"$2k \geqslant 2n-1$"与题给条件"$n < 2^k$"相差甚远,所以,取 $2k$ 个形如 $pn+1(p \in \mathbb{Z})$ 的数并不足以保证合乎要求.

观察上述构造,我们忽略了一个条件:n 为奇数.我们期望利用这一条件来保证 $n \nmid a_i (1 \leqslant i \leqslant 2k)$,于是想到它的一个充分条件是:每一个 $a_i (1 \leqslant i \leqslant 2k)$ 都无奇因子,所以我们取各 a_i 都为 2 的幂.实际上,由题所给条件 $n < 2^k$ 也能想到这一点.

现在,考虑 A 的任意一种分组,同样,为了使某组若干个数的和被 n 整除,最简单的情形是这若干个数的和为 n,即 n 可表示成若干个 2 的幂的和,这恰好是 n 的二进制表示.

注意到 $n<2^k$,从而 n 一定可以表示成 $2^0,2^1,2^2,\cdots,2^{k-1}$ 中若干个数的和,所以我们取 $2^0,2^1,2^2,\cdots,2^{k-1}\in A$.

现在,A 中还可以添加 k 个数.考虑到将 A 中的数分为 2 组时,2^0,$2^1,2^2,\cdots,2^{k-1}$ 未必在同一组,由此想到 A 中添加的数,应使 A 具有这样的性质:对任意分组,当 $2^0,2^1,2^2,\cdots,2^{k-1}$ 中有 2 个数不在同一组时,A 中也有若干个数的和被 n 整除.

先考虑如果 $2^0,2^1$ 不在同一组,还应选取怎样的数属于 A,才能使 A 合乎条件.

不妨设 2^0 在第 1 组,2^1 在第 2 组,假定在 A 中只补充一个数 x,我们看 A 能否合乎条件.当 x 属于第 1 组时,在第 1 组中我们能确定的数只有 2^0 与 x,要使 A 合乎条件,势必要取 $x\equiv-1(\bmod\ n)$.而当 x 属于第 2 组时,在第 2 组中我们能确定的数只有 2^1 与 x,要使 A 合乎条件,这又势必要取 $x\equiv-2(\bmod\ n)$.于是,在 A 中仅添加一个数 x,还不能保证当 $2^0,2^1$ 不在同一组时 A 也合乎条件.

现在考虑在 A 中添加 2 个数:x,y.同上分析,当 x 属于第 1 组时,可取 $x\equiv-1(\bmod\ n)$,最简单的情形是取 $x=-1=-2^0$.当 y 属于第 1 组时,同样应取 $y\equiv-1(\bmod\ n)$,从而取 $y=-1=-2^0$.容易验证,此时的 A 在 $2^0,2^1$ 不属于同一组时合乎条件.

实际上,如果有一个 -2^0 在第 1 组,则 $2^0+(-2^0)=0$ 被 n 整除;如果两个 -2^0 都在第 2 组,则 $2^1+(-2^0)+(-2^0)=0$ 被 n 整除.

下面假定 $-2^0\in A$,并设 $2^0,2^1$ 都在第 1 组.类似地,如果 2^2 在第 2 组,要使 A 合乎条件,一个充分条件是 A 中还含有 -2^1.这是因为,如果 $-2^0,-2^1$ 中有一个在第 1 组,则 $2^0+(-2^0)=0$ 被 n 整除,或者 $2^1+(-2^1)=0$ 被 n 整除;如果两个 -2^0 及 -2^1 都在第 2 组,则 $2^2+(-2^0)$

$+(-2^0)+(-2^1)=0$ 被 n 整除.

如此下去,不难发现,所取的 $2k$ 个合乎条件的数为

$$2^0, 2^1, 2^2, \cdots, 2^{k-1}, -2^0, -2^0, -2^1, -2^2, \cdots, -2^{k-2}$$

实际上,将上述 $2k$ 个数任意分成两组,若 $2^0, 2^1, 2^2, \cdots, 2^{k-1}$ 都在同一组,而 $n<2^k$,则由二进制数表示可知,n 一定可以表示成该组中若干个数的和,结论成立.

若 $2^0, 2^1, 2^2, \cdots, 2^{k-1}$ 不全在同一组,不妨设 2^0 在第 1 组,而 $2^0, 2^1, 2^2, \cdots, 2^{k-1}$ 中不在第 1 组中最小的一个数为 $2^i (i \geqslant 1)$,即 $2^0, 2^1, 2^2, \cdots, 2^{i-1}$ 都在第 1 组,而 2^i 在第 2 组.

此时,如果 $-2^0, -2^1, \cdots, -2^{i-1}$ 中有一个在第 1 组,则 $2^0+(-2^0)=0$ 被 n 整除,或者 $2^1+(-2^1)=0$ 被 n 整除……或者 $2^{i-1}+(-2^{i-1})=0$ 被 n 整除;如果两个 -2^0 及 $-2^1, -2^2, \cdots, -2^{i-1}$ 都在第 2 组,则 $2^i+(-2^0)+(-2^0)+(-2^1)+\cdots+(-2^{i-1})=0$ 被 n 整除,结论成立.

综上所述,命题获证.

例 2 设 n 为正整数,p 为大于 3 的质数,求出方程 $xyz=p^n(x+y+z)$ 的 $3n+3$ 个不同正整数解,且这些解不仅仅是排列的顺序不同.(第 27 届国际数学奥林匹克竞赛预选题)

分析与解 由方程有 $p|xyz$,所以

$$p|x$$

或

$$p|y$$

或

$$p|z$$

不妨设 p 在 x, y, z 中的幂分别是 a, b, c 且 $a \geqslant b \geqslant c$,原方程两边可以约去 p^c,方程变为

$$xyzp^{-c} = p^n(xp^{-c}+yp^{-c}+zp^{-c})$$

所以

$$zp^{-c} \mid p^n(xp^{-c} + yp^{-c} + zp^{-c})$$

又
$$(zp^{-c}, p) = 1$$

所以
$$zp^{-c} \mid (xp^{-c} + yp^{-c} + zp^{-c})$$

所以
$$z \mid (x + y + z)$$

所以
$$z \mid (x + y)$$

设 $x + y = mz$,则原方程变为

$$\begin{cases} xy = p^n(m+1) \\ z = \dfrac{x+y}{m} \end{cases} \quad (1)$$

我们只需求出方程组(1)的 $3n+1$ 个解 (x, y, z, m).

为了找到较为简单的解,先令 $m = 1$,由方程组(1),得

$$\begin{cases} xy = 2p^n \\ z = x + y \end{cases}$$

此时,一个充分条件是,只要 y 为 2 的幂即可,于是得到原方程的 $n+1$ 个解

$$(x, y, z) = (2p^k, p^{n-k}, 2p^k + p^{n-k}) \quad (k = 0, 1, \cdots, n)$$

再令 $m = 2$,由方程组(1),得

$$\begin{cases} xy = 3p^n \\ z = \dfrac{x+y}{2} \end{cases}$$

此时 x, y 同为奇数,$z = \dfrac{x+y}{2}$ 为整数,由此我们又得到原方程的 $n+1$ 个解

$$\begin{cases} x = 3p^k \\ y = p^{n-k} \\ z = \dfrac{3p^k + p^{n-k}}{2} \end{cases} \quad (k = 0,1,2,\cdots,n)$$

但上述 $2n+2$ 个解可能有公共部分.

表面上看,第一组解都不含有因子3,其实不然,当 $p^k = p^{n-k}$ 时,
$$z = 2p^k + p^{n-k} = 3p^k$$
所以, n 为偶数时, $(2p^{\frac{n}{2}}, p^{\frac{n}{2}}, 3p^{\frac{n}{2}})$ 是其公共解. 此外,再无其他公共解,于是,以上共得到 $2n+1$ 个互异的解.

若继续令 $m=3$,则由方程组(1),有
$$xy = 4p^n$$
此时
$$z = \dfrac{x+y}{3}$$
但 x,y 只含有质因数 2 和 p,而 $(3,2) = (3,p) = 1$,由此可知 z 为非整数,无解.

由此可见,取 m 为某个具体的大于2的数,得不到新的解,需要另找途径.

注意到由方程组(1),有 $p^n \mid xy$. 而前面得到的解都是 y 为 p 的方幂,现在不妨尝试 x 为 p 的方幂的解. 令 $x = p^k$,则
$$\begin{cases} y = p^{n-k}(m+1) \\ z = \dfrac{x+y}{m} = \dfrac{p^k + p^{n-k}(m+1)}{m} = p^{n-k} + \dfrac{p^k + p^{n-k}}{m} \end{cases}$$

为了使 z 为整数,一个充分条件是,取 $m = p^k + p^{n-k}$,此时,方程组(1)化为
$$\begin{cases} xy = p^{n+k} + p^{2n-k} + p^n = p^k(p^n + p^{2n-2k} + p^{n-k}) \\ z = \dfrac{x+y}{p^k + p^{n-k}} \end{cases}$$

由此,又得到原方程的 $n+1$ 个解

$$(x,y,z) = (p^k, p^n + p^{n-k} + p^{2n-2k}, p^{n-k} + 1) \quad (k = 0,1,\cdots,n)$$

其中,$k = n$ 时的解 $(p^n, p^n + 2, 2)$ 是第一组解中的一个解,从而共得到 n 个新的互异的解.

最后,令 $x = 1$,$p(p$ 的特殊方幂),得到前三组解外的另 2 个解:

$$\left(1, \frac{p^n(p^n + 3)}{2}, p^n + 2\right), \quad (p, p^n + p^{n-1}, 1 + p^{n-1} + p^{n-2})$$

前者满足

$$x + y = \frac{p^n(p^n + 3) + 2}{2} = \frac{(p^n + 1)(p^n + 2)}{2}, \quad z \mid (x + y)$$

后者满足

$$x + y = p + p^n + p^{n-1}, \quad z \mid (x + y)$$

综上所述,共得到 $3n + 3$ 个互异的解.

例3 设 $f(x)$ 是周期函数,T 和 1 都是 $f(x)$ 的周期且 $0 < T < 1$,证明:

(1) 若 T 为有理数,则存在素数 p,使 $\frac{1}{p}$ 是 $f(x)$ 的周期;

(2) 若 T 为无理数,则存在各项均为无理数的数列 $\{a_n\}$,满足 $1 > a_n > a_{n+1} > 0 (n = 1,2,\cdots)$,且每个 a_n 都是 $f(x)$ 的周期.(2008 年全国高中数学联赛试题)

分析与证明 考察目标(1),我们要寻找质数 p,使 $\frac{1}{p}$ 是 $f(x)$ 的周期.

而条件告诉我们,"1 和 T 都是 $f(x)$ 的周期",这自然想到 $\frac{1}{p}$ 是 $f(x)$ 的周期的一个充分条件是:$\frac{1}{p}$ 可表示为 1,T 的线性组合,即存在整数 a,b,使

$$\frac{1}{p} = a \times 1 + b \times T$$

注意到 T 为有理数,令 $T = \dfrac{n}{m}$,其中 $m \geq 2$,$(m,n) = 1$,则目标又变为:寻找整数 a, b,使

$$\frac{1}{p} = a \times 1 + b \times \frac{n}{m}$$

去分母,得

$$p(am + bn) = m$$

因为 a, b, m, n 都是整数,p 是质数,所以 $p \mid m$,即 p 是 m 的质因子,令 $m = pm'$,$m' \in \mathbf{N}_+$,两边约去 p,则目标变为:寻找整数 a, b,使

$$am + bn = m'$$

这由 $(m, n) = 1$ 及裴蜀定理,整数 a, b 显然存在,即上述不定方程有整数解 (a, b),目标 (1) 获证.

考察目标 (2),先考虑如何选取 a_1,这取 $a_1 = T$ 即可.

下面考虑如何选取 a_2,使 a_2 是 $f(x)$ 的周期,且 $a_1 > a_2 > 0$.

为了使 a_2 是 $f(x)$ 的周期,且能建立 a_2 与 a_1 的不等关系,想到如下的充分条件:a_2 可表示为 1 和 a_1 的线性组合,即存在整数 a, b ($b \neq 0$),使

$$a_2 = a + ba_1$$

为了使 $a_1 > a_2 > 0$,这就要求所取整数 a, b ($b \neq 0$) 满足:

$$a_1 > a + ba_1 > 0 \tag{1}$$

显然 a, b 一正一负.否则,$b > 0$,$a \geq 0$ 时,$a + ba_1 \geq ba_1$;$b < 0$,$a \leq 0$ 时,$a + ba_1 \leq ba_1 < 0$.两种情形都与式 (1) 矛盾.

为使式 (1) 变得简单,可取 a, b 为最简单的非 0 整数:1 或 -1.但显然不能取 $b = \pm 1$,否则式 (1) 变成 $a_1 > a \pm a_1 > 0$,此时找不到合乎条件的 a.所以可尝试取 $a = \pm 1$.

若取 $a = 1$,则 $b < 0$,令 $b = -b'$,目标式 (1) 变为找到正整数 b',使

$$a_1 > 1 - b'a_1 > 0$$

容易证明这样的正整数 b' 存在,至少有下面两种方法:

方法 1：将 $0 < 1 - b'a_1 < a_1$ 变形为 $\frac{1}{a_1} - 1 < b' < \frac{1}{a_1}$. 显然，取 $b' = \left[\frac{1}{a_1}\right]$ 即可，此时

$$a_2 = 1 - \left[\frac{1}{a_1}\right]a_1$$

进而，仿此令

$$a_3 = 1 - \left[\frac{1}{a_2}\right]a_2, \cdots, a_{n+1} = 1 - \left[\frac{1}{a_n}\right]a_n$$

则由数学归纳法易知，a_n 均为无理数且 $0 < a_n < 1$.

又 $\frac{1}{a_n} - \left[\frac{1}{a_n}\right] < 1$，所以 $1 - \left[\frac{1}{a_n}\right]a_n < a_n$，即 $a_{n+1} < a_n$，因此 $\{a_n\}$ 是递减数列.

最后证明每个 a_n 是 $f(x)$ 的周期. 事实上，因 1 和 $a_1 = T$ 都是 $f(x)$ 的周期，所以 $a_2 = 1 - \left[\frac{1}{T}\right]T$ 亦是 $f(x)$ 的周期. 假设 a_k 是 $f(x)$ 的周期，则 $a_{k+1} = 1 - \left[\frac{1}{a_k}\right]a_k$ 也是 $f(x)$ 的周期.

由归纳原理，a_n 均是 $f(x)$ 的周期，目标(2)获证.

方法 2：将 $0 < 1 - b'a_1 < a_1$ 变形为 $b'a_1 < 1 < (b'+1)a_1$. 于是，考察无穷个区间：

$$[0, a_1), [T, 2a_1), \cdots, [na_1, (n+1)a_1), \cdots$$

当 $n \to \infty$ 时，$(n+1)a_1 \to \infty$，所以存在正整数 k_1，使 $k_1 a_1 \leqslant 1 < (k_1 + 1)a_1$.

又 a_1 是无理数，有 $k_1 a_1 \neq 1$，从而

$$k_1 a_1 < 1 < (k_1 + 1)a_1$$

即

$$0 < 1 - k_1 a_1 < a_1$$

令 $a_2 = 1 - k_1 a_1$,则 a_2 是无理数,且 $0 < a_2 < a_1$. 又因为 a_1 和 1 都是 $f(x)$ 的周期,所以 $a_2 = 1 - k_1 a_1$ 是 $f(x)$ 的周期.

因为 a_2 是无理数,同样可证(将上述证明中的 a_1 换成 a_2),存在正整数 k_2,使 $0 < 1 - k_2 a_2 < a_2$,令 $a_3 = 1 - k_2 a_2$,则 a_3 是无理数,且 $0 < a_3 < a_2$. 又因为 a_2 和 1 都是 $f(x)$ 的周期,所以 $a_3 = 1 - k_2 a_2$ 是 $f(x)$ 的周期.

如此下去,可知存在数列 $\{a_n\}$ 满足 $1 > a_n > a_{n+1} > 0 (n = 1, 2, \cdots)$,且每个 a_n 都是 $f(x)$ 的周期.

若取 $a = -1$,则 $b > 0$. 此时只需找到正整数 b,使 $0 < ba_1 - 1 < a_1$. 按上面的两种方法同样可找到合乎要求的正整数 b.

例 4 求证:方程 $x^2 + y^5 = z^3$ 有无数个整数解 (x, y, z),使 $xyz \neq 0$.

分析与证明 先寻求形式简单的解.

想象方程左边两个项相等,将方程转化为方程组,使其中每一个方程都变得简单.

令 $x^2 = y^5$(我们期望能求出方程满足令 $x^2 = y^5$ 的特殊解 (x, y, z)),则原方程变成如下方程组:

$$\begin{cases} x^2 = y^5 & (1) \\ 2x^2 = z^3 & (2) \end{cases}$$

我们只需求出使式(1)和式(2)同时成立的解.

先看式(2),为了使 $2x^2$ 也变为完全方幂 t^r 的形式,可令 $x = 2^k$,代入式(1)、式(2),则有

$$\begin{cases} 2^{2k} = y^5 \\ 2^{2k+1} = z^3 \end{cases}$$

为了使 $5 | 2k, 3 | (2k+1)$,令 $k = 5t$,则需 t 满足

$$2k + 1 = 10t + 1 \equiv t + 1 \equiv 0 \pmod{3}$$

再令 $t = 3r - 1$ 即可,此时 $k = 15r - 5$. 于是,$5 | 2k$,且 $2k + 1 = 30r - 9$,$3 | (2k+1)$.

由此可见,对一切正整数 r,$(x,y,z) = (2^{15r-5}, 2^{6r-2}, 2^{10r-3})$ 都是原方程的解,命题获证.

另证:首先,$(x,y,z) = (3,-1,2)$ 为一个特解.

此外,若 (x,y,z) 为方程的解,我们期望找到
$$p = f(n), \quad q = g(n), \quad r = h(n)$$
使 (px, qy, rz) 也为方程的解,这只需
$$(px)^2 + (qy)^5 = (rz)^3$$
由 $x^2 + y^5 = z^3$ 知,上式成立的一个充分条件是
$$p^2 = q^5 = r^3$$
注意到 $(2,5,3) = 30$,令
$$p^2 = q^5 = r^3 = n^{30}$$
解得
$$p = n^{15}, \quad q = n^6, \quad r = n^{10}$$
于是,若 (x,y,z) 为解,则对一切正整数 n,$(n^{15}x, n^6 y, n^{10}z)$ 也为方程的解,命题获证.

例 5 求一切正实数 t,具有下述性质:存在一个由实数组成的无限集合 X,使得对任意 $x,y,z \in X$(这里 x,y,z 可以相同),以及任意实数 a 与正实数 d,均有
$$\max\{|x-(a-d)|, |y-a|, |z-(a+d)|\} > td$$
(2013 年中国数学奥林匹克竞赛试题)

分析与解 本题的条件属于"全范围型",宜逆向考虑.

假设存在 $x,y,z \in X$ 以及实数 a 与正实数 d,使
$$\max\{|x-(a-d)|, |y-a|, |z-(a+d)|\} \leqslant td \tag{1}$$
然后适当选取 t 的取值范围(记为 A),以产生矛盾,这也就表明 $t \in A$ 时 t 合乎要求.

显然,式 (1) 等价于
$$(-1-t)d \leqslant x-a \leqslant (-1+t)d \tag{2}$$

$$-td \leqslant y - a \leqslant td \tag{3}$$
$$(1-t)d \leqslant z - a \leqslant (1+t)d \tag{4}$$

注意上述 3 个不等式左边的 3 个数构成等差数列,右边的 3 个数也构成等差数列,于是,

式(3)减式(2),式(4)减式(3),得

$$(1-2t)d \leqslant y - x \leqslant (1+2t)d \tag{5}$$
$$(1-2t)d \leqslant z - y \leqslant (1+2t)d \tag{6}$$

以上两式"相除"便可约去 d,但这需要讨论 $1-2t$ 是否为正数.

先限定 $1-2t>0$,则由式(5)、式(6),有 $y-x>0, z-y>0$,进而

$$\frac{1-2t}{1+2t} \leqslant \frac{z-y}{y-x} \leqslant \frac{1+2t}{1-2t}$$

下面构造适当的集合 $X = \{x_1, x_2, \cdots\}$,其中 $x_1 < x_2 < \cdots$,使上式不成立.

一个充分条件是

$$\frac{z-y}{y-x} > \frac{1+2t}{1-2t} \tag{7}$$

再找上式的充分条件(放缩,任两项的"差"大于介于它们之间的相邻两项的差),注意到 $x<y<z$,不妨设 $x=x_i, y=x_j, z=x_k (i<j<k)$,我们有

$$x_k - x_j \geqslant x_k - x_{k-1}, \quad x_j - x_i \leqslant x_{k-1} - x_i \quad (\text{因为 } j < k)$$

$$\frac{z-y}{y-x} = \frac{x_k - x_j}{x_j - x_i} \geqslant \frac{x_k - x_{k-1}}{x_{k-1} - x_i} > \frac{x_k - x_{k-1}}{x_{k-1}} = \frac{x_k}{x_{k-1}} - 1$$

为使上面估计中的 $\frac{x_k}{x_{k-1}}$ 变得简单,取 $\frac{x_k}{x_{k-1}} = q$(常数),即集合 X 中的数构成无限等比数列,特别地,可取 $x_n = q^n (n=1, 2, \cdots)$,则式(7)成立的一个充分条件是

$$q - 1 = \frac{1+2t}{1-2t}$$

即

$$q = \frac{2}{1-2t}$$

由此可见,当 $0 < t < \frac{1}{2}$ 时,存在合乎题目要求的集合

$$X = \left\{ \left(\frac{2}{1-2t}\right)^n \mid n \in \mathbf{N}_+ \right\}$$

下面证明:$t \geqslant \frac{1}{2}$ 时,t 不合乎要求,即对任意无限集合 X 中任意三个元素 $x \leqslant y \leqslant z$,均存在 $a \in \mathbf{R}, d \in \mathbf{R}_+$,使得

$$\max\{|x-(a-d)|, |y-a|, |z-(a+d)|\} \leqslant td$$

为了便于求 $\max\{|x-(a-d)|, |y-a|, |z-(a+d)|\}$,最直观的想法是,令三者 $|x-(a-d)|, |y-a|, |z-(a+d)|$ 都相等,但由于 $x \leqslant y \leqslant z$ 是给定的,三者相等是不可能的. 可退一步,考虑到由 $x \leqslant y \leqslant z$,可得到 $x-a \leqslant y-a \leqslant z-a$,进而可由 x, z 控制 $|y-a|$,所以只需 $|x-(a-d)|, |z-(a+d)|$ 两者相等.

下面适当选取 a,使由 $x-a \leqslant y-a \leqslant z-a$ 得到的 $|y-a|$ 的范围简单,这只需 $x-a, z-a$ 互为相反数,即

$$(x-a) + (z-a) = 0$$

因为 $z-a \geqslant x-a$,此时必有 $z-a \geqslant 0$,解得

$$a = \frac{x+z}{2}$$

且有

$$x - (a-d) = x - \frac{x+z}{2} + d = \frac{x-z}{2} + d$$

$$z - (a+d) = z - \frac{x+z}{2} - d = \frac{z-x}{2} - d$$

并由 $x-a \leqslant y-a \leqslant z-a$,得

$$|y-a| \leqslant z-a$$

$$\max\{|x-(a-d)|, |y-a|, |z-(a+d)|\}$$

$$= \max\left\{\left|\frac{x-z}{2}+d\right|, |y-a|, \left|\frac{z-x}{2}-d\right|\right\}$$

$$\leqslant \max\left\{\left|\frac{x-z}{2}+d\right|, z-a\right\}$$

$$= \max\left\{\left|\frac{x-z}{2}+d\right|, \frac{z-x}{2}\right\}$$

最后,令

$$\frac{x-z}{2}+d = \frac{z-x}{2}$$

得 $d = z-x$,此时

$$\max\{|x-(a-d)|, |y-a|, |z-(a+d)|\}$$

$$\leqslant \max\left\{\left|\frac{x-z}{2}+d\right|, \frac{z-x}{2}\right\} = \frac{z-x}{2} = \frac{1}{2}d \leqslant td$$

综上所述,一切合乎要求的 t 的取值范围是 $0 < t < \frac{1}{2}$.

例 6 空间中是否存在一个无限点集,它在每个平面上都至少有一个点,但都没有无限多个点?(1987 年匈牙利数学奥林匹克竞赛试题)

分析与解 空间平面可表示为平面集合

$$\{(x, y, z) \mid Ax + By + Cz + D = 0 (\text{其中 } A, B, C \text{ 不同时为 } 0)\}$$

我们要找到无限点集 $M = \{(x, y, z) \mid x, y, z \text{ 具有性质 } p\}$,使对任何 A, B, C, D(其中 A, B, C 不同时为 0),平面 $Ax + By + Cz + D = 0$ 上都有一个点 (x, y, z) 属于 M,且只有有限个点属于 M(其中性质 p 待定).

注意到 n 次方程至多有 n 个实根,而且 n 为奇数时,n 次方程至少有一个实根,于是,取性质 p 为

$$x = f(t), \quad y = g(t), \quad z = p(t) \quad (t \in \mathbf{R})$$

则 $Ax + By + Cz + D = 0$ 变为

$$Af(t) + Bg(t) + Cp(t) + D = 0 \tag{1}$$

找一个充分条件,我们只需方程(1)是关于 t 的 n 次方程(n 是一个不超过某个确定的数的奇数).

显然,取 $f(t),g(t),p(t)$ 为最简单的奇数次多项式即可.

令 $f(t)=t^5,g(t)=t^3,p(t)=t$,则方程(1)变为
$$At^5+Bt^3+Ct+D=0 \qquad (2)$$

当 $A\neq 0$ 时,方程(1)是 5 次方程,它至少有 1 个实数根,至多有 5 个实数根.

当 $A=0,B\neq 0$ 时,方程(1)是 3 次方程,它至少有 1 个实数根,至多有 3 个实数根.

当 $A=B=0,C\neq 0$ 时,方程(1)是 1 次方程,它恰有 1 个实数根.

于是,构造点集 $M=\{(t^5,t^3,t)\mid t\in \mathbf{R}\}$,则在每一个平面 $Ax+By+Cz+D=0$ 上至少有 M 中的一个点,至多有 M 中的 5 个点,M 合乎要求.

例 7 试证:方程 $2x^3+5x-2=0$ 恰有一个实数根 r,且存在唯一的严格递增正整数数列 $\{a_n\}$,使得
$$\frac{2}{5}=r^{a_1}+r^{a_2}+r^{a_3}+\cdots$$

(2010 年全国高中数学联赛试题)

分析与证明 为了易于求无穷和
$$r^{a_1}+r^{a_2}+r^{a_3}+\cdots$$
一个充分条件是 $r^{a_1},r^{a_2},r^{a_3},\cdots$ 是无穷递缩等比数列,且公比的绝对值小于 1,于是想到取数列 $\{a_n\}$ 是等差数列,此时
$$\frac{2}{5}=r^{a_1}+r^{a_2}+r^{a_3}+\cdots=\frac{r^{a_1}}{1-r^d}$$
其中 d 为等差数列 $\{a_n\}$ 的公差.

注意到 r 是方程 $2x^3+5x-2=0$ 的根,有
$$2r^3+5r-2=0$$
将上式变成 $\dfrac{2}{5}=\dfrac{r^{a_1}}{1-r^d}$ 的形式,有
$$\frac{2}{5}=\frac{r}{1-r^3}$$

比较,得 $a_1=1, d=3$,所以 $a_n=3n-2$.

现在还要证明 r 唯一存在,这是很容易的.

设 $f(x)=2x^3+5x-2$,则 $f(0)=-2<0, f(1)=5>0$,所以必定存在 $r\in(0,1)$,使 $f(r)=0$.

又 $f'(x)=6x^2+5>0$,所以 $f(x)$ 在 $\mathbf{R}$ 上递增,从而 $2x^3+5x-2=0$ 有唯一实数根 r,且 $r\in(0,1)$.

故数列 $\{3n-2\}$ 满足题设要求.

下面证明数列唯一存在.

若存在两个不同的正整数数列:$a_1<a_2<\cdots<a_n<\cdots$ 和 $b_1<b_2<\cdots<b_n<\cdots$,满足

$$r^{a_1}+r^{a_2}+r^{a_3}+\cdots=r^{b_1}+r^{b_2}+r^{b_3}+\cdots=\frac{2}{5}$$

去掉上面等式两边相同的项,得

$$r^{s_1}+r^{s_2}+r^{s_3}+\cdots=r^{t_1}+r^{t_2}+r^{t_3}+\cdots$$

这里 $s_1<s_2<s_3<\cdots, t_1<t_2<t_3<\cdots$,且所有的 s_i 与 t_j 都是不同的.

不妨设 $s_1<t_1$,则

$$r^{s_1}<r^{s_1}+r^{s_2}+\cdots=r^{t_1}+r^{t_2}+\cdots$$

$$1<r^{t_1-s_1}+r^{t_2-s_1}+\cdots\leqslant r+r^2+\cdots<\frac{1}{1-r}-1<\frac{1}{1-\frac{1}{2}}-1=1$$

矛盾,故满足题设的数列是唯一的.

综上所述,命题获证.

例8 求最小的正数 c,使对所有满足 $x_1+x_2+\cdots+x_k\leqslant x_{k+1}(k=1,2,\cdots,n-1)$ 的正数 x_i 及所有的正整数 n 成立不等式

$$\sqrt{x_1}+\sqrt{x_2}+\cdots+\sqrt{x_n}\leqslant c\sqrt{x_1+x_2+\cdots+x_n}$$

分析与解 先考虑怎样赋值,方能使 $\sqrt{x_1}+\sqrt{x_2}+\cdots+\sqrt{x_n}$ 与 $x_1+x_2+\cdots+x_n$ 都易求(注意 x_i 为正数,不能取 0),由此想到取等比数列 $x_i=q^i$.代入原不等式,得

$$c \geqslant \frac{\sqrt{x_1} + \sqrt{x_2} + \cdots + \sqrt{x_n}}{\sqrt{x_1 + x_2 + \cdots + x_n}} = \frac{\sqrt{q}((\sqrt{q})^n - 1)}{\sqrt{q} - 1} \times \frac{1}{\sqrt{\frac{q(q^n - 1)}{q - 1}}}$$

$$= \frac{\sqrt{q-1}}{\sqrt{q}-1} \times \frac{(\sqrt{q})^n - 1}{\sqrt{q^n - 1}}$$

注意,q 不能随意取值,所取的 q 应使 $x_1 + x_2 + \cdots + x_k \leqslant x_{k+1}$,那么

$$\frac{x_1(q^k - 1)}{q - 1} \leqslant x_1 q^k$$

变形得 $q \geqslant 2 - \frac{1}{q^k}$.令 $k \to \infty$,得 $q \geqslant 2$.

取 $q = 2$ 试验,此时,有

$$c \geqslant \frac{\sqrt{x_1} + \sqrt{x_2} + \cdots + \sqrt{x_n}}{\sqrt{x_1 + x_2 + \cdots + x_n}} = \frac{\sqrt{2}((\sqrt{2})^n - 1)}{\sqrt{2} - 1} \times \frac{1}{\sqrt{\frac{2(2^n - 1)}{2 - 1}}}$$

$$= \frac{1}{\sqrt{2} - 1} \times \frac{(\sqrt{2})^n - 1}{\sqrt{2^n - 1}} = (\sqrt{2} + 1) \times \frac{1 - \frac{1}{(\sqrt{2})^n}}{\sqrt{1 - \frac{1}{2^n}}}$$

令 $n \to \infty$,得 $c \geqslant \sqrt{2} + 1$.

下面证明 $c \geqslant \sqrt{2} + 1$ 时不等式成立.由于条件"$x_1 + x_2 + \cdots + x_n \leqslant x_{n+1}$"具有递推"特征",想到用数学归纳法证明:

$$\sqrt{x_1} + \sqrt{x_2} + \cdots + \sqrt{x_n} \leqslant (\sqrt{2} + 1)\sqrt{x_1 + x_2 + \cdots + x_n}$$

首先,$n = 1$ 时,结论显然成立.设 $n = k$ 时,结论成立,即

$$\sqrt{x_1} + \sqrt{x_2} + \cdots + \sqrt{x_k} \leqslant (\sqrt{2} + 1)\sqrt{x_1 + x_2 + \cdots + x_k}$$

那么,$n = k + 1$ 时,上式两边同时加上 $\sqrt{x_{k+1}}$,得

$$\sqrt{x_1} + \sqrt{x_2} + \cdots + \sqrt{x_k} + \sqrt{x_{k+1}}$$
$$\leqslant (\sqrt{2} + 1)\sqrt{x_1 + x_2 + \cdots + x_k} + \sqrt{x_{k+1}}$$

我们期望证明:

$$(\sqrt{2}+1)\sqrt{x_1+x_2+\cdots+x_k}+\sqrt{x_{k+1}}$$
$$\leqslant (\sqrt{2}+1)\sqrt{x_1+x_2+\cdots+x_{k+1}}$$

考察其差：

$$H = (\sqrt{2}+1)\sqrt{x_1+x_2+\cdots+x_k}+\sqrt{x_{k+1}}$$
$$-(\sqrt{2}+1)\sqrt{x_1+x_2+\cdots+x_{k+1}}$$
$$= (\sqrt{2}+1)(\sqrt{x_1+x_2+\cdots+x_k}-\sqrt{x_1+x_2+\cdots+x_{k+1}})$$
$$+\sqrt{x_{k+1}}$$
$$= (\sqrt{2}+1)\times\frac{-x_{k+1}}{\sqrt{x_1+x_2+\cdots+x_k}+\sqrt{x_1+x_2+\cdots+x_{k+1}}}$$
$$+\sqrt{x_{k+1}}\text{（分子有理化）}$$
$$\leqslant (\sqrt{2}+1)\times\frac{-x_{k+1}}{\sqrt{x_{k+1}}+\sqrt{x_{k+1}+x_{k+1}}}+\sqrt{x_{k+1}}\text{（题设）}$$
$$= (\sqrt{2}+1)\times\frac{-\sqrt{x_{k+1}}}{1+\sqrt{2}}+\sqrt{x_{k+1}}=0$$

综上所述，c 的最小值为 $\sqrt{2}+1$.

1.2 元素极端分布

以简驭繁的另一种方式，是在欲证明存在的对象中，选取那些元素极端分布的对象，证明其存在性．比如，对象中的相关元素取值最大或最小，状态中各元素均匀分布、对称分布或所有元素的取值几乎都相等．当元素对称分布时，常可采用对称分割的手段处理问题：将所有元素分割为 A，B 两部分，然后解决其中一部分，进而由对称性，另一部分可同样处理．

例1 设 $M=\{1,2,\cdots,65\}$，$A\subseteq M$．若 $|A|=33$，且存在 $x,y\in A$，$x<y$，$x\mid y$，则称 A 为"好集"．求最大的 $a\in M$，使 M 的含 a 的任意33元子集为好集．(2007年全国高中数学联赛浙江赛区初赛试题)

分析与解 当 $a \geqslant 33$ 时,考察极端分布,令
$$P = \{33, 34, 35, \cdots, 65\}$$
则 $|P| = 33$,且 $a \in P$,但 $65 < 2 \times 33$,所以对任何 $x < y, x, y \in P$,有 $x \nmid y$,所以 P 不是好集.

当 $22 \leqslant a \leqslant 32$ 时,令
$$P = \{21 + i \mid i = 1, 2, \cdots, 44\} \setminus \{2(21 + i) \mid i = 1, 2, \cdots, 11\}$$
则 $|P| = 44 - 11 = 33$,且 $a \in P$,但 $65 < 3 \times 22$,所以对任何 $x < y, x, y \in P$,有 $x \nmid y$,所以 P 不是好集.

由此可见,当 $a \geqslant 22$ 时,都存在 M 的含 a 的任意 33 元子集 P 不为好集,因此 $a \leqslant 21$.

下面证明:包含 21 的任意一个 33 元子集 A 一定为好集.

我们要找到 A 中两个元素 $x < y$,使 $x \mid y$,一种极端分布的充分条件是: x, y 的最大奇因子是相同的(不同的只是 2 的幂次数),由此想到将 M 划分为如下 33 个集合:
$$A_k = \{a \in M \mid a = 2^t(2k-1), t \in \mathbf{N}\} \quad (k = 1, 2, \cdots, 33)$$
如果 $63 \in A$,则因 $21 \in A, 21 \mid 63$,所以 A 是好集.

如果 $63 \notin A$,注意到 $A_{32} = \{63\}$ 为单元素集合,则 A 中的 33 个元素都属于 A_{32} 外的 32 个集合,必定含有 2 个元素 $x < y$ 属于同一个集合 A_k,不妨设 $x = 2^i(2k-1), y = 2^j(2k-1)$,其中 $i < j$,则 $x \mid y$,所以 A 是好集.

所以 $a = 21$ 合乎条件.

综上所述,a 的最大值为 21.

注:原解答较繁琐且存在漏洞,其解答中所取的集合为
$$P = \{21 + i \mid i = 1, 2, \cdots, 44\} \setminus \{2(21 + i) \mid i = 1, 2, \cdots, 11\}$$
虽然 $|P| = 44 - 11 = 33$,但对任意 $1 \leqslant i < j \leqslant 44$,不存在 $n \geqslant 3$,使得 $21 + j = n(21 + i)$ 成立,所以 P 不是好集,漏洞在于没有构造含有 $44, 46, \cdots, 64$ 之一的集合.

例2 设 $x_1, x_2, \cdots, x_n$ 和 $y_1, y_2, \cdots, y_n$ 为给定的实数,在 $n \times n$ 棋盘 A 的第 i 行、第 j 列方格填的数:

$$a_{ij} = \begin{cases} 1 & (x_i + y_j \geqslant 0) \\ 0 & (x_i + y_j < 0) \end{cases}$$

又在 $n \times n$ 棋盘 B 的方格中填数,每个方格填的数都是 0 和 1,且使 B 的每一行、每一列的数的和与 A 对应的和相等,证明 $A = B$. (第 44 届国际数学奥林匹克竞赛预选题)

分析与证明 更一般地,考察 $m \times n$ 棋盘 A,记表 A 的第 i 行的和为 $P_i(1 \leqslant i \leqslant m)$,第 j 列的和为 $Q_j(1 \leqslant j \leqslant n)$,我们用归纳法证明. 为了利用归纳假设,由于不能确定需要去掉 A 中的一行或一列还是同时去掉一行和一列,从而宜对 $m + n$ 归纳.

当 $m + n = 2$ 时,$m = n = 1$,结论显然成立. 设 $m + n = k$ 时结论成立,考察 $m + n = k + 1$ 的情形,为了利用归纳假设,假定棋盘 A, B 都去掉第 i 行,为了满足 k 的情形中的条件:"B 的每一行、每一列的数的和与 A 对应的和相等",而未去掉第 i 行时这个条件满足,从而 A, B 去掉的第 i 行应完全一样,但 A, B 只是每个行(列)和相等,要由行(列)和相等得出各数对应相等,一个极端情况下的充分条件是该行(列)中的数为常数.

能否找到这样一行(列)呢?考察 A 中的某个数 a_{ij},有以下两种情况:

(1) 若 $a_{ij} = 0$,则 $x_i + y_j < 0$,我们期望 A 的第 i 行全为 0,这等价于
$$x_i + y_{j-1} < 0, \quad x_i + y_{j+1} < 0, \quad \cdots$$
一个充分条件是
$$x_i + y_{j-1} \leqslant x_i + y_j, \quad x_i + y_{j+1} \leqslant x_i + y_j, \quad \cdots$$
这等价于 y_j 是 $y_1, y_2, \cdots, y_n$ 中的最大者.

(2) 若 $a_{ij} = 1$,则 $x_i + y_j \geqslant 0$,我们期望 A 的第 j 列全为 1,这等价于
$$x_{i-1} + y_j \geqslant 0, \quad x_{i+1} + y_j \geqslant 0, \quad \cdots$$

一个充分条件是
$$x_{i-1} + y_j \geqslant x_i + y_j, \quad x_{i+1} + y_j \geqslant x_i + y_j, \quad \cdots$$
这等价于 x_i 是 $x_1, x_2, \cdots, x_n$ 中的最小者.

于是,同时取出 $x_1, x_2, \cdots, x_n$ 中的最小者 x_i 与 $y_1, y_2, \cdots, y_n$ 中的最大者 y_j,由此考察 A 的第 i 行与第 j 列即可(必有一个常数行或常数列).

对于 $m + n = k + 1$,若 $m = 1$ 或 $n = 1$,则结论显然成立.

若 $m > 1$,且 $n > 1$,则设 $x_1, x_2, \cdots, x_n$ 中的最小者为 x_s,且 $y_1, y_2, \cdots, y_n$ 中的最大者为 y_t.

① 若 $x_s + y_t \geqslant 0$,则利用 x_s 的最小性,对 $i = 1, 2, \cdots, m$,有 $x_i + y_t \geqslant x_s + y_t \geqslant 0$,所以 $a_{it} = 1$,即棋盘 A 中第 t 列的数都是 1,所以第 t 列数的和 $Q_t = m$.

由条件,棋盘 B 中第 t 列数的和 $Q'_t = m$,于是棋盘 B 中第 t 列的数都是 1.去掉 A, B 的第 t 列得到两个新棋盘 A', B',它们都有 m 行、$n - 1$ 列,且其填数仍满足题目条件.

又 $m + (n - 1) = k$,由归纳假设,有 $A' = B'$,故 $A = B$.

② 若 $x_s + y_t < 0$,则利用 y_t 的最大性,对 $j = 1, 2, \cdots, n$,有 $x_s + y_j \leqslant x_s + y_t < 0$,所以 $a_{sj} = 0$,即棋盘 A 中第 s 行的数都是 0,所以第 s 行数的和 $P_s = 0$.

由条件,棋盘 B 中第 s 行数的和 $P'_s = 0$,于是棋盘 B 中第 s 行的数都是 0.去掉 A, B 的第 s 行得到两个新棋盘 A', B',它们都有 $m - 1$ 行、n 列,且其填数仍满足题目条件.又
$$(m - 1) + n = k$$
由归纳假设,有 $A' = B'$,故 $A = B$.

由归纳原理,命题获证.

例 3 某城市的公共汽车线路网满足如下几个条件:

(1) 每两条线路恰有一个公共的汽车站;

(2) 每条线路不少于三个汽车站;

(3) 从每个车站出发,不用转车可以到达任何一个车站.

试给出一个合乎上述条件的有 7 条公共汽车线路网的例子,并证明:每条线路上有相同数目的车站,经过每个车站有相同数目的路线.(第 17 届全俄数学奥林匹克竞赛试题)

分析与证明 用 $1,2,\cdots,7$ 表示 7 条线路,用 A_i 表示通过车站 A_i 的线路的集合,则汽车线路网满足的几个条件可表示为:

(1) 任何元素对 i,j,恰好属于某一个集合;

(2) 每个元素至少出现 3 次;

(3) $|A_i \cap A_j| \geqslant 1$.

如果用 $l_1, l_2, \cdots, l_7$ 表示 7 条线路,用 l_i 又表示它通过的车站的集合,则汽车线路网满足的几个条件可表示为:

(1) $|l_i \cap l_j| = 1$;

(2) $|l_i| \geqslant 3$;

(3) 任何车站对 A_i, A_j 至少属于某一个集合.

下面构造一个合乎条件的公共汽车线路网,注意到题设

$$|l_1| = |l_2| = \cdots = |l_7|$$
$$|A_1| = |A_2| = \cdots = |A_7|$$

及题给条件 $|l_i| \geqslant 3$,可取一种极端情形

$$|l_1| = |l_2| = \cdots = |l_7| = 3$$
$$|A_1| = |A_2| = \cdots = |A_7| = 3$$

来构造,得到

$$l_1 = \{A_1, A_3, A_4\}$$
$$l_2 = \{A_1, A_6, A_7\}$$
$$l_3 = \{A_1, A_2, A_5\}$$
$$l_4 = \{A_2, A_4, A_7\}$$
$$l_5 = \{A_2, A_3, A_6\}$$
$$l_6 = \{A_3, A_5, A_7\}$$

$$l_7 = \{A_4, A_5, A_6\}$$

容易验证,这一构造合乎题目的所有要求.

下面证明题目的结论,所有 $|A_i|$ 都相等,所有 $|l_i|$ 都相等.

当只有一条线路时,结论显然成立.下设至少有两条线路,我们先证明如下的引理.

引理:若至少有两条线路,则每条线路上车站个数为不在此线上的任一站引出的线路数,即 $|l_i| = |A_j|$(对任何 $A_j \notin l_i$).

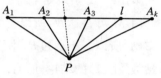

图 1.1

实际上,设 l 是其中的任意一条线路,l 上有 k 个站 $A_1, A_2, \cdots, A_k$.因为至少有两条线路,所以至少还有一个站 P 不在 l 上(图 1.1).

考察 $A_1, A_2, \cdots, A_k$ 到 P 的线路,它们互不相同,否则假设 A_1, A_2 到 P 的线路相同,设为 l',则 l, l' 有两个公共车站 A_1, A_2,由此可知 P 至少引出 k 条线路.

若 P 引出多于 k 条线路,而每条线路与 l 有一个公共站,于是 l 上有多于 k 个站,从而有两条线路 l_1, l_2 过同一个车站 A_j,这样,l_1, l_2 都过两个车站 P, A_j,矛盾.

由 l, P 的任意性,引理获证.

以下证明原题.

(1) 任取两条线路 p, q.由条件,p, q 上各至少有 3 个车站,其中有一个公共车站 P.设 M, N 分别是 p, q 上异于 P 的一个车站.

由 M 可直达 N,故有线路 t 通过 M 和 N,且 t 上还至少有另一站 X.因为两线恰有一个公共车站,故 X 不在 p 及 q 上(图 1.2).

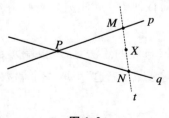

图 1.2

由引理,可知 p,q 上的站数都等于 X 引出的线路的数目,所以 p,q 上的车站数相等.

(2) 注意到已证明所有线路上车站的个数相同,结合引理可知,要证各站引出的线路数相等,一个充分条件是:每一个站都有一条线路不通过 P.

如果只有一条线路通过 P,则结论成立.以下设有两条线路 p,q 通过 P,则由于每条线路上都有 3 个车站,故 p,q 上各有异于 P 的站 M,N.由 M 可直达 N,所以有线路 t 通过 M,N,但每两条线路恰有一个公共车站,所以 t 不通过 P.由引理,P 引出的线路的条数恰好为线路 t 上的车站数.由(1)的结论,所有线路上的车站数为常数,从而所有车站有相同数目的线路通过.

例 4 给定正整数 n,甲、乙两人轮流取数,甲先取.设甲第一次取一个不小于 n 的整数,称为 x_1,具体数字不告诉乙,乙第一次取一个大于 1 的整数,称为 y_1,如果 $y_1 \mid x_1$,则乙获胜;如果 $y_1 \nmid x_1$,则甲再取数 $x_2 = x_1 - y_1$,乙再取另一大于 1 的整数 y_2,如果 $y_2 \mid x_2$,则乙获胜;如果 $y_2 \nmid x_2$,则甲继续取数 $x_3 = x_2 - y_2$. 如此下去,直到甲取到一个负数时,甲获胜.

(1) 如果允许乙取的数出现重复(即允许存在 $i \neq j$,使 $y_i = y_j$),求 n 的最小值,使乙有必胜策略;

(2) 如果不允许乙取的数出现重复(即对任何 $i \neq j$,有 $y_i \neq y_j$),证明:$n = 20$ 时,乙有必胜策略;

(3) 如果不允许乙取的数出现重复(即对任何 $i \neq j$,有 $y_i \neq y_j$),求 n 的最小值,使乙有必胜策略.

分析与解 (1) 乙要获胜是比较容易的.自然的想法是,从极端元素考虑:"2"能充当最多的自然数的约数,所以乙只需"逼迫"甲取一个偶数,然后乙取 2 即可.

实际上,乙的必胜策略如下:乙先取数 $y_1 = 2$,如果 x_1 是偶数,则乙胜.

如果 x_1 是奇数,则甲取的数 $x_2 = x_1 - y_1 = x_1 - 2$ 仍是奇数.此时乙再取数 $y_2 = 3$,则甲取的数 $x_3 = x_2 - y_2 = x_1 - 5$ 为偶数.至此,乙再取数 $y_3 = 2$,则有 $y_3 \mid x_3$,乙胜.

由此可见,当 $x_1 - 5 \geqslant 0$ 时,甲一直未取到负数,乙都有必胜策略.

于是,当 $n \geqslant 5$ 时,由题意,$x_1 \geqslant n \geqslant 5$,从而乙都有必胜策略.

此外,直接验证可知,当 $n = 4$ 时,乙也有必胜策略:乙前3次取的数仍依次为 $2, 3, 2$.

实际上,若 $x_1 = 4$,则乙取的数 $y_1 = 2$,$y_1 \mid x_1$,乙胜.若 $x_1 \geqslant 5$,则由上面的讨论可知,仍是乙胜.

下面证明:当 $n = 1, 2, 3$ 时,乙没有必胜策略.

用反证法,反设 $n \leqslant 3$ 时乙有必胜策略,并设在此策略中,乙取的数依次为 $y_1, y_2, y_3, \cdots$.

下面证明,在乙的这一策略中,甲有可能胜(我们尽可能让甲取到1或直接取到比乙小的数).

如果 $y_1 = 3$,此时甲可取
$$x_1 = 4 > 3 \geqslant n$$
因为 $y_1 \nmid x_1$,甲可再取数
$$x_2 = x_1 - y_1 = 1$$
此时,乙取数 $y_2 > 1$,必有 $y_2 \nmid x_2$,于是甲再取数
$$x_3 = x_2 - y_2 < 0$$
甲胜,矛盾.

如果 y_1 是奇数,且 $y_1 \geqslant 5$,此时甲可取
$$x_1 = 4 \geqslant n$$
因为 $y_1 \nmid x_1$,甲再取数
$$x_2 = x_1 - y_1 < 0$$
甲胜.

如果 $y_1 = 2$,则甲可取
$$x_1 = 3 \geqslant n$$
因为 $y_1 \nmid x_1$,甲再取数
$$x_2 = x_1 - y_1 = 1$$
同上,甲胜,矛盾.

如果 y_1 是偶数,且 $y_1 \geqslant 4$,此时甲可取
$$x_1 = 3 \geqslant n$$
因为 $y_1 \nmid x_1$,甲再取数
$$x_2 = x_1 - y_1 < 0$$
甲胜,矛盾.

综上所述,n 的最小值为 4.

(2) $n = 20$ 时,为证明乙有必胜策略,关键是找一个充分条件. 从极端元素考虑:想象一个尽可能小的整数 m,而 m 的约数又尽可能多(以便乙有多种方式取 m 的约数 a,设甲取的数为 $km+r$,显然只需 a 还满足 $a \mid r$,则 a 整除甲取的数).

易知,合乎要求的一个 m 为 $m = 12$. 因为 12 较小,且 12 共有 5 个约数:2,3,4,6,12,于是,乙在应对的策略中依次取 2,3,4,6,12.

设甲最初取的整数为 x_1,乙先取数 $y_1 = 2$. 如果 x_1 是偶数,则有 $y_1 \mid x_1$,乙胜. 如果 x_1 是奇数,则甲取的数 $x_2 = x_1 - y_1 = x_1 - 2$ 仍是奇数,令
$$x_2 = 12k + r \quad (r = \pm 1, \pm 3, \pm 5)$$

乙再取数 $y_2 = 3$,如果 $r = \pm 3$,则有 $y_2 \mid x_2$,乙胜. 如果 $r = \pm 1, \pm 5$,则甲取的数
$$x_3 = 12k + r - 3 = 12k + s \quad (s = r - 3 = \pm 2, -4, -8)$$

乙再取数 $y_3 = 4$,如果 $s = -4, -8$,则有 $y_3 \mid x_3$,乙胜. 如果 $s = \pm 2$,则甲取的数
$$x_4 = 12k + s - 4 = 12k + t \quad (t = s - 4 = -2, -6)$$

乙再取数 $y_4 = 6$,如果 $t = -6$,则有 $y_4 \mid x_4$,乙胜. 如果 $t = -2$,则甲

取的数
$$x_5 = 12k + t - 6 = 12k - 8$$

乙再取数 $y_5 = 16$(将余数凑成 12 的倍数),如果 $16 \mid x_5$,则乙胜.否则甲取的数
$$x_6 = 12k - 8 - 16 = 12k - 24$$

至此,乙再取数 $y_6 = 12$,则有 $y_6 \mid x_6$,乙胜.

于是,当 $x_1 \geqslant 2 + 3 + 4 + 6 + 16 + 12 = 43$ 时,乙都有必胜策略,即 $n = 43$ 时,乙都有必胜策略.此外,当 $n > 43$ 时,乙当然有必胜策略(与 $n = 43$ 时的策略一样).

进一步,直接验证 $x_1 = 41, 39, \cdots, 21$,可知,$n = 20$ 也合乎条件.

实际上,如果 x_1 为偶数,则乙先取数 $y_1 = 2$,乙胜.

如果 x_1 为奇数,则对 x_1 的各种可能值,乙按上述程序取数,获胜过程如表 1.1 所示.

表 1.1

乙取的序列		2	3	4	6	16	12
甲取的序列	41	39	3|39				
甲取的序列	39	37	34	30	6|30		
甲取的序列	37	35	32	4|32			
甲取的序列	35	33	3|33				
甲取的序列	33	31	28	4|28			
甲取的序列	31	29	26	22	16	16|16	
甲取的序列	29	27	24	4|24			
甲取的序列	27	25	22	18	6|18		
甲取的序列	25	23	20	4|20			
甲取的序列	23	21	3|21				
甲取的序列	21	19	16	4|16			
甲取的序列	20	2|20					

(3) 在(2)的策略中,乙第一次取的数 $y_1=2$,是因为"2"具有很大的"杀伤力":把甲取偶数的情形全部排除掉!实际上,这个"超级武器"不一定在一开始就拿出来,放到后面使用,也许更有"杀伤力"!求 n 的最小值需要采用这样的策略.

我们证明:n 的最小值为 12.

首先证明 $n \geqslant 12$,这只需证明 $n \leqslant 11$ 时,乙没有必胜策略.

用反证法,反设 $n \leqslant 11$ 时乙有必胜策略,并设在此策略中,乙取的数依次为 $y_1, y_2, y_3, \cdots$,则对任何正整数 i,一定有 $y_i \leqslant x_i$,否则 $y_i > x_i$,甲可再取数

$$x_{i+1} = x_i - y_i < 0$$

甲胜,矛盾.

此外,对任何正整数 i,$y_i \neq x_i - 1$,否则 $y_i = x_i - 1$,甲可再取数

$$x_{i+1} = x_i - y_i = 1$$

进而

$$x_{i+2} = x_{i+1} - y_{i+1} = 1 - y_{i+1} < 0$$

甲胜,矛盾.

下面分情况讨论.

(1) 如果 $y_1 \geqslant 10$,甲可取 $x_1 = y_1 + 1 \geqslant 11 \geqslant n$,因为 $y_1 \nmid x_1$,甲可再取数 $x_2 = x_1 - y_1 = 1$,进而,乙取数 $y_2 > 1$,但 $y_2 \leqslant x_2 = 1$,矛盾.

(2) 如果 $y_1 = 9$,甲可取 $x_1 = 11 \geqslant n$,因为 $y_1 \nmid x_1$,甲第二次取数 $x_2 = x_1 - y_1 = 2$,进而,乙取数 $y_2 > 1$,$y_2 \leqslant x_2 = 2$,所以 $y_2 = 2$.此时,甲改取 $x_1 = 12 \geqslant n$.因为 $y_1 = 9$,知甲第二次取数 $x_2 = x_1 - y_1 = 3$,进而,乙取数 $y_2 = 2$.因为 $y_1 \nmid x_1$,甲可再取数 $x_3 = x_2 - y_2 = 1$.同样甲胜,矛盾.

(3) 如果 $y_1 = 8$,甲可取 $x_1 = 11 \geqslant n$,因为 $y_1 \nmid x_1$,甲第二次取数 $x_2 = x_1 - y_1 = 3$,进而,乙取数 $y_2 > 1$,$y_2 \leqslant x_2 = 3$,且 $y_2 \neq x_2 - 1 = 2$,所以 $y_2 = 3$.此时,甲改取 $x_1 = 12 \geqslant n$.因为 $y_1 = 8$,知甲第二次取数 $x_2 = x_1 - y_1 = 4$,进而,乙取数 $y_2 = 3 = x_2 - 1$,矛盾.

(4) 如果 $y_1=7$,甲可取 $x_1=11\geqslant n$.因为 $y_1\nmid x_1$,甲第二次取数 $x_2=x_1-y_1=4$,进而,乙取数 $y_2>1$,$y_2\leqslant x_2=4$,且 $y_2\neq x_2-1=3$,所以 $y_2=2$ 或 4.

① 若 $y_2=2$,即乙的取数序列为 $(7,2,\cdots)$,甲改取 $x_1=12\geqslant n$.因为 $y_1=7$,知甲第二次取数 $x_2=x_1-y_1=5$.又乙取数 $y_2=2$,甲第三次取数 $x_3=x_2-y_2=3$,进而,乙取数 $y_3>1$,$y_3\leqslant x_3=3$,且 $y_3\neq x_3-1=2$,所以 $y_3=3$,即乙的取数序列为 $(7,2,3,\cdots)$.

甲改取 $x_1=16\geqslant n$.因为 $y_1=7$,知甲第二次取数 $x_2=x_1-y_1=9$.又乙取数 $y_2=2$,甲第三次取数 $x_3=x_2-y_2=7$.又乙取数 $y_3=3$,甲第四次取数 $x_4=x_3-y_3=4$.进而,乙取数 $y_4>1$,$y_4\leqslant x_4=4$,且 $y_4\neq y_2,y_3$,所以 $y_4=4$,即乙的取数序列为 $(7,2,3,4,\cdots)$.

甲改取 $x_1=22\geqslant n$.因为 $y_1=7$,知甲第二次取数 $x_2=x_1-y_1=15$.又乙取数 $y_2=2$,甲第三次取数 $x_3=x_2-y_2=13$.又乙取数 $y_3=3$,甲第四次取数 $x_4=x_3-y_3=10$.又乙取数 $y_4=4$,甲第五次取数 $x_5=x_4-y_4=6$.进而,乙取数 $y_5>1$,$y_5\leqslant x_5=6$,且 $y_5\neq x_5-1=5$,$y_5\neq y_2,y_3,y_4$,所以 $y_5=6$,即乙的取数序列为 $(7,2,3,4,6,\cdots)$.

甲改取 $x_1=24\geqslant n$.因为 $y_1=7$,知甲第二次取数 $x_2=x_1-y_1=17$.又乙取数 $y_2=2$,甲第三次取数 $x_3=x_2-y_2=15$.又乙取数 $y_3=3$,甲第四次取数 $x_4=x_3-y_3=12$.又乙取数 $y_4=4$,甲第五次取数 $x_5=x_4-y_4=8$.又乙取数 $y_5=6$,甲第六次取数 $x_6=x_4-y_4=2$.进而,乙取数 $y_6>1$,$y_6\leqslant x_6=2$,所以 $y_5=2=y_2$,矛盾.

② 若 $y_2=4$,即乙的取数序列为 $(7,4,\cdots)$,甲改取 $x_1=12\geqslant n$.因为 $y_1=7$,知甲第二次取数 $x_2=x_1-y_1=5$.又乙取数 $y_2=4$,但 $y_2\neq x_2-1=4$,矛盾.

(5) 如果 $y_1=6$,甲可取 $x_1=11\geqslant n$.因为 $y_1\nmid x_1$,甲第二次取数 $x_2=x_1-y_1=5$.进而,乙取数 $y_2>1$,$y_2\leqslant x_2=5$,且 $y_2\neq x_2-1=4$,所以 $y_2=2,3$ 或 5.

① 若 $y_2=2$,即乙的取数序列为 $(6,2,\cdots)$,甲改取 $x_1=13\geqslant n$.因为 $y_1=6$,知甲第二次取数 $x_2=x_1-y_1=7$.又乙取数 $y_2=2$,甲第三次取数 $x_3=x_2-y_2=5$.进而,乙取数 $y_3>1$,$y_3\leqslant x_3=5$,且 $y_3\neq x_3-1=4$,$y_4\neq y_2=2$,所以 $y_3=3$ 或 5.

若 $y_3=3$,即乙的取数序列为 $(6,2,3,\cdots)$,甲改取 $x_1=15\geqslant n$.因为 $y_1=6$,知甲第二次取数 $x_2=x_1-y_1=9$.又乙取数 $y_2=2$,甲第三次取数 $x_3=x_2-y_2=7$.又乙取数 $y_3=3$,甲第四次取数 $x_4=x_3-y_3=4$.进而,乙取数 $y_4>1$,$y_4\leqslant x_4=4$,且 $y_4\neq y_2,y_3$,所以 $y_4=4$,即乙的取数序列为 $(6,2,3,4,\cdots)$.

甲改取 $x_1=21\geqslant n$.因为 $y_1=6$,知甲第二次取数 $x_2=x_1-y_1=15$.又乙取数 $y_2=2$,甲第三次取数 $x_3=x_2-y_2=13$.又乙取数 $y_3=3$,甲第四次取数 $x_4=x_3-y_3=10$.又乙取数 $y_4=4$,甲第五次取数 $x_5=x_4-y_4=6$.进而,乙取数 $y_5>1$,$y_5\leqslant x_5=6$,且 $y_5\neq x_5-1=5$,$y_5\neq y_1,y_2,y_3,y_4$,所以 y_5 不存在,矛盾.

若 $y_3=5$,即乙的取数序列为 $(6,2,5,\cdots)$,甲改取 $x_1=15\geqslant n$.因为 $y_1=6$,知甲第二次取数 $x_2=x_1-y_1=9$.又乙取数 $y_2=2$,甲第三次取数 $x_3=x_2-y_2=7$.又乙取数 $y_3=5$,甲第四次取数 $x_4=x_3-y_3=2$.进而,乙取数 $y_4>1$,$y_4\leqslant x_4=2$,所以 $y_4=2=y_2$,矛盾.

② 若 $y_2=3$,即乙的取数序列为 $(6,3,\cdots)$,甲改取 $x_1=13\geqslant n$.因为 $y_1=6$,知甲第二次取数 $x_2=x_1-y_1=7$.又乙取数 $y_2=3$,甲第三次取数 $x_3=x_2-y_2=4$.进而,乙取数 $y_3>1$,$y_3\leqslant x_3=4$,且 $y_3\neq x_3-1=3$,所以 $y_3=2$ 或 4.

若 $y_3=2$,即乙的取数序列为 $(6,3,2,\cdots)$,甲改取 $x_1=16\geqslant n$.因为 $y_1=6$,知甲第二次取数 $x_2=x_1-y_1=10$.又乙取数 $y_2=3$,甲第三次取数 $x_3=x_2-y_2=7$.又乙取数 $y_3=2$,甲第四次取数 $x_4=x_3-y_3=5$.进而,乙取数 $y_4>1$,$y_4\leqslant x_4=5$,且 $y_4\neq x_4-1=4$,$y_4\neq y_1,y_2,y_3$,所以 $y_4=5$,即乙的取数序列为 $(6,3,2,5,\cdots)$.

甲改取 $x_1=18 \geqslant n$. 因为 $y_1=6$, 知甲第二次取数 $x_2=x_1-y_1=12$. 又乙取数 $y_2=3$, 甲第三次取数 $x_3=x_2-y_2=9$. 又乙取数 $y_3=2$, 甲第四次取数 $x_4=x_3-y_3=7$. 又乙取数 $y_4=5$, 甲第五次取数 $x_5=x_4-y_4=2$. 进而, 乙取数 $y_5>1, y_5 \leqslant x_5=2$, 且 $y_5 \neq y_3=2$, 所以 y_5 不存在, 矛盾.

若 $y_3=4$, 即乙的取数序列为 $(6,3,4,\cdots)$, 甲改取 $x_1=16 \geqslant n$. 因为 $y_1=6$, 知甲第二次取数 $x_2=x_1-y_1=10$. 又乙取数 $y_2=3$, 甲第三次取数 $x_3=x_2-y_2=7$. 又乙取数 $y_3=4$, 甲第四次取数 $x_4=x_3-y_3=3$. 进而, 乙取数 $y_4>1, y_4 \leqslant x_4=3$, 且 $y_4 \neq x_4-1=2, y_4 \neq y_2=3$, 所以 y_4 不存在, 矛盾.

③ 若 $y_2=5$, 即乙的取数序列为 $(6,5,\cdots)$, 甲改取 $x_1=13 \geqslant n$. 因为 $y_1=6$, 知甲第二次取数 $x_2=x_1-y_1=7$. 又乙取数 $y_2=5$, 甲第三次取数 $x_3=x_2-y_2=2$. 进而, 乙取数 $y_3>1, y_3 \leqslant x_3=2$, 所以 $y_3=2$, 即乙的取数序列为 $(6,5,2,\cdots)$. 甲改取 $x_1=14 \geqslant n$. 因为 $y_1=6$, 知甲第二次取数 $x_2=x_1-y_1=8$. 又乙取数 $y_2=5$, 甲第三次取数 $x_3=x_2-y_2=3$. 又乙取数 $y_3=2=x_3-1$, 矛盾.

类似讨论, 当 $y_1=5,4,3,2$ 时, 同样得出矛盾.

其次证明, 当 $n=12$ 时, 乙有必胜策略, 乙的取数序列为 $(6,4,3,2,5,12,\cdots)$.

实际上, 设 $x_1=12k+r_1$, 其中 $r_1=0,\pm 1,\pm 2,\pm 3,\pm 4,\pm 5,6$.

(1) 若 $r_1=0,6$, 则 $6|x_1$, 乙胜.

若 $r_1=\pm 1,\pm 2,\pm 3,\pm 4,\pm 5$, 则
$$x_2=x_1-6=12k+r_1-6=12k+r_2$$
此时, $r_2=r_1-6\equiv \pm 1,\pm 2,\pm 3,\pm 4,\pm 5 (\bmod 12)$.

(2) 若 $r_2\equiv \pm 4(\bmod 12)$, 则 $4|x_2$, 乙胜.

若 $r_2=\pm 1,\pm 2,\pm 3,\pm 5$, 则
$$x_3=x_2-4=12k+r_2-4=12k+r_3$$
此时, $r_3=r_2-4\equiv \pm 1,\pm 3,\pm 5,-2,6 (\bmod 12)$.

(3) 若 $r_3 \equiv \pm 3, 6 \pmod{12}$,则 $3 | x_3$,乙胜.

若 $r_3 = \pm 1, \pm 5, -2$,则
$$x_4 = x_3 - 3 = 12k + r_3 - 3 = 12k + r_4$$
此时,$r_4 = r_3 - 3 \equiv \pm 2, \pm 4, -5 \pmod{12}$.

(4) 若 $r_4 \equiv \pm 2, \pm 4 \pmod{12}$,则 $2 | x_4$,乙胜.

若 $r_4 = -5$,则
$$x_5 = x_4 - 2 = 12k + r_4 - 2 = 12k + r_5$$
此时,$r_5 = r_4 - 2 \equiv 5 \pmod{12}$.

进而
$$x_6 = x_5 - 5 = 12k + r_5 - 5 = 12k$$
此时,$12 | x_5$,乙胜.

为了保证 x_6 不是负数,只需
$$x_1 \geqslant y_1 + y_2 + \cdots + y_6 = 6 + 4 + 3 + 2 + 5 + 12 = 32$$
由此可见,当 $x_1 \geqslant 32$ 时,乙的取数序列 $(6,4,3,2,5,12,\cdots)$ 保证乙必胜.

由表 1.2 可知,当 $x_1 \leqslant 31$ 时,乙的取数序列 $(6,4,3,2,5,12,\cdots)$ 也保证乙必胜.

表 1.2

甲取的数	乙取的数					
	6	4	3	2	5	12
31	25	21	3|21			
30	6|30					
29	23	19	16	2|16		
28	22	18	3|18			
27	21	17	14	2|14		
26	20	4|20				
25	19	15	3|15			
24	6|24					

续表

甲取的数	乙取的数					
	6	4	3	2	5	12
23	17	13	10	2|10		
22	16	4|16				
21	15	11	8	2|8		
20	14	10	7	5	5|5	
19	13	9	3|9			
18	6|18					
17	11	7	4	2|4		
16	10	6	3|6			
15	9	5	2	2|2		
14	8	4|8				
13	7	3	3|3			
12	6|12					

综上所述，n 的最小值为 12.

例 5 在 $n \times n$ 的正方形棋盘中，每个方格都写着 $+1$，定义操作如下：任取一个方格，不改变这个方格中的数，而将与之相邻（有公共边的）的方格中的数都变号. 求所有的正整数 $n \geqslant 2$，使得可以经过有限次操作，将棋盘上所有方格中的数都变为 -1.

分析与解 为叙述问题方便，记棋盘第 i 行、第 j 列的方格为 $A_{ij}(1 \leqslant i, j \leqslant n)$. 如果一个操作是取定某一个方格，改变它的邻格中所有数的符号，则称该格为该操作的中心.

首先注意操作的特征：以某格为中心的操作只能改变它邻格中数的符号，由此想到将所有格分成两类，使任何相邻两格属于不同类，这恰好可用棋盘中一种常见的染色方式：将棋盘的格染黑白两色，使相邻的格不同色，不妨设格 A_{11} 为黑色.

充分条件

至此,可找这样一个充分条件:使每一个黑格中的数都改变奇数次符号,而白格中的数不改变,这只需取定若干个白格作为相应操作的中心即可. 由对称性,又可取定若干个黑格作为相应操作的中心,使每一个白格中的数都改变奇数次符号,而黑格中的数不改变. 这样就使所有数都变成 -1.

我们应取定哪些白格作为相应操作的中心,方可使每一个黑格中的数都改变奇数次符号呢?考察特例:当 $n=2$ 时,先任取一个白格为操作中心操作一次,则两个黑格中的数各改变一次符号;再任取一个黑格为操作中心操作一次,则两个白格中的数各改变一次符号,此时所有数都变成 -1,所以 $n=2$ 合乎要求.

图 1.3

当 $n=3$ 时,棋盘中只有 4 个白格,设各白格为中心的操作次数分别为 x,y,z,u(图 1.3).

先考察格 A_{11} 中的数,它要改变奇数次符号,于是有
$$x + y \equiv 1 (\bmod\ 2)$$
由对称性,考察格 A_{33} 中的数,有
$$z + u \equiv 1 (\bmod\ 2)$$
最后考察格 A_{22} 中的数,它要改变奇数次符号,有
$$x + y + z + u \equiv 1 (\bmod\ 2)$$
以上 3 个同余式相加,得
$$2(x + y + z + u) \equiv 3 (\bmod\ 2)$$
矛盾.

由此可见,当 $n=3$ 时,不存在合乎条件的操作,即 $n=3$ 不合乎要求.

将上述思考方法推广到一般情形,即可发现,若能按规则操作,使棋盘上所有方格中的数都变为 -1,则 n 为偶数.

实际上,考察棋盘主对角线上各方格 $A_{11}, A_{22}, \cdots, A_{nn}$ 中的数,它们

都必须改变奇数次符号. 设主对角线上方与主对角线相邻的一条对角线上各方格被选作操作中心的操作次数依次为 $x_1, x_2, \cdots, x_{n-1}$,主对角线下方与主对角线相邻的一条对角线上各方格被选作操作中心的操作次数依次为 $y_1, y_2, \cdots, y_{n-1}$(图1.4),那么

$$x_1 + y_1 \equiv 1 \pmod 2$$
$$x_1 + y_1 + x_2 + y_2 \equiv 1 \pmod 2$$
$$\cdots$$
$$x_{n-2} + y_{n-2} + x_{n-1} + y_{n-1} \equiv 1 \pmod 2$$
$$x_{n-1} + y_{n-1} \equiv 1 \pmod 2$$

将上述 n 个式子相加,得

$$2(x_1 + x_2 + \cdots + x_{n-1} + y_1 + y_2 + \cdots + y_{n-1}) \equiv n \pmod 2$$

所以 n 为偶数.

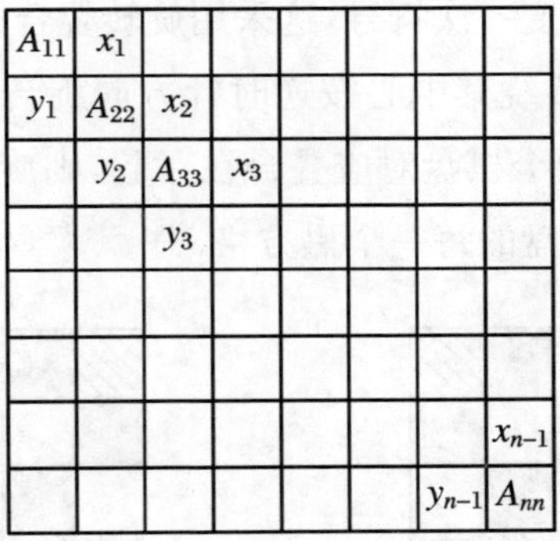

A_{11}	x_1						
y_1	A_{22}	x_2					
	y_2	A_{33}	x_3				
		y_3					
						x_{n-1}	
						y_{n-1}	A_{nn}

图 1.4

证明 n 为偶数我们还有更简单的方法:设主对角线上 n 个格在操作中改变符号的次数依次为 $a_1, a_2, \cdots, a_n$,则 $a_i (1 \leqslant i \leqslant n)$ 都为奇数,于是,主对角线上各格改变符号次数的总和为

$$S = a_1 + a_2 + \cdots + a_n \equiv 1 + 1 + \cdots + 1 = n \pmod 2$$

又每一个操作改变主对角线上偶数(0 或 2)个格中数的符号,从而

$$S \equiv 0 \pmod{2}$$

所以 n 为偶数.

另一方面,当 n 为偶数时,我们证明操作目标可以实现.继续考察特例,取 $n=4$,研究 4×4 棋盘如何操作可以实现目标.

为了改变 A_{11} 中的数,必须取格 A_{21} 或 A_{12},不妨假定取格 A_{21}(用斜线表示),如图 1.5 所示.此时,格 A_{11},A_{22},A_{31} 中的数都已改变.继而,为了改变 A_{13} 中的数,必须取格 A_{14},此时,格 A_{13},A_{24} 中的数都已改变.最后,为了改变 A_{44} 中的数,必须取格 A_{43},这样,格 A_{33},A_{42},A_{44} 中的数都已改变.

由此可见,当 $n=4$ 时,分别取白格 A_{21},A_{14},A_{43} 为操作中心各操作一次,则所有黑格中的数都恰好改变一次符号.

现在考虑,能否类似地取若干个黑格为操作中心各操作一次,则所有白格中的数都恰好改变一次符号,这采用旋转叠合即可.

实际上,将图 1.5 绕其中心按逆时针方向旋转 $90°$,得到一个新的染色棋盘(图 1.6),将两个棋盘对应叠合在一起,则旋转后的棋盘的白色方格恰好覆盖旋转前棋盘的每一个黑方格.

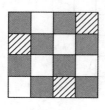

图 1.5

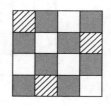

图 1.6

于是,以旋转后的棋盘的每一个取定的白色格为操作中心再操作一次,这等价于旋转前棋盘的对应黑色格为操作中心操作一次,从而旋转前棋盘的所有白色格中的数都变成 -1,其余格中的数不变.所以,经过上述两轮操作后,4×4 正方形棋盘的每一个方格中的数都变成 -1.

现在的问题是,对一般情形,我们应取哪些白格为操作中心?为了发现其规律,再考察 $n=6$ 的情形.

类似地分析,我们可想象若干次操作,使所有黑格中的数都恰改变一次符号. 先取带斜线的白格 A_{21}, A_{14}, A_{43} 为操作中心各操作一次(图1.7),则格 $A_{11}, A_{13}, A_{15}, A_{22}, A_{24}, A_{31}, A_{33}, A_{42}, A_{44}, A_{53}$ 中的数都恰好改变一次符号(用"·"表示),且这些格的邻格都不能再选为操作中心(用"×"表示).

为了改变 A_{51} 中的数,必须取格 A_{61},此时,格 A_{51}, A_{62} 中的数都已变. 为了改变 A_{64} 中的数,必须取格 A_{65},此时,格 A_{64}, A_{66}, A_{55} 中的数都已改变. 最后,为了改变 A_{26} 中的数,必须取格 A_{36},这样,格 A_{26}, A_{35}, A_{46} 中的数都已改变.

由此可见,当 $n=6$ 时,分别取白格 $A_{21}, A_{14}, A_{43}, A_{61}, A_{65}, A_{36}$ 为操作中心各操作一次,则所有黑格中的数都恰好改变一次符号(图1.8). 然后,通过与 $n=4$ 类似的旋转叠合,又可使所有白格中的数都恰好改变一次符号,从而所有数都变成 -1.

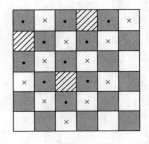
图 1.7

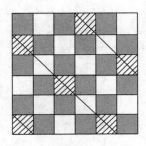
图 1.8

现在我们来研究图 1.8 中所选定的白色格的特征(用斜线表示),其下标构成的数对 $(i,j)=(2,1),(1,4),(4,3),(6,1),(6,5),(3,6)$. 由此归纳 i,j 满足的条件是比较困难的,但借助几何直观,考察上述取定的格所在位置的分布特征,不难发现所有取定的格都在若干条由白格构成的 $135°$ 对角线上,我们称这样的对角线为"白对角线",且每隔一条对角线取定一条白对角线,而对取定的白对角线,先取定最上面一个白格,然后每隔一个白格取定一个白格.

此外,容易看出,第一行取定的白格所在的列标以 4 为周期,第一列取定的白格所在的行标以 4 为周期,由此不难归纳出一般情况下白色格的取定方法.

对任何正偶数 n,在 $n \times n$ 棋盘的第一行取定这样一些白格 A_{1j},其中 $j \equiv 0 \pmod{4}$;在第一列取定这样一些白格 A_{i1},其中 $i \equiv 2 \pmod{4}$.然后对上述一些取定的白格,再取定其所在的白对角线,并在这些白对角线上从已取定的那个白格开始,每间隔一个白格取定一个白格,直至不能取为止.图 1.9 所示的是 $n = 16$ 的情形,其中标有字母 a 表示取定的白格.

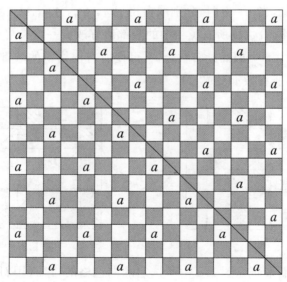

图 1.9

这样取定的白格具有如下特征:每一个黑格都恰好有一个邻格为取定的白格.实际上,主对角线 $A_{11}A_{22}\cdots A_{nn}$ 上方取定的格同行同列都以 4 为周期,从而对于主对角线上方那些黑色方格只需验证 8×8 棋盘内位于主对角线上方的那些黑色方格即可.同样,主对角线 $A_{11}A_{22}\cdots A_{nn}$ 下方取定的格同行同列都以 4 为周期,从而对于主对角线下方那些黑色方格只需验证 8×8 棋盘内位于主对角线下方的那些黑色方格即可.

于是,以每个取定的格为操作中心操作一次,则所有黑格中的数都变为 -1,其余格中的数不变.

将上述棋盘绕其中心按逆时针方向旋转 90°,得到一个新的染色棋盘,将两个棋盘对应叠合在一起,则旋转后的棋盘的白色方格恰好覆盖旋转前棋盘的每一个黑方格.

于是,以旋转后的棋盘的每一个取定的白色格为操作中心再操作一次,这等价于旋转前棋盘的对应黑色格为操作中心操作一次,从而旋转前棋盘的所有白色格中的数都变成 -1,其余格中的数不变.所以,经过上述两轮操作后,$n \times n$ 正方形棋盘的每一个方格中的数都变成 -1.

综上所述,所求正整数 n 为一切正偶数.

注 本题命题者给出的解答中所选取白格 A_{ij} 满足的条件是
$$j - i \equiv 3 \pmod 4, \quad j - i \equiv j + i \pmod 4$$
见《走向 IMO,数学奥林匹克试题集锦(2013)》一书.这实际上是错误的,比如,按此方法,白格 A_{12}, A_{21} 都未被取定,从而黑格 A_{11} 中的数不改变符号,矛盾.正确的取法应该是,白格 A_{ij} 满足:当 $i < j$ 时,$i - j \equiv 1 \pmod 4$,$i \equiv 1 \pmod 2$;当 $i > j$ 时,$i - j \equiv 3 \pmod 4$,$i \equiv 0 \pmod 2$.

例 6 某公司发行一种彩票,其兑奖号码是一个三位数(允许有重复数字,且首位可以为 0,即 000 到 999 这 1000 个数中的任何一个),如果所填的号码与兑奖号码至少有两个数位上的数字对应相同,则中奖.比如,兑奖号码是 123,则所填的 12×,1×3,×23 等号码都可中奖.

若可以适当填写 r 张彩票,使不论兑奖号码是什么,都至少有一张中奖,求 r 的最小值.

分析与解 设中奖的底票是 $\overline{abc}$,因为底票含有 3 个数字(允许相同),如果将 3 个数字归入两个类(抽屉),则必定有 2 个数属于同一个类.由此想到找这样一个必然中奖的充分条件:填若干张彩票,使同一个类中

任何两个数字的任何顺序必定在某张填写的彩票中.

为了使填写的彩票张数尽可能少,可想象两个类包含的数字个数相等,于是,不妨设这两个类为 $P = \{0,1,2,3,4\}$, $Q = \{5,6,7,8,9\}$.

注意到对称性,我们只需填若干张彩票,使 P 中任何两个数字 a,b(允许 $a = b$)的任何顺序,包括 $\overline{ab\times}$, $\overline{ba\times}$, $\overline{a\times b}$, $\overline{b\times a}$, $\overline{\times ab}$, $\overline{\times ba}$,都必定在某张填写的彩票中.

为了使填写的彩票包含 2 个数字的任何顺序,不难想到这样一种填写彩票的方案:如果填写了一张彩票 $\overline{abc}$,则同时填写由 a,b,c 的任何顺序组成的彩票.

为了叙述问题方便,用 $[a,b,c]$ 表示由 3 个数字 a,b,c(允许有相等)组成的任何顺序的彩票的集合,即当 a,b,c 互异时

$$[a,b,c] = \{\overline{abc}, \overline{acb}, \overline{bac}, \overline{bca}, \overline{cab}, \overline{cba}\}$$

当 a,b,c 中有两个相等,比如 $a = b \neq c$ 时

$$[a,b,c] = \{\overline{aac}, \overline{aca}, \overline{caa}\}$$

当 $a = b = c$ 时

$$[a,b,c] = \{\overline{aaa}\}$$

用 $[a,b]$ 表示由 2 个数字 a,b(允许相等)的任何顺序类的集合,即当 $a \neq b$ 时

$$[a,b] = \{\overline{ab\times}, \overline{ba\times}, \overline{a\times b}, \overline{b\times a}, \overline{\times ab}, \overline{\times ba}\}$$

当 $a = b$ 时

$$[a,b] = \{\overline{aa\times}, \overline{a\times a}, \overline{\times aa}\}$$

设能包含 P 中任何两个数字 a,b(允许 $a = b$)的任何顺序的彩票的集合为 A,我们先考虑 A 中要包含 $[0,0]$,取 $[0,0,1] \in A$,共有 3 张彩票,它们覆盖了 $[0,0]$, $[0,1]$.

再考虑 A 中要包含 $[0,2]$,取 $[0,2,3] \in A$,共有 6 张彩票,它们覆盖了 $[0,2]$, $[0,3]$, $[2,3]$.

再考虑 A 中要包含 $[0,4]$,取 $[0,1,4] \in A$,共有 6 张彩票,它们覆盖

了$[0,4],[1,4]$.

再考虑 A 中要包含$[1,1]$,取$[1,1,2] \in A$,共有 3 张彩票,它们覆盖了$[1,1],[1,2]$.

再考虑 A 中要包含$[1,3]$,取$[1,3,4] \in A$,共有 6 张彩票,它们覆盖了$[1,3],[1,4],[3,4]$.注意前面$[0,1,4]$也覆盖了$[1,4]$,如果将$[0,1,4]$改为$[0,2,4]$,则以上彩票还覆盖了$[2,4]$.

最后,只需有一张彩票覆盖$[4,4]$,取$[4,4,4] \in A$ 即可.

于是,令
$$A = [0,0,1] \cup [0,2,4] \cup [0,3,3] \cup [1,1,2]$$
$$\cup [1,3,4] \cup [2,2,3] \cup [4,4,4]$$

则对 $P = \{0,1,2,3,4\}$ 中任何两个数 a,b(允许 $a = b$)的任何顺序,它必定出现在 A 的某个集合中.此时 A 中包含有 $3+3+3+3+6+6+1 = 25$ 张彩票.

对称地,将 A 中集合的每一个数字 a 换作 $9-a$,得到如下的集合:
$$B = [9,9,8] \cup [9,7,5] \cup [9,6,6] \cup [8,8,7]$$
$$\cup [8,6,5] \cup [7,7,6] \cup [5,5,5]$$

则 B 也包含有 $3+3+3+3+6+6+1 = 25$ 张彩票.

同样可知,对 $Q = \{5,6,7,8,9\}$ 中任何两个数 a,b(允许 $a = b$)的任何顺序,它必定出现在 B 的某个集合中.此时,B 中也包含有 25 张彩票.

令 $X = A \cup B$,则 $|X| = 50$.于是,当 $r = 50$ 时,填写 X 中的 50 张彩票,必定中奖,所以 $r = 50$ 合乎要求.

注意,构造方法并不是唯一的,比如,集合 B 还可以这样构造:
$$B = [5,5,6] \cup [5,7,9] \cup [5,8,8] \cup [6,6,7]$$
$$\cup [6,8,9] \cup [7,7,8] \cup [9,9,9]$$

另一方面,我们要证明:当 $r \leqslant 49$ 时,可适当填一张底票,使没有一张彩票中奖.

由于只有 $r \leqslant 49$ 张彩票,考察这些彩票的第一位,$X = \{0,1,2,\cdots,9\}$

的 10 个数中必有一个数,设为 a,它在第一位上出现次数 $d(a) \leqslant 4$(否则,每个都至少出现 5 次,则至少有 $5 \times 10 = 50$ 张彩票,矛盾).

(1) 若 $d(a) = 0$,则将底票的首位填 a,后两位的填法有 $10 \times 10 = 100$ 种.从这 100 种填法中,去掉所填的 39 张彩票末两位完全相同的 39 个,至少还剩下 1 个数对,记为 $\overline{bc}$,那么,底票 $\overline{abc}$ 使 49 张彩票中没有一张彩票中奖.

(2) 若 $1 \leqslant d(a) \leqslant 3$,令 A 为所填彩票中第一位为 a 的那些彩票的集合.现将底票的首位填 a,下面填底票的后两位,使 49 张都不中奖.

先使 A 中的彩票不中奖.办法是:第二位上不填这 $d(a) \leqslant 3$ 张彩票第二位上的数字,于是第二位上至少还有 $10 - 3 = 7$ 个数字可填.第三位上不填这 $d(a) \leqslant 3$ 张彩票第三位上的数字,于是第三位上至少还有 $10 - 3 = 7$ 个数字可填.从而使 A 中彩票不中奖的填法有 $7 \times 7 = 49$ 种.

从这 49 种填法中,去掉与所填的首位不是 a 的至多 48(因为 $d(a) \geqslant 1$)张彩票末两位完全相同的 48 个,至少还剩下一个数对,记为 $\overline{bc}$,那么,底票 $\overline{abc}$ 使 49 张彩票中没有一张彩票中奖.

实际上,对任意一张所填的彩票,如果第一位数不是 a,则末两位不是 $\overline{abc}$ 的末两位,从而不中二等以上的奖.如果第一位数是 a,则它的第二位不是 b,第三位不是 c,从而也不中二等以上的奖.

(3) 若 $d(a) = 4$,令 A 为所填彩票中第一位为 a 的那 4 张彩票的集合.先将底票的首位填 a,下面填底票的后两位,使 A 中 4 张彩票不中奖;第二位上不填这 4 张彩票第二位上的数字,于是第二位上至少还有 $10 - 4 = 6$ 个数字可填.第三位上不填这 4 张彩票第三位上的数字,于是第三位上至少还有 $10 - 4 = 6$ 个数字可填.从而使第一位为 a 的那 4 张彩票不中奖的填法有 $6 \times 6 = 36$ 种.

如果有一种填法,比如 $\overline{bc}$,不包含在所填彩票的末两位中,那么,底票 $\overline{abc}$ 使 49 张彩票中没有一张彩票中奖.

假定每一种填法都包含在所填彩票的末两位中,则至少有 36 张不属

于 A 的彩票,且这 36 张彩票中,第二位不含 A 中所有彩票第二位上的数字,第三位不含 A 中所有彩票第三位上的数字. 记这 36 张彩票的集合为 B.

再考察 A 中彩票第二位上的数字,如果 4 个数字互异,则每个数字至少出现 4 次(否则,若某个数字至多出现 3 次,则类似于 $d(a) \leqslant 3$ 的情形),这样产生 $4 \times 4 = 16$ 张彩票,其第二位与 A 中某张彩票第二位上的数字相同,于是这些彩票都不属于 B,从而至少有 $36 + 16 = 52$ 张彩票,矛盾. 所以,A 中彩票第二位上的数字至多有 3 个互异. 同理,A 中彩票第三位上的数字也至多有 3 个互异. 这样,我们仍有 $7 \times 7 = 49$ 种使 A 中彩票不中奖的填法,同样有一种填法,使所有彩票都不中奖.

综上所述,r 的最小值为 50.

1.3 最易实现目标

考察解题目标在什么情况下最容易实现,也是以简驭繁的一种常用手段. 比如,欲证明某 n 个数的和等于另 n 个数的和:
$$a_1 + a_2 + \cdots + a_n = b_1 + b_2 + \cdots + b_n$$
则最容易使上述等式成立的一种情形是"对应相等",即对每一个 $i(1 \leqslant i \leqslant n)$,有 $a_i = b_i$.

欲证明某 n 个数的和大于另 n 个数的和:
$$a_1 + a_2 + \cdots + a_n > b_1 + b_2 + \cdots + b_n$$
则最容易使上述等式成立的一种情形是"对应大于",即对每一个 $i(1 \leqslant i \leqslant n)$,有 $a_i > b_i$.

例 1 (1) 对于怎样的自然数 $n > 2$,存在 n 个连续的正整数,其中最大的数是其余 $n - 1$ 个数的最小公倍数的约数?

(2) 对于怎样的自然数 $n > 2$,恰有一组正整数具有上述性质?(第 22 届国际数学奥林匹克竞赛试题)

分析与解 （1）假定自然数 n 合乎条件,我们要证明,存在正整数 m（其中 m 待定,与 n 相关）,使 n 个连续正整数 $m+1,m+2,\cdots,m+n$ 满足:

$$m+n \mid [m+1,m+2,\cdots,m+n-1]$$

令

$$M = [m+1,m+2,\cdots,m+n-1]$$

则我们要找到 m,使 M 的一个约数为 $m+n$. 显然,我们先找到 M 的一个约数,然后令 $m+n$ 等于该约数即可.

为寻找 M 的一个约数,令

$$S = \{m+1,m+2,\cdots,m+n-1\}$$

考察最容易的情形,M 的显然的约数如下:S 中的数都是 M 的约数,但这样的约数都小于 $m+n$,不是我们要找的约数.

进一步思考,如果取 2 个这样的约数:$m+i,m+j$,则其乘积 $(m+i)(m+j)$ 也许是我们要找的约数. 但此时令

$$m+n = (m+i)(m+j)$$

却得不到关于 m 的正整数解.

由此可见,所寻找的 M 的约数应该是与 m 无关的数.

注意到 S 中数的约数也都是 M 的约数,当然这些约数比 S 中的数更小,不是我们要找的约数. 但类似思考,只要取 2 个这样的约数 p,q,则其乘积 pq 也许是我们要找的约数.

为叙述问题方便,对于正整数 p,如果存在 $x \in S$,使 $p \mid x$,则称 $p \mid S$.

取 $p \mid S, q \mid S$,为了保证 $pq \mid S$,找一个充分条件:取 $(p,q)=1$,那么 $p \mid M, q \mid M, pq \mid M$,继而可令 $m+n=pq$,这样便找到了

$$m = pq - n$$

如何使 $(p,q)=1$？再找充分条件,取最容易实现的情形:令 $q=p-1$ 即可.

如何找到正整数 p,使 $p \mid S, p-1 \mid S$？这利用 S 中的数构成模 p 的

完系即可,从而可取 $p=n-1$.

实际上,因为 $m+1,m+2,\cdots,m+n-1$ 构成模 $n-1$ 的完系,其中必有一个被 $n-1$ 整除,同样,必有一个被 $n-2$ 整除,所以
$$n-1\mid M, \quad n-2\mid M$$
又 $(n-1,n-2)=1$,所以
$$(n-1)(n-2)\mid M$$
进而令 $m+n=(n-1)(n-2)$,得
$$m=(n-1)(n-2)-n$$
再由 $(n-1)(n-2)-n=m>0$,得 $n>3$.

所以当 $n\geqslant 4$ 时,存在 n 个合乎条件的自然数:
$(n-1)(n-2)-n+1,(n-1)(n-2)-n+2,\cdots,(n-1)(n-2)$

另一方面,若 $n<4$,注意到 $n>2$,所以 $n=3$.

设合乎条件的 3 个连续自然数为 $m+1,m+2,m+3$,此时,
$$M=[m+1,m+2]=(m+1)(m+2)$$
所以
$$m+3\mid (m+1)(m+2)$$
注意到 $(m+3,m+2)=1$,所以 $m+3\mid m+1$,矛盾.

于是所求正整数是一切满足 $n\geqslant 4$ 的正整数.

(2) 由以上证明过程可知,
$$n-2\mid M, \quad n-3\mid M$$
若取 $m+n=(n-2)(n-3)$,则 $m+n\mid M$.

只要 $(n-2)(n-3)>n$,即 $n>4$,就可得到一组合乎条件的 n 个正整数:
$(n-2)(n-3)-n+1,(n-2)(n-3)-n+2,\cdots,(n-2)(n-3)$

所以当 $n\geqslant 5$ 时,相应的 n 元数组是不唯一的.

最后,我们证明:当 $n=4$ 时,存在唯一的 4 元数组合乎条件.

实际上,设合乎条件的 4 元数组为:$m+1,m+2,m+3,m+4$,

其中
$$m+4 \mid [m+1, m+2, m+3]$$

下证 m 唯一存在,采用两种方法.

方法 1:因为
$$m+4 \mid [m+1, m+2, m+3]$$

而
$$[m+1, m+2, m+3] \mid (m+1)(m+2)(m+3)$$

所以
$$m+4 \mid (m+1)(m+2)(m+3)$$

即
$$(m+1)(m+2)(m+3) \equiv 0 (\bmod\ m+4)$$

所以
$$(-3)(-2)(-1) \equiv 0 (\bmod\ m+4)$$

所以 $m+4 \mid 6$.

由于 $m+4 > 3$,所以 $m+4=6$,解得 $m=2$,由此得到唯一的解:3,4,5,6.

方法 2(原来方法):设 $m+4$ 的标准分解式为
$$m+4 = p_1^{t_1} p_2^{t_2} \cdots p_r^{t_r}$$

考察其中的 $p_i^{t_i}$,有
$$p_i^{t_i} \mid [m+1, m+2, m+3]$$

由最小公倍数的定义可知(相同质数取指数最大的),必存在 $j(1 \leqslant j \leqslant 3)$,使 $p_i^{t_i} \mid m+j$.

但 $p_i^{t_i} \mid m+4$,所以
$$p_i^{t_i} \mid m+4-(m+j) = 4-j$$

所以 $p_i^{t_i} = 2$ 或 3,由此可知,$r \leqslant 2$.

当 $r=1$ 时,$m+4 = p_1^{t_1} = 2$ 或 3,此时 m 不存在;当 $r=2$ 时
$$m+4 = p_1^{t_1} p_2^{t_2} = 2 \times 3 = 6$$

则 $m=2$,由此得到唯一的 4 元数组:3,4,5,6.

例2 设 $a_0, a_1, a_2, \cdots$ 是严格递增的自然数序列,它具有如下性质:对任何自然数 x,都存在序列中的项 a_i, a_j, a_k,使 $x = a_i + 2a_j + 4a_k$,且 x 只有唯一这样的表示方式,其中 i, j, k 可以相同,求 a_{2015} 的值.

分析与解 为叙述问题方便,如果存在序列中的项 a_i, a_j, a_k,使 $x = a_i + 2a_j + 4a_k$,则称 x "可表",并设序列中所有项的集合为 A.

由于 0 可表,必有 $0 \in A$,又序列是严格递增的,所以 $a_0 = 0$.

再考虑 1 可表,而 1 只能表示成 $1 = 1 + 2 \times 0 + 4 \times 0$,所以 $1 \in A$,而序列是严格递增的,必定有 $a_1 = 1$.

再考虑 2 可表,而 2 可以表示成 $2 = 2 + 2 \times 0 + 4 \times 0 = 0 + 2 \times 1 + 4 \times 0$,所以 $2 \notin A$,否则 2 有 2 种表示方法.

再考虑 3 可表,而 3 可以表示成 $3 = 3 + 2 \times 0 + 4 \times 0 = 1 + 2 \times 1 + 4 \times 0$,所以 $3 \notin A$,否则 3 有 2 种表示方法.

如此下去,可知 $2, 3, 4, 5, 6, 7 \notin A$.

再考虑 8 可表,设 $8 = a_i + 2a_j + 4a_k$,我们证明 a_i, a_j, a_k 中必定有一个为 8. 否则,只有如下两种情况:

(1) a_i, a_j, a_k 都小于 8,此时由于 $2, 3, \cdots, 7 \notin A$,从而 $a_i, a_j, a_k \in \{0, 1\}$,于是
$$8 = a_i + 2a_j + 4a_k \leqslant 1 + 2 + 4 = 7$$
矛盾.

(2) a_i, a_j, a_k 中至少有一个大于 8,此时
$$8 = a_i + 2a_j + 4a_k > 8$$
矛盾.

所以,$8 \in A$,而序列是严格递增的,必定有 $a_2 = 8$.

类似讨论可知,$a_3 = 9, a_4 = 64, a_5 = 65$.

上述序列似乎没有什么规律,但仔细研究 $a_0 = 0, a_1 = 1, a_2 = 8, a_3 = 9$,其中开始两项是连续自然数,其后跳过 $2, 3, 4, 5, 6, 7$,又有两项是连续自然数,其连续性以 8 为周期,由此想到用模 8 来考察序列的各项,我

们有

$$a_0 \equiv 0 \pmod 8, a_1 \equiv 1 \pmod 8, a_2 \equiv 0 \pmod 8, a_3 \equiv 1 \pmod 8$$

此规律虽然具有一般性,但却无法确定 a_{2015} 的值,所以我们还需要讨论各项的具体值.

再注意到 $a_4 = 8^2, a_5 = 8^2 + 8^0$,从而进一步想到能否用 8 的"方幂的和"表示序列的各项,此时

$$a_0 = 0, \quad a_1 = 1 = 8^0, \quad a_2 = 8 = 8^1$$
$$a_3 = 9 = 8^1 + 8^0, \quad a_4 = 8^2, \quad a_5 = 8^2 + 8^0$$

这恰好是用"八进制数"表示序列的各项,即

$$a_0 = 0_{(8)}, \quad a_1 = 1 = 1_{(8)}, \quad a_2 = 8 = 10_{(8)}$$
$$a_3 = 9 = 11_{(8)}, \quad a_4 = 64 = 100_{(8)}, \quad a_5 = 65 = 101_{(8)}$$

由此猜想,序列是由各位数字只能是 0 和 1 的所有"八进制数"构成的.

为了证明上述猜想,我们要证明如下两个结论:

(1) 合乎条件的序列唯一存在;

(2) 由各位数字只含有 0 和 1 的所有"八进制数"构成的序列合乎题目条件.

对于(1),可用反证法.假设存在两个不同的序列 $\{a_n\},\{b_n\}$ 合乎条件,则必定存在 n 使 $a_n \neq b_n$.

"任取"一个这样的数列 $\{a_n\}$(后面优化),我们期望证明 a_n 在数列 $\{a_n\}$ 中的表示方法不唯一.首先,因为 $a_0 = 0$,显然有

$$a_n = a_n + 2a_0 + 4a_0$$

我们只需找到 a_n 在数列 $\{a_n\}$ 中的另一种表示方法即可导出矛盾.

再注意到 a_n 还在数列 $\{b_n\}$ 中可表,即存在 b_i, b_j, b_k,使

$$a_n = b_i + 2b_j + 4b_k \tag{1}$$

易知,$i,j,k < n$.实际上,如果 $i \geq n$,则 $b_i \geq b_n > a_n$,此时,$a_n = b_i + 2b_j + 4b_k > a_n + b + 0 = a_n$,矛盾,所以 $i < n$.同理 $j,k < n$.

我们期望将式(1)转换为"a_n 在数列 $\{a_n\}$ 中的一种表示",它的一个

充分条件是
$$b_i = a_i, \quad b_j = a_j, \quad b_k = a_k \quad (\text{对应相等})$$
这只需优化假设即可. 设 n 是使 $a_n \neq b_n$ 的最小下标, 不妨设 $a_n < b_n$. 于是, 由 n 的最小性及 $i, j, k < n$, 有
$$a_n = b_i + 2b_j + 4b_k = a_i + 2a_j + 4a_k$$
但又有
$$a_n = a_n + 2a_0 + 4a_0$$
从而 a_n 在数列 $\{a_n\}$ 中的表示方法不唯一, 矛盾.

下面证明(2). 这等价于对任何自然数 x, 都存在 a_i, a_j, a_k, 使
$$x = a_i + 2a_j + 4a_k$$
其中 a_i, a_j, a_k 的"八进制"表示中只有数字 0 和 1.

假定 a_i, a_j, a_k 的位数相等(不足者在首位补充 0), 共有 $m+1$ 位, 不妨设
$$a_i = (p_m p_{m-1} \cdots p_0)_{(8)}, a_j = (q_m q_{m-1} \cdots q_0)_{(8)}, a_k = (r_m r_{m-1} \cdots r_0)_{(8)}$$
那么
$$\begin{aligned}
x &= a_i + 2a_j + 4a_k \\
&= (p_m p_{m-1} \cdots p_0)_{(8)} + 2(q_m q_{m-1} \cdots q_0)_{(8)} + 4(r_m r_{m-1} \cdots r_0)_{(8)} \\
&= (p_m \times 8^m + p_{m-1} \times 8^{m-1} + \cdots + p_0 \times 8^0) \\
&\quad + 2(q_m \times 8^m + q_{m-1} \times 8^{m-1} + \cdots + q_0 \times 8^0) \\
&\quad + 4(r_m \times 8^m + r_{m-1} \times 8^{m-1} + \cdots + r_0 \times 8^0) \\
&= (p_m + 2q_m + 4r_m) \times 8^m + (p_{m-1} + 2q_{m-1} + 4r_{m-1}) \times 8^{m-1} \\
&\quad + \cdots + (p_0 + 2q_0 + 4r_0) \times 8^0
\end{aligned}$$
记
$$[p, q, r] = p + 2q + 4r \quad (p, q, r \in \{0, 1\})$$
并称其为 1, 2, 4 的一种"0, 1"表示, 则 x 可表等价于如下形式:
$$\begin{aligned}
x &= [p_m, q_m, r_m] \times 8^m + [p_{m-1}, q_{m-1}, r_{m-1}] \times 8^{m-1} \\
&\quad + \cdots + [p_0, q_0, r_0] \times 8^0
\end{aligned}$$

其中,$p_i, q_i, r_i \in \{0,1\}, i = 0,1,2,\cdots,m$.

注意到 $[p_t, q_t, r_t] = p_t + 2q_t + 4r_t \leqslant 1+2+4 = 7(0 \leqslant t \leqslant m)$,从而 x 的上述表示形式实际上就是 x 的一个"八进制"表示.

由此可见,若将 x 写成"八进制"数,而它的每一个数码都可表示成 $1,2,4$ 的"$0,1$"表示:
$$p_t + 2q_t + 4r_t \quad (p_t, q_t, r_t \in \{0,1\})$$
则 x 可表.

于是,x"可表"的一个充分条件是:所有八进制数码 $0,1,2,\cdots,7$ 都可表示成 $1,2,4$ 的"$0,1$"表示:
$$p_t + 2q_t + 4r_t \quad (p_t, q_t, r_t \in \{0,1\})$$

逐一验证 $0,1,2,\cdots,7$ 关于这种表示的"可能性":
$$0 = [0,0,0], 1 = [1,0,0], 2 = [0,1,0], 3 = [1,1,0]$$
$$4 = [0,0,1], 5 = [1,0,1], 6 = [0,1,1], 7 = [1,1,1]$$

可知 x 可表. 下以 2015 为例,说明其具体表示方法. 因为
$$2015 = 3 \times 8^3 + 7 \times 8^2 + 3 \times 8 + 7 = 3737_{(8)}$$
$$3 = [1,1,0], \quad 7 = [1,1,1]$$

所以,有
$$2015 = 3 \times 8^3 + 7 \times 8^2 + 3 \times 8 + 7$$
$$= [1,1,0] \times 8^3 + [1,1,1] \times 8^2 + [1,1,0] \times 8 + [1,1,1]$$
$$= [1 \times 8^3 + 1 \times 8^2 + 1 \times 8 + 1, 1 \times 8^3 + 1 \times 8^2 + 1 \times 8 + 1,$$
$$\quad 0 \times 8^3 + 1 \times 8^2 + 0 \times 8 + 1]$$
$$= [1111_{(8)}, 1111_{(8)}, 0101_{(8)}]$$
$$= 1111_{(8)} + 2 \times 1111_{(8)} + 4 \times 0101_{(8)}$$

综上所述,满足题目条件的数列 $\{a_n\}$,就是由各位数字都是 0 和 1 的所有"八进制数"构成的序列.

注意到数列是严格递增的,所以序列中任何两个项的大小由其下标的大小确定. 由于序列各项的"八进制数"只含有数字 0 和 1,每个项对应

唯一的二进制数,于是,对任何自然数 n,将 n 写成二进制数:
$$n = (x_1 x_2 \cdots x_m)_{(2)}$$
那么
$$a_n = (x_1 x_2 \cdots x_m)_{(8)}$$
由于 $2015 = 11111011111_{(2)}$,所以
$$\begin{aligned}
a_{2015} &= 11111011111_{(8)} = 8^{10} + 8^9 + \cdots + 8^6 + 8^4 + 8^3 + \cdots + 8^0 \\
&= 8^{10} + 8^9 + \cdots + 8^0 - 8^5 = \frac{8^{11} - 1}{7} - 8^5 \\
&= \frac{8^{11} - 8^6 + 8^5 - 1}{7} = 1227100745
\end{aligned}$$

例 3 设 $M = \{a_1, a_2, \cdots, a_{20}\}$ 是 20 个互异正整数的集合,使得集合 $X = \{a_i + a_j \mid 1 \leqslant i \leqslant j \leqslant 20\}$ 恰好有 201 个元素,求集合 $Y = \{|a_i - a_j| \mid 1 \leqslant i \leqslant j \leqslant 20\}$ 中元素个数的最小值.

分析与解 先了解条件"$X = \{a_i + a_j \mid 1 \leqslant i \leqslant j \leqslant 20\}$ 恰好有 201 个元素"的意义. 由 20 个互异正整数 $a_1, a_2, \cdots, a_{20}$ 中任意两个相加,可得到 $C_{20}^2 + 20 = 210$ 个"和",但 $|X| = 201$,这表明这些"和"中恰好有 $210 - 201 = 9$ 个被重复计算.

由此想到,要构造合乎条件的集合 M,最简单情形的一个充分条件,是让一个"和"共出现 10 次,或者有 9 个"和"各出现 2 次,而其余的"和"都只出现 1 次. 显然前者比后者更简单.

如何选择 $a_1, a_2, \cdots, a_{20}$,才能使其中有一个"和"共出现 10 次呢? 考察一种特殊情形,比如为 0 的"和"出现 10 次,此时,构造 10 对相反数 "$p_i, -p_i (i = 1, 2, \cdots, 10)$"即可. 但我们要求各数是互异正整数,于是,将上述各数作一个平移:同时加上一个充分大的数 a,这样,我们构造的集合 M 具有如下的形式:
$$M = \{a \pm p_1, a \pm p_2, \cdots, a \pm p_{10}\}$$
现在,我们要选择适当的 p_i,使其余的"和"都只出现 1 次,这等价于 $\{p_1, p_2, \cdots, p_{10}\}$ 中任何两个元素的和与差两两不同. 找一个充分条件,将

其推广为$\{p_1,p_2,\cdots,p_{10}\}$中任何多个元素的任意代数和$p_{i_1} \pm p_{i_2} \pm \cdots \pm p_{i_k}$都不为$0$.

进一步,再找一个简单情形的充分条件:存在正整数m,使
$$p_{i_1} \pm p_{i_2} \pm \cdots \pm p_{i_k} \not\equiv 0 \pmod{m}$$
上式成立的一个简单情形的充分条件是,有一项不是m的倍数,比如该项为1,而其余的项都是m的倍数,由此可见,取各p_i都为正整数p的幂即可($p>1$).

实际上,令$p_i = p^i (1 \leqslant i \leqslant 10)$,则对其中任意$k(k \geqslant 2)$个数$p_{i_1}, p_{i_2}, \cdots, p_{i_k} (i_1 < i_2 < \cdots < i_k)$,取$m = p^{i_1+1}$,则$m | p_{i_2}, \cdots, m | p_{i_k}$,而$m \nmid p_{i_1}$,所以
$$p_{i_1} \pm p_{i_2} \pm \cdots \pm p_{i_k} \not\equiv 0 \pmod{m}$$

特别地,可取$p_i = 10^i (1 \leqslant i \leqslant 10)$,并选取$a$,使各数为正整数,这只需$a > 10^{10}$即可,于是,可取$a = 10^{11}$,此时
$$M = \{10^{11} \pm 10^1, 10^{11} \pm 10^2, \cdots, 10^{11} \pm 10^{10}\}$$
合乎条件.

现在,考察其对应的集合Y,计算Y中的元素个数$|Y|$.

设x, y是M中任意两个不同的元素,考察$|x-y|$有多少可能取值,有以下几种情况:

(1) 若$x, y \in \{10^{11} + 10^i | 1 \leqslant i \leqslant 10\}$,则
$$|x-y| = |10^i - 10^j| \quad (1 \leqslant i < j \leqslant 10)$$
此时$|x-y|$有$C_{10}^2 = 45$个不同值;

(2) 若$x, y \in \{10^{11} - 10^i | 1 \leqslant i \leqslant 10\}$,则
$$|x-y| = |10^i - 10^j| \quad (1 \leqslant i < j \leqslant 10)$$
此时$|x-y|$的45个值与(1)中的45个值完全相同;

(3) 若$x \in \{10^{11} + 10^i | 1 \leqslant i \leqslant 10\}, y \in \{10^{11} - 10^i | 1 \leqslant i \leqslant 10\}$,不妨设$x = 10^{11} + 10^i, y = 10^{11} - 10^j$,则当$i = j$时
$$|x-y| = 2 \times 10^i \quad (1 \leqslant i \leqslant 10)$$

$|x-y|$ 有 10 个不同值;当 $i \neq j$ 时
$$|x-y| = 10^i + 10^j \quad (1 \leqslant i < j \leqslant 10)$$
$|x-y|$ 有 45 个不同值.

所以,$|Y| = 45 + 10 + 45 = 100$.

下面证明 $|Y| \geqslant 100$.

我们要证明的是,对任何合乎条件的集合 $M = \{a_1, a_2, \cdots, a_{20}\}$,$|a_i - a_j|$ ($1 \leqslant i < j \leqslant 10$) 至少有 100 个不同值.

用反证法. 假设存在合乎条件的集合 $M = \{a_1, a_2, \cdots, a_{20}\}$,使 $|a_i - a_j|$ ($1 \leqslant i < j \leqslant 10$) 只有 k ($k \leqslant 99$) 个不同值. 我们称 $|a_i - a_j|$ 为两数 a_i, a_j 的距离,由 $M = \{a_1, a_2, \cdots, a_{20}\}$ 中取两个不同元素求距离,共有 $C_{20}^2 = 190$ 个距离. 但依假设,只有 $k \leqslant 99$ 个不同的距离,令这 k 个不同的距离对应的 k 个数对的集合为 U(如果一个距离有多个数对,则取其中数字最小的一个数对属于 U),U 外 $190 - k \geqslant 91$ 个数对的集合为 V,设 (c, d) ($c < d$) 是 V 中的一个数对,则必定存在 U 中的一个数对 (a, b) ($a < b$),使 $b - a = d - c$,由此得 $a + d = b + c$.

我们称这样得到的集合 $\{a, b, c, d\}$ ($a + d = b + c$, $a < b \leqslant c < d$) 为一个好集,其中 $\{a, b, c, d\}$ 可以划分为两个分别属于 U, V 的等距离的数对.

由上可知,V 中至少有 91 个数对对应至少 91 个好集.

容易证明,每个好集至多包含 V 中的 2 个数对. 实际上,设 (x, y) ($x < y$) 是好集 $\{a, b, c, d\}$ ($a + d = b + c$, $a < b \leqslant c < d$) 中属于 V 的一个数对,则有以下情况:

(1) $y = d$,此时由
$$d - c = b - a > 0, \quad d - b = c - a > 0$$
可知 $x = b$ 或 c,得到 V 中两个数对:
$$(x, y) = (b, d), (c, d)$$

(2) $y = c$,此时由

$$c - a = d - b > 0$$

可知 $x = a$,得到 V 中一个数对:

$$(x, y) = (c, a)$$

但此时,$(b, d) \in U$,与选取 U 时"取最小者"的原则矛盾.

(3) $y = b$,此时由

$$b - a = d - c > 0$$

可知 $x = a$,得到 V 中一个数对:

$$(x, y) = (b, a)$$

但此时,$(c, d) \in U$,与选取 U 时"取最小者"的原则矛盾.

所以每个好集至多包含 V 中的 2 个数对,而 V 中至少有 91 个数对,从而不同好集的个数

$$S \geqslant \frac{91}{2}$$

又 $S \in \mathbf{N}$,所以 $S \geqslant 46$.

现在,从另一个角度估计好集个数.因为好集都是形如 $\{a, b, c, d\}$ ($a + d = b + c, a < b \leqslant c < d$)的集合,我们称这样的集合为拟好集,从而好集的个数不超过拟好集的个数 S'.

下面估计拟好集的个数 S',容易想到,将其和相等的数对(允许两数相同)归入同一集合,然后在同一个集合中任取两个不同数对便构成一个拟好集.

因为 $|X| = 201$,即所有数对共有 201 个不同的和,记其和值分别为 $s_1, s_2, \cdots, s_{201}$,设其和为 s_i ($1 \leqslant i \leqslant 201$) 的数对有 t_i 个,其中

$$t_1 + t_2 + \cdots + t_{201} = C_{20}^2 + 20 = 210$$

于是

$$S' = \sum_{i=1}^{201} C_{t_i}^2 = \frac{1}{2} \sum_{i=1}^{201} t_i(t_i - 1)$$

考察和为 s_i ($1 \leqslant i \leqslant 201$) 的 t_i 个数对 $\{a, b\}$.容易知道,其中任何两个不同数对不相交,否则,设 $\{a, b\} \cap \{c, d\} \neq \varnothing, a + b = c + d$.若 $a = c$,

则 $b=d$,有 $\{a,b\}=\{c,d\}$.若 $a=d$,则 $b=c$,有 $\{a,b\}=\{c,d\}$.

于是,20 个数至多构成 10 个互不相交的数对,从而 $t_i \leqslant 10$,所以

$$S \leqslant S' = \frac{1}{2}\sum_{i=1}^{201} t_i(t_i-1) \leqslant \frac{10}{2}\sum_{i=1}^{201}(t_i-1)$$
$$= 5 \times (210-201) = 45$$

这与 $S \geqslant 46$ 矛盾.

综上所述,$|Y|$ 的最小值为 100.

例 4 设 M 是 $S=\{1,2,\cdots,4029\}$ 的 m 元子集,且对集合 M 的任何 3 个不同元素 x,y,z,有 $x+y \nmid z$,求 $m=|M|$ 的最大值.

分析与解 考虑更一般的情况,设 $S_n=\{1,2,\cdots,2n-1\}$,而 M 是 S_n 的具有题中性质的子集,我们证明 $|M| \leqslant t$(t 为待定参数).

我们采用反证法来证明这个不等式.即证明:当 $|M|>t$ 时,M 中必有 3 个不同元素 x,y,z,使 $x+y \mid z$.

在此基础上,将解题目标用一个充分条件来代替:$x+y \mid z$ 的一个充分条件是 $x+y=z$.

这样一来,问题变为证明,当 $|M|>t$ 时,M 中必有 3 个不同元素 x,y,z,使 $x+y=z$.

假定 $m=|M|>t$(t 待定),设

$$M=\{a_1,a_2,\cdots,a_m\}$$

其中 $a_1<a_2<\cdots<a_m$,构造新元素:令

$$b_i=a_i-a_1 \quad (i=2,3,\cdots,m)$$

则 $a_2,a_3,\cdots,a_m$ 与 $b_2,b_3,\cdots,b_m$ 共 $(m-1)+(m-1)=2m-2$ 个数都属于 S.

为了利用抽屉原理,只需 $2m-2>|S|=2n-1$,即 $m>n$,于是,取 $t=n$ 即可.

实际上,因为 $m=|M| \geqslant n+1$,所以

$$2m-2 \geqslant 2(n+1)-2 = 2n > |S|$$

所以 $2m-2$ 个数中至少有两个数相等.

但各 a_i 互不相等,各 b_j 互不相等,只能是某个 $b_j=a_i$,即 $a_j-a_1=a_i$,所以 $a_1+a_i=a_j$,于是 $a_1+a_i\mid a_j$,矛盾.

最后,取 $S_n=\{1,2,\cdots,2n-1\}$ 中最大的 n 个数(使两个数相加相当大)构成子集 $M=\{n,n+1,n+2,\cdots,2n-1\}$,则 $|M|=n$,且对 M 的任何 3 个不同元素 x,y,z,有 $x+y\geqslant n+(n+1)=2n+1>2n-1\geqslant z$,从而 $x+y\nmid z$,所以 M 合乎条件.

故 $|M|$ 的最大值为 n,特别地,取 $n=2015$,则 $|M|$ 的最大值为 2015.

例 5 求一个正实数 λ,使得对任意正整数 n,$[\lambda^n]$ 与 n 有相同的奇偶性.

分析与解 先找拟对象:如果不要求 λ 为正数,则问题很简单:

取 $-1<\lambda<0$,则当 n 为奇数时,$-1<\lambda^n<0$,$[\lambda^n]=-1$ 为奇数;当 n 为偶数时,$0<\lambda^n<1$,$[\lambda^n]=0$ 为偶数,所以恒有
$$[\lambda^n]\equiv n\pmod 2$$

现在,对于 $\lambda>0$,如何证明上述结论同样成立?由 $[\lambda^n]$ 想到下面的结论.

引理:如果 λ^n,μ^n 都不是整数,而 $\lambda^n+\mu^n$ 是整数(由此可见只需 μ^n 不是整数,因为其和为整数),则
$$[\lambda^n]+[\mu^n]=\lambda^n+\mu^n-1$$

该引理的结论是不证自明的.

考察目标:寻找 $\lambda>0$,使 $[\lambda^n]\equiv n\pmod 2$,这等价于寻找 $\lambda>0$ 及 $\mu\in\mathbf{R}$,且 $\lambda^n,\mu^n\notin\mathbf{Z}$,使
$$\lambda^n+\mu^n-[\mu^n]-1\equiv n\pmod 2$$

此式已保证了 $\lambda^n+\mu^n\in\mathbf{Z}$.

即寻找 $\lambda>0$ 及 $\mu\in\mathbf{R}$,且 $\lambda^n,\mu^n\notin\mathbf{Z}$,使
$$\lambda^n+\mu^n\equiv n+1+[\mu^n]\pmod 2 \tag{1}$$

再找充分条件,尝试取最简单情形:

$$-1 < \mu < 0$$

则由前面所证,有

$$[\mu^n] \equiv n \pmod{2}$$

于是,代入式(1),我们只需寻找 $\lambda > 0$, $-1 < \mu < 0$,使

$$\lambda^n, \mu^n \notin \mathbf{Z}, \quad \lambda^n + \mu^n \equiv 1 \pmod{2} \tag{2}$$

为使

$$\lambda^n + \mu^n \equiv 1 \pmod{2}$$

对任何 $n = 1, 2, 3, \cdots$ 都成立,可建立递归关系:

$$\lambda^n + \mu^n = (\lambda + \mu)(\lambda^{n-1} + \mu^{n-1}) - \mu\lambda^{n-1} - \lambda\mu^{n-1}$$
$$= (\lambda + \mu)(\lambda^{n-1} + \mu^{n-1}) - \lambda\mu(\lambda^{n-2} + \mu^{n-2})$$
$$\equiv 1 - \lambda\mu \pmod{2} \quad (\text{归纳假设})$$

再找充分条件:只需

$$1 - \lambda\mu \equiv 1 \pmod{2}$$

在此基础上,注意到归纳奠基

$$f_1 = \lambda + \mu \equiv 1 \pmod{2}, \quad f_2 = \lambda^2 + \mu^2 \equiv 1 \pmod{2}$$

及

$$\lambda^2 + \mu^2 = (\lambda + \mu)^2 - 2\lambda\mu \equiv \lambda + \mu \pmod{2}$$

只需

$$\lambda + \mu \equiv 1, \quad \lambda\mu \equiv 0 \pmod{2}$$

令 $\lambda + \mu = A$, $\lambda\mu = -B$(因为 $\mu < 0$),注意到:若 λ, μ 满足 $\lambda > 0$ 和 $-1 < \mu < 0$, $\lambda + \mu \equiv 1 \pmod{2}$,则 $\lambda + \mu > -1$,且 $\lambda + \mu$ 为奇数.

从而 $\lambda + \mu > 0$,于是 A 是正奇数,B 是正偶数.

由韦达定理可知,λ, μ 是方程 $x^2 - Ax - B = 0$ 的根(找到了 A, B,解方程便得到 λ, μ).

注意到式(2)中要求 $\lambda^n, \mu^n \notin \mathbf{Z}$,问题转化为寻找整数 A(奇),B(偶),使方程两个根 λ, μ,满足 $\lambda > 0$ 和 $-1 < \mu < 0$,且 $\lambda^n, \mu^n \notin \mathbf{Z}$.

注意到

$$\lambda = \frac{A + \sqrt{A^2 + 4B}}{2}, \quad \mu = \frac{A - \sqrt{A^2 + 4B}}{2}$$

显然,对任何正奇数 A,正偶数 B,有 $\lambda > 0, \mu < 0, \lambda^n, \mu^n \notin \mathbf{Z}$.

于是,只需正奇数 A、正偶数 B 满足:

$$\frac{A - \sqrt{A^2 + 4B}}{2} > -1$$

即

$$A - \sqrt{A^2 + 4B} > -2$$

也即 $A + 2 > \sqrt{A^2 + 4B}, 4A + 4 > 4B, A + 1 > B$,取 $A > B$ 即可.

比如,取 $A = 3, B = 2$,则方程 $x^2 - 3x - 2 = 0$ 的根 $\lambda = \frac{3 + \sqrt{17}}{2}$, $\mu = \frac{3 - \sqrt{17}}{2}$,于是,可以证明,对一切正整数 n,有

$$\left[\left(\frac{3 + \sqrt{17}}{2}\right)^n\right] \equiv n \pmod{2}$$

例 6 对任意正整数 n,用 $S(n)$ 表示它的各位数字之和,比如 $S(2015) = 8$.

设 A 是若干个连续正整数组成的集合,如果对任何 $a \in A$,都有 $10 \nmid S(a)$,求 $|A|$ 的最大值.

分析与解 假定 $|A| = n$(待定). 从反面考虑,当 n 足够大时,则有 $a \in A$,使

$$10 \mid S(a) \tag{1}$$

一种最容易使式(1)成立的情形是:如果 10 个数构成模 10 的完系,则其中必有一个为 10 的倍数. 特别地,10 个连续正整数中,必有一个为 10 的倍数. 因此,上述命题(1)成立的一个充分条件是:A 中存在 10 个数,它们的数字之和是 10 个连续正整数.

首先注意,对于 2 个连续的正整数 $a, a+1$,它们的数字之和 $S(a)$, $S(a+1)$ 未必是 2 个连续正整数. 那么,当 a 满足什么条件时,$S(a)$,

$S(a+1)$ 是2个连续正整数呢？显然,一个充分条件是 $a+1$ 在做加法时无进位.

由此想到,要使结论成立,需要找到最大的正整数 k,使 A 中可以找到 $k+1$ 个正整数,$a,a+1,a+1+1,a+2+1,\cdots,a+(k-1)+1$,它们在做加法时都无进位(这里不能表述为 $a+1,a+2,\cdots,a+k$,它们在做加法时都无进位,比如,$10+1,10+2,10+3,\cdots,10+9,10+10$ 在做加法时都无进位,但它们的数字和不是连续正整数,是因 $10+10$ 虽然没有进位,但 $10+10$ 应看作是在 $19=10+9$ 的基础上增加1,而 $19+1$ 产生进位).

显然 k 的最大值为9,且对应的正整数 a 须满足的条件是:a 的个位数为0.

于是,我们只需在 A 中找到一个个位上的数字是0的正整数(连续10个正整数中必定有一个这样的数).

设 $A=\{a_1,a_2,\cdots,a_n\}$,其中 $a_{i+1}=a_i+1(i=1,2,\cdots,n-1)$.

考察 $a_1,a_2,\cdots,a_{10}$,其中一定有1个数的个位数字是0,设这个数为 $a_i(1\leq i\leq 10)$.

显然 $a_i+1,a_i+2,\cdots,a_i+9$ 在做加法时都无进位,于是
$$S(a_i+t)=S(a_i)+t \quad (t=1,2,\cdots,9)$$
所以 $S(a_i),S(a_i+1),S(a_i+2),\cdots,S(a_i+9)$ 是10个连续正整数,即 $S(a_i),S(a_{i+1}),S(a_{i+2}),\cdots,S(a_{i+9})$ 是10个连续正整数,所以,必存在 $i\leq j\leq i+9$,使 $10|S(a_j)$.由于 $1\leq i\leq 10$,于是 $a_j\leq a_{i+9}\leq a_{19}$,因此,只要 $n\geq 19$,就有 $a_j\in A$,结论式(1)便成立.

由此可见,当 $|A|\geq 19$ 时不合乎要求.

下面证明,当 $|A|=18$ 时,我们可以找到集合 A,使对任何 $a\in A$,有 $10\nmid S(a)$.

根据上面的讨论,应使 A 的前10个数中第10个数的个位数字为0.于是,令
$$A=\{1,2,3,\cdots,10,11,12,\cdots,18\}$$

则 A 中各数的数字和依次为 $1,2,\cdots,9,1,2,3,\cdots,9$,它们都不被 10 整除,$A$ 合乎要求,此时 $|A|=18$.

综上所述,$|A|$ 的最大值为 18.

注:对于 $|A|\leqslant 18$ 的证明,我们有更简单的方法.

设 $A=\{a_1,a_2,\cdots,a_{19}\}$,考察连续 10 个自然数 $a_1,a_2,\cdots,a_{10}$,其中必定有一个是 10 的倍数,不妨设 $x\equiv 0\pmod{10}$,其中 $a_1\leqslant x\leqslant a_{10}$,那么,$x,x+1,x+2,\cdots,x+9$ 都在这 19 个数中.

因为 $x\equiv 0\pmod{10}$(可知 x 的个位数字为 0),所以,$x+k(1\leqslant k\leqslant 9)$ 在做加法时没有进位,于是
$$S(x+k)=S(x)+k \quad (1\leqslant k\leqslant 9)$$
所以 $x,x+1,x+2,\cdots,x+9$ 的各位数字之和分别为 $S(x),S(x)+1,S(x)+2,\cdots,S(x)+9$,它们是 10 个连续自然数,其中必定有一个是 10 的倍数,矛盾.

例 7 设 A 是若干个连续正整数组成的集合,用 $S(a)$ 表示正整数 a 的各位数字之和,如果对任何 $a\in A$,都有 $11\nmid S(a)$,求 $|A|$ 的最大值.

分析与解 类似于上题,假定 $|A|=n$(待定).当 n 足够大时,我们立足于在 A 中找到 11 个数,使它们的数字之和是 11 个连续正整数. (*)

一般地,对于两个正整数 a,b,当 a,b 满足什么条件时,$S(a),S(b)$ 是 2 个连续正整数呢?显然,一个充分条件是:b 是在 a 的基础上使某个数位增加 1 而得到的,即 $b=a+10^n(n\in\mathbf{N})$,且 $a+10^n$ 在做加法时无进位(倒数第 $n+1$ 位上的数字增加 1).

设 $A=\{a_1,a_2,\cdots,a_n\}$,其中 $a_{i+1}=a_i+1(i=1,2,\cdots,n-1)$.

考察 $a_1,a_2,\cdots,a_{10}$,其中一定有 1 个数的个位数字是 0,设这个数为 $a_i(1\leqslant i\leqslant 10)$.

显然 $a_i+1,a_i+2,\cdots,a_i+9$ 在做加法时都无进位,所以 $S(a_i),S(a_i+1),S(a_i+2),\cdots,S(a_i+9)$ 是 10 个连续正整数,即 $S(a_i),S(a_{i+1}),S(a_{i+2}),\cdots,S(a_{i+9})$ 是 10 个连续正整数.现在,我们要找到一个数 b,使

$S(b) = S(a_i + 9) + 1$.

由前面的讨论,不妨取 $b = (a_i + 9) + 10$. 为了使 $S(b) = S(a_i + 9) + 1$ 成立,需要 $(a_i + 9) + 10$ 在做加法时无进位,这等价于 a_i 的十位数字不是 9.

于是,我们要在 A 中找到一个数 a_i,使 a_i 的个位数字是 0,且其十位数字不是 9.

显然,仅考察 $a_1, a_2, \cdots, a_{10}$,则不一定能找到这样的数 a_i. 若在此基础上再增加 10 个数,即考察 $a_1, a_2, \cdots, a_{20}$,则可以找到这样的数 a_i.

实际上,在 $a_1, a_2, \cdots, a_{20}$ 中,一定有 2 个数,它们的个位数字都为 0. 由于这两个数相差 10,从而必定有一个数的十位数字不为 9,设这个数为 $a_i (1 \leqslant i \leqslant 20)$.

因为 $a_i + 1, a_i + 2, \cdots, a_i + 9$ 在做加法时都无进位,$S(a_i)$,$S(a_i + 1), S(a_i + 2), \cdots, S(a_i + 9)$ 是 10 个连续正整数,且 $a_i + 9$ 的十位数字与 a_i 的十位数字相等,不为 9,于是 $(a_i + 9) + 10$ 在做加法时无进位,所以

$$S(a_i + 19) = S(a_i + 9) + S(10) = S(a_i + 9) + 1$$

从而,$S(a_i), S(a_i + 1), S(a_i + 2), \cdots, S(a_i + 9), S(a_i + 19)$ 是 11 个连续正整数,即 $S(a_i), S(a_{i+1}), S(a_{i+2}), \cdots, S(a_{i+9}), S(a_{i+19})$ 是 11 个连续正整数,所以,必存在 $i \leqslant j \leqslant i + 19$,使 $11 \mid S(a_j)$. 由于 $1 \leqslant i \leqslant 20$,于是 $a_j \leqslant a_{i+19} \leqslant a_{39}$,因此,只要 $n \geqslant 39$,就有 $a_j \in A$,结论(*)便成立.

由此可见,当 $|A| \geqslant 39$ 时,A 不合乎要求,所以 $|A| \leqslant 38$.

下面证明,当 $|A| = 38$ 时,我们可以找到集合 A,使对任何 $a \in A$,有 $11 \nmid S(a)$.

根据上面的讨论,应使 A 的前 20 个数中第 10 个数和第 20 个数的个位数字都为 0,且第 10 个数的十位数字为 9,于是,第 10 个数的末两位是 90(而第 20 个数的十位数字不为 9). 于是,尝试取

$$A = \{81, 82, \cdots, 89, 90, 91, \cdots, 99, 100, 101, 102, \cdots, 110, 111, 112, \cdots, 118\}$$

则 A 中各数的数字和依次为

$9,10,11,12,13,\cdots,17,9,10,\cdots,18,1,2,\cdots,10,2,3,\cdots,10$

但其中有一个为 11，A 不合乎要求.

为了避免这一现象发生,可想象将 A 中每个数都同时增加一个常数,但 A 中每个数的末两位不变,于是增加的常数的末两位为 00,可设增加的常数为 $100a$.

再注意到 A 中后 20 个数的数字和为 $1,2,\cdots,10,2,3,\cdots,10$,它们都小于 11,显然不含 11 的倍数;而前 20 个数的数字和为 $9,10,11,12,13,\cdots,17,9,10,\cdots,18$,如果每个数都增加 3,则也不含 11 的倍数.

于是,我们希望 a 具有如下的 2 个性质:

(1) $a \equiv 3 \pmod{11}$；

(2) $100,101,102,\cdots,110,111,112,\cdots,118$ 增加 $100a$ 后的数字和不变.

其中(1)是很容易办到的,现在考虑(2).

去掉 $100,101,102,\cdots,110,111,112,\cdots,118$ 的末两位(因为增加 $100a$ 后,末两位不变,所以无需考虑),各数都变为 1,于是,(2)等价于 $a+1$ 的个位数字为 1,即 $a+1 = 10^n (n \in \mathbf{N}_+)$,即

$$a = 10^n - 1 = \underbrace{99\cdots9}_{n\text{个}}$$

至此,结合(1),取 $a = 9999$ 即可.

于是,令

$A = \{999981, 999982, \cdots, 999989, 999990, 999991, \cdots,$
$\quad 999999, 1000000, 1000001, 1000002, \cdots, 1000009,$
$\quad 1000010, 1000011, 1000012, \cdots, 1000018\}$

则 A 中各数的数字和依次为 $45,46,\cdots,53,45,46,47,\cdots,54,1,2,3,\cdots,10$,它们都不是 11 的倍数,$A$ 合乎要求,此时 $|A| = 38$.

综上所述,$|A|$ 的最大值为 38.

注：对于$|A|\leq 38$的证明，我们有更简单的方法．

设$A=\{a_1,a_2,\cdots,a_{39}\}$，考察连续20个自然数$a_1,a_2,\cdots,a_{20}$，其中必定有一个是20的倍数，不妨设$x\equiv 0\pmod{20}$，其中$a_1\leq x\leq a_{20}$，那么，$x,x+1,x+2,\cdots,x+19$都在这39个数中．

因为$x\equiv 0\pmod{20}$（可知x的个位数字为0，十位数字不是9），所以$x+k(1\leq k\leq 19)$在做加法时没有进位，于是，
$$S(x+k)=S(x)+S(k) \quad (1\leq k\leq 9)$$
所以$S(x),S(x+1),\cdots,S(x+9),S(x+19)$分别为$S(x),S(x)+1,\cdots,S(x)+9,S(x)+S(19)=S(x)+10$，它们是11个连续自然数，其中必定有一个是11的倍数，矛盾．

对本题而言，这确实是一个妙解，但问题推广后，其方法不再适用（见本节习题）．

例8 求证：方程$x-y+z=1$有无数个正整数解，使

（1）x,y,z互异；

（2）x,y,z中任何一个整除另两个之积．（第22届全苏数学奥林匹克竞赛试题）

分析与证明 先考虑x,y,z中任何一个整除另两个之积的情形，想象一种最简单情形，令
$$x=mn,\quad y=nk,\quad z=mk$$
代入方程，有
$$n(k-m)=(mk-1)\times 1 \tag{1}$$
为了使式(1)易求解，利用"各因子对应相等"．尝试
$$k-m=1,\quad n=m(m+1)-1$$
其中后一个方程对任何正整数m都有解：
$$(m,n)=(m,m(m+1)-1)$$
由第一个方程，得$k=m+1$．于是
$$(m,n,k)=(m,m(m+1)-1,m+1)$$

是方程(1)的正整数解.

显然,上述解满足 $m<k<n$. 我们只需证明 m,n,k 互异时,必有 x,y,z 也必互异.

实际上,若 $x=y$,则 $mn=nk$,所以 $m=k$,矛盾.

将 $(m,n,k)=(m,m(m+1)-1,m+1)$ 代回原变量,得

$$(x,y,z)=(m(m^2+m-1),(m+1)(m^2+m-1),m(m+1))$$

它们都是原方程的解,证毕.

例 9 已知正实数 a,b,c 满足 $\dfrac{1}{a}+\dfrac{1}{b}+\dfrac{1}{c}=1$,试证:

$$\sqrt{a+bc}+\sqrt{b+ca}+\sqrt{c+ab} \geqslant \sqrt{abc}+\sqrt{a}+\sqrt{b}+\sqrt{c}$$

分析与证明 原不等式左右两边同除以 $\sqrt{abc}$,得

$$\sqrt{\dfrac{1}{ab}+\dfrac{1}{c}}+\sqrt{\dfrac{1}{bc}+\dfrac{1}{a}}+\sqrt{\dfrac{1}{ac}+\dfrac{1}{b}} \geqslant \sqrt{\dfrac{1}{ac}}+\sqrt{\dfrac{1}{bc}}+\sqrt{\dfrac{1}{ab}}+1$$

利用 $\dfrac{1}{a}+\dfrac{1}{b}+\dfrac{1}{c}=1$,上述不等式又可变成

$$\sqrt{\dfrac{1}{ab}+\dfrac{1}{c}}+\sqrt{\dfrac{1}{bc}+\dfrac{1}{a}}+\sqrt{\dfrac{1}{ac}+\dfrac{1}{b}}$$
$$\geqslant \sqrt{\dfrac{1}{ac}}+\dfrac{1}{b}+\sqrt{\dfrac{1}{bc}}+\dfrac{1}{a}+\sqrt{\dfrac{1}{ab}}+\dfrac{1}{c}$$

找一个充分条件,比较对应项,希望有局部不等式

$$\sqrt{\dfrac{1}{ac}+\dfrac{1}{b}} \geqslant \sqrt{\dfrac{1}{ac}}+\dfrac{1}{b}$$

实际上,因为

$$\left(\sqrt{\dfrac{1}{ac}+\dfrac{1}{b}}\right)^2-\left(\sqrt{\dfrac{1}{ac}}+\dfrac{1}{b}\right)^2=\dfrac{1}{b}\left(1-\dfrac{1}{b}-2\sqrt{\dfrac{1}{ac}}\right)$$
$$=\dfrac{1}{b}\left(\dfrac{1}{a}+\dfrac{1}{c}-2\sqrt{\dfrac{1}{ac}}\right)$$
$$=\dfrac{1}{b}\left(\sqrt{\dfrac{1}{a}}-\sqrt{\dfrac{1}{c}}\right)^2 \geqslant 0$$

所以 $\sqrt{\dfrac{1}{ac}+\dfrac{1}{b}} \geqslant \sqrt{\dfrac{1}{ac}}+\dfrac{1}{b}$ 成立. 同理可得

$$\sqrt{\dfrac{1}{bc}+\dfrac{1}{a}} \geqslant \sqrt{\dfrac{1}{bc}}+\dfrac{1}{a}, \quad \sqrt{\dfrac{1}{ab}+\dfrac{1}{c}} \geqslant \sqrt{\dfrac{1}{ab}}+\dfrac{1}{c}$$

三个式子相加, 得

$$\sqrt{\dfrac{1}{ab}+\dfrac{1}{c}}+\sqrt{\dfrac{1}{bc}+\dfrac{1}{a}}+\sqrt{\dfrac{1}{ac}+\dfrac{1}{b}}$$

$$\geqslant \sqrt{\dfrac{1}{ac}}+\dfrac{1}{b}+\sqrt{\dfrac{1}{bc}}+\dfrac{1}{a}+\sqrt{\dfrac{1}{ab}}+\dfrac{1}{c}$$

原不等式获证.

例 10 设 $m, n, x, x_1, x_2, \cdots, x_n$ 为正数, 且 $\sum_{i=1}^{n} x_i^m = x^m$, 求证:

(1) $k < m$ 时, $\sum_{i=1}^{n} x_i^k > x^k$;

(2) $k > m$ 时, $\sum_{i=1}^{n} x_i^k < x^k$.

分析与证明 由条件, 得

$$x = \left(\sum_{i=1}^{n} x_i^m\right)^{\frac{1}{m}}$$

代入不等式, 可知两个不等式为

$$\sum_{i=1}^{n} x_i^k > \left(\sum_{i=1}^{n} x_i^m\right)^{\frac{k}{m}} \quad (k < m)$$

即

$$\left(\sum_{i=1}^{n} x_i^k\right)^m > \left(\sum_{i=1}^{n} x_i^m\right)^k \quad (k < m)$$

$$\sum_{i=1}^{n} x_i^k < \left(\sum_{i=1}^{n} x_i^m\right)^{\frac{k}{m}} \quad (k > m)$$

也即

$$\left(\sum_{i=1}^{n} x_i^k\right)^m < \left(\sum_{i=1}^{n} x_i^m\right)^k \quad (k > m)$$

由此可见,两个不等式可统一为

$$\left(\sum_{i=1}^{n} x_i^k\right)^m < \left(\sum_{i=1}^{n} x_i^m\right)^k \quad (m < k) \tag{1}$$

下面证明不等式(1).先变形为

$$\sum_{i=1}^{n} x_i^k < \left(\sum_{i=1}^{n} x_i^m\right)^{\frac{k}{m}}$$

令

$$\left(\sum_{i=1}^{n} x_i^m\right)^{\frac{1}{m}} = x$$

则

$$\sum_{i=1}^{n} x_i^m = x^m$$

且不等式(1)等价于

$$\sum_{i=1}^{n} x_i^k < x^k$$

等价于

$$\sum_{i=1}^{n} \left(\frac{x_i}{x}\right)^k < 1 = \sum_{i=1}^{n} \left(\frac{x_i}{x}\right)^m$$

此不等式成立的一个充分条件是:对所有 i,有

$$\left(\frac{x_i}{x}\right)^k < \left(\frac{x_i}{x}\right)^m$$

考察指数函数

$$f_i(t) = \left(\frac{x_i}{x}\right)^t$$

由

$$\sum_{i=1}^{n} \left(\frac{x_i}{x}\right)^m = 1$$

可知

$$\frac{x_i}{x} \in (0,1)$$

从而 $f_i(t)$ 是减函数. 又 $m<k$ 时, $f_i(k)<f_i(m)$, 即

$$\left(\frac{x_i}{x}\right)^k < \left(\frac{x_i}{x}\right)^m$$

所以

$$\sum_{i=1}^n \left(\frac{x_i}{x}\right)^k < \sum_{i=1}^n \left(\frac{x_i}{x}\right)^m = 1$$

所以

$$\sum_{i=1}^n x_i^k < x^k = \left(\sum_{i=1}^n x_i^m\right)^{\frac{k}{m}}$$

故

$$\left(\sum_{i=1}^n x_i^k\right)^m < \left(\sum_{i=1}^n x_i^m\right)^k \quad (m<k)$$

例 11 设 $p_i \geq 2 (i=1,2,\cdots,n)$ 为两两互质的整数, 记

$$P = \{x \mid x = \sum_{i=1}^n (x_i \prod_{\substack{j \neq i \\ 1 \leq j \leq n}} p_j), x_i \in \mathbf{N}(i=1,2,\cdots,n)\}$$

求证: 不属于 P 的最大整数 M 大于 $\frac{n-2}{2}p_1 p_2 \cdots p_n$, 并求 M.

分析与证明 先注意 P 中数 x 的特征:

$$x = \sum_{i=1}^n (x_i \prod_{\substack{j \neq i \\ 1 \leq j \leq n}} p_j) = \sum_{i=1}^n x_i T_i$$

其中

$$T_i = \prod_{\substack{j \neq i \\ 1 \leq j \leq n}} p_j = \frac{p_1 p_2 \cdots p_n}{p_i}$$

再从目标"M 大于 $\frac{n-2}{2}p_1 p_2 \cdots p_n$"出发, 反向寻找 M:

$$\frac{n-2}{2}p_1 p_2 \cdots p_n = \left(\frac{n}{2}-1\right)p_1 p_2 \cdots p_n$$

$$= \sum_{i=1}^n \left(\frac{1}{2}-1\right)p_1 p_2 \cdots p_n < M$$

此变形是为了靠近 x, 以便发现 M 与其不相等, 先构造 x 中的和.

至此,既为了约分时保证 M 是整数,也为了构造 x 中的分母 p_i,可找充分条件,利用"各项对应大于"进行放缩:

$$\frac{1}{2} > \frac{1}{p_i}$$

但此不等式方向不对,所以应将 $\frac{1}{2}$ 换成 $1 - \frac{1}{2}$,于是

$$\frac{n-2}{2} p_1 p_2 \cdots p_n = \sum_{i=1}^{n} \left(\frac{1}{2} - 1 \right) p_1 p_2 \cdots p_n$$

$$= \left(\sum_{i=1}^{n} \left(1 - \frac{1}{2} \right) - 1 \right) p_1 p_2 \cdots p_n$$

$$< p_1 p_2 \cdots p_n \times \left(n - 1 - \sum_{i=1}^{n} \frac{1}{p_i} \right)$$

由此我们猜想

$$M = p_1 p_2 \cdots p_n \times \left(n - 1 - \sum_{i=1}^{n} \frac{1}{p_i} \right)$$

记

$$m = p_1 p_2 \cdots p_n \times \left(n - 1 - \sum_{i=1}^{n} \frac{1}{p_i} \right) = (n-1) p_1 p_2 \cdots p_n - \prod_{\substack{j=1 \\ j \neq k}}^{n} p_j$$

我们先证明:

$$m \notin P$$

否则,设 $m \in P$,则存在 $x_i \in \mathbf{N}(i = 1, 2, \cdots, n)$,使

$$m = \sum_{i=1}^{n} \left(x_i \prod_{\substack{j=1 \\ j \neq k}}^{n} p_j \right)$$

那么

$$m = \sum_{i=1}^{n} \left(x_i \prod_{\substack{j=1 \\ j \neq k}}^{n} p_j \right) = \sum_{i=1}^{n} \left(\frac{x_i}{p_i} \times p_i \times \prod_{\substack{j=1 \\ j \neq k}}^{n} p_j \right)$$

$$= \sum_{i=1}^{n} \left(\frac{x_i}{p_i} \times p_1 p_2 \cdots p_n \right) \equiv x_k \prod_{\substack{j=1 \\ j \neq k}}^{n} p_j \pmod{p_k}$$

(只剩下含 x_k 的项,其余的项 $\mod p_k$ 为 0).

又
$$m = p_1 p_2 \cdots p_n \times \left(n - 1 - \sum_{i=1}^{n} \frac{1}{p_i}\right)$$
$$\equiv - p_1 p_2 \cdots p_n \times \sum_{i=1}^{n} \frac{1}{p_i} = - \prod_{\substack{j=1 \\ j \neq k}}^{n} p_j$$
$$\equiv (p_k - 1) \prod_{\substack{j=1 \\ j \neq k}}^{n} p_j \pmod{p_k}$$

所以
$$x_k \prod_{\substack{j=1 \\ j \neq k}}^{n} p_j \pmod{p_k} \equiv (p_k - 1) \prod_{\substack{j=1 \\ j \neq k}}^{n} p_j \pmod{p_k}$$

显然
$$\left(\prod_{\substack{j=1 \\ j \neq k}}^{n} p_j, p_k\right) = 1$$

有 $x_k \equiv p_k - 1 \pmod{p_k}$. 又 $x_k \geqslant 0$, 所以 $x_k \geqslant p_k - 1$, 从而有

$$m = \sum_{i=1}^{n} \left(x_i \prod_{\substack{j=1 \\ j \neq k}}^{n} p_j\right) \geqslant \sum_{i=1}^{n} (p_i - 1) \prod_{\substack{j=1 \\ j \neq k}}^{n} p_j = m + p_1 p_2 \cdots p_n > m$$

矛盾.

下证: 对任何 $x > m$, 有 $x \in P$.

记 $T_k = \prod_{\substack{j=1 \\ j \neq k}}^{n} p_j$. 由于 $(T_1, T_2, \cdots, T_n) = 1$, 且 $[T_1, T_2, \cdots, T_n] = p_1 p_2 \cdots p_n$, 所以存在 $x_i \in \mathbf{Z}(1 \leqslant i \leqslant n)$, 使

$$x = \sum_{i=1}^{n} x_i T_i$$

且

$$0 \leqslant x_j \leqslant p_j - 1 \quad (1 \leqslant j \leqslant n - 1) \tag{1}$$

上式中之所以可以设 $0 \leqslant x_j \leqslant p_j - 1 (1 \leqslant j \leqslant n - 1)$, 是因为可将负系数或大于 p_j 的系数都归入 x_n:

$$x_j T_j + x_n T_n = (x_j + p_j) T_j + (x_n - p_j) T_n$$

$$= (x_j - p_j)T_j + (x_n + p_j)T_n$$

其中要注意 $p_j T_j = p_1 p_2 \cdots p_n = p_n T_n$.

下证这样归入后,由 $x > m$ 知,x_n 也是自然数.实际上,

$$m < x \leqslant \sum_{j=1}^{n-1}(p_j - 1)T_j + x_n T_n = m + (x_n + 1)T_n$$

$$\Rightarrow (x_n + 1)T_n > 0 \Rightarrow x_n + 1 > 0$$

综上所述,有

$$M = m = p_1 p_2 \cdots p_n \times \left(n - 1 - \sum_{i=1}^{n}\frac{1}{p_i}\right)$$

$$> p_1 p_2 \cdots p_n \times \left(n - 1 - \sum_{i=1}^{n}\frac{1}{2}\right) = \frac{n-2}{2}p_1 p_2 \cdots p_n$$

例 12 设 $(a_n a_{n-1} \cdots a_1 a_0) = 10^n a_n + 10^{n-1} a_{n-1} + \cdots + 10 a_1 + a_0$ 为一个十进制质数,$n > 1$,$a_n > 1$,求证:$P(x) = a_n x^n + a_{n-1} x^{n-1} + \cdots + a_0$ 在整数范围内不可约.(1989 年巴尔干奥林匹克数学竞赛试题)

分析与证明 用反证法,反设存在整系数多项式 $f(x)$,$g(x)$,使

$$P(x) = f(x)g(x) \tag{1}$$

先考虑如何利用条件:$(a_n a_{n-1} \cdots a_1 a_0) = 10^n a_n + 10^{n-1} a_{n-1} + \cdots + 10 a_1 + a_0$ 为质数.注意到

$$P(x) = a_n x^n + a_{n-1} x^{n-1} + \cdots + a_0$$

从而有

$$(a_n a_{n-1} \cdots a_1 a_0) = 10^n a_n + 10^{n-1} a_{n-1} + \cdots + 10 a_1 + a_0 = P(10)$$

为了利用 $P(10)$,在式(1)中令 $x = 10$,有

$$P(10) = f(10)g(10) \tag{2}$$

因为 $P(10)$ 为质数,所以 $|f(10)| = 1$,或 $|g(10)| = 1$.

不妨设 $|f(10)| = 1$,为了导出矛盾,可考虑 $f(x)$ 的完全分解式,由此研究 $f(10)$ 的性质.令

$$P(x) = A(x - \alpha_1)(x - \alpha_2)\cdots(x - \alpha_n)$$

则
$$f(x)g(x) = A(x-\alpha_1)(x-\alpha_2)\cdots(x-\alpha_n)$$
不妨设
$$f(x) = a(x-\alpha_1)(x-\alpha_2)\cdots(x-\alpha_s)$$
$$g(x) = b(x-\beta_1)(x-\beta_2)\cdots(x-\beta_t)$$
则
$$f(10) = a(10-\alpha_1)(10-\alpha_2)\cdots(10-\alpha_s)$$
$$g(10) = b(10-\beta_1)(10-\beta_2)\cdots(10-\beta_t)$$
我们期望证明
$$|f(10)| > 1 \qquad (3)$$
由于 f,g 是整系数多项式,所以 $|a|,|b| \geqslant 1$,于是最容易使式(3)成立的一个充分条件是:对 $i = 1,2,\cdots,s$,有
$$|10 - \alpha_i| > 1 \qquad (4)$$
注意到 α_i 是 $P(x)$ 的所有根,因此式(4)等价于对 $P(x)$ 的任何一个根 α,有 $|10 - \alpha| > 1$,即 α 在以 $(10,0)$ 为圆心、1 为半径的一个圆外.

再找充分条件:因为难以构造 "$|10 - \alpha| > 1$",我们采用"化直法",只需证明 α 在图 1.10 中所示的矩形 $ABCD$ 内即可.

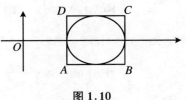

图 1.10

这只需 $\mathrm{Re}(\alpha) < 9$,或 $\mathrm{Re}(\alpha) > 11$,或 $\mathrm{Im}(\alpha) > 1$,或 $\mathrm{Im}(\alpha) < -1$. 因为 $f(x)$ 为多项式,$\mathrm{Re}(\alpha)$ 等易求.

现在我们来证明 $\mathrm{Re}(\alpha) < 9$.

反设 $\mathrm{Re}(\alpha) \geqslant 9$,则 $|\alpha| \geqslant 9$.

我们期望证明 $P(\alpha) \neq 0$,则与 α 是 $P(x)$ 的根矛盾,这就要估计:
$$|P(\alpha)| = |a_n\alpha^n + a_{n-1}\alpha^{n-1} + \cdots + a_0| \quad (期望它大于零)$$

注意到条件 $a_n > 1$,而其余的系数都是反方向的不等式 $a_i \leqslant 9$,由此

想到如下两种变形:

一是使用不等式 $|a+b| \geqslant |a|-|b|$,以改变不等式方向使之与目标不等式方向一致.

二是分离 a_n(同除以 α^n),以利用不等式 $a_n > 1$.

$$0 = \left|\frac{P(\alpha)}{\alpha^n}\right| = \left|\left(a_n + \frac{a_{n-1}}{\alpha}\right) + \left(\frac{a_{n-2}}{\alpha^2} + \cdots + \frac{a_0}{\alpha^n}\right)\right|$$

$$\geqslant \left|a_n + \frac{a_{n-1}}{\alpha}\right| - \left|\frac{a_{n-2}}{\alpha^2} + \cdots + \frac{a_0}{\alpha^n}\right|$$

$$\geqslant \mathrm{Re}\left(a_n + \frac{a_{n-1}}{\alpha}\right) - \left|\frac{9}{\alpha^2} + \cdots + \frac{9}{\alpha^n}\right|$$

$$\geqslant \mathrm{Re}\left(a_n + \frac{a_{n-1}}{\alpha}\right) - \left|\frac{9}{9^2} + \cdots + \frac{9}{9^n}\right| \quad (因 |\alpha| \geqslant 9)$$

$$= \mathrm{Re}\left(a_n + a_{n-1} \times \frac{\bar{\alpha}}{|\alpha|^2}\right) - \left(\frac{1}{9} + \cdots + \frac{1}{9^{n-1}}\right)$$

$$= \mathrm{Re}(a_n) + \mathrm{Re}\left(a_{n-1} \times \frac{\bar{\alpha}}{|\alpha|^2}\right) - \frac{9}{9^2 - 9}$$

$$> \mathrm{Re}(a_n) - \frac{1}{8} \quad (因为 \mathrm{Re}(\alpha) \geqslant 9 > 0)$$

所以 $\mathrm{Re}(\bar{\alpha}) > 0$,则

$$\mathrm{Re}\left(a_{n-1} \times \frac{\bar{\alpha}}{|\alpha|^2}\right) = a_n - \frac{1}{8} > 1 - \frac{1}{8} > 0$$

矛盾.

另证 设 α 是 $P(x)$ 的根,则 $a_n\alpha^n + a_{n-1}\alpha^{n-1} + \cdots + a_0 = 0$,所以

$$|a_n\alpha^n| = |a_{n-1}\alpha^{n-1} + \cdots + a_0| \leqslant |a_{n-1}\alpha^{n-1}| + \cdots + |a_0|$$

$$\leqslant 9(|\alpha^{n-1}| + |\alpha^{n-2}| + \cdots + 1) = 9 \times \left(\frac{|\alpha|^n - 1}{|\alpha| - 1}\right)$$

(1) 若 $|\alpha| \leqslant 1$,则 $|\alpha - 10| \geqslant 10 - |\alpha| > 1$.

(2) 若 $|\alpha| > 1$,则 $|\alpha| - 1 > 0$,所以

$$|a_n\alpha^n| \leqslant 9 \times \left(\frac{|\alpha|^n - 1}{|\alpha| - 1}\right) < \frac{9|\alpha|^n}{|\alpha| - 1}$$

于是 $|a_n| < \dfrac{9}{|\alpha|-1}$，但 $a_n \geqslant 2$，所以 $\dfrac{9}{|\alpha|-1} > 2$，解得 $|\alpha| < \dfrac{11}{2}$，所以 $|\alpha - 10| \geqslant 10 - |\alpha| > 1$.

我们还有以下更巧妙的证明：

以上方法都立足于证明 $|f(10)| > 1$，且 $|g(10)| > 1$. 若立足于证明 $|f(10)| < p$，且 $|g(10)| < p$（质因数分解的另一种表示），则容易得多.

反设 $P(x) = f(x)g(x)$，依题意，$P(10)$ 为质数，令
$$p = P(10) = f(10)g(10)$$
则 $\{|f(10)|, |g(10)|\} = \{1, p\}$.

不妨设 $|f(10)| = p$，则 $|f(10)| = p \geqslant a_n 10^n \geqslant 10^n$.

但 $f(x)$ 是 $P(x)$ 的因式，所以 $\deg(f(x)) \leqslant n-1$，从而有
$$|f(10)| \leqslant 9 \times 10^{n-1} + \cdots + 9 \times 10 + 9 < 10^n$$

矛盾.

注：以上方法实际上证明了更强的结论：$\mathrm{Re}(\alpha) < 4$. 若 $\mathrm{Re}(\alpha) \geqslant 4$，则 $|\alpha| \geqslant 4$. 由上面的估计，仍有
$$0 = \left| \dfrac{P(\alpha)}{\alpha^n} \right| > 1 - \dfrac{9}{4^2 - 4} > 0$$

矛盾.

例 13 若一个三角形的边长与面积都是整数，则称之为海伦三角形. 三边长互素的海伦三角形称为本原海伦三角形. 边长都不是 3 的倍数的本原海伦三角形称为奇异三角形.

(1) 求证：等腰的奇异三角形有无数个；

(2) 试问：非等腰的奇异三角形有多少个？（原创题）

分析与解 (1) 等腰的奇异三角形需要同时满足如下条件：

① 三边长为整数；② 有两边长相等；③ 三边长互素，且都不是 3 的倍数；④ 面积为整数.

其中关键的条件是①、②和④，所以我们先构造拟对象，让其同时满足①、②和④.

找一个充分条件:要使面积 Δ 为整数,想象最容易实现的情形,只需等腰三角形的底边为偶数且该边上的高为整数.

进而要使等腰三角形三边长都为整数,只需该等腰三角形可分割为 2 个全等的勾股三角形(三边长为整数的直角三角形).

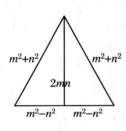

图 1.11

反之,取两个全等的勾股三角形 $(m^2+n^2, m^2-n^2, 2mn)$,其中 $m,n \in \mathbf{N}_+$,$m>n$,$(m,n)=1$,m,n 一奇一偶.将长为 $2mn$ 的边叠合在一起,使之合并成一个等腰三角形 $(m^2+n^2, m^2+n^2, 2m^2-2n^2)$(图 1.11),则该三角形满足①、②和④.

下面只需适当限定 m,n 的取值,使其满足③.

稍作思考即可发现,令 $3|mn$ 即可.

下面证明:若 $m,n \in \mathbf{N}_+$,$m>n$,$3|mn$,$(m,n)=1$,m,n 一奇一偶,则 $(m^2+n^2, m^2+n^2, 2m^2-2n^2)$ 是奇异三角形.

由于这样的 m,n 有无数个,所以等腰的奇异三角形有无数个.

首先,$\Delta = 2mn(m^2-n^2)$ 为整数.

其次,反设 $(m^2+n^2, 2m^2-2n^2)>1$,则因 m,n 一奇一偶,所以 $m^2+n^2, 2m^2-2n^2$ 都是奇数.

取 $m^2+n^2, 2m^2-2n^2$ 的一个公共质因数 p,则
$$p \mid 2(m^2+n^2)+(2m^2-2n^2)=4m^2$$
而 $(p,4)=1$,所以 $p|m^2$,所以 $p|m$.

进而 $p|n$,与 $(m,n)=1$ 矛盾,所以
$$(m^2+n^2, 2m^2-2n^2)=1$$

最后,因为 $3|mn$,所以 $3|m$,或 $3|n$.

若 $3|m$,则 $n \equiv \pm 1 \pmod{3}$,$n^2 \equiv 1 \pmod{3}$.

此时,$m^2+n^2 \equiv 1 \pmod{3}$,$2m^2-2n^2 \equiv -2 \equiv 1 \pmod{3}$.

若 $3|n$,则 $m \equiv \pm 1 \pmod{3}$,$m^2 \equiv 1 \pmod{3}$.

此时，$m^2+n^2\equiv 1(\mathrm{mod}\ 3),2m^2-2n^2\equiv 2(\mathrm{mod}\ 3)$.

所以 $m^2+n^2,2m^2-2n^2$ 都不是 3 的倍数.

特别地，取 $m=6k+1(k\in \mathbf{N}),n=6$，则 $(36k^2+12k+37,36k^2+12k+37,72k^2+24k-70)$ 都是奇异三角形.

若取两个全等的勾股三角形 $(m^2+n^2,m^2-n^2,2mn)$，将长为 m^2-n^2 的边叠合在一起（图 1.12），则类似可知，当 $m,n\in\mathbf{N}_+$，$m>n,3|m^2-n^2,(m,n)=1,m,n$ 一奇一偶时，$(m^2+n^2,m^2+n^2,4mn)$ 是奇异三角形.

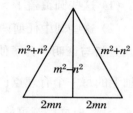

图 1.12

特别地，取 $m=6k+1(k\in \mathbf{N}),n=2$，则 $(36k^2+12k+5,36k^2+12k+5,48k+8)$ 都是奇异三角形.

(2) 非等腰的奇异三角形有无数个.

实际上，取 $t\equiv 5(\mathrm{mod}\ 30)$，令

$$a=5t^2,\quad b=\frac{1}{4}(25t^4-6t^2+1),\quad c=\frac{1}{4}(25t^4+6t^2+1)$$

则 (a,b,c) 是非等腰的奇异三角形.

因为 t 为奇数，有 $t^2\equiv 1(\mathrm{mod}\ 4)$，所以 a,b,c 为整数，且显然有 $a<b<c$.

又 t 不是 3 的倍数，有 $t^2\equiv 1(\mathrm{mod}\ 3)$，所以

$$a=5t^2\equiv 2(\mathrm{mod}\ 3),\quad 4b=25t^4-6t^2+1\equiv 2(\mathrm{mod}\ 3)$$
$$4c=25t^4+6t^2+1\equiv 2(\mathrm{mod}\ 3)$$

所以 a,b,c 都不是 3 的倍数.

最后，由于 $5|t$，于是 b,c 都不是 5 的倍数.再结合 $(t^2,25t^4\pm 6t^2+1)=1$，知 $(a,b,c)=1$.

经计算可得 $\Delta=\frac{1}{2}t^2(25t^4-1)$ 为整数，于是 (a,b,c) 非等腰的奇异三角形.

遗留问题：非等腰的奇异三角形的面积最小值是多少？比如

$(13, 37, 40), \Delta = 240$.

例 14 试证:在直角坐标系中,存在一个由无穷多个圆(圆周)组成的集合 M,具有如下性质:

(1) 这些圆覆盖了 x 轴上的所有有理点(坐标为有理数的点);

(2) 这些圆中任何两个圆都至多有一个公共点.

分析与证明 为了使这些圆覆盖 x 轴上的所有有理点,容易想到过 x 轴上的每一个有理点 $\left(\dfrac{q}{p}, 0\right)$(其中 p, q 为整数,$p > 0$,且 $(p, q) = 1$)都作一个圆,但这些圆可能有相交的,为了使任何两个圆不相交,我们让所有的圆都在 x 轴的上方,且与 x 轴相切.

考察与 x 轴相切于点 $\left(\dfrac{q_i}{p_i}, 0\right)$ 的圆 $C_i(i = 1, 2, \cdots)$,设圆 C_i 的半径为 r_i,则圆 C_i 的圆心为 $C_i\left(\dfrac{q_i}{p_i}, r_i\right)$. 我们现在来确定 r_i,使任何两个圆都不相交.

从反面考虑,如果两个圆 $C_i\left(\dfrac{q_i}{p_i}, r_i\right)$,$C_j\left(\dfrac{q_j}{p_j}, r_j\right)$ 相交,则

$$|C_i C_j| < r_i + r_j$$

即

$$\left(\dfrac{q_i}{p_i} - \dfrac{q_j}{p_j}\right)^2 + (r_i - r_j)^2 < (r_i + r_j)^2$$

也即

$$(p_i q_j - p_j q_i)^2 < 4 r_i r_j (p_i p_j)^2 \qquad (1)$$

现在,适当选取 $r_i = f(p_i, q_i)$,使式(1)不成立.

注意到

$$\dfrac{q_i}{p_i} - \dfrac{q_j}{p_j} \neq 0$$

从而 $p_i q_j - p_j q_i \neq 0$,于是

$$式(1) \text{ 左边} = (p_i q_j - p_j q_i)^2 \geq 1$$

这样,若取 $4r_ir_j(p_ip_j)^2 = 1$,则式(1)不成立.

将 $4r_ir_j(p_ip_j)^2 = 1$ 分解为两个同类元素的积:
$$(2r_ip_i^2)(2r_jp_j^2) = 1$$
此式成立的一个充分条件是 $2r_ip_i^2 = 2r_jp_j^2 = 1$.于是取
$$r_i = f(p_i, q_i) = \frac{1}{2p_i^2} \quad (i = 1, 2, \cdots)$$
则式(1)不成立.

由上面讨论可知,对每一个有理点 $\left(\dfrac{q}{p}, 0\right)$(其中 p, q 为整数,$p > 0$,且 $(p, q) = 1$),都以 $C\left(\dfrac{q}{p}, \dfrac{1}{2p^2}\right)$ 为圆心、$\dfrac{1}{2p^2}$ 为半径作一个圆,该圆与 x 轴相切于点 $\left(\dfrac{q}{p}, 0\right)$,则这些圆合乎要求.

习 题 1

1. 在 $n \times n$ 棋盘中,每个方格填一个数,使每一行和每一列都成等差数列,这样的一个数表称为一个等差密码表.如果知道了表中某些方格中的数就能破译该密码表,则称这些方格的集合为一把钥匙,该集合中的格子数为该钥匙的长度.

(1) 求最小的自然数 s,使 $n \times n (n > 3)$ 棋盘中的任何 s 个方格都构成一把钥匙;

(2) 求最小的自然数 t,使 $n \times n (n > 3)$ 棋盘中的两条对角线上的任何 t 个方格都构成一把钥匙.

2. 设 A 是若干个连续正整数组成的集合,如果 $|A| \geqslant 59$,求证:A 中一定有一个数 a,使 $12 | S(a)$.(原创题)

3. 设 A 是若干个连续正整数组成的集合,如果 $|A| \geqslant 79$,求证:A 中一定有一个数 a,使 $13 | S(a)$.(原创题)

4. 给定正整数 $r (2 \leqslant r \leqslant 10)$,设 A 是若干个连续正整数组成的集合,

如果 A 中一定有一个数 a,使 $r|S(a)$,求 $|A|$ 的最小值.(原创题)

5. 给定正整数 $r(11\leqslant r\leqslant 19)$,设 A 是若干个连续正整数组成的集合,求证:如果 $|A|\geqslant 20r-181$,则 A 中一定有一个数 a,使 $r|S(a)$.(原创题)

6. 对于两个凸多边形 S,T,如果 S 的顶点都是 T 的顶点,则称 S 是 T 的子多边形.

(1) 求证:当 $n(n>4)$ 是奇数时,对于凸 n 边形,存在 m 个无公共边的子多边形,使得原多边形的每条边及对角线都是这 m 个子多边形的边;

(2) 求出上述 m 的最小值.

7. 设有 2^n 个由数字 $0,1$ 组成的有限数列,其中任何一个数列都不是另一个数列的前段,求所有数列的长度和 S 的最小值.

8. 有 1000 张编号为 $000,001,\cdots,999$ 的证件和 100 个编号为 $00,01,\cdots,99$ 的盒子.若盒子的号码可以由证件的号码划掉一个数字而得到,则该证件可以放入该盒子中.若选择 k 个盒子可以装下所有证件,求 k 的最小值.

9. 给定圆周上 $4k$(k 是给定的正整数)个点,任意将它们编号为 $1,2,\cdots,4k$,都存在一种方法连接 $2k$ 条两两无公共点的弦,使每条弦两端点的标数之差都不超过 n,求 n 的最小值.(1986年国际数学奥林匹克竞赛中国国家队选拔考试题)

10. 设 $f(x)=x^3+\square x^2+\square x+\square$,甲、乙两人做游戏:甲先选择一个数填入其中的一个方框中,乙再选择一个数填入一个未填数的方框中,最后甲再选择一个数填入剩下的一个方框中,若最后所得到的方程有 3 个整数根,则甲获胜;否则乙获胜.问:谁有必胜的策略?

11. 已知 i,m,n 是正整数,且 $1<i\leqslant m<n$.

(1) 证明:$n^i A_m^i < m^i A_n^i$;

(2) 证明:$(1+m)^n > (1+n)^m$.(2001年高考全国理科卷试题)

12. 求证:方程 $x^2 + y^2 = z + z^5$ 有无数个正整数解,使 $(x,y) = 1$.

13. 设 $p(x)$ 是次数大于1的多项式,定义 $f_n(x) = \underbrace{p(p(\cdots p(x)))}_{n\text{个}} - x$,求证:对一切 $n \in \mathbf{N}_+, p(x) - x \mid f_n(x)$.

14. 试求最小的正整数 n,使得在任何 n 个连续正整数中,必有一个数,其各位数字之和是7的倍数.(2005年全国高中数学联赛江西省预赛试题)

15. 试证:集合 $A = \{2, 2^2, \cdots, 2^n, \cdots\}$ 满足

(1) 对每个 $a \in A$,及 $b \in \mathbf{N}_+$,若 $b < 2a - 1$,则 $b(b+1)$ 一定不是 $2a$ 的倍数;

(2) 对每个 $a \in \bar{A}$(其中 $\bar{A}$ 表示 A 在 $\mathbf{N}$ 中的补集),且 $a \neq 1$,必存在 $b \in \mathbf{N}_+, b < 2a - 1$,使 $b(b+1)$ 是 $2a$ 的倍数.(2012年全国高中数学联赛试题)

16. 求一个正整数组 $(l, m, n)(1 < l < m < n)$,使得 $\sum_{k=1}^{l} k, \sum_{k=l+1}^{m} k, \sum_{k=m+1}^{n} k$ 依次成等比数列.(2012年中国东南地区数学奥林匹克竞赛试题)

17. 设 x_i 为正数,$m > t > 0$,求证:$(\sum_{i=1}^{n} x_i^m)^t < (\sum_{i=1}^{n} x_i^t)^m$.

18. 试证:在直角坐标系中,存在一个由无穷多个圆(圆周)组成的集合 M,具有如下性质:

(1) 这些圆覆盖了 x 轴上的所有有理点(坐标为有理数的点);

(2) 这些圆中任何两个圆都没有公共点.

19. (1) 求不定方程 $mn + nr + mr = 2(m + n + r)$ 的正整数解 (m, n, r) 的组数;

(2) 对于给定的整数 $k > 1$,证明:不定方程 $mn + nr + mr = k(m + n + r)$ 至少有 $3k + 1$ 组正整数解 (m, n, r).(第3届中国东南地区数学奥林匹克竞赛试题)

习题 1 解答

1. 先指出两个显然的事实(密码表被破译的充分条件):若一行(列)中已知两个格,则此行(列)可破译.若两行(列)被破译,则密码表可破译.

(1) 取第一行和第一列上的 $2n-1$ 个格,此时的等差数表中的 A_{22} 不确定,从而密码表不能破译,所以 $s \geqslant 2n$.另一方面,任取 $2n$ 个格,由抽屉原理,至少有两行各有两个格,于是此两行可以破译,从而密码表可以破译.所以 $s_{\min} = 2n$.

(2) 取一条对角线上的 n 个格,此时的等差数表中的 A_{12} 不确定,从而密码表不能破译,所以 $t \geqslant n+1$.

另一方面,任取 $n+1$ 个格,由抽屉原理,至少一行有两个格,此行可以破译.去掉此行,得到 $(n-1) \times n$ 数表.

考察 $(n-1) \times n$ 数表中的各列.由于每行(列)至多只有两个格在原对角线上,而剩下的 $(n-1) \times n$ 数表中至少还有 $n+1-2 = n-1 \geqslant 3$ 个取定的格.这 3 个格不能在同一列上,所以必有两列,每列各有一个取定的格,连同前一行已破译的格,此两列可以破译,从而密码表可以破译,所以 $t_{\min} = n+1$.

2. 不妨设 $|A| = 59$.令 $A = \{n+1, n+2, \cdots, n+59\}$,考察 $n+1, n+2, \cdots, n+10$,其中一定有 1 个数的个位数字是 0,设这个数为 x_1 ($x_1 \leqslant n+10$),则 $x_1 + 20$ 的个位数字也是 0.

如果 x_1 的十位数字不小于 8,则 $x_1 + 20$ 的十位数字小于 8,于是,$x_1, x_1 + 20$ 中至少有 1 个数的十位数字小于 8,设这个数为 x,则 x 的个位数字是 0,十位数字小于 8 ($x \leqslant x_1 + 20 \leqslant n + 10 + 20 = n + 30$).

显然 $x+1, x+2, \cdots, x+9, x+19, x+29$ 都无进位,于是
$$S(x+t) = S(x) + t \quad (t = 1, 2, \cdots, 9, 19, 29)$$
于是 $x, x+1, x+2, \cdots, x+9, x+19, x+29$ 的各位数字之和分别为 $S(x), S(x)+1, S(x)+2, \cdots, S(x)+9, S(x)+10, S(x)+11$,这是 12 个连续正整数,从而必有一个数为 12 的倍数,即 $x, x+1, x+2, \cdots, x+$

$9, x+19, x+29$ 中必有一个数的各位数字之和为 12 的倍数. 设这个数为 y, 则
$$y \leqslant x+29 \leqslant (n+30)+29 = n+59$$
即 y 在 A 中, 命题获证.

3. 不妨设 $|A|=79$. 令 $A=\{n+1, n+2, \cdots, n+79\}$, 考察 $n+1, n+2, \cdots, n+10$, 其中一定有 1 个数的个位数字是 0, 设这个数为 x_1($x_1 \leqslant n+10$), 则 x_1+30 的个位数字也是 0.

如果 x_1 的十位数字不小于 7, 则 x_1+30 的十位数字小于 7, 于是, x_1, x_1+30 中至少有 1 个数的十位数字小于 7, 设这个数为 x, 则 x 的个位数字是 0, 十位数字小于 7 ($x \leqslant x_1+30 \leqslant n+10+30 = n+40$).

显然 $x+1, x+2, \cdots, x+9, x+19, x+29, x+39$ 都无进位, 于是
$$S(x+t) = S(x) + t \quad (t=1,2,\cdots,9,19,29,39)$$
于是 $x, x+1, x+2, \cdots, x+9, x+19, x+29, x+39$ 的各位数字之和分别为 $S(x), S(x)+1, S(x)+2, \cdots, S(x)+9, S(x)+10, S(x)+11, S(x)+12$, 这是 13 个连续正整数, 从而必有一个数为 13 的倍数, 即 $x, x+1, x+2, \cdots, x+9, x+19, x+29, x+39$ 中必有一个数的各位数字之和为 13 的倍数. 设这个数为 y, 则
$$y \leqslant x+39 \leqslant (n+40)+39 = n+79$$
即 y 在 A 中, 命题获证.

4. $|A|$ 的最小值为 $2r-1$. 当 $|A|=2r-1$ 时, 设 $A=\{n+1, n+2, \cdots, n+2r-1\}$, 考察 $n+1, n+2, \cdots, n+r$, 如果 $n+1$ 的个位数字大于 $10-r$, 则 $n+r$ 的个位数字不大于 $10-r$, 于是 $n+1, n+2, \cdots, n+r$ 中一定有 1 个数的个位数字不大于 $10-r$, 设这个数为 x ($x \leqslant n+r$).

显然 $x+1, x+2, \cdots, x+r-1$ 都无进位, 于是
$$S(x+t) = S(x) + t \quad (t=1,2,\cdots,r-1)$$
于是 $x, x+1, x+2, \cdots, x+r-1$ 的各位数字之和分别为 $S(x), S(x)+1, S(x)+2, \cdots, S(x)+r-1$, 这是 r 个连续正整数, 从而必有一个为 r 的

倍数,即 $x, x+1, x+2, \cdots, x+r-1$ 中必有一个数的各位数字之和为 r 的倍数.设这个数为 x,则

$$x \leqslant x + r - 1 \leqslant (n+r) + r - 1 = n + 2r - 1$$

即 x 在 $n+1, n+2, \cdots, n+2r-1$ 中,所以 $|A| = 2r-1$ 合乎条件.

当 $|A| < 2r-1$ 时,设 $|A| = n$,因为 $11-r, 12-r, 13-r, \cdots, 9, 10, 11, \cdots, 8+r$ 这 $2r-2$ 个数的各位数字之和分别为 $11-r, 12-r, 13-r, \cdots, 9, 1, 2, \cdots, r-2$,其中没有一个数是 r 的倍数,于是,在这 $2r-2$ 个数中取 n 个连续正整数构成集合 A,则 A 不合乎要求.

综上所述,$|A|$ 的最小值为 $2r-1$.

5. 不妨设 $|A| = 20r - 181$,令 $A = \{n+1, n+2, \cdots, n+20r-181\}$,记 $r_1 = r - 10 (r_1 \leqslant 9)$,考察 $n+1, n+2, \cdots, n+10$,其中一定有一个数的个位数字是 0,设这个数为 $x_1 (x_1 \leqslant n+10)$,则 $x_1 + 10r_1$ 的个位数字也是 0.

如果 x_1 的十位数字不小于 $10 - r_1$,则 $x_1 + 10r_1$ 的十位数字小于 $10 - r_1$,于是,$x_1, x_1 + 10r_1$ 中至少有一个数的十位数字小于 $10 - r_1$,设这个数为 x,则 x 的个位数字是 0,十位数字小于 $10 - r_1 (x \leqslant x_1 + 10r - 100 \leqslant n + 10 + 10r - 100 = n + 10r - 90)$.

显然 $x+1, x+2, \cdots, x+9, x+19, x+29, \cdots, x+10r_1+9$ 都无进位,于是

$$S(x+t) = S(x) + t \quad (t = 1, 2, \cdots, 9, 19, 29, 39, \cdots, 10r_1+9)$$

于是 $x, x+1, x+2, \cdots, x+9, x+19, x+29, x+39, \cdots, x+10r_1+9$ 的各位数字之和分别为 $S(x), S(x)+1, S(x)+2, \cdots, S(x)+9, S(x)+10, S(x)+11, S(x)+12, \cdots, S(x)+r_1+9$,这是 $r_1 + 10 = r$ 个连续正整数,从而必有一个数为 r 的倍数,即 $x, x+1, x+2, \cdots, x+9, x+19, x+29, x+39\cdots, x+10r_1+9$ 中必有一个数的各位数字之和为 r 的倍数.设这个数为 x,则

$$x \leqslant x + 10r_1 + 9 \leqslant (n + 10r - 90) + (10r_1 + 9)$$

$= (n + 10r - 90) + (10r - 91) = n + 20r - 181$

即 x 在 A 中,命题获证.

6. (1) 设 $n = 2k + 1$,为了叙述问题方便,由同构性质,不妨取正 $2k$ 边形及其外接圆上另一点 A 作为凸 $2k+1$ 边形的顶点. 为了将凸 $2k+1$ 边形所有边及对角线划分为若干个无公共边的子凸多边形,可先划分除 A 外的正 $2k$ 边形的绝大部分边,剩余的边与 A 构成三角形划分. 从找充分条件的角度思考: 正 $2k$ 边形怎样的两个子多边形一定没有公共边? 很容易想到矩形满足这一要求,因为以正多边形的顶点为顶点的矩形包含正多边形的中心,由一条边及中心确定唯一矩形,从而任何两个矩形没有公共边. 先取出正 $2k$ 边形中的所有矩形,这些矩形包含了正 $2k$ 边形的所有非直径的边及对角线,剩下 k 条直径与从点 A 出发的边,这些边恰好构成 k 个无公共边的三角形. 于是,这些矩形和三角形合乎条件.

(2) 先证明上述取法中矩形和三角形的个数之和为 $m = \dfrac{n^2 - 1}{8}$. 实际上,所有矩形用去了 $C_{2k}^2 - k$ 条线段,所以共有 $\dfrac{C_{2k}^2 - k}{4} = \dfrac{k(k-1)}{2}$ 个矩形,连同 k 个三角形,得 $m = \dfrac{k(k-1)}{2} + k = \dfrac{n^2 - 1}{8}$. 下面证明 $m \geqslant \dfrac{n^2 - 1}{8}$.

对多边形的每条边标上数 1,对每条对角线标上一个数 x,x 是此对角线"跨过"的边数(取较小的一段),称为"跨度". 显然,跨度为 $i(i = 1, 2, \cdots, k)$ 的边有 n 条,这样,共有 n 个 1、n 个 2……n 个 k,所有标数之和为 $n \times \dfrac{k(k+1)}{2}$. 而每个子凸多边形上的标数之和为 n(内接于 n 边形,跨度之至多为 n,当含有优弧时跨度和小于 n),所以至少要用 $\dfrac{n \times \dfrac{k(k+1)}{2}}{n} = \dfrac{k(k+1)}{2} = \dfrac{n^2 - 1}{8}$ 个子凸多边形才能覆盖所有的边及对

角线.

综上所述,$m_{\min} = \dfrac{n^2-1}{8}$.

7. 一个数列可以看成是一个排列,对两个不同的排列,其中一个不是另一个前段的一个充分条件是:它们的长度相等.假设它们的长度都是 r,那么互异的排列有 2^r 个.但题给的数列有 2^n 个,所以 $r = n$,即长为 n 的互异的排列有 2^n 个,它们中任何一个不是另一个的前段,此时 $S = n \times 2^n$. 下面证明 $S \geqslant n \times 2^n$.

我们只需把任意一个合乎条件的排列组中的每一个排列都操作到长度不小于 n. 我们称长度为 n 的排列为标准排列,长度小(大)于 n 的排列为短(长)排列.

如果合乎条件的排列组中存在短排列,则必存在长排列,否则,每个短排列至少可以扩充为 2 个互异的标准排列,使得标准排列个数超过 2^n,矛盾.

任取一个短排列 A,必存在长排列 B,去掉 A,B,加入两个排列:$A \cup \{0\}$,$A \cup \{1\}$,得到的排列组仍合乎条件. 因为 $|A| < n$,$|B| > n$,于是操作后长度和 S 的增量为

$$|A|+1+|A|+1-|A|-|B| = 2+|A|-|B|$$
$$\leqslant 2+(n-1)-(n+1) = 0$$

即 S 不增.

如此下去,直至排列中不存在短排列,必有 $f \geqslant f' \geqslant n \times 2^n$.

8. 找一个充分条件,使选定若干个盒子(两位数)能装下那些 3 个数码互异的证件(三位数). 任取一个三位数证件 (a, b, c),要使它必定可以装下,则两位数 $\overline{ab}$,$\overline{bc}$,$\overline{ac}$ 中至少选一个. 由此想到,将 $0, 1, 2, \cdots, 9$ 分成 2 组 A,B,使同组数字组成的任何两位数都被选取,这样一来,上述问题就相当于"任何三个数 a, b, c 中都有 2 个数在同一组(同一组中的数被选取)".

设 $|A| = k$,$|B| = 10 - k$,则 A,B 中的元素可重复的两位数分别有

k^2,$(10-k)^2$ 个,所以 $|A|+|B|=k^2+(10-k)^2=2(k-5)^2+50\geqslant 50$. 所以 $|A|=|B|=5$ 时使选取的两位数尽可能少,比如,令 $A=\{0,1,2,3,4\}$, $B=\{5,6,7,8,9\}$,则 A,B 中的元素可重复的二元排列各有 25 个,这 50 个编号的盒子合乎要求. 实际上,对任何一个三位数证件 (a,b,c),a,b, c 中都有 2 个数在同一组,不妨设 a,b 都在 A 组,则选取了两位数 $\overline{ab}$,于是,三位数证件 (a,b,c) 可以装下. (另一种构造:取 50 个盒子 $\overline{ab}$,其中 a,b 的奇偶性相同,则任何三位数证件 (a,b,c),a,b,c 中必有 2 个数的奇偶性相同,从而可以装下.)

下面证明 $k\geqslant 50$. 在选择 k 个盒子中,考察以 9 开头的一类盒子,设有 $m(m\leqslant 10)$ 个,记为 $\overline{9a_i}(i=1,2,\cdots,m)$. 令 $X=\{a_1,a_2,\cdots,a_m\}$,我们先设法找到一个证件,不能被这些盒子装下. 取 a,b 都不属于 X,则证件 $\overline{9ab}$ 去掉 a 或去掉 b 都不能装下,于是只能去掉 9 才能被装下,必选盒子 $\overline{ab}$,而 a,b 均有 $10-m$ 个取值,于是,这样的第二类盒子(不以 a_1, $a_2,\cdots,a_m$ 开头的一类盒子)有 $(10-m)^2$ 个. 上面的盒子都不是以 a_1, $a_2,\cdots,a_m$ 开头的(但可能是以 9 开头的,比如 X 中不含 9),下面考虑以 $a_1,a_2,\cdots,a_m$ 开头的盒子至少有多少个. 优化假设:设所有盒子中,以 9 开头的盒子个数最少,为 m 个,则以 $a_1,a_2,\cdots,a_m$ 为首位的盒子至少都有 m 个,这样的盒子至少有 m^2 个. 于是

$$k\geqslant m^2+(10-m)^2\geqslant \frac{1}{2}[m+(10-m)]^2=50$$

故 k 的最小值为 50.

9. 要连 n 条弦,使其两两不相交是很容易的,难的是要使各弦差较小. 由此可见,如果两个数相差悬殊,则这两个数对应的点不连边,我们可将这两个数归入同一集合,而同一集合中的任何两个点都不连边. 从极端元素出发,发现 1 与 $4k$ 属于同一个集合,进一步,2 与 $4k-1$ 属于同一个集合,如此等等,得到构造 $A=\{1,2,\cdots,k\}\bigcup\{3k+1,3k+2,\cdots,4k\}$,$B=\{k+1,k+2,\cdots,3k\}$. 现在,只需连接 $2k$ 条两两无公共点的弦,使每

条弦的两个端点分别属于 A 和 B.

寻找一个充分条件,称之为引理:圆周上有 n 个红点、n 个蓝点,则可连 n 条异色弦,使其两两不相交. 对 n 归纳,当 $n=1$ 时,结论显然成立. 设 $n=k$ 时结论成立,考虑 $n=k+1$ 的情形,其中一定有两个异色的相邻点,将其连弦,再利用归纳假设,引理获证. 由引理,以上述 A 中一个点与 B 中一个点连弦,可得到两两不相交的 $2k$ 条弦,其弦差

$$d \leqslant \max\{4k-(k+1), 3k-1\} = 3k-1$$

从而 $n=3k-1$ 合乎要求.

下面证明当 n 合乎条件时,$n \geqslant 3k-1$.

用反证法,如果 $n < 3k-1$,则对圆周上 $4k$ 个点,存在一种编号方式,使不论怎样连接 $2k$ 条两两无公共点的弦,都存在一条弦的弦差 $d_0 > n$.

注意这样的事实(一个充分条件):如果 A 中的点数超过总点数的一半,则 A 中必有 2 点相连,否则弦的条数超过点数的一半,矛盾.

进而发现(又一个充分条件),如果 A 中的点在圆周上是连续的,且 A 中有 2 点相连,则 A 中必有 2 个相邻的点相连. 实际上,设 M, N 相连. 若 M, N 不相邻,则 MN 弧上有偶数个点(否则有弦相交),必有两点 M_1, N_1 相连,如此下去,必有相邻两个点相连. 由此可见,我们只需构造 A,使 $|A| > 2k$,且 A 中相邻两个点的编号之差都大于 $3k-1 > n$. 令

$$A = \{1, 3k+1, 2, \cdots, 4k-1, k, 4k, k+1\}$$

则 A 合乎上述条件.

综上所述,n 的最小值为 $3k-1$.

10. 甲有必胜策略. 设 $f(x) = x^3 + ax^2 + bx + c$,想象最简单的情形,甲尽可能使 $1, -1$ 为 $f(x)$ 的根. 由 $f(1) = 1+a+b+c = 0$,且 $f(-1) = -1+a-b+c = 0$,得 $a = -c$, $b = -1$. 于是,甲先在 b 处填入 -1,然后,不管乙填什么数,甲只需在另外的位置填上乙填的数的相反数即可. 此时

$$f(x) = x^3 + ax^2 - x - a = (x^2-1)(x+a)$$

甲胜.

11.（1）由
$$\frac{A_m^i}{m^i} = \frac{m \times (m-1) \times \cdots \times (m-i+1)}{m^i}$$
$$\frac{A_n^i}{n^i} = \frac{n \times (n-1) \times \cdots \times (n-i+1)}{n^i}$$

对于 $m < n$，有 $\frac{k}{n} < \frac{k}{m}$（$k = 1, 2, \cdots, i-1$），即 $\frac{n-k}{n} > \frac{m-k}{m}$，所以 $\frac{A_n^i}{n^i} > \frac{A_m^i}{m^i}$，即 $m^i A_n^i > n^i A_m^i$.

（2）由二项式定理：
$$(1+m)^n = C_n^0 m^0 + C_n^1 m^1 + \cdots + C_n^n m^n$$
$$(1+n)^m = C_m^0 n^0 + C_m^1 n^1 + \cdots + C_m^m n^m$$

对 $i = 2, 3, \cdots, m$，有 $A_n^i m^i > A_m^i n^i$，所以 $\frac{A_n^i m^i}{i!} > \frac{A_m^i n^i}{i!}$，即 $C_n^i m^i > C_m^i n^i$，而 $C_n^0 m^0 = C_m^0 n^0$，$C_n^1 m^1 = C_m^1 n^1$，所以
$$(1+m)^n > (1+n)^m$$

12. 将原方程变为
$$x^2 + y^2 = z(1^2 + (z^2)^2)$$

联想到 Cauchy 恒等式：
$$(a^2 + b^2)(c^2 + d^2) = (ab + cd)^2 + (ac - bd)^2$$

可令
$$z = a^2 + b^2, \quad c = 1, \quad d = z^2 = (a^2 + b^2)^2$$
$$x = ab + cd = ab + (a^2 + b^2)^2$$
$$y = ac - bd = a - b(a^2 + b^2)^2$$

这样
$$(x, y, z) = (ab + (a^2 + b^2)^2, a - b(a^2 + b^2)^2, a^2 + b^2)$$

都是原方程的解. 下面只需从中找到无数个解，使 $(x, y) = 1$. 为此，取

$a = 1$ 进行试验,此时

$$(x, y, z) = (b + (1 + b^2)^2, 1 - b(1 + b^2)^2, 1 + b^2)$$

下面证明上述解合乎要求,即 $(x, y) = 1$. 反设 $(x, y) > 1$,则存在质数 p,使 $p | x$,且 $p | y$. 但 $bx + y = b^2 + 1$,所以 $p | b^2 + 1$. 又 $p | y = 1 - b(1 + b^2)$,所以 $p | 1$,矛盾.

13. 令 $p_n(x) = \underbrace{p(p(\cdots p(x)))}_{n\text{个}}$,则 $p_n(x) = p(p_{n-1}(x))$,且 $f_n(x) = p_n(x) - x$. 对 n 归纳:当 $n = 1$ 时,$f_1(x) = p_1(x) - x$. 若 $f_1(x) = c$(常数),即 $p_1(x) = x + c$,这与 $p_1(x) = p(x)$ 的次数大于 1 矛盾,于是,$f_1(x)$ 的次数大于 0,$p(x) - x | f_1(x)$,即 $n = 1$ 时,结论成立.

设结论对 $n - 1$ 成立,即 $p(x) - x | f_{n-1}(x)$,那么

$$f_n(x) = p(p_{n-1}(x)) - x = p(p_{n-1}(x)) - p_{n-1}(x) + p_{n-1}(x) - x$$
$$= p(p_{n-1}(x)) - p_{n-1}(x) + f_{n-1}(x)$$

要证 $p(x) - x | f_n(x)$,由归纳假设,我们只需证明:

$$p(x) - x \mid p_n(x) - p_{n-1}(x)$$

令

$$p(x) - x = \prod (x - a_i)^{m_i}$$

在此式中将 x 换作 $p_{n-1}(x)$,有

$$p_n(x) - p_{n-1}(x) = p(p_{n-1}(x)) - p_{n-1}(x) = \prod (p_{n-1}(x) - a_i)^{m_i}$$

即要证:

$$\prod (x - a_i)^{m_i} \mid \prod (p_{n-1}(x) - a_i)^{m_i} \tag{1}$$

式(1)成立的一个充分条件是右边的每一个因式都被左边的对应因式整除. 将式(1)右边的第 i 个因式分解为

$$p_{n-1}(x) - a_i = (p_{n-1}(x) - x) + (x - a_i) \tag{2}$$

由归纳假设,有 $p(x) - x | f_{n-1}(x)$,即 $\prod (x - a_i)^{m_i} \mid f_{n-1}(x)$,于是,$x - a_i | f_{n-1}(x)$,即 $x - a_i | p_{n-1}(x) - x$. 又 $x - a_i | x - a_i$,于是

利用式(2),有 $x - a_i \mid p_{n-1}(x) - a_i$,所以式(1)成立.

综上所述,命题获证.

14. 首先,我们可以指出 12 个连续正整数,例如 994,995,…,999,1000,1001,…,1005,其中任一个数的各位数字之和都不是 7 的倍数,因此,$n \geq 13$.

再证,任何连续 13 个正整数中,必有一个数,其各位数字之和是 7 的倍数.找充分条件,考察最简单的情形,只需找到 7 个数,其数字和是 7 个连续自然数.进一步,只需找到 7 个连续自然数,它们同时属于某个集合

$$A_a = \{10a, 10a+1, 10a+2, \cdots, 10a+9\}$$

对每个非负整数 a,称如下 10 个数所构成的集合

$$A_a = \{10a, 10a+1, 10a+2, \cdots, 10a+9\}$$

为一个"基本段",13 个连续正整数,要么属于两个基本段,要么属于三个基本段.

当 13 个数属于两个基本段时,据抽屉原理,其中必有连续的 7 个数属于同一个基本段;当 13 个连续数属于三个基本段 A_{a-1}, A_a, A_{a+1} 时,其中 A_a 含有 10 个数,从而不论什么情况,都必有连续的 7 个数属于同一个基本段.

现在设 $\overline{a_k a_{k-1} \cdots a_1 a_0}, \overline{a_k a_{k-1} \cdots a_1 (a_0+1)}, \cdots, \overline{a_k a_{k-1} \cdots a_1 (a_0+6)}$ 是属于同一个基本段的 7 个数,它们的各位数字之和分别是 $\sum_{i=0}^{k} a_i, \sum_{i=0}^{k} a_i + 1, \cdots, \sum_{i=0}^{k} a_i + 6$,显然,这 7 个和数被 7 除的余数互不相同,其中必有一个是 7 的倍数.因此,所求的最小值为 $n = 13$.

15. (1) 对任意的 $a \in A$,设 $a = 2^k (k \in \mathbf{N}_+)$,则 $2a = 2^{k+1}$.因为 $2a = 2^{k+1}$ 是质数 2 的方幂,要证 $b(b+1)$ 不是 $2a$ 的倍数,这等价于 2 在 $b(b+1)$ 中的质数小于 $k+1$.注意到 $b, b+1$ 一奇一偶,所以只需证明其中的偶数含有的 2 的幂小于 $k+1$,一个充分条件是 2 在 $b, b+1$ 中的质数都小于 $k+1$,这是很容易的.实际上,由正整数 $b < 2a - 1$,有 $b \leq 2a - 2$,

从而
$$b < b+1 \leqslant 2a-1 = 2^{k+1}-1 < 2^{k+1}$$
故 $b(b+1)$ 一定不是 $2a(=2^{k+1})$ 的倍数.

(2) 若 $a \in \bar{A}$,且 $a \neq 1$,可设 $a = m \times 2^k$,其中 k 为自然数,m 为大于 1 的奇数,则 $2a = m \times 2^{k+1}$. 为了使 $b(b+1)$ 是 $2a(=2^{k+1}m)$ 的倍数,一个充分条件是:b 是 m 的倍数,且 $b+1$ 是 2^{k+1} 的倍数. 于是,令 $b = mx, b+1 = 2^{k+1}y$,此时
$$b(b+1) = xy \times (2^{k+1}m)$$
为 $2a$ 的倍数. 下面求方程组
$$b = mx, \quad b+1 = 2^{k+1}y$$
的满足 $b = mx < 2a-1$ 的正整数解 (x, y, b)(其中 k, m 都由 a 唯一确定,为已知数). 方程组消去 b,得 $2^{k+1}y - mx = 1$. 由于 $(2^{k+1}, m) = 1$,该方程必有整数解. 设其通解为
$$\begin{cases} x = x_0 + 2^{k+1}t \\ y = y_0 + mt \end{cases}$$
其中,$t \in \mathbf{Z}$,(x_0, y_0) 为方程的特解. 因为 $x = 0$ 不满足方程,设使 x 最小的正整数解记为 (x^*, y^*),则 $x^* \leqslant 2^{k+1}-1$,此时
$$b = mx^* \leqslant m2^{k+1} - m = 2a - m < 2a - 1 (m > 1)$$
故 $b = mx^* < 2a-1$,使 $b(b+1)$ 是 $2a$ 的倍数.

16. 对 $t \in \mathbf{N}_+$,记
$$S_t = \sum_{k=1}^{t} k = \frac{t(t+1)}{2}$$
设
$$\sum_{k=1}^{l} k = S_l$$
$$\sum_{k=l+1}^{m} k = S_m - S_l$$

$$\sum_{k=m+1}^{n} k = S_n - S_m$$

依次成等比数列,则

$$S_l(S_n - S_m) = (S_m - S_l)^2 \qquad (1)$$

即

$$S_l(S_n + S_m - S_l) = S_m^2$$

于是应有 $S_l | S_m^2$,即

$$2l(l+1) | m^2(m+1)^2$$

找充分条件使此式成立,令 $m+1 = l(l+1)$,并取 $l=3$,于是 $m=11$,则 $S_l = S_3 = 6, S_m = S_{11} = 66$,代入式(1)得 $S_n = 666$,即 $\frac{n(n+1)}{2} = 666$,此时 $n=36$ 满足.因此 $(l,m,n) = (3,11,36)$ 是一组满足条件的解.

17. 同例 10 的证法.

18. 由例 14 的讨论可知,对每一个有理点 $\left(\frac{q}{p}, 0\right)$(其中 p,q 为整数,$p>0$,且 $(p,q)=1$),都以 $C\left(\frac{q}{p}, \frac{1}{4p^2}\right)$ 为圆心、$\frac{1}{4p^2}$ 为半径作一个圆,与 x 轴相切于点 $\left(\frac{q}{p}, 0\right)$,则这些圆合乎要求.

19. (1) 若 $m,n,r \geq 2$,由

$$mn \geq 2m, \quad nr \geq 2n, \quad mr \geq 2r$$

得

$$mn + nr + mr \geq 2(m+n+r)$$

由方程可知,以上不等式均取等号,故 $m=n=r=2$.若 $1 \in \{m,n,r\}$,不妨设 $m=1$,则

$$nr + n + r = 2(1+n+r)$$

于是 $(n-1)(r-1) = 3$,所以 $\{n-1, r-1\} = \{1,3\}$,故 $\{n,r\} = \{2,4\}$,$\{m,n,r\} = \{1,2,4\}$,这样的解有 $3! = 6$ 组.所以,不定方程

$$mn + nr + mr = 2(m+n+r)$$

共有 7 组正整数解.

(2) 将 $mn + nr + mr = k(m + n + r)$ 中的 n, r 视为主元,整理得
$$nr + mr - kr - kn = km - mn$$
即
$$nr - (k-m)r - (k-m)n = km$$
分解因式,得
$$(n - (k-m))(r - (k-m)) = k^2 - km + m^2$$
利用"对应相等",令
$$n - (k-m) = 1, \quad r - (k-m) = k^2 - km + m^2$$
得 $n = k - m + 1, r = k^2 - km + m^2 + k - m$ 满足上式,且 $m = 1, 2, \cdots,$ $\left[\dfrac{k}{2}\right]$ 时,$0 < m < n < r$,从而,由每一个解通过轮换可得到 $3!$ 个解.

① 当 k 为偶数时
$$\{m, n, r\} = \{l, k - l + 1, k^2 - kl + l^2 + k - l\}$$
其中,$l = 1, 2, \cdots, \dfrac{k}{2}$ 给出了不定方程的 $\dfrac{k}{2} \times 3! = 3k$ 组正整数解,连同 $(m, n, r) = (k, k, k)$ 共 $3k + 1$ 个解.

② 当 k 为奇数时
$$\{m, n, r\} = \{l, k - l + 1, k^2 - kl + l^2 + k - l\}$$
其中,$l = 1, 2, \cdots, \dfrac{k-1}{2}$ 给出了不定方程的 $\dfrac{k-1}{2} \times 3! = 3(k-1)$ 组正整数解.此外,不定方程有 3 组形如 $\left(\dfrac{k+1}{2}, \dfrac{k+1}{2}, \dfrac{(k+1)(3k-1)}{4}\right)$ 的正整数解,连同 (k, k, k) 一共得到 $3k + 1$ 个解.故不定方程 $mn + nr + mr = k(m + n + r)$ 至少有 $3k + 1$ 组正整数解.

2 回索推理

本章介绍一个找充分条件的策略:回索推理.

所谓回索推理,就是考虑目标状态的前一步,想象什么情况下能产生目标,由此找到所需要的一个充分条件.

2.1 执果索因

执果索因是回索推理的一种广泛形式,它的表现形式为"多推一". 也就是说,目标状态可能由多种不同状态推得. 由于产生目标状态有多种途径,我们需要对前一状态的各种形式进行分析、比较、筛选,以确定与题给条件密切相关的一种状态,由此找到实现解题目标的一个充分条件.

例 1 对坐标平面上的 3 点 A, B, C,如果 A, B, C 不共线,且以它们为顶点的三角形的重心横坐标与纵坐标都是 2015 的倍数,则称 $A, B,$ C 构成一个倍三角形. 试问:坐标平面上是否存在无穷多个整点的集合,其中任何 3 点都构成倍三角形,任何 4 点都不构成梯形?(原创题)

分析与解 为了构造合乎条件的点集 M,我们先找一个充分条件,使 M 中任何 3 点不共线.

联想到直线与二次曲线至多有两个交点,可取 M 中所有点都在某条二次曲线上,则其中任何 3 点不共线.

最简单的二次曲线当然是圆,但圆上的整点不容易取到,于是想到在

抛物线 $y = x^2$ 上取无穷多个整点 $A_i(a_i, a_i^2)(i = 1, 2, \cdots)$ 构成集合 M，其中 $a_i \in \mathbf{N}_+$.

下面适当选取 a_i，使 M 合乎要求.

首先考虑任何 3 点 $A_i(a_i, a_i^2)$，$A_j(a_j, a_j^2)$，$A_k(a_k, a_k^2)$ 都构成倍三角形，即 $a_i + a_j + a_k, a_i^2 + a_j^2 + a_k^2$ 都是 3×2015 的倍数，显然，其一个充分条件是 a_i, a_j, a_k 都是 6045 的倍数，于是，对 M 中每一个点 $A_i(a_i, a_i^2)$，都取 a_i 是 6045 的倍数即可.

其次考虑，怎样使 M 中任何 4 个点不构成梯形. 显然，其一个充分条件是 M 中每两个点所在直线的斜率互不相同.

从反面入手，假定存在 M 中的 4 个点 $A_i(a_i, a_i^2)$，$A_j(a_j, a_j^2)$，$A_k(a_k, a_k^2)$，$A_r(a_r, a_r^2)$，使 $A_iA_j /\!/ A_kA_r$，那么

$$\frac{a_i^2 - a_j^2}{a_i - a_j} = \frac{a_k^2 - a_r^2}{a_k - a_r}$$

即

$$a_i + a_j = a_k + a_r$$

由此可见，我们只需适当选取 a_i，使 M 中任何两个点的横坐标的和互不相同.

为此，我们考虑什么情况下 $a_i + a_j \neq a_k + a_r$. 显然，其一个充分条件是 a_i, a_j, a_k, a_r 中有 3 个是某个数 m 的倍数，而另一个不是 m 的倍数. 这只需取 a_i, a_j, a_k, a_r 都是 $a(a>1)$ 的幂即可.

实际上，若取 $a_i = a^i (i \in \mathbf{N}_+)$，则必有 $a_i + a_j \neq a_k + a_r$.

否则，设 $a_i + a_j = a_k + a_r$，即 $a^i + a^j = a^k + a^r$，不妨设 $i < j < k < r$，那么

$$1 + a^{j-i} = a^{k-i} + a^{r-i}$$

因为 $0 < j - i < k - i < r - i$，从而 $a \mid a^{j-i}, a \mid a^{k-i}, a \mid a^{r-i}$，所以 $a \mid 1$，矛盾.

再注意到 a_i 应取成 6045 的倍数，于是，令 $a_i = 6045^i (i \in \mathbf{N}_+)$，则 M

合乎要求.

例2 给定平面上 n 个点的集合 S,$n \geq 3$.若 S 中任何 3 个点不共线,求证:平面上存在一个由 $2n-5$ 个点组成的集合 P,使 S 中任何 3 个点构成的三角形的内部都至少含有 P 中的一个点.(第 32 届国际数学奥林匹克竞赛备选题)

分析与解 记 $S = \{P_1, P_2, \cdots, P_n\}$,我们要在每个 $\triangle P_i P_j P_k$ 内都取一个点,作成一个集合 P,使 $|P| \leq 2n-5$.注意到 $\triangle P_i P_j P_k$ 的个数为 $C_n^3 > 2n-5$,于是,各个三角形中取出的点不能互异.

先考虑如何取一个点 A,能保证 A 在 $\triangle P_i P_j P_k$ 内.为了便于叙述,我们把点都放在直角坐标系内讨论.设 P_i 的坐标为 (x_i, y_i)($i = 1, 2, \cdots, n$),可适当选择坐标系,使 $x_1 < x_2 < \cdots < x_n$,这是因为两点的连线只有有限条,可选择 x 轴与所有连线不垂直.对于三角形 $P_i P_j P_k$($i < j < k$),过 P_j 作 x 轴的垂线.由于 $i < j < k$,此垂线必与 $P_i P_k$ 相交,设交点为 P_j',在线段 $P_j P_j'$ 上取一个点 Q_j,则点 Q_j 必在 $\triangle P_i P_j P_k$ 内(图 2.1).

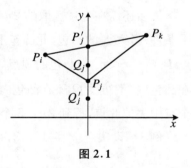

图 2.1

但我们这样选取的点 Q_j 依赖于 $\triangle P_i P_j P_k$.有 C_n^3 个三角形,从而选取了 C_n^3 个点.为了减少选取的点,我们适当调整构造,使点 Q_j 只依赖点 P_j.

对任何 $j = 2, 3, \cdots, n-1$,必存在 $i, j \in \{1, 2, \cdots, n\}$,使 $i < j < k$.过 P_j 作 x 轴的垂线,与 $P_i P_k$ 相交于点 P_j',记 $|P_j P_j'| = 2d_j$,则 $Q_j(x_i, y_j + d_j)$,$Q_j'(x_i, y_j - d_j)$ 中必有一个在 $\triangle P_i P_j P_k$ 内.注意到 $j = 2, 3, \cdots, n-1$,从而按这一方法选取的点 $Q_j(x_i, y_j + d_j)$,$Q_j'(x_i, y_j - d_j)$ 共有 $2(n-2) = 2n-4$ 个.

这样一来,选取的点的个数虽然减少了,但"每个三角形内至少有一个选取的点"这一性质却被破坏了.为了保证所取的点 Q_j,Q_j' 之一能在

所有$\triangle P_iP_jP_k$内(j固定,而$i,j \in \{1,2,\cdots,n\}$任意取值,但保证$i<j<k$),可令点Q_j, Q'_j充分靠近点P_j.

过S中每两点作一直线,共有有限条直线,S中每个点到这些直线中的每一条都有一个距离,所有点到所有直线共有有限个距离,设其中最小的距离为$2d$.对任何$j = 2,3,\cdots,n-1$,令$Q_j(x_i, y_j + d)$, $Q'_j(x_i, y_j - d)$,则可证明:S中的任何$\triangle P_iP_jP_k$都必含有这$2n-4$个点中的一个点.

实际上,对于S中任何一个$\triangle P_iP_jP_k (i<j<k)$,过$P_j$作$x$轴的垂线,此垂线必与$P_iP_k$相交,设交点为$P'_j$,则$Q_j, Q'_j$中必有一个在线段$P_jP'_j$上.设$Q_j$在线段$P_jP'_j$上.因为$P_jQ_j = d < 2d \leqslant P_j$到$P_iP_k$的距离$\leqslant P_jP'_j$,所以点$Q_j$必在$\triangle P_iP_jP_k$内.

最后还需在上述选取的$2n-4$个点中去掉一个点,使剩下的点仍合乎条件.考察S的凸包,此凸包上至少含有S的3个点,于是必存在一个点$P_r(1<r<n)$为凸包的顶点,于是,相应的点Q_r, Q'_r中必有一个点不在凸包内,不妨设Q_r不在凸包内,则Q_r不在任何三角形内,在上述$2n-4$个点中去掉此点,得到$2n-5$个点的集合P,则P合乎条件.

例3 设集合$P = \{1,2,3,4,5\}$,对任意$k \in P$和正整数m,记

$$f(m,k) = \sum_{i=1}^{5} \left[m \sqrt{\frac{k+1}{i+1}} \right]$$

其中,$[a]$表示不大于a的最大整数.求证:对任意正整数n,存在$k \in P$和正整数m,使得$f(m,k) = n$.(2007年全国高中数学联赛二试试题)

分析与解 对于和式$\sum_{i=1}^{n} f(i)$,可先固定i,研究代表项$f(i)$的实际意义,尽可能用一个熟知的浅显事实来描述,这是"和式"估值的常用策略.

对于本题,代表项$f(i) = \left[m \sqrt{\frac{k+1}{i+1}} \right]$比较复杂.我们先思考:怎样

2 回索推理

才能产生 $\left[m\sqrt{\dfrac{k+1}{i+1}}\right]$?

利用回索推理,自然联想到如下推理:若整数 $j \leqslant \dfrac{q}{p}$,则 $j \leqslant \left[\dfrac{q}{p}\right]$.

对于本题,可设想推理的结果为

$$j \leqslant \left[\dfrac{m\sqrt{k+1}}{\sqrt{i+1}}\right]$$

它的前一步为

$$j \leqslant \dfrac{m\sqrt{k+1}}{\sqrt{i+1}} \quad (j \text{ 为正整数})$$

由此可见,$f(i) = \left[\dfrac{m\sqrt{k+1}}{\sqrt{i+1}}\right]$ 的实际意义是:满足不等式 $j \leqslant \dfrac{m\sqrt{k+1}}{\sqrt{i+1}}$ 的正整数 j 的个数,也就是满足不等式 $j\sqrt{i+1} \leqslant m\sqrt{k+1}$ 的正整数 j 的个数(对固定的 i).

现在,再令 $i = 1, 2, 3, 4, 5$,可知,和式 $\sum\limits_{i=1}^{5}\left[m\sqrt{\dfrac{k+1}{i+1}}\right]$ 的意义是:满足 $j\sqrt{i+1} \leqslant m\sqrt{k+1}$ 的数对 (i,j) 的个数,其中 $i \in P, j \in \mathbf{N}_+$.

这样,问题变为:对任意正整数 n,存在 $k \in P$ 和 $m \in \mathbf{N}_+$,使得满足 $j\sqrt{i+1} \leqslant m\sqrt{k+1}$ 的数对 (i,j) 的个数为 n.

这是很易证明的,对于数对 (i,j),只需按其特征值 $j\sqrt{i+1}$ 的大小排序,排到第 n 个时,满足 $j\sqrt{i+1} \leqslant m\sqrt{k+1}$ 的数对 (i,j) 的个数就是 n.

考察所有正整数数对 (i,j),其中 $i \in P = \{1,2,3,4,5\}, j \in \mathbf{N}_+$.

定义 $j\sqrt{i+1}$ 为数对 $(i,j)(i \in P, j \in \mathbf{N}_+)$ 的特征值.由于对任意 i_1,$i_2 \in P, i_1 \neq i_2, \dfrac{\sqrt{i_1+1}}{\sqrt{i_2+1}}$(穷举 i_1, i_2)是无理数,所以当 $(i_1, j_1) \neq (i_2, j_2)$

时,$i_1\sqrt{j_1+1} \neq i_2$.

将所有数对按特征值由小到大排列,因为这样的数对有无数个,所以对任意 $n \in \mathbf{N}_+$,存在 $m \in \mathbf{N}_+$,$k \in P$,使得第 n 个数对为 (k,m),它的特征值为 $m\sqrt{k+1}$.由于前 n 个数对的特征值都不大于 $m\sqrt{k+1}$,从而 n 是满足 $j\sqrt{i+1} \leqslant m\sqrt{k+1}$ 的数对 (i,j) 的个数.

下面证明这个"个数"为 $f(m,k)$.

先固定 i ($i=1,2,3,4,5$),由 $j\sqrt{i+1} \leqslant m\sqrt{k+1}$,得 $j \leqslant \dfrac{m\sqrt{k+1}}{\sqrt{i+1}}$.由 j 是正整数可知,满足这个条件的 j 的个数为 $\left[\dfrac{m\sqrt{k+1}}{\sqrt{i+1}}\right]$.

又 $i=1,2,3,4,5$,从而满足 $j\sqrt{i+1} \leqslant m\sqrt{k+1}$ 的数对 (i,j) 的个数为 $\sum\limits_{i=1}^{5}\left[\dfrac{m\sqrt{k+1}}{\sqrt{i+1}}\right] = f(m,k)$.故对任意 $n \in \mathbf{N}_+$,存在 $m \in \mathbf{N}_+$,$k \in P$,使得 $f(m,k) = n$.

例4 设 $u_1, u_2, \cdots, u_m$ 是平面上 m 个向量,每个的长度不超过 1,且 $u_1 + u_2 + \cdots + u_m = \mathbf{0}$.证明:可以将 $u_1, u_2, \cdots, u_m$ 重新排列为 $v_1, v_2, \cdots, v_m$,使 v_1,v_1+v_2,$v_1+v_2+v_3$,$\cdots$,$v_1+v_2+\cdots+v_m$ 的长度都不超过 $\sqrt{5}$.(第 29 届国际数学奥林匹克竞赛预选题)

分析与证明 采用递归构造,假定排好了 $v_1, v_2, \cdots, v_{k-1}$,使 v_1,v_1+v_2,$v_1+v_2+v_3$,$\cdots$,$v_1+v_2+\cdots+v_{k-1}$ 的长度都不超过 $\sqrt{5}$,我们要找到 v_k,使 $v_1+v_2+\cdots+v_k$ 的长度不超过 $\sqrt{5}$.

设 $v_j = x_j + \mathrm{i}y_j$,则

$$|v_1+v_2+\cdots+v_k|^2 = (x_1+x_2+\cdots+x_k)^2 + (y_1+y_2+\cdots+y_k)^2$$

于是,我们需要估计 $x_1+x_2+\cdots+x_k$ 的长度(绝对值),由此发现如下的

引理.

引理：设 $x_1, x_2, \cdots, x_m$ 为实数，$|x_i| \leqslant 1 (i=1,2,\cdots,m)$，$x_1 + x_2 + \cdots + x_m = 0$，则可以将 $x_1, x_2, \cdots, x_m$ 重新排列为 $y_1, y_2, \cdots, y_m$，使 y_1，$y_1 + y_2, \cdots, y_1 + y_2 + \cdots + y_m$ 的绝对值都不超过 1.

实际上，任意取定 y_1. 设已选取了 $y_1, y_2, \cdots, y_j$，使 $|y_1 + y_2 + \cdots + y_j| \leqslant 1$. 由于 $x_1 + x_2 + \cdots + x_m = 0$，从而存在 $x_k \in \{x_1, x_2, \cdots, x_m\} \setminus \{y_1, y_2, \cdots, y_j\}$，使 $x_k(y_1 + y_2 + \cdots + y_j) \leqslant 0$（异号，或有一个为 0）. 又 $|x_k| \leqslant 1$，所以

$$|x_k + y_1 + y_2 + \cdots + y_j| \leqslant \max\{|x_k|, |y_1 + y_2 + \cdots + y_j|\} \leqslant 1$$

于是，令 $y_{j+1} = x_k$ 即可.

回到原题：任取一个向量 u_1 为 v_1，假定排好了 $v_1, v_2, \cdots, v_{k-1}$，令 $p = v_1 + v_2 + \cdots + v_{k-1}$. 现在要取 v_k，使 $p + v_k$ 的长度不超过 $\sqrt{5}$. 因为 $x_1 + x_2 + \cdots + x_m = 0$，由引理，可使 $x_1 + x_2 + \cdots + x_k$ 的长度不超过 1. 如果 $x_1 + x_2 + \cdots + x_{k-1} \geqslant 0$，则在左边取一个向量作为 v_k；如果 $x_1 + x_2 + \cdots + x_{k-1} < 0$，则在右边取一个向量作为 v_k，但这时并不能同时保证 $y_1 + y_2 + \cdots + y_k$ 的长度也不超过 1. 于是想到将左右两边的向量分别按其纵坐标适当排列，不妨设左边向量的纵坐标为 $y_1, y_2, \cdots, y_s$，右边向量的纵坐标为 $y_{s+1}, y_{s+2}, \cdots, y_m$. 希望由引理，也可假定 $y_1, y_1 + y_2, \cdots, y_1 + y_2 + \cdots + y_s$ 的绝对值都不超过 1，$y_{s+1}, y_{s+1} + y_{s+2}, \cdots, y_{s+1} + y_{s+2} + \cdots + y_m$ 的绝对值都不超过 1，这就要求：

$$y_1 + y_2 + \cdots + y_s = 0$$
$$y_{s+1} + y_{s+2} + \cdots + y_m = 0$$

于是，我们要适当选择坐标系，使左右两边的向量的纵坐标的和分别为 0，这只需取所有向量中模最大的一个和（记为 a）的方向为 x 轴的正方向即可.

由于 $u_1, u_2, \cdots, u_m$ 只能构成有限个和，取其中模最大的一个和（记为 a）的方向为 x 轴的正方向（旋转不改变各向量的长度），则易知，此时

y 轴上没有向量,且 a 是 $M=\{u_1,u_2,\cdots,u_m\}$ 中位于右半平面内所有向量的和.

这是因为,左半平面内的向量 u_j 与 a 的夹角为钝角,减去 u_j 使 $|a|$ 增大;右边的向量 u_j 与 a 的夹角为锐角,加上 u_j 使 $|a|$ 增大;y 轴上向量 u_j 与 a 的夹角为直角,如果 a 中含有 u_j,则减去 u_j 使 $|a|$ 增大,如果 a 中不含 u_j,则加上 u_j 使 $|a|$ 增大.

设 M 位于右半平面内所有向量的纵坐标分别为 $y_1,y_2,\cdots,y_s$,右边向量的纵坐标为 $y_{s+1},y_{s+2},\cdots,y_m$. 由于 a 的纵坐标为 0,所以
$$y_1+y_2+\cdots+y_s=0$$
进而
$$y_{s+1}+y_{s+2}+\cdots+y_m=0$$

于是由引理,可假定 $y_1,y_1+y_2,\cdots,y_1+y_2+\cdots+y_s$ 的绝对值都不超过 1,$y_{s+1},y_{s+1}+y_{s+2},\cdots,y_{s+1}+y_{s+2}+\cdots+y_m$ 的绝对值都不超过 1.

现在按下述规则将 $u_1,u_2,\cdots,u_m$ 重新排列为 $v_1,v_2,\cdots,v_m$:取 u_1 为 v_1,设已取定了 $v_1,v_2,\cdots,v_j$,考察 $p=v_1+v_2+\cdots+v_j$.

若 p 的横坐标不小于 0,则 v_{j+1} 在左半平面内选取;若 p 的横坐标小于 0,则 v_{j+1} 在右半平面内选取,而且每次选取(包括第一次)总是选取纵坐标的下标最小的向量.

设每次选取后各向量的和的横坐标为 x,由引理的证明过程可知,$|x|\leqslant 1$.

又设每次选取后各向量的和的纵坐标为 $y+y'$(y 是右半平面内选取的各向量的和的纵坐标,y' 是左半平面内选取的各向量的和的纵坐标),那么,由选取规则及左右两边向量的纵坐标满足的条件,有 $|y|\leqslant 1$,$|y'|\leqslant 1$,所以
$$\sqrt{x^2+(y+y')^2}=\sqrt{x^2+|y+y'|^2}$$
$$\leqslant \sqrt{x^2+(|y|+|y'|)^2}$$
$$\leqslant \sqrt{1^2+(1+1)^2}=\sqrt{5}$$

例5 设凸四边形 $ABCD$ 具有如下性质:对任何 $\triangle PQR$,只要 $\triangle PQR$ 覆盖四边形 $ABCD$,就有 $\max\{S_{ABC}, S_{ABD}, S_{ACD}, S_{BCD}\} \leqslant \frac{1}{4} S_{PQR}$,试判断四边形 $ABCD$ 的形状.

分析与解 为判断四边形 $ABCD$ 的形状,自然想到它是否为特殊四边形,由此不难发现 $ABCD$ 是平行四边形.

首先,当 $ABCD$ 是平行四边形时

$$S_{ABC} = S_{ABD} = S_{ACD} = S_{BCD} = \frac{1}{2} S_{ABCD}$$

因为 $\triangle PQR$ 覆盖 $ABCD$,所以 $S_{ABCD} \leqslant \frac{1}{2} S_{PQR}$,从而

$$\max\{S_{ABC}, S_{ABD}, S_{ACD}, S_{BCD}\} = \frac{1}{2} S_{ABCD} \leqslant \frac{1}{4} S_{PQR}$$

所以平行四边形满足条件.

其次,设凸四边形 $ABCD$ 具有题设的性质,要证 $ABCD$ 是平行四边形.注意到题给条件是关于面积的信息,从而要寻求面积与平行的关系.这自然想到:$AB \parallel CD$ 与面积相关的一个充分条件是

$$S_{ABC} = S_{ABD}$$

不妨设 $\max\{S_{ABC}, S_{ABD}, S_{ACD}, S_{BCD}\} = 1$,则目标变为 $S_{ABC} = S_{ABD} = 1$.

由对称性,只需证明 $S_{ABC} = 1$.

用反证法,如果 $S_{ABC} \neq 1$,由假设,$S_{ABC} \leqslant 1$,从而 $S_{ABC} < 1$.

所以 $S_{ABCD} = S_{ABC} + S_{ACD} < 1 + 1 = 2$.

为了恰当地利用条件,要构造尽可能小的 $\triangle AEF$ 覆盖四边形 $ABCD$.为此,连 BD,设 A, C 到 BD 的距离分别为 h_1, h_2,不妨设 $h_1 \geqslant h_2$,过点 C 作平行于 BD 的直线,交直线 AB, AD 于点 E, F,则 $\triangle AEF$ 覆盖凸四边形 $ABCD$(图 2.2).

因为

$$S_{ABCD} = \frac{1}{2}(h_1 + h_2) \times BD, \quad S_{AEF} = \frac{1}{2}(h_1 + h_2) \times EF$$

所以

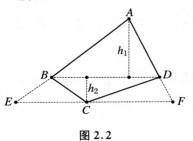

图 2.2

$$\frac{S_{AEF}}{S_{ABCD}} = \frac{EF}{BD} = \frac{h_1 + h_2}{h_1}$$

$$\leqslant \frac{h_1 + h_1}{h_1} = 2$$

所以

$$S_{AEF} \leqslant 2S_{ABCD} < 2 \times 2 = 4$$

于是

$$\max\{S_{ABC}, S_{ABD}, S_{ACD}, S_{BCD}\} = 1 = \frac{1}{4} \times 4 > \frac{1}{4} S_{AEF}$$

与条件矛盾.

所以 $S_{ABC} = 1$,同理, $S_{ABD} = 1$,所以 $AB /\!/ CD$.

同理,$AD /\!/ BC$,故 $ABCD$ 是平行四边形.

例 6 在四边形 $ABCD$ 中,AC,BD 交于点 O,$AO = OC$,$BO > DO$,设点 M,N 分别是 DO,BO 的中点,作 $OP /\!/ BC$,交 AD 于点 P,连 PM,PN,PO,试问:$\angle ACB$ 为何值时,$\angle MPO \leqslant \angle NPO$? (原创题)

分析与解 为了利用中点 M,N,O,可在 $\triangle ADO$,$\triangle BCO$ 中作中位线,于是取 AO,OC 的中点 S,T,连 SM,NT,则 $SM /\!/ AD$,$NT /\!/ BC$(图 2.3).

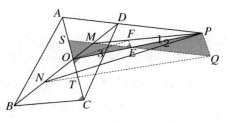

图 2.3

为了利用这两条新线段,延长它们交于点 Q,注意到 $SO = OT$,再利用中点 O,可发现新的中点.

设 SQ 交 OP 于点 E,由 $SQ /\!/ AP$,且 S 是 AO 的中点,得 E 是 OP 的中点.

由 $TQ /\!/ OP$,且 O 是 ST 的中点,得 E 是 SQ 的中点.于是连 PQ,则 $PQ /\!/ AC$.

现在转移∠2,使其与∠1在同一个三角形中.

为了利用平行线中的内错角相等,想到作 $OF \parallel NP$,交 MP 于 F,连 EF,则 $\angle 2 = \angle 3$.

现要由 $\angle 1 \leqslant \angle 3$,得到 $\angle BCA$ 的大小,即 $\angle COE$ 的大小.

从图 2.3 上看,猜想 $\angle COF = \angle OEF$,从而要证 $EF \parallel AC$,即 $EF \parallel PQ$.

因为 $OF \parallel NP$,且 $PQ \parallel NQ$,所以

$$\frac{MF}{FP} = \frac{MO}{ON} = \frac{ME}{EQ}$$

从而 $EF \parallel PQ$,则

$$\angle OEF = \angle EOC = \angle OCB$$

因此 $\angle 1 \leqslant \angle 3$,这等价于(在 $\triangle FOP$ 中) $OF \leqslant PF$. 而 $OE = EP, EF$ 共有,所以又等价于

$$\angle OEF \leqslant \angle PEF$$

而 $\angle OEF + \angle PEF = 180°$,所以又等价于 $\angle OEF \leqslant 90°$,即

$$\angle OCB \leqslant 90°$$

故当且仅当 $\angle ACB \leqslant 90°$ 时

$$\angle MPO \leqslant \angle NPO$$

例7 如果一个多项式的系数都是自然数,则称之为自然多项式.对正整数 n,用 $A(n)$ 表示满足 $P(2) = n$ 的不同自然多项式 $P(x)$ 的个数,证明:

(1) 对 $m \geqslant 2$,有 $A(2m) \leqslant m A(m)$;

(2) $\lim\limits_{n \to \infty} \dfrac{\log_2 A(n)}{(\log_2 n)^2} = \dfrac{1}{2}$.

分析与证明 本题虽然是代数问题,却具有很浓的组合味道,因为它的核心部分是构造和计数.

为叙述问题方便,我们也用 $A(n)$ 表示满足 $P(2) = n$ 的不同自然多项式 $P(x)$ 的集合.

先解决(1),为了寻求 $A(2m)$ 与 $A(m)$ 之间的关系,我们先研究由 $A(2m)$ 中的一个自然多项式如何适当变形得到 $A(m)$ 中的一个自然多项式.

考察 $A(2m)$ 中的任意一个自然多项式 $P(x)$,由 $P(2)=2m$ 为偶数可知,$P(x)$ 的常数项为偶数(因为其他非常数的项代入2后含有2的幂,故必定是偶数),但这并不意味着 $P(x)$ 可以提取公因数2,我们仅知道 $P(2)$ 的每一个项为偶数,但 $P(x)$ 的系数并不一定都是偶数.

怎样由上面的自然多项式得到 $P(x)=m$ 的自然多项式?

仔细思考发现,$A(2m)$ 中的常数项为0的多项式都对应一个 $P(m)$ 中的多项式.

实际上,因为 $P(x)$ 的常数项为0,令 $P(x)=xQ(x)$,则有
$$2m = P(2) = 2Q(2)$$
所以 $Q(2)=m$,从而 $Q(x)$ 是 $A(m)$ 中的一个多项式.

反之,设 $Q(x)$ 是 $A(m)$ 中的一个自然多项式,令 $P(x)=xQ(x)$,则
$$P(2) = 2Q(2) = 2m$$
从而 $P(x)$ 是 $A(2m)$ 中的一个常数项为0的自然多项式.

由此可见,$A(2m)$ 中常数项为0的自然多项式有 $A(m)$ 个.

现在考虑 $A(2m)$ 中常数项非0的自然多项式 $P(x)$ 的个数.此时,$P(x)$ 的常数项为正奇数,从而 $P(x)-1$ 为自然多项式.令 $Q(x)=P(x)-1$,则
$$Q(2) = P(2) - 1 = 2m - 1$$
所以 $Q(x)$ 是 $A(2m-1)$ 中的一个多项式.

反之,对 $A(2m-1)$ 中的一个多项式 $Q(x)$,令 $P(x)=Q(x)+1$,则
$$P(2) = Q(2) + 1 = (2m-1) + 1 = 2m$$
且 $P(x)$ 的常数项为正奇数,于是 $P(x)$ 是 $A(2m)$ 中的一个常数项非0的自然多项式.

由此可见,$A(2m)$ 中常数项非0的自然多项式有 $A(2m-1)$ 个.

综合以上两种情况,我们有
$$A(2m) = A(2m-1) + A(m)$$
由上面的证明,我们还不难发现另一个关系式:
$$A(2m) = A(2m+1)$$
实际上,对 $A(2m)$ 中的任何一个多项式 $P(x)$,将其常数项加 1,得到
$$Q(x) = P(x) + 1$$
它仍是自然多项式,且
$$Q(2) = P(2) + 1 = 2m + 1$$
从而 $Q(x)$ 是 $A(2m+1)$ 中的一个多项式.

反之,对 $A(2m+1)$ 中的一个多项式 $Q(x)$,因为 $Q(2) = 2m+1$ 为奇数,所以 $Q(x)$ 的常数项为正奇数,从而 $Q(x) - 1$ 为自然多项式.

令
$$P(x) = Q(x) - 1$$
则
$$P(2) = Q(2) - 1 = (2m+1) - 1 = 2m$$
从而 $P(x)$ 是 $A(2m)$ 中的一个多项式.

由以上讨论,我们已经证明,对任何正整数 m,有
$$A(2m+1) = A(2m) = A(2m-1) + A(m) \tag{1}$$
由式(1)可知,$A(k) \leqslant A(k+1)(k \in \mathbf{N})$,于是对 $m \geqslant 2$,有
$$\begin{aligned}A(2m) &= A(2m-1) + A(m) = A(2m-2) + A(m) \\ &= A(2m-3) + A(m-1) + A(m) \\ &= A(2m-4) + A(m-1) + A(m) = \cdots \\ &= A(2 \times 1) + A(2) + \cdots + A(m-1) + A(m) \leqslant m A(m)\end{aligned}$$

下面解决(2),先退一步,证明 $A(n)$ 存在一个子列 $A(n_k)$,使相应的极限为 $\dfrac{1}{2}$,即

$$\lim_{n \to \infty} \frac{\log_2 A(n_k)}{(\log_2 n_k)^2} = \frac{1}{2}$$

为了使左边分式的分母简单,可取 $n_k = 2^k$,即证明:

$$\lim_{k \to \infty} \frac{\log_2 A(2^k)}{(\log_2 2^k)^2} = \frac{1}{2}$$

即

$$\lim_{k \to \infty} \frac{\log_2 A(2^k)}{k^2} = \frac{1}{2}$$

找充分条件,执果索因,想到两边夹方法,我们期望有

$$\frac{1}{2}k^2 + f(k) \leqslant \log_2 A(2^k) \leqslant \frac{1}{2}k^2 + g(k)$$

其中

$$\frac{f(k)}{k^2} \to 0, \quad \frac{g(k)}{k^2} \to 0 \quad (k \to \infty)$$

右边的不等式是很容易找到的,实际上,在 $A(2m) \leqslant mA(m)$ 中,令 $m = 2^{k-1}$,有 $A(2^k) \leqslant 2^{k-1} A(2^{k-1})$,所以

$$A(2^k) \leqslant 2^{k-1} A(2^{k-1}) \leqslant 2^{k-1} \times 2^{k-2} A(2^{k-2}) \leqslant \cdots$$
$$\leqslant 2^{k-1} \times 2^{k-2} \times \cdots \times 2^1 \times A(2) = 2^{1+\frac{1}{2}k(k-1)}$$

两边取对数,得到右边的不等式.

对于左边的不等式,要使 $\log_2 A(2^k) \geqslant \frac{1}{2}k^2 + f(k)$,可直接构造尽可能多的自然多项式 $P(x)$,使 $P(2) = 2^k$.

假定这样的自然多项式为

$$P(x) = a_0 + a_1 x + a_2 x^2 + \cdots + a_r x^r$$

其中,r 待定.

假定 r 已确定(由 m 确定),则多项式 $P(x)$ 的个数就是数组 $(a_0, a_1, a_2, \cdots, a_r)$ 的个数,其中 $a_0, a_1, a_2, \cdots, a_r$ 要满足两个条件:

条件 1:$P(2) = 2^k$,即

$$a_0 + 2a_1 + 2^2 a_2 + \cdots + 2^k a_k = 2^k \tag{2}$$

2 回索推理

条件 $2:a_0,a_1,a_2,\cdots,a_r$ 都是自然数.

由(2)可知,$a_0,a_1,a_2,\cdots,a_r$ 这 $r+1$ 个数中只有 r 个自由量.又注意到 a_0 的系数为 1,由每一个 $a_1,a_2,\cdots,a_r$ 的值都可得到唯一的 a_0,所以选择 $a_1,a_2,\cdots,a_r$ 为自由量,只需计算 $(a_1,a_2,\cdots,a_r)$ 的个数.

但 $a_1,a_2,\cdots,a_r$ 还要使 a_0 为自然数,所以 r 还要满足条件:
$$2^k - (2a_1 + 2^2 a_2 + \cdots + 2^r a_r) = a_0 \geq 0$$
即
$$2a_1 + 2^2 a_2 + \cdots + 2^r a_r \leq 2^k \qquad (3)$$

显然,所取的 r(待定)应是满足不等式(3)的最大整数(r 越大越好).

下面来解关于 r 的不等式(3).但不等式(3)不易求解,从而只能找充分条件——取尽可能大的 r,使之满足不等式(3).

为了使不等式(3)左边易求和,将其每一个项 $2^i a_i (i=1,2,\cdots,r)$"统一收缩"到 2^{r+1}(如果收缩到 2^r,则分量的取值范围太窄;如果收缩到 2^{r+2},则 r 的取值太小),于是,取 r 满足:
$$2a_1 \leq 2^{r+1}, 2^2 a_2 \leq 2^{r+1}, \cdots, 2^r a_r \leq 2^{r+1} \qquad (4)$$
则 $2a_1 + 2^2 a_2 + \cdots + 2^r a_r \leq r \times 2^{r+1}$,于是,不等式(3)成立的一个充分条件是
$$r \times 2^{r+1} \leq 2^k \qquad (5)$$

不等式(5)也不易解,但相对于不等式(3)要容易些,因为其左边靠近了右边.现在,再使右边靠近左边(再一次找充分条件).

将 2^k 分拆为与 $r \times 2^{r+1}$ 相似的结构,有
$$2^k = k \times \frac{2^k}{k} = k \times \frac{2^k}{2^{\log_2 k}} = k \times 2^{k-\log_2 k}$$

所以不等式(5)成立的一个充分条件是 $r \leq k$,且 $r+1 \leq k - \log_2 k$,即
$$r \leq k - \log_2 k - 1$$

取
$$r = [k - \log_2 k - 1]$$
则

$$k - \log_2 k - 2 < r \leqslant k - \log_2 k - 1$$

此时

$$r \times 2^{r+1} \leqslant k \times 2^{k-\log_2 k} = 2^k$$

对这样的 r,取自然数 $a_1, a_2, \cdots, a_r$,使 $0 \leqslant a_1 < 2^r, 0 \leqslant a_2 < 2^{r-1}$,$\cdots, 0 \leqslant a_r < 2^1$,再令

$$a_0 = 2^k - (2a_1 + 2^2 a_2 + \cdots + 2^r a_r)$$

则

$$2^k - (2a_1 + 2^2 a_2 + \cdots + 2^r a_r) > 2^k - r \times 2^{r+1} \geqslant 0$$

令

$$P(x) = a_0 + a_1 x + a_2 x^2 + \cdots + a_r x^r$$

则 $P(x)$ 是自然多项式,且

$$P(2) = a_0 + 2a_1 + 2^2 a_2 + \cdots + 2^r a_r = 2^k$$

由式(4)可知,a_j 有 2^{r+1-j} 种取法($j = 1, 2, \cdots, r$),a_0 有 1 种取法,则这样的自然多项式有 $2^r \times 2^{r-1} \times \cdots \times 2^1 = 2^{\frac{1}{2}r(r+1)}$ 个,所以

$$A(2^k) \geqslant 2^{\frac{1}{2}r(r+1)} \geqslant 2^{\frac{1}{2}(k-\log_2 k - 2)(k - \log_2 k - 1)}$$

$$= 2^{\left(\frac{1}{2}k^2 - k\log_2 k - \frac{3}{2}k\right) + \frac{1}{2}((\log_2 k)^2 + 3\log_2 k + 2)} > 2^{\frac{1}{2}k^2 - k\log_2 k - \frac{3}{2}k}$$

所以,我们证明了

$$\frac{1}{2}k^2 - k\log_2 k - \frac{3}{2}k < \log_2 A(2^k) \leqslant \frac{1}{2}k^2 - \frac{1}{2}k + 1$$

由此,得

$$\frac{1}{2} - \frac{\log_2 k}{k} - \frac{3}{2k} < \frac{\log_2 A(2^k)}{k^2} \leqslant \frac{1}{2} - \frac{1}{2k} + \frac{1}{k^2}$$

令 $k \to \infty$,得

$$\lim_{k \to \infty} \frac{\log_2 A(2^k)}{k^2} = \frac{1}{2}$$

这表明,问题(2)的结论在 $n = 2^k$ 时成立. 其中用到

$$0 \leqslant \lim_{k \to \infty} \frac{\log_2 k}{k} = \lim_{m \to \infty} \frac{m}{2^m} \quad (\diamondsuit k = 2^m)$$

$$= \lim_{m \to \infty} \frac{m}{(1+1)^m} \leqslant \lim_{m \to \infty} \frac{m}{C_m^2} = 0$$

对任意正整数 n,总存在 k,使 $2^k \leqslant n < 2^{k+1}$,于是

$$k \leqslant \log_2 n < k+1, \quad \frac{1}{(k+1)^2} \leqslant \frac{1}{(\log_2 n)^2} \leqslant \frac{1}{k^2}$$

又由 $A(n)$ 不减可知

$$A(2^k) \leqslant A(n) < A(2^{k+1})$$

$$\frac{\log_2 A(2^k)}{(k+1)^2} \leqslant \frac{\log_2 A(n)}{(\log_2 n)^2} \leqslant \frac{\log_2 A(2^{k+1})}{k^2}$$

$$\frac{\log_2 A(2^k)}{k^2} \times \frac{k^2}{(k+1)^2} \leqslant \frac{\log_2 A(n)}{(\log_2 n)^2} \leqslant \frac{\log_2 A(2^{k+1})}{(k+1)^2} \times \frac{(k+1)^2}{k^2}$$

令 $n \to \infty$,有 $k \to \infty$,得

$$\lim_{n \to \infty} \frac{\log_2 A(n)}{(\log_2 n)^2} = \frac{1}{2}$$

探索:能否求出 $A(n)$ 的显式表达式?

例8 对 $k \in \mathbf{N}$,用 $f(k)$ 表示集合 $A_k = \{k+1, k+2, \cdots, 2k\}$ 内在二进制表示中恰有三个 1 的元素的个数.

(1) 求证:对每个 $m \in \mathbf{N}$,至少有一个 $k \in \mathbf{N}$,使 $f(k) = m$,即 $f(k)$ 遍取所有的自然数.

(2) 确定所有这样的 $m \in \mathbf{N}$,恰有一个 $k \in \mathbf{N}$,使 $f(k) = m$,即 m 在序列 $f(1), f(2), \cdots$ 中只出现一次.

(1994 年国际数学奥林匹克竞赛试题)

分析与解 本题以二进制为背景,在二进制数中,一个显然的事实是:对 $x = (a_n a_{n-1} \cdots a_1 a_0)_2$,有

$2x = (a_n a_{n-1} \cdots a_1 a_0 0)_2$(在 x 的二进制表示的后面添加 0)

$2x + 1 = (a_n a_{n-1} \cdots a_1 a_0 1)_2$(在 x 的二进制表示的后面添加 1)

实际上,设

$$x = (a_n a_{n-1} \cdots a_0)_2 = a_n 2^n + a_{n-1} 2^{n-1} + \cdots + 2a_1 + a_0$$

则

$$2x = 2(a_n 2^n + a_{n-1} 2^{n-1} + \cdots + 2a_1 + a_0)$$
$$= a_n 2^{n+1} + a_{n-1} 2^n + \cdots + a_1 2^2 + a_0 2^1 + 0.$$

先考虑(1),我们从目标突破,为了使 $f(k)$ 取遍 $\mathbf{N}$,一个充分条件是:

① $f(k) \leqslant f(k+1)$,即 $f(k)$ 非严格单调;

② $f(k+1) \leqslant f(k)+1$,即 $f(k)$ 不跨越任何自然数.

于是,问题的关键,在于研究 $f(k+1)$ 与 $f(k)$ 的关系.为叙述问题方便,我们称在二进制表示内恰有三个 1 的自然数为"好数",则 $f(k)$ 是 A_k 中"好数"的个数.

下面研究 A_{k+1} 与 A_k 中"好数"的个数的关系.

考察 $f(k)$ 到 $f(k+1)$ 的增量,设 $A_k = \{k+1, k+2, \cdots, 2k\}$,则 $A_{k+1} = \{k+2, k+3, \cdots, 2k+1, 2k+2\}$,它比 A_k 多了 $2k+1, 2k+2$,少了 $k+1$,而 $k+1$ 与 $2k+2$ 同为好数同为坏数,这是因为:$2k+2 = 2(k+1)$,$2k+2$ 的二进制表示是在 $k+1$ 的二进制表示的后面添加 0,所以

$$f(k+1) = \begin{cases} f(k) & (2k+1 \text{ 是坏数}) \\ f(k)+1 & (2k+1 \text{ 是好数}) \end{cases} \quad (1)$$

从而 $f(k)$ 到 $f(k+1)$ 的增量为 0 或 1,下面只需说明使增量为 1 的 k 有无数个(即不会出现无穷常数列),也就是使 $2k+1$ 为好数的 k 有无数个.

设 $k = (a_r a_{r-1} \cdots a_1 a_0)_{(2)}$,则 $2k = (a_r a_{r-1} \cdots a_1 a_0 0)_{(2)}$,所以 $2k+1 = (a_r a_{r-1} \cdots a_1 a_0 1)_{(2)}$,于是,$2k+1$ 为好数,当且仅当 k 的二进制表示 $(a_r a_{r-1} \cdots a_1 a_0)_{(2)}$ 中恰有两个 1. $(*)$

显然,满足条件 $(*)$ 的自然数 k 有无数个,比如,取

$$k = (110\cdots0)_{(2)} = 2^r + 2^{r-1} \quad (r \in \mathbf{N})$$

则 $2k+1$ 为好数,于是序列 $f(1), f(2), \cdots$ 可以取到不小于 $f(1)$ 的所有自然数.因为 $f(1) = 0$,从而 $f(k)$ 遍取所有自然数.

(2) 由式(1)知,序列 $f(k)$ 是不减的.对某个确定的 k,要使 $f(k)$ 的值在序列 $f(1), f(2), f(3), \cdots$ 中只出现一次(即 $f(k)$ 不与其他的任何 $f(i)$ 相等),这等价于
$$f(k-1) < f(k) < f(k+1)$$
再结合条件($*$),它又等价于 $2k-1, 2k+1$ 都是好数,进而等价于 $k-1$, k 的二进制表示中都恰有两个 1.

因为 k 只有两个数字 1,所以 k 的二进制表示为 $100\cdots0100\cdots0$ 的形式.

设 k 的前一段有 p 个 0,后一段有 q 个 0,则有
$$k-1 = (100\cdots0011\cdots1)_{(2)}$$
其中后一段有 q 个 1,于是 $k-1$ 中有 $q+1$ 个 1.

所以 $q+1=2$,即 $q=1$,所以 $k = (100\cdots010)_{(2)}$.

于是,一切形如 $k = (100\cdots010)_{(2)}$ 的二进制数,都使 $f(k)$ 在序列中只出现一次.

现在,对这样的 $k = (100\cdots010)_{(2)}$,要求出 $m = f(k)$,即 $A_k = \{k+1, k+2, \cdots, 2k\}$ 中好数的个数(那些 m,有唯一的集合 A_k,使 $A_k = \{k+1, k+2, \cdots, 2k\}$ 中好数的个数为 m).

任取一个这样的 $k = (1\underbrace{00\cdots0}_{n\text{个}}10)_{(2)}$ ($n \in \mathbf{N}$),它是 $n+3$ 位数,则 $A_k = \{k+1, k+2, \cdots, 2k\}$ 中的数都是 $n+3$ 或 $n+4$ 位数.

首先注意到 $k-2 = (1\underbrace{00\cdots0}_{n+2\text{个}})_{(2)}$ 是最小的 $n+3$ 位数,$2k-4 = 2(k-2) = (1\underbrace{00\cdots0}_{n+3\text{个}})_{(2)}$ 是最小的 $n+4$ 位数,而
$$k-2 = (1\underbrace{00\cdots0}_{n+2\text{个}})_{(2)}, \quad k-1 = (1\underbrace{00\cdots0}_{n+1\text{个}}01)_{(2)}, \quad k = (1\underbrace{00\cdots0}_{n\text{个}}10)_{(2)}$$
都不是好数,于是 $A_k = \{k+1, k+2, \cdots, 2k\}$ 中的好数就是所有的 $n+3$ 位好数及 $2k-4, 2k-3, 2k-2, 2k-1, 2k$ 中的好数(部分 $n+4$ 位好数).

我们先求出所有 $n+3$ 位好数的个数,这些好数只需在 $n+3$ 个位置

中取 3 个位置排 1,其中首位必排 1,再在剩下的 $n+2$ 个位置中选 2 个位置排 1,有 C_{n+2}^2 种方法,共有 C_{n+2}^2 个好数.

此外,还要加上 A_k 中 $n+4$ 位好数的个数,即 $2k-4,2k-3,2k-2,2k-1,2k$ 中好数的个数.

显然,$2k = (1\underbrace{00\cdots0}_{n\text{个}}100)_{(2)}$,$2k-1 = (1\underbrace{00\cdots0}_{n+1\text{个}}11)_{(2)}$,$2k-2 = (1\underbrace{00\cdots0}_{n+1\text{个}}10)_{(2)}$,$2k-3 = (1\underbrace{00\cdots0}_{n+2\text{个}}1)_{(2)}$,$2k-4 = (1\underbrace{00\cdots0}_{n+3\text{个}})_{(2)}$ 中,只有 $2k-1$ 是好数.所以

$$f(k) = C_{n+2}^2 + 1$$

其中,$k = (1\underbrace{00\cdots0}_{n\text{个}}10)_{(2)}$ $(n \in \mathbf{N})$ 是 $n+3$ 位数.

由上可知,所有合乎条件的自然数 $m = C_{n+2}^2 + 1$,其中 $n \in \mathbf{N}$.

例 9 求证:在任意 $n(n \geqslant 4)$ 个不同的正整数中,可以取出两个数,使其余的数都不是取出的数的和或差.(第 5 届全苏数学奥林匹克竞赛试题)

分析与证明 设 n 个不同的正整数的集合为 $X = \{a_1, a_2, \cdots, a_n \mid a_1 < a_2 < \cdots < a_n\}$.如果从 X 中取出两个数,使其余 $n-2$ 个数都不是这两个数的和或差,则称这两个数是一个好数对.对于数对 (a_i, a_j),令 $X' = X \setminus \{a_i, a_j\}$,则

(a_i, a_j) 是好数对 $\Leftrightarrow a_j \pm a_i \notin X'$

由于不易直接找到好数对,可从反面入手,假定所有数对都是坏的,从中取出一些(特定的)数对,由坏数对的特性,得出 X 的性质,进而发现存在好数对,产生矛盾.因为:

任何数对 (a_i, a_j) 都是坏的 $\Leftrightarrow$ 任何数对 $a_j \pm a_i \in X'$.于是,取一组特殊数对,使 $a_j + a_i \notin X'$,则必有 $a_j - a_i \in X'$.

要使 $a_j + a_i \notin X'$,一个充分条件是 $a_j + a_i > a_n$,取 $j = n$ 即可.

进而发现,如果取 $j = n-1$,则取 $i \geqslant 2$ 即可,于是考察如下一些数对.

(1) 考察 $n-1$ 个数对：$(a_i, a_n)(1 \leq i \leq n-1)$，可证其差在 $\{a_1, a_2, \cdots, a_{n-1}\}$ 中；

(2) 再考察 $n-3$ 个数对：$(a_i, a_{n-1})(2 \leq i \leq n-2)$，可证其差在 $\{a_1, a_2, \cdots, a_{n-3}\}$ 中.

实际上，反设 $X = \{a_1, a_2, \cdots, a_n \mid a_1 < a_2 < \cdots < a_n\}$ 中所有数对都是坏的，考察 n 个坏数对：

$$(a_1, a_n), (a_2, a_n), \cdots, (a_{n-1}, a_n)$$

由于 (a_i, a_n) 是坏的，必有 $a_i + a_n$ 或 $a_n - a_i$ 在 X 中，但 $a_i + a_n > a_n$，所以 $a_i + a_n$ 不在 X 中，从而必有 $a_n - a_i$ 在 X 中.

注意到

$$a_n - a_{n-1} < a_n - a_{n-2} < \cdots < a_n - a_1 < a_n$$

又

$$a_1 < a_2 < \cdots < a_n$$

由一一对应，有

$$a_n - a_i = a_{n-i} \quad (i = 1, 2, \cdots, n-1) \tag{1}$$

若 n 为偶数，令 $n = 2k$，在式 (1) 中取 $i = k$，有 $a_n - a_k = a_k$.

但 a_k 不是"其余 $n-2$ 个数"，从而其余 $n-2$ 个数都不是 a_n 与 a_k 的和或差，即 (a_n, a_k) 是好的，矛盾.

若 n 为奇数，令 $n = 2k+1(k>1)$，在式 (1) 中取 $i = 1$，有 $a_1 + a_{n-1} = a_n$，于是 $a_i + a_{n-1} > a_n (i > 1)$.

这表明：$n-3$ 个数对

$$(a_2, a_{n-1}), (a_3, a_{n-1}), \cdots, (a_{n-2}, a_{n-1})$$

的和都不在 X 中，所以其差

$$a_{n-1} - a_{n-2} < a_{n-1} - a_{n-3} < \cdots < a_{n-1} - a_2$$

都在 X 中.

但利用式 (1)，有

$$a_{n-1} - a_2 < a_n - a_2 = a_{n-2}$$

于是 $n-3$ 个差

$$a_{n-1} - a_{n-2} < a_{n-1} - a_{n-3} < \cdots < a_{n-1} - a_2$$

都不大于 a_{n-3}，所以 $n-3$ 个差都在 $\{a_1, a_2, \cdots, a_{n-3}\}$ 中。由对应相等，有

$$a_{n-1} - a_i = a_{n-1-i} \quad (i = 2, 3, \cdots, n-2)$$

特别地，取 $i = k$，有 $a_{2k} - a_k = a_k$，这表明 a_{2k} 与 a_k 的差不在剩下的（a_k 被取出）数中，即 (a_{2k}, a_k) 是好的，矛盾。

例 10 设函数 $f: \mathbf{R} \to \mathbf{R}$ 满足：对任何实数 x, y，有

$$f(x^3 + y^3) = (x + y)(f(x)^2 - f(x)f(y) + f(y)^2) \quad (*)$$

求证：对一切实数 x，有 $f(1996x) = 1996f(x)$。（1996 年中国数学奥林匹克竞赛试题）

分析与证明 我们期望证明：对一切自然数 k 和一切实数 x，有

$$f(kx) = kf(x)$$

对自然数 k 归纳：当 $k = 1$ 时，$f(x) = f(x)$，结论成立。

设结论对自然数 k 成立，考察自然数 $k+1$，利用题给方程，我们有

$$f((k+1)x) = f(kx + x) = f((\sqrt[3]{k}\sqrt[3]{x})^3 + (\sqrt[3]{x})^3)$$
$$= (\sqrt[3]{k} + 1)\sqrt[3]{x}\,((f(\sqrt[3]{k}\sqrt[3]{x}))^2$$
$$- f(\sqrt[3]{k}\sqrt[3]{x})f(\sqrt[3]{x}) + (f(\sqrt[3]{x}))^2) \quad (1)$$

找充分条件，为了由式(1)构造目标中的 $(k+1)f(x)$，先设想 $f(\sqrt[3]{k}\sqrt[3]{x})$ 中的常数 $\sqrt[3]{k}$ 能不能提到函数符号 f 的外面，即有如下等式：

$$f(\sqrt[3]{k}\sqrt[3]{x}) = \sqrt[3]{k}f(\sqrt[3]{x}) \quad (2)$$

若式(2)成立，则式(1)变成

$$f((k+1)x) = (\sqrt[3]{k} + 1)\sqrt[3]{x}\,((\sqrt[3]{k})^2 - \sqrt[3]{k} + 1)(f(\sqrt[3]{x}))^2$$
$$= (k+1)\sqrt[3]{x}(f(\sqrt[3]{x}))^2$$

进而比较目标 $(k+1)f(x)$，再找充分条件，希望有

$$\sqrt[3]{x}(f(\sqrt[3]{x}))^2 = f(x) \quad (3)$$

由此可见，结论在 $k+1$ 时成立的充分条件是式(2)、式(3)都成立。

现在我们来证明式(2)和式(3).

在式(*)中令 $x = y = 0$,得 $f(0) = 0$.

再在式(*)中令 $y = 0, x$ 任意,则
$$f(x^3) = xf(x)^2 \tag{4}$$

在式(4)中令 $x = \sqrt[3]{t}$,得
$$f(t) = \sqrt[3]{t}(f(\sqrt[3]{t}))^2$$

即式(3)成立.

对于式(2),它等价于
$$f(\sqrt[3]{k}x) = \sqrt[3]{k}f(x) \quad (k \in \mathbf{N})$$

如何证明上式? 直接计算 $f(\sqrt[3]{k}x)$ 有困难,可通过对 $f(kx^3)$ 算两次来产生 $f(\sqrt[3]{k}x)$.

由归纳假设:
$$f(kx) = kf(x)$$

我们有
$$f(kx^3) = k \times f(x^3) \stackrel{(4)}{=} k \times x(f(x))^2$$

又
$$f(kx^3) = f((\sqrt[3]{k}x)^3) \stackrel{(4)}{=} (\sqrt[3]{k}x) \times (f(\sqrt[3]{k}x))^2$$

所以
$$k \times x(f(x))^2 = (\sqrt[3]{k}x) \times (f(\sqrt[3]{k}x))^2$$

即
$$(\sqrt[3]{k})^2 \times x(f(x))^2 = x \times (f(\sqrt[3]{k}x))^2 \tag{5}$$

当 $x = 0$ 时,式(2)显然成立.

当 $x \neq 0$ 时,由式(5),得
$$(f(\sqrt[3]{k}x))^2 = (\sqrt[3]{k})^2(f(x))^2$$

所以
$$f(\sqrt[3]{k}x) = \pm \sqrt[3]{k}f(x) \quad (k \in \mathbf{N}, x \in \mathbf{R})$$

下面证明:对任何实数 x, $f(\sqrt[3]{k}x)$ 与 $f(x)$ 同号.

一个充分条件是:对任何 t, $f(t)$ 与 t 同号.

实际上,由 $f(x^3) = xf(x)^2$,得

$$x^3 f(x^3) = x^4 f(x)^2 \geqslant 0$$

令 $t = x^3$,则 $t \in \mathbf{R}$,所以有 $tf(t) \geqslant 0$,即 $f(t)$ 与 t 同号.

于是,$f(\sqrt[3]{k}x)$ 与 $\sqrt[3]{k}x$ 同号,即与 x 同号,且 $f(x)$ 与 x 同号,所以 $f(\sqrt[3]{k}x)$ 与 $f(x)$ 同号,故

$$f(\sqrt[3]{k}x) = \sqrt[3]{k}f(x)$$

综上所述,命题获证.

例 11 是否存在无限正整数集合 M,使满足如下条件:

(1) 对任何 $A \subseteq M$,$S(A)$ 为合数,其中 $S(A)$ 表示 A 中所有元素的和;

(2) 对任何 $a, b \in M$,有 $(a, b) = 1$.

分析与解 假设 $M = \{a_1, a_2, a_3, \cdots\}$ 合乎要求,其中 $a_1 < a_2 < a_3 < \cdots$.

任取 $A \subseteq M$,设 A 中最大的数为 $a_m (m > 1)$,A 中其他元素的和为 s,则

$$S(A) = s + a_m \quad (m > 1)$$

为了使 $S(A)$ 为合数,一个充分条件是 $s \mid a_m$.

再注意到 $s \in [1, a_1 + a_2 + \cdots + a_{m-1}]$,为了构造 $M = \{a_1, a_2, a_3, \cdots\}$,我们递归定义

$$a_m = f(a_1 + a_2 + \cdots + a_{m-1}) \quad (m > 1)$$

下面确定 f,使 f 满足:对每个整数 $x \in [1, a_1 + a_2 + \cdots + a_{m-1}]$,都有

$$x \mid f(a_1 + a_2 + \cdots + a_{m-1})$$

这样一来,就必有

$$s \mid f(a_1 + a_2 + \cdots + a_{m-1}) = a_m$$

从而 $S(A)$ 为合数.

显然,一个充分条件是
$$f(a_1 + a_2 + \cdots + a_{m-1}) = (a_1 + a_2 + \cdots + a_{m-1})!$$
由此可见,取 a_1 为合数,对 $n>1$,递归定义
$$a_n = (a_1 + a_2 + \cdots + a_{n-1})!$$
由此构造的集合 $M = \{a_1, a_2, a_3, \cdots\}$ 满足条件(1),但此时 M 不满足条件(2).

实际上,任取 $a_i, a_j \in M (i<j)$. 由定义,有
$$a_j = (a_1 + a_2 + \cdots + a_{j-1})!$$
因为 $a_i \leqslant a_1 + a_2 + \cdots + a_{j-1}$,所以由递归定义,有
$$a_i \mid (a_1 + a_2 + \cdots + a_{j-1})!$$
即 $a_i \mid a_j$,从而不满足 $(a_i, a_j) \neq 1$.

下面修改 f 的定义,使 M 也满足条件(2),即 $(a_i, a_j) = 1$.

注意到 $a_i \mid a_j$,不妨设 $a_j = k a_i$. 由此想到 $(a_i, a_j) = 1$ 的一个充分条件是
$$a_j = k a_i \pm 1$$
于是,将 f 修改为
$$f(a_1 + a_2 + \cdots + a_{m-1}) = (a_1 + a_2 + \cdots + a_{m-1})! + 1$$
则由此构造的集合 M 满足条件(2).

但此时的 M 却不满足条件(1).

对此时的 M,任取 $A \subseteq M$,若 $|A| > 1$,则同上记号,有
$$S(A) = s + a_m$$
于是
$$S(A) = s + a_m = s + (a_1 + a_2 + \cdots + a_{m-1})! + 1$$
$$= (s + 1) + (a_1 + a_2 + \cdots + a_{m-1})!$$
为了使 $S(A)$ 为合数,一个充分条件是
$$s + 1 \mid (a_1 + a_2 + \cdots + a_{m-1})!$$

但 $s+1$ 有可能大于 $a_1+a_2+\cdots+a_{m-1}$,不一定有 $s+1 \mid (a_1+a_2+\cdots+a_{m-1})!$. 可想象,若将 $s+1$ 改成 $s-1$,则一定有
$$s-1 \mid (a_1+a_2+\cdots+a_{m-1})!$$
于是,将 f 修改为
$$f(a_1+a_2+\cdots+a_{m-1}) = (a_1+a_2+\cdots+a_{m-1})!-1$$
最后考虑 A 为 M 的单元子集,即 $|A|=1$ 的情形,此时 S 为 0,
$$S(A) = a_m = (a_1+a_2+\cdots+a_{m-1})!-1 \quad (m>1)$$
未必是合数.

注意到 $a>2$ 时,$a^2-1=(a-1)(a+1)$ 为合数,f 修改为
$$f(a_1+a_2+\cdots+a_{m-1}) = ((a_1+a_2+\cdots+a_{m-1})!)^2-1$$
即可. 于是,取 $a_1=4$,对 $n>1$,递归定义
$$a_n = ((a_1+a_2+\cdots+a_{n-1})!)^2-1$$
则集合 $M=\{a_1,a_2,a_3,\cdots\}$ 满足条件(1)和(2).

实际上,任取 $A \subseteq M$. 当 $|A|=1$ 时,设 $A=\{a\}$.

若 $a=a_1=4$,则 $S(A)=a_1=4$ 为合数;

若 $a=a_i(i>1)$,则 $S(A)=a_i=((a_1+a_2+\cdots+a_{i-1})!)^2-1$ 为合数.

当 $|A|>1$ 时,设 A 中最大的数为 a_m,A 中其他元素的和为 s,则 $S(A)=s+a_m$. 于是
$$S(A) = s+a_m = s+((a_1+a_2+\cdots+a_{m-1})!)^2-1$$
$$= (s-1)+((a_1+a_2+\cdots+a_{m-1})!)^2$$
因为 $s \leqslant a_1+a_2+\cdots+a_{m-1}$,所以
$$s-1 \mid ((a_1+a_2+\cdots+a_{m-1})!)^2$$
$S(A)$ 为合数.

因此 M 满足条件(1).

任取 $a_i, a_j \in M(i<j)$,由定义,有
$$a_j = ((a_1+a_2+\cdots+a_{j-1})!)^2-1$$

因为 $a_i \leqslant a_1 + a_2 + \cdots + a_{j-1}$,所以 $a_i \mid (a_1 + a_2 + \cdots + a_{j-1})!$,即 $(a_i, a_j) = (a_i, -1) = 1$,$M$ 满足条件(2).

例 12 若将正 n(n 为奇数)边形的顶点做 2-染色,必存在同色梯形,求 n 的最小值.(原创题)

分析与解 显然,当 $n \leqslant 6$ 时,将其中 $k = \left[\dfrac{n}{2}\right] \leqslant 3$ 个点染红色,其余点染蓝色,则不存在同色梯形.

当 $n = 7$ 时,设正 7 边形为 $A_1 A_2 \cdots A_7$. 将 A_1, A_2, A_3, A_5 染红色,其余点染蓝色,则不存在同色梯形,所以 $n \geqslant 9$.

当 $n = 9$ 时,我们证明 2 色正 9 边形必存在同色梯形.

我们注意这样的事实:如果圆内接四边形 $ABCD$ 为梯形,其中 $AB /\!/ CD$,则必有 $AD = BC$,从而梯形是等腰梯形,由此想到找长度相等的线段.

进一步思考发现,找 2 条长度相等的线段是不够的,因为这 2 条长度相等的线段可能有公共点,由此发现一个充分条件:存在 3 条长度相等的端点全同色的线段.

实际上,由抽屉原理,必有 5 个点同色,设为红色.

对正 9 边形的任何两个顶点 A, B,连 AB,考察劣弧 AB. 如果劣弧 AB 上包含正 9 边形的 $r - 1$($r = 1, 2, 3, 4$)个顶点,则称弦 AB 为 r 级边.

5 个红色点可连成 $C_5^2 = 10$ 条红边(称两个端点为红色的边为红边),但只有 4 种不同的级别,必有 $\left[\dfrac{10}{4}\right] + 1 = 3$ 条红边的长度相等.

如果这 3 条长度相等的红边不构成正三角形,则其中必有 2 条红边没有公共顶点,它们构成红色等腰梯形的腰,结论成立;如果这 3 条长度相等的红边构成正三角形,则其级别只能为 3,不妨设 3 个红顶点为 1, 4, 7. 此外,至少还有 2 个红点,每个红点都与 1, 4, 7 三点之一构成级别为 1 的边,产生腰长为 1 的红色等腰梯形,结论成立.

综上所述,n 的最小值为 9.

例 13 若将正 n(n 为奇数)边形的顶点做 3-染色,必存在同色梯

形,求 n 的最小值.

分析与解 显然,当 $n \leqslant 9$ 时,将其中 3 个点染红色,3 个点染蓝色,其余点染黄色,则不存在同色梯形;当 $n = 11$ 时,将标号为 $1,2,4,7$ 的顶点染红色,标号为 $8,9,11,3$ 的顶点染蓝色(图 2.4),其余 3 个点染黄色,则不存在同色梯形;当 $n = 13$ 时,将标号为 $1,2,4,7,13$ 的顶点染红色,标号为 $3,6,8,10$ 的顶点染蓝色,标号为 $5,9,11,12$ 的顶点染黄色(图 2.5),则不存在同色梯形.

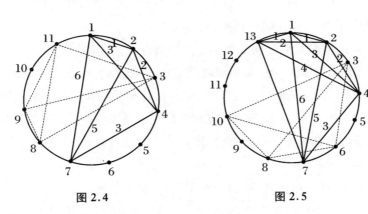

图 2.4　　　　　　　　图 2.5

所以 $n \geqslant 15$.

当 $n = 15$ 时,我们也可构造反例.

构造的发现:易知不能有 6 点同色,从而每色有 5 个点.此外,我们寻找所有含有 3 个连续顶点的好 K_5(无顶点构成梯形).这样的 K_5 可表示为 $(1,2,3,\times,\times)$.先考虑 $(1,2,3,5,\times)$ 型,则第 5 个顶点可以为 $8,9,10,11,12,\cdots$.由此猜想,可以将 3 个 $(1,2,3,\times,\times)$ 型的 K_5 各染一色.这 3 个 K_5 的 3 个连续 3 顶点组 A,B,C 可依次相邻(图 2.6).

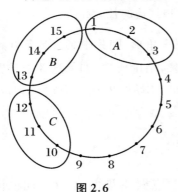

图 2.6

假设 A 对应的 K_5 为 $(1,2,3,5,8)$

(图 2.7),而 B 对应的 K_5 只能为 $(1,2,3,a,×)$ 型,其中 $a\geqslant 7$,取 $a=7$,发现第 5 个顶点可以为 10,得到 K_5 为 $(1,2,3,7,10)$,从而另一个 K_5 为 $(1,2,3,6,9)$,即按下面的方式染色:

5 个红点为 1,2,3,5,8,它们连成的边的级别分别为 1,1,2,3,2,3,5,4,6,7,其中两个 1 级边共顶点"2",两个 2 级边共顶点"3",两个 3 级边共顶点"5",不存在红色梯形.

5 个蓝点为 4,7,10,11,12,它们连成的边的级别分别为 3,3,1,1,6,4,2,7,5,7,其中两个 3 级边共顶点"7",两个 1 级边共顶点"11",两个 7 级边共顶点"4",不存在蓝色梯形.

5 个黄点为 6,9,13,14,15,它们连成的边的级别分别为 3,4,1,1,7,5,2,7,6,6,其中两个 1 级边共顶点"14",两个 7 级边共顶点"6",两个 6 级边共顶点"5",不存在黄色梯形(图 2.8).

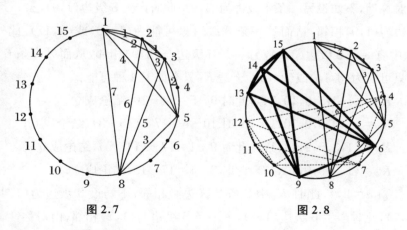

图 2.7　　　　　　图 2.8

由此可见,上述染色不存在同色梯形,所以 $n\geqslant 17$.

当 $n=17$ 时,我们证明 3 色正 17 边形必存在同色梯形.

对正 17 边形的任何两个顶点 A,B,连 AB,考察劣弧 AB,如果劣弧 AB 上包含正 17 边形的 $r-1(r=1,2,3,4,5,6,7,8)$ 个顶点,则称弦 AB 为 r 级边.

由抽屉原理,在 3 色正 17 边形中,存在 $\left[\frac{17}{3}\right]+1=6$ 个点同色,设为红色.则红色 K_6 有 $C_6^2=15$ 条边,但只有 8 种不同的级别,必有 $\left[\frac{15}{8}\right]+1=2$ 条边的级别相同.

(1) 如果存在 3 条边的级别相同,由于 17 不是 3 的倍数,从而这 3 条级别相同的边不构成正三角形,其中必有 2 条边没有公共顶点,它们构成红色等腰梯形的腰.

(2) 如果不存在 3 条边的级别相同,由于 $17=2\times8+1$,从而只能是某种级别的边恰有 1 条,而另外级别的边都恰有 2 条.设级别为 $a(1\leqslant a\leqslant 8)$ 的边恰有 1 条,有以下 3 种情况:

① a 为奇数,此时 K_6 中 2 条 2 级边必相邻(有公共顶点),不妨设 2 级边为 (1,3),(3,5),此时产生 4 级边 (1,5),另一条 4 级边与 (1,5) 相邻,由对称性,不妨设另一条 4 级边为 (5,9).此时产生 8 级边 (1,9),另一条 8 级边与 (1,9) 相邻,从而另一条 8 级边只可能为 (1,10) 或 (9,17).此外,K_6 中有一条 6 级边 (3,9),另一条 6 级边与 (3,9) 相邻,从而另一条 6 级边只可能为 (3,14) 或 (9,15).于是 K_6 只有如下 4 种可能:

$K_6=(1,3,5,9,10,14)$,此时 $9-5=14-10$,结论成立;

$K_6=(1,3,5,9,10,15)$,此时 $10-5=17-(15-3)$,结论成立;

$K_6=(1,3,5,9,14,17)$,此时 $9-1=17-(14-5)$,结论成立;

$K_6=(1,3,5,9,15,17)$,此时 $3-1=17-15$,结论成立.

② $a=2,4$,此时 K_6 中 2 条 3 级边必相邻,不妨设 3 级边为 (1,4),(4,7),此时产生 6 级边 (1,7),另一条 6 级边与 (1,7) 相邻,由对称性,不妨设另一条 6 级边为 (7,13).此时产生 5 级边 (1,13),另一条 5 级边与 (1,13) 相邻,从而另一条 5 级边只可能为 (1,6) 或 (8,13).此外,K_6 中有一条 8 级边 (4,13),另一条 8 级边与 (4,13) 相邻,从而另一条 8 级边只可能为 (4,12) 或 (5,13).于是 K_6 只有如下 4 种可能:

$K_6=(1,4,6,7,12,13)$,此时 $7-6=13-12$,结论成立;

$K_6 = (1,4,5,6,7,13)$,此时 $5-4 = 7-6$,结论成立;

$K_6 = (1,4,7,8,12,13)$,此时 $8-7 = 13-12$,结论成立;

$K_6 = (1,4,5,6,7,13)$,此时 $5-4 = 7-6$,结论成立.

③ $a = 6,8$,此时 K_6 中 2 条 1 级边必相邻,不妨设 1 级边为 $(1,2)$,$(2,3)$,此时产生 2 级边 $(1,3)$,另一条 2 级边与 $(1,3)$ 相邻,由对称性,不妨设另一条 2 级边为 $(3,5)$.此时产生 3 级边 $(2,5)$,另一条 3 级边与 $(2,5)$ 相邻,从而另一条 3 级边只可能为 $(2,16)$ 或 $(5,8)$.此外,K_6 中有一条 4 级边 $(1,5)$,另一条 4 级边与 $(1,5)$ 相邻,从而另一条 4 级边只可能为 $(1,14)$ 或 $(5,9)$.于是 K_6 只有如下 4 种可能:

$K_6 = (1,2,3,5,8,9)$,此时 $3-2 = 9-8$,结论成立;

$K_6 = (1,2,3,5,8,14)$,此时 $8-3 = 17-(14-2)$,结论成立;

$K_6 = (1,2,3,5,9,16)$,此时 $9-3 = 17-(16-5)$,结论成立;

$K_6 = (1,2,3,5,14,16)$,此时 $5-3 = 16-14$,结论成立.

综上所述,n 的最小值为 17.

例 14 设 $f(x) = x + \dfrac{1}{x} (x > 0)$,$k$ 为任意给定的正整数.若对任意的正数 a,在区间 $\left[1, a + \dfrac{k}{a}\right]$ 内总存在 $m+1$ 个实数 $a_1, a_2, \cdots, a_m, a_{m+1}$,使得不等式

$$f(a_1) + f(a_2) + \cdots + f(a_m) < f(a_{m+1})$$

成立,求 m 的最大值.(原创题)

分析与解 首先,若对任意的正数 a,在区间 $\left[1, a + \dfrac{k}{a}\right]$ 内总存在 $m+1$ 个合乎要求的实数,那么,取 $a = \sqrt{k}$,则在区间 $[1, 2\sqrt{k}]$ 内也存在 $m+1$ 个合乎要求的实数.

反之,注意到 $a + \dfrac{k}{a} \geqslant 2\sqrt{k}$,有 $[1, 2\sqrt{k}] \subseteq \left[1, a + \dfrac{k}{a}\right]$.若在区间 $[1, 2\sqrt{k}]$ 内存在 $m+1$ 个合乎要求的实数,则必在区间 $\left[1, a + \dfrac{k}{a}\right]$ 内总

存在 $m+1$ 个合乎要求的实数.

此外,假定在 $[1, 2\sqrt{k}]$ 内存在合乎要求的 $a_1, a_2, \cdots, a_{m+1}$,要使不等式

$$f(a_1) + f(a_2) + \cdots + f(a_m) < f(a_{m+1}) \qquad (1)$$

成立,找充分条件:我们希望 $f(a_i)(i=1,2,\cdots,m)$ 尽可能小,$f(a_{m+1})$ 尽可能大.

易知 $f(x)$ 在区间 $[1, 2\sqrt{k}]$ 上为增函数,于是,取

$$a_1 = a_2 = \cdots = a_m = 1, \quad a_{m+1} = 2\sqrt{k}$$

则

$$f(a_1) + f(a_2) + \cdots + f(a_m) < f(a_{m+1})$$
$$\Leftrightarrow m \times f(1) < f(2\sqrt{k}) \Leftrightarrow 2m < 2\sqrt{k} + \frac{1}{2\sqrt{k}}$$

由此可得

$$m < \sqrt{k} + \frac{1}{4\sqrt{k}} = \frac{(4k+1)\sqrt{k}}{4k}$$

因为

$$\left(\frac{(4k+1)\sqrt{k}}{4k}\right)^2 = \frac{16k^2 + 8k + 1}{16k} = k + \frac{8k+1}{16k} \quad \left(0 < \frac{8k+1}{16k} < 1\right)$$

所以 $\frac{(4k+1)\sqrt{k}}{4k}$ 不是整数,所以

$$m \leqslant \left[\frac{(4k+1)\sqrt{k}}{4k}\right]$$

由此可见,取

$$m = \left[\frac{(4k+1)\sqrt{k}}{4k}\right]$$

令 $a_1 = a_2 = \cdots = a_{44} = 1, a_{45} = 2\sqrt{k}$,则不等式(1)成立,$m = \left[\frac{(4k+1)\sqrt{k}}{4k}\right]$ 合乎条件.

下证对任何合乎要求的 $a_1, a_2, \cdots, a_{m+1}$，都有

$$m \leqslant \left[\frac{(4k+1)\sqrt{k}}{4k}\right]$$

因为

$$a_1, a_2, \cdots, a_{m+1} \in [1, 2\sqrt{k}], f(a_1) + f(a_2) + \cdots + f(a_m) < f(a_{m+1})$$

所以

$$2 = f(1) \leqslant f(a_i) \quad (i = 1, 2, \cdots, m)$$

$$f(a_{m+1}) \leqslant f(2\sqrt{k})$$

将前 m 个不等式相加，得

$$2m \leqslant f(a_1) + f(a_2) + \cdots + f(a_m) < f(a_{m+1}) \leqslant f(2\sqrt{k})$$

得

$$m \leqslant \frac{1}{2} f(2\sqrt{k}) = \frac{1}{2}\left(2\sqrt{k} + \frac{1}{2\sqrt{k}}\right) = \sqrt{k} + \frac{1}{4\sqrt{k}} = \frac{(4k+1)\sqrt{k}}{4k}$$

又 $m \in \mathbf{N}$，所以

$$m \leqslant \left[\frac{(4k+1)\sqrt{k}}{4k}\right]$$

综上所述，m 的最大值为

$$\left[\frac{(4k+1)\sqrt{k}}{4k}\right]$$

例 15 已知 $\triangle ABC$ 的三边被 3 个矩形 U, V, W 覆盖，且这 3 个矩形的边都互相平行．试证：这 3 个矩形覆盖了 $\triangle ABC$．

分析与证明 要证明 3 个矩形覆盖了 $\triangle ABC$，只需证明 $\triangle ABC$ 内（包括边界）任意一点 P 都被这 3 个矩形之一覆盖．

先研究一个点 P 怎样才被一个矩形覆盖（一个点被圆覆盖的条件是很容易的）：过 P 作一个与矩形的边平行的"十字架"（两条互相垂直的直线），"十字架"包含从 P 出发的 4 条射线（图 2.9）．

显然，点 P 被矩形覆盖的充分必要条件是：矩形与"十字架"的 4 条

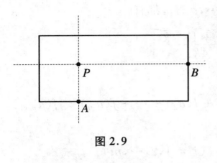

图 2.9

射线都相交.进而发现,此条件可以减弱为:矩形与"十字架"的某 2 条射线相交.

由此可见,为了证明△ABC 内任意一点 P 都被这 3 个矩形之一覆盖,只需过 P 作一个与矩形的边平行的"十字架",然后证明其中有一个矩形与"十字架"的 2 条射线相交.

考察△ABC 内任意一点 P,过 P 作两条互相垂直的直线,使直线与矩形的边平行,设两直线交△ABC 的边界于点 E,F,G,H(图 2.10).

因为 E,F,G,H 都被 3 个矩形覆盖,由抽屉原理,至少有一个矩形,设为 U,覆盖了其中的 2 个点.如果这 2 个点与点 P 共线,则矩形 U 显然覆盖了点 P.如果这 2 个点与点 P 不共线,则它们与点 P 构成一个直角三角形,而矩形 U 的两邻边分别与此直角三角形的两直角边平行,从而矩形 U 覆盖了此直角三角形,当然也就覆盖了点 P.

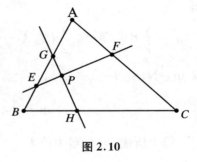

图 2.10

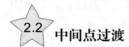 **中间点过渡**

假定我们要证明两个对象 a,b 具有某种关系,记为:$a \sim b$,如果这一关系具有传递性,那么若 $a \sim b, b \sim c$,则 $a \sim c$. 那么,选择一个新的对象 c,使 $a \sim c$,这样,$a \sim b$ 的一个充分条件是 $c \sim b$. 我们称这样的对象 c 为中间点.

数学中具有传递性的关系是很多的,比如相等关系"=",大于关系

">",小于关系"<",全等关系"≅",相似关系"∽",同余关系"≡",包含关系"⊆",整除关系"|"等等.

例1 已知 a,b,c 是正实数,求证:
$$\frac{b^2}{a}+\frac{c^2}{b}+\frac{a^2}{c} \geqslant \sqrt{3(a^2+b^2+c^2)}$$

分析与证明 原不等式变形为
$$\left(\frac{b^2}{a}+\frac{c^2}{b}+\frac{a^2}{c}\right)^2 \geqslant 3(a^2+b^2+c^2)$$

由排序不等式可知
$$\frac{b^2}{a}+\frac{c^2}{b}+\frac{a^2}{c} \geqslant \frac{b^2}{b}+\frac{c^2}{c}+\frac{a^2}{a}=a+b+c$$

所以
$$\left(\frac{b^2}{a}+\frac{c^2}{b}+\frac{a^2}{c}\right)^2 \geqslant \left(\frac{b^2}{a}+\frac{c^2}{b}+\frac{a^2}{c}\right)(a+b+c)$$

利用上述"中间点",我们只需证明一个更强的不等式:
$$\left(\frac{b^2}{a}+\frac{c^2}{b}+\frac{a^2}{c}\right)(a+b+c) \geqslant 3(a^2+b^2+c^2)$$

即证
$$\frac{b^2}{a}(b+c)+\frac{c^2}{b}(c+a)+\frac{a^2}{c}(a+b) \geqslant 2(a^2+b^2+c^2)$$

由于
$$\frac{b^2}{a} \geqslant 2b-a, \quad \frac{c^2}{b} \geqslant 2c-b, \quad \frac{a^2}{c} \geqslant 2a-c$$

所以
$$\frac{b^2}{a}(b+c)+\frac{c^2}{b}(c+a)+\frac{a^2}{c}(a+b) \geqslant (2b-a)(b+c)$$
$$+(2c-b)(c+a)+(2a-c)(a+b)$$
$$=2(a^2+b^2+c^2)$$

故原不等式成立.

例2 求证:对任何自然数 $n>1$,存在 n 个不同的自然数,使其中任

何两个数 a, b 满足: $a - b \mid a + b$.

分析与证明 采用递归构造.

当 $n = 2$ 时,取两个数为 $1, 2$ 即可,结论成立.

设结论对自然数 n 成立,其合乎条件的 n 个不同自然数为 $a_1, a_2, \cdots, a_n$.

考察 $n + 1$ 的情形,引入待定平移参数,各数平移 p 后,$b_1 = p + a_1$, $b_2 = p + a_2, \cdots, b_n = p + a_n$,仍合乎条件,还需增加一个数,自然想到取这个数为 p,即寻找常数 p,使 $n + 1$ 个数:$b_1 = p + a_1, b_2 = p + a_2, \cdots, b_n = p + a_n, b_{n+1} = p$ 合乎条件.

先考虑对任何 $1 \leqslant i < j \leqslant n$,有
$$(a_i + p) - (a_j + p) \mid (a_i + p) + (a_j + p)$$
即
$$a_i - a_j \mid a_i + a_j + 2p$$
也即
$$a_i - a_j \mid 2p \qquad (1)$$
式(1)就是 p 要满足的性质之一.

注意到对任何 $1 \leqslant i < j \leqslant n$,有 $a_i - a_j \mid a_i + a_j$,结合 $a_i - a_j \mid a_i - a_j$,有 $a_i - a_j \mid 2a_i$,于是,式(1)成立的一个充分条件是,对任何 $1 \leqslant i \leqslant n$,有 $2a_i \mid 2p$,即 $a_i \mid p$,所以 p 是 $a_1, a_2, \cdots, a_n$ 的公倍数,取 $p = a_1 a_2 \cdots a_n$ 即可(最容易实现).

最后验证,对任何 $1 \leqslant i \leqslant n, j = n + 1$,有 $(a_i + p) - p \mid (a_i + p) + p$,即 $a_i \mid a_i + 2p$,因为 $a_i \mid a_i$,且 $a_i \mid p$,所以结论成立.

所以对任何 $1 \leqslant i < j \leqslant n + 1$,有 $b_i - b_j \mid b_i + b_j$.

注意:其中,由"$a_i - a_j \mid a_i + a_j$,结合 $a_i - a_j \mid a_i - a_j$",发现"$a_i - a_j \mid 2a_i$"是解题的关键,由此可将式(1)用一个较之简单的充分条件来替代.

如果没有发现 $a_i - a_j \mid 2a_i$,则可这样处理.

由式(1)可知,$2p$ 是各 $a_i - a_j$ 的公倍数,取

2 回索推理

$$p = \prod_{1 \leqslant i < j \leqslant n}(a_i - a_j)$$

即可.

最后验证,对任何 $1 \leqslant i \leqslant n, j = n+1$,有 $(a_i + p) - p \mid (a_i + p) + p$,即 $a_i \mid a_i + 2p$,因为 $a_i \mid a_i$,只需 $a_i \mid p$,所以再取 p 是 $a_1, a_2, \cdots, a_n$ 的公倍数,取 $p = a_1 a_2 \cdots a_n$ 即可.

所以,$p = a_1 a_2 \cdots a_n \prod_{1 \leqslant i < j \leqslant n}(a_i - a_j)$,则 $b_1 = p + a_1, b_2 = p + a_2$,$\cdots, b_n = p + a_n, b_{n+1} = p$ 合乎条件.

例 3 设 $f(x) = x + \dfrac{1}{x}(x > 0)$,若对任意的正数 a,在区间 $\left[1, a + \dfrac{2013}{a}\right]$ 内总存在 $m+1$ 个实数 $a_1, a_2, \cdots, a_m, a_{m+1}$,使得不等式

$$f(a_1) + f(a_2) + \cdots + f(a_m) < f(a_{m+1})$$

成立,求 m 的最大值.(原创题)

分析与解 首先,注意到 $a + \dfrac{2013}{a} \geqslant 2\sqrt{2013}$,有

$$[1, 2\sqrt{2013}] \subseteq \left[1, a + \dfrac{2013}{a}\right]$$

所以,利用中间点,找一个充分条件,若在区间 $[1, 2\sqrt{2013}]$ 内也存在 $m+1$ 个合乎要求的实数,则必在区间 $\left[1, a + \dfrac{2013}{a}\right]$ 内总存在 $m+1$ 个合乎要求的实数.

反之,若对任意的正数 a,在区间 $\left[1, a + \dfrac{2013}{a}\right]$ 内总存在 $m+1$ 个合乎要求的实数,那么,取 $a = \sqrt{2013}$,则在区间 $[1, 2\sqrt{2013}]$ 内也存在 $m+1$ 个合乎要求的实数.

由此可见,题目条件等价于:在区间 $[1, 2\sqrt{2013}]$ 内存在 $m+1$ 个实数

$$a_1, a_2, \cdots, a_m, a_{m+1}$$

使得不等式

$$f(a_1) + f(a_2) + \cdots + f(a_m) < f(a_{m+1})$$

成立.

假定在$[1, 2\sqrt{2013}]$上存在合乎要求的$a_1, a_2, \cdots, a_{m+1}$. 要使不等式

$$f(a_1) + f(a_2) + \cdots + f(a_m) < f(a_{m+1}) \tag{1}$$

成立,我们希望$f(a_i)(i=1,2,\cdots,m)$尽可能小,$f(a_{m+1})$尽可能大.

易知$f(x)$在区间$[1, 2\sqrt{2013}]$上为增函数,于是,取$a_1 = a_2 = \cdots = a_m = 1, a_{m+1} = 2\sqrt{2013}$,则

$$f(a_1) + f(a_2) + \cdots + f(a_m) < f(a_{m+1})$$

$$\Leftrightarrow m \times f(1) < f(2\sqrt{2013})$$

$$\Leftrightarrow 2m < 2\sqrt{2013} + \frac{1}{2\sqrt{2013}}$$

由此,得

$$m < \sqrt{2013} + \frac{1}{4\sqrt{2013}} < 45$$

所以$m \leqslant 44$. 于是,取$m = 44$,令

$$a_1 = a_2 = \cdots = a_{44} = 1, \quad a_{45} = 2\sqrt{2013}$$

则不等式(1)成立,所以$m = 44$合乎条件.

下证对任何合乎要求的$a_1, a_2, \cdots, a_{m+1}$,都有$m \leqslant 44$. 因为

$$a_1, a_2, \cdots, a_{m+1} \in [1, 2\sqrt{2013}]$$

$$f(a_1) + f(a_2) + \cdots + f(a_m) < f(a_{m+1})$$

所以

$$f(1) \leqslant f(a_i)(i=1,2,\cdots,m), \quad f(a_{m+1}) \leqslant f(2\sqrt{2013})$$

将前m个不等式相加,得

$$m \times f(1) \leqslant f(a_1) + f(a_2) + \cdots + f(a_m) < f(a_{m+1}) \leqslant f(2\sqrt{2013})$$

同样得到 $m \leqslant 44$.

因此，m 的最大值为 44.

例 4 在凸 n 边形中，连所有的对角线，如果可将各边及各对角线做 k-染色，使得每一条以多边形的顶点为顶点的闭折线上都不是各段同色，求多边形的顶点的个数 n 的最大值.(第 24 届全苏数学奥林匹克竞赛试题)

分析与解 将完全凸 n 边形看成是图论中的完全图，则所谓"以多边形的顶点为顶点的闭折线"即是图中的一个圈.

什么情况下必有同色圈？由图论的基本知识可知，一个充分条件是同色边数不少于 n.

因为 n 阶完全图有 C_n^2 条边，只有 k 种颜色，由抽屉原理，必有一种单色边数 $\geqslant \dfrac{C_n^2}{k}$，再由上述中间点结论，只需 $\dfrac{C_n^2}{k} \geqslant n$，解得 $n \geqslant 2k+1$.

于是，当 $n \geqslant 2k+1$ 时，将 G 的边做 k-染色，必有 $\dfrac{C_{2k+1}^2}{k} = 2k+1 = n$ 条边同色，考察这些同色边构成的图 G'，有 $\| G' \| \geqslant n$，由图论基本定理，G' 中必有圈，从而 G 中有同色圈，矛盾，所以 $n \leqslant 2k$.

另一方面，我们证明：当 $n = 2k$ 时，可适当将 G 的边做 k-染色，使之无同色圈.

当 $k=2,3$ 时，G 的染色如图 2.11、图 2.12 所示.

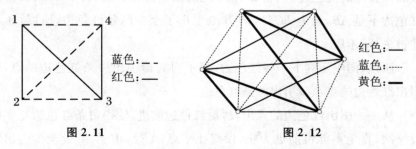

图 2.11　　　　　图 2.12

一般地，当 $n = 2k$ 时，取正 $2k$ 边形 $A_1 A_2 \cdots A_{2k}$，用 1 色染折线 $A_1 A_{2k} A_2 A_{2k-1} \cdots A_k A_{k+1}$（图 2.13），将正 $2k$ 边形的各个顶点绕中心旋

转 $\dfrac{(i-1)\pi}{k}$,上述折线旋转后得到的折线染第 $i(2\leqslant i\leqslant k)$ 色,则此染色合乎条件,图 2.14 所示是 $k=3$ 的例子.

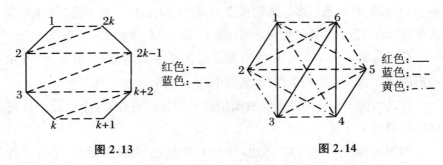

图 2.13　　　　　　　　　图 2.14

另解　我们称合乎条件的染色为合格染色,那么,在任意一种合格染色 P 中,每一种颜色的线段都不多于 $n-1$ 条.否则,不妨设 P 中有至少 n 条红色线段,我们证明必存在红色圈.

实际上,取定一个恰引出一条红色边的点,去掉此点及其相邻的红色边,再对剩下的点作类似的处理,直至不再有恰引出一条红色边的点为止.

此时,图中的红色边不可能全部被去掉,否则,多边形的 n 个顶点会全部被去掉.但这种情形是不可能的,比如 A 是最后被去掉的点,AB 是最后被去掉的红色边,但点 B 在 A 之前被去掉,从而去掉点 B 时去掉的红色边不是 AB,设为 BC,这样 B 处引出了至少两条红色边,所以,B 不能被去掉,矛盾.

所以,图中还剩下一些红色边,但不再有恰引出一条红色边的点,即引出红色边的点至少引出两条红色边.

从一个引出红色边的点出发,沿红色边前进,使得每条红色边至多经过一次,直至不能再前进为止,设终止于点 A 处,由于 A 处至少引出两条红色边,这两条红色边都已走过,所以 A 处至少经过了两次,从第一次经过 A 到第二次经过 A 形成一个红色圈,与题意矛盾.

所以,每一种颜色的线段都不多于 $n-1$ 条,这样,k 种颜色的边至多有 $k(n-1)$ 条.因为 K_n 中有 $\frac{1}{2}n(n-1)$ 条边,所以,$k(n-1) \geqslant \frac{1}{2}n(n-1)$,所以,$n \leqslant 2k$.

例 5 设 k,l 是给定的正整数,试证:有无穷多个正整数 $m \geqslant k$,使得 $(C_m^k, l) = 1$.(2009 年全国高中数学联赛试题第 3 题)

分析与证明 从目标入手,因为

$$C_m^k = \frac{m(m-1)\cdots(m-k+1)}{k!}$$

所以

$$k!C_m^k = (m-k+1)(m-k+2)\cdots(m-k+k)$$

于是,要使 $(C_m^k, l) = 1$,一个充分条件是 $(k!\ C_m^k, l) = 1$,这等价于 l 的任何质因数 p 都不整除 $(m-k+1)(m-k+2)\cdots(m-k+k)$.即对任何质数 p,有

$$(m-k+1)(m-k+2)\cdots(m-k+k) \not\equiv 0 \pmod{p}$$

为了便于约去 $k!$,我们再找一个充分条件,使

$$k! \equiv 1 \times 2 \times \cdots \times k \equiv (m-k+1)(m-k+2)\cdots(m-k+k)$$
$$\not\equiv 0 \pmod{p} \tag{1}$$

要使式(1)的"前一段"同余式成立,找一个充分条件,只需 $m - k \equiv 0 \pmod{p}$,即 $p \mid m-k$.

但此时式(1)的"后一段" $k! \not\equiv 0 \pmod p$ 并不一定成立,因为 k 是预先给定的,有可能 $p \mid k!$,于是进一步假定 $p^r \mid k!$,即 $k! \equiv 0 \pmod{p^r}$,但 $k! \not\equiv 0 \pmod{p^{r+1}}$,期望有比(1)更强一点的结论:

$$k! \equiv 1 \times 2 \times \cdots \times k \equiv (m-k+1)(m-k+2)\cdots(m-k+k)$$
$$\not\equiv 0 \pmod{p^{r+1}} \tag{2}$$

这只需式(2)的前一段同余式成立(已假定后一段 $k! \not\equiv 0 \pmod{p^{r+1}}$ 成立),一个充分条件是 $m - k \equiv 0 \pmod{p^{r+1}}$,即 $m - k$ 是 p^{r+1} 的倍数.

但其中 p,r 都是不确定的,还需要消除不确定的因素(用常数代替).

考察题给条件:p 是 l 的质因数,$p \mid l$(可用 l 来消除不确定的因素 p),至于 r,对于 l 的某个质因数 p,相应的 r 是 p 在 $k!$ 中的指数,即 $p^r \mid k!$(可用 $k!$ 来消除不确定的因素 p^r),于是

$$p^{r+1} \mid m-k \Leftrightarrow p \times p^r \mid m-k$$

$$\Leftarrow (\text{用 } l \text{ 来消除不确定的因素 } p) \, l \times k! \mid m-k$$

取 m 满足:$m-k$ 是 $l \times k!$ 的倍数即可.

另证 $(C_m^k, l) = 1 \Leftrightarrow$ 存在正整数 a,b,使 $aC_m^k - bl = 1$,取 $a=1$(充分条件),则

$$(C_m^k, l) = 1 \Leftarrow C_m^k \equiv 1 \pmod{l}$$

因为

$$C_m^k = \frac{m(m-1)(m-2)\cdots(m-k+1)}{k!}$$

$$= \prod_{i=1}^k \frac{m-k+i}{i} = \prod_{i=1}^k \left(1 + \frac{m-k}{i}\right)$$

找一个充分条件,期望对任何 $i=1,2,\cdots,k$,有 $\frac{m-k}{i} \in \mathbf{N}$,且

$$\frac{m-k}{i} \equiv 0 \pmod{l}$$

于是,取 $m-k=la$,其中 a 是 $1,2,\cdots,k$ 的公倍数即可,这样的 a 有无数个,比如 $a = t \times k!$.

注:利用这一证明方法,我们"几乎"可求出所有满足 $(C_m^k, l) = 1$ 的正整数 m.

实际上,若 $(C_m^k, l) = 1$,则存在正整数 a,b,使

$$aC_m^k - bl = 1$$

于是

$$aC_m^k = bl + 1 \equiv 1 \pmod{l}$$

2 回索推理

反之,若存在正整数 a,使 $aC_m^k \equiv 1 \pmod{l}$,令 $aC_m^k = bl + 1$,则 $aC_m^k - bl = 1$,所以 $(C_m^k, l) = 1$.

由此可见,$(C_m^k, l) = 1 \Leftrightarrow$ 存在正整数 a,使
$$aC_m^k \equiv 1 \pmod{l} \Leftrightarrow a\prod_{i=1}^{k}\left(1 + \frac{m-k}{i}\right) \equiv 1 \pmod{l}$$
由此"似乎"可求出一切 m,留给大家探讨.

此外,本题还有如下的证法:

$(a, l) = 1 \Leftrightarrow$ 对 l 的任一质因数 p,有 $(a, p) = 1 \Leftrightarrow p$ 在 a 中的指数为 0.

更一般地,若 $a \mid b$,则 $\left(\dfrac{b}{a}, l\right) = 1 \Leftrightarrow$ 对 l 的任一质因数 p,有 p 在 $\dfrac{b}{a}$ 中的指数为 $0 \Leftrightarrow p$ 在 a 中的指数与 p 在 b 中的指数相等. 又
$$C_m^k = \frac{m(m-1)(m-2)\cdots(m-k+1)}{k!}$$
于是,$(C_m^k, l) = 1 \Leftrightarrow$ 对 l 的任一质因数 p, p 在 $(m-k+1)(m-k+2)\cdots(m-k+k)$ 中的指数与 p 在 $k!$ 中的指数相等.

质数 p 在乘积 $a_1 a_2 \cdots a_n$ 中的指数是 $\sum\limits_{k=1}^{\infty}(a_1, a_2, \cdots, a_n$ 中被 p^k 整除的数的个数). 比如,质数 p 在乘积 $n!$ 中的指数是 $\sum\limits_{k=1}^{\infty}\left[\dfrac{n}{p^k}\right]$,这是因为 $1, 2, \cdots, n$ 中被 p^k 整除的数的个数为 $\left[\dfrac{n}{p^k}\right]$(每隔 p^k 个数有一个被 p^k 整除).

设 l 的所有质因数分别为 $p_1, p_2, \cdots, p_s$,对任何 $1 \leqslant i \leqslant s$,都存在 r_i,满足:$p_i^{r_i} > k$,且 $p_i^{r_i-1} \leqslant k$.

由中国剩余定理,存在正整数 x_0 满足同余式组:
$$x \equiv 1 \pmod{p_i^{r_i}} \quad (1 \leqslant i \leqslant s)$$
令 $m = x_0 + k - 1$,下面证明 $(C_m^k, l) = 1$,这只需证明,对所有 p_i,有
$$(C_m^k, p_i) = 1$$
考察 l 的任一质因数 $p_i (1 \leqslant i \leqslant s)$,则

(1) 若 $p_i > k$,则 $r_i = 1$,由 $m-k+1 = x_0 \equiv 1 \pmod{p_i}$,有
$$m \equiv k \pmod{p_i}$$
$$k!C_m^k = (m-k+1)(m-k+2)\cdots(m-k+k)$$
$$\equiv 1 \times 2 \times \cdots \times k \equiv k! \not\equiv 0 (p_i > k) \pmod{p_i}$$

所以 $(C_m^k, p_i) = 1$

(2) 若 $p_i \leq k$,则 $r_i > 1$,由 $m-k+1 = x_0 \equiv 1 \pmod{p_i^{r_i}}$,有
$$m \equiv k \pmod{p_i^{r_i}}$$

进而
$$m \equiv k \pmod{p_i^t} \quad (t = 1, 2, \cdots, r_i)$$

于是,$m \equiv k \pmod{p_i^t}$,$m-1 \equiv k-1 \pmod{p_i^t}$,$m-k+1 \equiv 1 \pmod{p_i^t}$,所以,对 $t = 1, 2, \cdots, r_i$,$m, m-1, m-2, \cdots, m-k+1$ 中被 p_i^t 整除的数的个数就是 $k, k-1, k-2, \cdots, 1$ 中被 p_i^t 整除的数的个数,所以 p_i 在 $m(m-1)(m-2)\cdots(m-k+1)$ 中的指数就是 p_i 在 $k!$ 中的指数,所以 p_i 在 $C_m^k = \dfrac{m(m-1)(m-2)\cdots(m-k+1)}{k!}$ 的分子分母中的指数相同,所以 $(C_m^k, p_i) = 1$.

例6 设 p 为质数,q 是 $2^p - 1$ 的质因数,$q < 2^p - 1$,求证:$2p \mid q-1$.

分析与证明 由条件"q 是 $2^p - 1$ 的质因数",有
$$2^p - 1 \equiv 0 \pmod{q}$$
即
$$2^p \equiv 1 \pmod{q} \tag{1}$$

再看目标,$2p \mid q-1$ 的一个充分条件是 $2 \mid q-1$,$p \mid q-1$,且 $(2, p) = 1$.其中 $2 \mid q-1$ 是显然的,因为 q 是 $2^p - 1$ 的质因数,所以 q 是奇数.

现在证明 $(2, p) = 1$,这等价于 p 是奇质数.

用反证法:若 $p = 2$,则 $2^p - 1 = 3$,又 q 是 $2^p - 1$ 的质因数,所以 $q = 3 = 2^p - 1$,与 $q < 2^p - 1$ 矛盾.所以 p 是奇质数,从而 $(2, p) = 1$.

2 回索推理

最后要证明 $p \mid q-1$,采用"Bezout 定理证整除"的方法.

反设质数 $p \nmid q-1$,则 $(q-1,p)=1$,从而存在 $x,y \in \mathbf{N}_+$,使 $xp - y(q-1) = 1$,于是
$$xp = 1 + y(q-1) \tag{2}$$

我们在式(2)中构造 2^p,以利用式(1),于是
$$2^{xp} = 2^{1+y(q-1)} = 2 \times 2^{y(q-1)} = 2 \times (2^{q-1})^y$$

注意到 q 是奇质数,且 $(2,q) = 1$,则由 Fermat 小定理,有
$$2^{q-1} \equiv 1 \pmod q$$

所以
$$2^{xp} = 2^{1+y(q-1)} = 2 \times 2^{y(q-1)} = 2 \times (2^{q-1})^y \equiv 2 \pmod q$$

但另一方面
$$2^{xp} = (2^p)^x \equiv 1^x \equiv 1 \pmod q$$

所以 $1 \equiv 2 \pmod q$,即 $q \mid 2-1$,所以 $q \mid 1$,矛盾.

综上所述,命题获证.

例 7 数列 $\{a_n\}$ 定义如下: $a_n = [n\sqrt 2], n = 0,1,2,\cdots$,试证:此数列中含有无穷多个完全平方数.

分析与证明 引入待定参数,假定有无数个 $n = f(m)$,使
$$[f(m)\sqrt 2] = p(m)^2$$

那么
$$p(m)^2 \leqslant f(m)\sqrt 2 < p(m)^2 + 1$$
$$p(m)^4 \leqslant 2f(m)^2 < (p(m)^2 + 1)^2 \tag{1}$$

联想到一个熟知的结论:对正奇数 m,记
$$(\sqrt 2 + 1)^m = x_m \sqrt 2 + y_m$$

其中,$x_m, y_m \in \mathbf{Z}_+$,则由二项式定理,可知
$$(\sqrt 2 - 1)^m = x_m \sqrt 2 - y_m$$

上述两式相乘,得 $2x_m^2 - y_m^2 = 1$,从而 $y_m^2 < 2x_m^2$. 进而

$$y_m^4 < 2x_m^2 y_m^2 = y_m^2(y_m^2 + 1) < (y_m^2 + 1)^2$$

由此可见,若令 $f(m) = x_m y_m$,$p(m) = y_m^2$,则 $f(m)$,$p(m)$ 满足式(1). 于是

$$[\sqrt{2} x_m y_m] = y_m^2$$

令 $n = x_m y_m$,则 $a_n = [\sqrt{2} x_m y_m] = y_m^2$ 为平方数,而正奇数 m 有无数个,从而这样的 a_n 有无数个.

上述证明还有一个漏洞,我们还需要证明,对不同的正奇数 m,都对应不同的平方数 y_m^2.

找充分条件,证明序列 $\{y_m\}$ 是递增的,但这个条件并不存在,于是退一步,我们发现无需这么强的条件,只需序列 $\{y_m\}$ 存在递增子列即可,比如,存在常数 r,使 $y_m < y_{m+r}$. 通过分析,发现取 $r = 2$ 即可,即有 $y_m < y_{m+2}$. 实际上

$$x_{m+2}\sqrt{2} + y_{m+2} = (\sqrt{2}+1)^{m+2} = (\sqrt{2}+1)^m \times (\sqrt{2}+1)^2$$
$$= (x_m\sqrt{2} + y_m)(3 + 2\sqrt{2})$$
$$= (3x_m + 2y_m)\sqrt{2} + (4x_m + 3y_m)$$

所以

$$y_{m+2} = 4x_m + 3y_m > y_m$$

综上所述,命题获证.

例8 求证:对任一个自然数 $k(k \geqslant 2)$,存在一个无理数 r,使得对每一个自然数 m,有 $[r^m] \equiv -1 \pmod{k}$. (1987 年国际数学奥林匹克竞赛预选题)

分析与证明 取整符号不便于推理,可利用数论中一个显然结论:如果 a,b 都不是整数,而 $a+b$ 是整数,则 $[a] + [b] = a + b - 1$.

设 r 是我们已经找到的无理数,对每一个自然数 m,令 $a = r^m$,$b = s^m$,则 r^m,s^m 都不是整数.现在假定能适当选取 r,使 $r^m + s^m$ 是整数,则

$$[r^m] + [s^m] = r^m + s^m - 1$$

2 回索推理

进一步取 $0<s<1$,则
$$[r^m] = r^m + s^m - 1$$

现在,与目标 $[r^m] \equiv -1 \pmod{k}$ 比较,我们要选取无理数 r 和 $0<s<1$,使得
$$r^m + s^m - 1 \equiv -1 \pmod{k}$$

这等价于

$r^m + s^m$ 为整数,且 $k \mid r^m + s^m$ （对任何 $m \in \mathbf{N}$）   (1)

为使式(1)对任何 $m=1,2,3,\cdots$ 都成立,可建立 $f(m) = r^m + s^m$ 的递归关系：

$$r^m + s^m = (r+s)(r^{m-1} + s^{m-1}) - sr^{m-1} - rs^{m-1}$$
$$= (r+s)(r^{m-1} + s^{m-1}) - rs(r^{m-2} + s^{m-2})$$
$$r^2 + s^2 = (r+s)^2 - 2rs$$

找充分条件:若 $r+s, rs \in \mathbf{Z}$,且 $k \mid r+s, k \mid rs$,则对正整数 m,$r^m + s^m$ 也能被 k 整除.

这样,问题又转化为是否存在这样的无理数 r 和 $0<s<1$,使得 $r+s$ 与 rs 都是整数且能被 k 整除.

设 $r+s = kp, rs = kq$,其中 k 是正整数,p,q 是整数,则 r,s 是方程
$$x^2 - kpx + kq = 0 \quad (p,q \text{ 为整数})$$
的根,现在,需要寻找整数 p,q,使方程两个根 r,s 满足:r 是无理数,$0<s<1$. 注意到

$$r = \frac{kp + \sqrt{k^2p^2 - 4kq}}{2}, \quad s = \frac{kp - \sqrt{k^2p^2 - 4kq}}{2}$$

于是,上述要求等价于
$$\Delta = k^2p^2 - 4kq \geqslant 0$$
$$0 < kp - \sqrt{k^2p^2 - 4kq} < 2$$

$k^2p^2 - 4kq$ 不是完全平方数,其中 $0 < kp - \sqrt{k^2p^2 - 4kq}$ 是显然的.

由

$$kp - \sqrt{k^2p^2 - 4kq} < 2$$

得

$$kp - 2 < \sqrt{k^2p^2 - 4kq}$$

因为 $k \geq 2$，平方化简，得 $kq + 1 < kp$．

再找充分条件，取 $p > q$ 即可．

为使 $k^2p^2 - 4kq$ 不是完全平方数，找充分条件，期望 $k^2p^2 - 4kq$ 可提取公因式 k^2，于是取 $q = k$，则

$$k^2p^2 - 4kq = k^2(p^2 - 4)$$

因为 $p > q = k \geq 2$，从而 $p \geq 3$，此时

$$(p-1)^2 < p^2 - 4 < p^2$$

从而 $p^2 - 4$ 不是完全平方数，所以 $k^2p^2 - 4k^2$ 不是完全平方数．

最后，当 $p > k, q = k$ 时

$$k^2p^2 - 4kq = k^2p^2 - 4k^2 = k^2(p^2 - 4) > 0$$

由此可见，取 $p > k, q = k$ 合乎要求．

例9 如果一个十进制正整数由两个完全相同的数码串构成，则称之为二重数，比如：123123，3636，19971997 等，求证：有无穷多个平方数为二重数．

分析与证明 题目并不要求求出所有的平方二重数，从而可考虑一个为二重数的充分条件，然后使之为平方数即可．

设二重数 x 由两个完全相同的数码组 A 构成，即 $x = \overline{AA}$，其中 $A = (a_1a_2\cdots a_n)$ 为 n 位数，则 $x = A(10^n + 1)$．比如

$$19971997 = 1997(10^4 + 1)$$

反之，当 A 为 n 位数时，$x = A(10^n + 1)$ 必为二重数．

下面分两步走：首先取适当的 A，使 $A(10^n + 1)$ 为平方数，然后修正 A，使 A 为 n 位数．

(1) 使 $A(10^n + 1)$ 为平方数，这是很容易办到的，比如取 $A = (10^n + 1)$ 即可，此时，$x = (10^n + 1)^2$，对一切正整数 n，有 x 为平方数．

2 回索推理

(2) 引入调整因子 k,此处 $k \in \mathbf{Q}$,使得有无数个 n,同时满足:

① $k^2(10^n+1)^2$ 为整数的平方;

② $k^2(10^n+1)$ 为 n 位数.

注意到 (10^n+1) 为 $n+1$ 位数,所以 $k<1$,令 $k=\dfrac{q}{p}(q<p,(p,q)=1)$,则

$$k^2(10^n+1)^2 = \left(\dfrac{q}{p}\right)^2(10^n+1)^2 = q^2 \times \left(\dfrac{10^n+1}{p}\right)^2$$

下面寻找满足①和②的 $p,q(q<p)$,先找 p.

要有无数个 n,使 $q^2 \times \left(\dfrac{10^n+1}{p}\right)^2$ 为整数的平方,一个充分条件是:存在无数个 n,使

$$p \mid 10^n+1 \tag{1}$$

注意到 10^n+1 为奇数,且数码之和为 2,所以 2,3,4,5,6 都不是 10^n+1 的因数,取 $p=7$ 试验,看是否有无数个 n 满足 $7 \mid 10^n+1$.

因为 $7 \mid 10^3+1$,即

$$10^3 \equiv -1 \pmod{7}$$

所以

$$10^{3(2k+1)} \equiv (-1)^{2k+1} \equiv -1 \pmod{7}$$

于是,存在无数个 $n=6k+3$,使 $7 \mid 10^n+1$.

最后确定 q(注意 $q<7$),使对无数个 $n=6k+3$,有 $\left(\dfrac{q}{7}\right)^2(10^n+1)$ 为 n 位数,即

$$10^{n-1} < \left(\dfrac{q}{7}\right)^2(10^n+1) < 10^n \tag{2}$$

通过观察,$q=6$ 满足式(2).实际上

$$10^{n-1} < \left(\dfrac{6}{7}\right)^2(10^n+1) < 10^n$$

$$\Leftrightarrow 49 \times 10^{n-1} < 36(10^n+1) < 49 \times 10^n$$

$$\Leftrightarrow 49 < 360 + \frac{36}{10^{n-1}} < 490$$

综上所述，对一切自然数 k，$\left(\frac{6}{7}\right)^2 (10^{6k+3} + 1)^2$ 是平方数且为二重数.

例 10 给定 $k \in \mathbf{N}_+$，$k > 1$. 对 $n \in \mathbf{N}_+$，定义 $f(n) = n + [(n + n^{\frac{1}{k}})^{\frac{1}{k}}]$，求 $f(n)$ 的值域.

分析与解 首先，$f(n)$ 可看成两个数列 $x_n = n$，$y_n = [(n + n^{\frac{1}{k}})^{\frac{1}{k}}]$ 的叠合，观察它们前若干项的取值，期望发现某种规律.

n:	1	2	3	4	5	6	7	8	⋯
x_n:	1	2	3	4	5	6	7	8	⋯
y_n:	1	1	2	2	2	2	3	3	⋯
$f(n)$:	2	3	5	6	7	8	10	11	⋯

由 y_n 的取值，发现数列应分割为若干段，即考虑：对固定的 m，哪些正整数 n 使

$$y_n = [(n + n^{\frac{1}{k}})^{\frac{1}{k}}] = m \tag{1}$$

实际上，有多个 n 使式(1)成立，从而 $y_n = [(n + n^{\frac{1}{k}})^{\frac{1}{k}}]$ 是有重项的数列，但它与 x_n 叠合之后是递增的. 显然

$$式(1) \Leftrightarrow m \leqslant (n + n^{\frac{1}{k}})^{\frac{1}{k}} < (m+1)$$

$$\Leftrightarrow m^k \leqslant n + n^{\frac{1}{k}} < (m+1)^k \tag{2}$$

由于不等式(2)无法解出 n，只能转向"找充分条件".

设想 $n < (m+1)^k$ 能否推出式(2)的右边？否！它只能得到

$$n + n^{\frac{1}{k}} < (m+1)^k + m + 1$$

"多了"一个 $m+1$，于是想到加强为 $n < (m+1)^k - (m+1)$，此时

$$n^{\frac{1}{k}} < ((m+1)^k - (m+1))^{\frac{1}{k}} < ((m+1)^k)^{\frac{1}{k}} = m+1$$

有 $n + n^{\frac{1}{k}} < (m+1)^k$.

仔细观察，发现 n 的范围还可缩小，上述两个不等式相加时，两个不

2 回索推理

等式都是严格的,而后一个不等式因舍弃了项一定是严格的,从而前一个不等式可以改变为非严格的,即可优化为

$$n \leqslant (m+1)^k - (m+1) =: a_{m+1}$$

于是,从每个分界点"向左走"直到前一个分界点为止,得到划分区间.

取数列 $\{a_m\}$,其中 $a_m = m^k - m$,那么

$$(0, \infty) = \bigcup_{m=1}^{\infty}(a_m, a_{m+1}]$$

对任何正整数 n,设存在正整数 m,使 $n \in (a_m, a_{m+1}]$,则

$$m^k - m < n \leqslant (m+1)^k - (m+1)$$

所以

$$m^k - m + 1 \leqslant n \leqslant (m+1)^k - (m+1) \tag{3}$$

由此容易得到 $n > (m-1)^k$,这是因为 $n \geqslant m^k - m + 1$,只需 $m^k - m + 1 > (m-1)^k$,即 $m^k > (m-1)^k + m - 1$,此不等式将 $m^k = ((m-1)+1)^k$ 展开即证.

所以 $(m-1)^k < n < (m+1)^k$,即

$$m - 1 < n^{\frac{1}{k}} < m + 1 \tag{4}$$

(3)+(4),得

$$m^k < n + n^{\frac{1}{k}} < (m+1)^k$$

所以

$$\left[(n + n^{\frac{1}{k}})^{\frac{1}{k}}\right] = m$$

所以,当 $n \in (a_m, a_{m+1}]$ 时, $f(n) = n + m$.

因为 $n \in (a_m, a_{m+1}]$,令

$$n = a_m + i = m^k - m + i$$
$$(1 \leqslant i \leqslant a_{m+1} - a_m = (m+1)^k - m^k - 1)$$

则

$$f(n) = n + m = (m^k - m + i) + m = m^k + i$$

于是,当 $n \in (a_m, a_{m+1}]$ 时, $f(n)$ 的值域为 $A_m = \{m^k + 1, m^k + 2, \cdots,$

$(m+1)^k - 1\}$

注意到 m 跑遍所有正整数：$m = 1, 2, 3, \cdots$，于是对 $n \in \mathbf{N}_+$，$f(n)$ 的值域为

$$\bigcup_{m=1}^{\infty} A_m = \mathbf{N}_+ \setminus \{x \mid x = m^k, m \in \mathbf{N}_+\}$$

例 11 设 $x_i \in \mathbf{R}^+$，$\sum_{i=1}^{n} x_i = 1$，求证：

$$\sum_{i=1}^{n} \frac{x_i}{\sqrt{1-x_i}} \geqslant \sum_{i=1}^{n} \frac{\sqrt{x_i}}{\sqrt{n-1}}$$

(第 4 届中国数学奥林匹克竞赛试题)

分析与证明 记不等式的左边为 A，先对 A 分离"整数"部分，则有

$$A = \sum_{i=1}^{n} \frac{x_i}{\sqrt{1-x_i}} = \sum_{i=1}^{n} \frac{(x_i - 1) + 1}{\sqrt{1-x_i}}$$

$$= \sum_{i=1}^{n} \frac{1}{\sqrt{1-x_i}} - \sum_{i=1}^{n} \sqrt{1-x_i}$$

至此，分别对 $\sum_{i=1}^{n} \frac{1}{\sqrt{1-x_i}}, \sum_{i=1}^{n} \sqrt{1-x_i}$ 利用 Cauchy 不等式，将"求和符号"放入"根号内"，有

$$A \geqslant \frac{n^2}{\sum_{i=1}^{n} \sqrt{1-x_i}} - \sum_{i=1}^{n} \sqrt{1-x_i}$$

$$\geqslant \frac{n^2}{\sqrt{\sum_{i=1}^{n}(1-x_i) \sum_{i=1}^{n} 1}} - \sqrt{\sum_{i=1}^{n}(1-x_i) \sum_{i=1}^{n} 1}$$

$$= \frac{n^2}{\sqrt{n(n-1)}} - \sqrt{n(n-1)} = \frac{n}{\sqrt{n(n-1)}} = \sqrt{\frac{n}{n-1}}$$

现在，利用上述中间点，我们只需证明

$$\sqrt{\frac{n}{n-1}} \geqslant \sum_{i=1}^{n} \frac{\sqrt{x_i}}{\sqrt{n-1}}$$

即
$$\sum_{i=1}^{n} \sqrt{x_i} \leqslant \sqrt{n}$$

再由 Cauchy 不等式,得
$$\sum_{i=1}^{n} \sqrt{x_i} \leqslant \sqrt{\sum_{i=1}^{n} 1 \sum_{i=1}^{n} x_i} = \sqrt{n}$$

不等式获证.

例 12 设 $x_i \geqslant 1$,求证:
$$\frac{\prod_{i=1}^{n} x_i}{\left(\sum_{i=1}^{n} x_i\right)^n} \geqslant \frac{\prod_{i=1}^{n} (x_i - 1)}{\left(\sum_{i=1}^{n} (x_i - 1)\right)^n}$$

分析与证明 先将不等式变形,把"方幂"放在一起,把"乘积"放在一起,得
$$\prod_{i=1}^{n} \frac{x_i - 1}{x_i} \leqslant \left[\frac{\sum_{i=1}^{n}(x_i - 1)}{\sum_{i=1}^{n} x_i}\right]^n = \left[\frac{\sum_{i=1}^{n} x_i - n}{\sum_{i=1}^{n} x_i}\right]^n$$

再分离整数部分,原不等式等价于
$$\prod_{i=1}^{n}\left(1 - \frac{1}{x_i}\right) \leqslant \left[1 - \frac{n}{\sum_{i=1}^{n} x_i}\right]^n$$

由平均值不等式,有
$$\prod_{i=1}^{n}\left(1 - \frac{1}{x_i}\right) \leqslant \left[\frac{\sum_{i=1}^{n}\left(1 - \frac{1}{x_i}\right)}{n}\right]^n = \left[\frac{n - \sum_{i=1}^{n} \frac{1}{x_i}}{n}\right]^n = \left[1 - \frac{\sum_{i=1}^{n} \frac{1}{x_i}}{n}\right]^n$$

所以,利用上述中间点,只需证:
$$\left[1 - \frac{\sum_{i=1}^{n} \frac{1}{x_i}}{n}\right]^n \leqslant \left[1 - \frac{n}{\sum_{i=1}^{n} x_i}\right]^n$$

$$1 - \frac{\sum_{i=1}^{n}\frac{1}{x_i}}{n} \leqslant 1 - \frac{n}{\sum_{i=1}^{n}x_i}$$

$$\frac{\sum_{i=1}^{n}\frac{1}{x_i}}{n} \geqslant \frac{n}{\sum_{i=1}^{n}x_i}$$

由 Cauchy 不等式,此显然成立,不等式获证.

例 13 给定正整数 $n>1$,实数 $\lambda>0$,求出最大的常数 M 及最小的常数 m,使对任何非负数 $x_1,x_2,\cdots,x_n$,有

$$m(x_1+x_2+\cdots+x_n)^n \geqslant x_1^n + x_2^n + \cdots + x_n^n + \lambda x_1 x_2 \cdots x_n$$
$$\geqslant M(x_1+x_2+\cdots+x_n)^n$$

(加拿大《Crux》杂志 1992 年问题 1598)

分析与解 令 $x_1=x_2=\cdots=x_{n-1}=0, x_n=1$,得 $m \geqslant 1 \geqslant M$;

令 $x_1=x_2=\cdots=x_n=\frac{1}{n}$,得 $m \geqslant \frac{n+\lambda}{n^n} \geqslant M$;

令 $x_1=x_2=\cdots=x_{n-1}=\frac{1}{n-1}, x_n=0$,得 $m \geqslant (n-1)^{1-n} \geqslant M.$

所以,我们有

$$M \leqslant \min\left\{(n-1)^{1-n}, \frac{n+\lambda}{n^n}\right\}$$

$$m \geqslant \max\left\{1, \frac{n+\lambda}{n^n}\right\}$$

下面证明:

$$m = \max\left\{1, \frac{n+\lambda}{n^n}\right\}$$

实际上,若 $\frac{n+\lambda}{n^n} \leqslant 1$,我们只需证明:

$$(x_1+x_2+\cdots+x_n)^n \geqslant x_1^n + x_2^n + \cdots + x_n^n + \lambda x_1 x_2 \cdots x_n$$

注意到中间点：$\lambda \leqslant n^n - n$，我们只需证明：
$$(x_1 + x_2 + \cdots + x_n)^n \geqslant x_1^n + x_2^n + \cdots + x_n^n + (n^n - n)x_1 x_2 \cdots x_n \quad (1)$$
若 $\dfrac{n+\lambda}{n^n} > 1$，我们只需证明：
$$\frac{n+\lambda}{n^n}(x_1 + x_2 + \cdots + x_n)^n \geqslant x_1^n + x_2^n + \cdots + x_n^n + \lambda x_1 x_2 \cdots x_n$$

$$\lambda\left(\left(\frac{x_1 + x_2 + \cdots + x_n}{n}\right)^n - x_1 x_2 \cdots x_n\right) + n\left(\frac{x_1 + x_2 + \cdots + x_n}{n}\right)^n$$
$$\geqslant x_1^n + x_2^n + \cdots + x_n^n$$

注意到中间点：
$$\lambda > n^n - n, \quad \left(\frac{x_1 + x_2 + \cdots + x_n}{n}\right)^n - x_1 x_2 \cdots x_n \geqslant 0$$

我们只需证明：
$$(n^n - n)\left(\left(\frac{x_1 + x_2 + \cdots + x_n}{n}\right)^n - x_1 x_2 \cdots x_n\right)$$
$$+ n\left(\frac{x_1 + x_2 + \cdots + x_n}{n}\right)^n \geqslant x_1^n + x_2^n + \cdots + x_n^n$$

此不等式去括号展开，得到不等式(1).

于是，两种情况都只需要证明不等式(1)成立.

实际上，考察
$$(x_1 + x_2 + \cdots + x_n)^n - (x_1^n + x_2^n + \cdots + x_n^n)$$
它共有 $n^n - n$ 个项（不合并非 x_i^n 的同类项），且每一个项都为正，于是，将式(1)移项，并使用平均值不等式，有
$$\frac{(x_1 + x_2 + \cdots + x_n)^n - (x_1^n + x_2^n + \cdots + x_n^n)}{n^n - n}$$
$$\geqslant \sqrt[n^n-n]{(x_1 x_2 \cdots x_n)^{n^n - n}} = x_1 x_2 \cdots x_n$$

（每个 x_i 都出现 $n^n - n$ 次）

所以，不等式(1)成立. 故
$$m = \max\left\{1, \frac{n+\lambda}{n^n}\right\}$$

最后证明:当 $n=2,3$ 时,$M = \min\left\{(n-1)^{1-n}, \dfrac{n+\lambda}{n^n}\right\}$.

与上面讨论类似,我们只需证明:

$$x_1^n + x_2^n + \cdots + x_n^n + \left(\dfrac{n^n}{(n-1)^{n-1}} - n\right)x_1 x_2 \cdots x_n$$
$$\geqslant \dfrac{(x_1 + x_2 + \cdots + x_n)^n}{n^n - n} \tag{2}$$

当 $n=2$ 时,式(2)等号成立;

当 $n=3$ 时,式(2)变为

$$4(x_1^3 + x_2^3 + x_3^3) + 15 x_1 x_2 x_3 \geqslant (x_1 + x_2 + x_3)^3$$

它等价于

$$x_1(x_1 - x_2)(x_1 - x_3) + x_2(x_2 - x_3)(x_2 - x_1)$$
$$+ x_3(x_3 - x_1)(x_3 - x_2) \geqslant 0$$

不妨设 $x_1 \geqslant x_2 \geqslant x_3$,则

$$x_1(x_1 - x_2)(x_1 - x_3) \geqslant x_2(x_1 - x_2)(x_2 - x_3)$$

且 $x_3(x_3 - x_1)(x_3 - x_2) \geqslant 0$,不等式(1)成立.

注:当 $n > 3$ 时,求 M 的值仍是一个未决问题.

例14 对正整数 $n > 1$,若 p 是 n 的质因数,则取 p 的最高次幂 p^r,使 $p^r \leqslant n$,将 n 的所有这样的质因数的最高次幂的和记为 $f(n)$,比如 $f(100) = 2^6 + 5^2 = 89$,$f(120) = 2^6 + 3^4 + 5^2 = 170$,求证:存在无数个 n,使 $f(n) > n$.

分析与证明 本题并不要求我们求出所有的满足 $f(n) > n$ 的自然数,只需求出其中的无数个,所以可以找一个使 $f(n) > n$ 的充分条件.

先理解定义,寻找 $f(n)$ 的表达式,进而找到"中间点".

设 n 的所有质因数为 $p_1, p_2, \cdots, p_r$,对 $p_i (1 \leqslant i \leqslant r)$,设 p_i 在 n 中的指数为 t_i,则 $p_i^{t_i} \leqslant n < p_i^{t_i+1}$,且

$$f(n) = p_1^{t_1} + p_2^{t_2} + \cdots + p_r^{t_r}$$

为了使 $f(n) > n$,只需 $\dfrac{f(n)}{n} > 1$,而

$$\frac{f(n)}{n} = \frac{p_1^{t_1}}{n} + \frac{p_2^{t_2}}{n} + \cdots + \frac{p_r^{t_r}}{n} > \frac{p_1^{t_1}}{p_1^{t_1+1}} + \frac{p_2^{t_2}}{p_2^{t_2+1}} + \cdots + \frac{p_r^{t_r}}{p_r^{t_r+1}}$$

$$= \frac{1}{p_1} + \frac{1}{p_2} + \cdots + \frac{1}{p_r}$$

所以 $f(n) > n$ 的一个充分条件是

$$\frac{1}{p_1} + \frac{1}{p_2} + \cdots + \frac{1}{p_r} > 1$$

即 n 的所有不同的质因数的倒数和大于 1.

这样的 n 显然有无数个,实际上,若 n 的所有质因数的倒数和大于 1,则 n 的任何方幂也合乎条件,因而我们只需找到一个 n 合乎条件,则 n^m 也合乎条件.

注意到 $\frac{1}{2} + \frac{1}{3} + \frac{1}{5} > 1$,所以 $n = 2 \times 3 \times 5$ 合乎条件,从而对一切自然数 m,有 $n = (2 \times 3 \times 5)^m$ 合乎条件.

注:本题也可采用构造法,直接验证:对任意奇质数 p,有 $n = 2p$ 合乎条件.

实际上,设 $2^m < p < 2^{m+1}$,则 $2^{m+1} < 2p < 2^{m+2}$,即 $2^{m+1} < n < 2^{m+2}$,所以 2 的最高次幂为 2^{m+1},又 $p < 2p < p^2$,即 $p < n < p^2$,于是 p 的最高次幂为 p,所以

$$f(n) = 2^{m+1} + p > 2p = n$$

由于奇质数有无数个,从而 n 有无数个.

习 题 2

1. 在若干堆棋子中任取 2 堆,从棋子数较多的一堆中拿出若干只棋子放入另一堆,使另一堆棋子数增加一倍,我们称这样的操作为"倍增操作".求所有的正整数 n,使 n 只棋子可以适当分成若干堆(至少 2 堆),通过倍增操作并成一堆.

2. 若可以将半径为 1 的圆内(包括边界)的点做 7-染色,使得任意顶

点同色线段的长都小于 r,求证: r 的取值范围是 $[1,\infty)$.

3. 求证:面积为 S,周长为 P 的四边形一定可以覆盖一个半径为 $\dfrac{S}{P}$ 的圆.

4. 在 8×8 棋盘 C 中,两个具有公共顶点的格称为是相连的.将 $1,2,3,\cdots,64$ 分别填入各格中,每格填一个数.若任何相连的两个格中的数至多相差 g,则称 g 为一个 C-间隙.求出最小的 C-间隙 C_g.(第 42 届普特南数学竞赛试题)

5. 在 8×8 棋盘 C 中,两个具有公共边的格称为是相邻的,将 $1,2,3,\cdots,64$ 分别填入各格中,每格填一个数,求证:存在两个相邻的格,其所填的数的差不小于 5.(第 26 届莫斯科数学奥林匹克竞赛试题)

6. 有 3 堆石子,分别有石子 1993 粒、199 粒和 18 粒.每次操作可在其中一堆中添加或取走石子,但其添加或取走的石子数为其余 2 堆石子数的和.设 S 为 3 堆石子数目之和,求 S 的最小值.(1993 年圣彼得堡数学竞赛题)

7. 是否可以在正 n 边形各顶点填上互异的非零数,使得以任何部分顶点为顶点的正多边形的顶点上各数和都为零.(第 34 届莫斯科数学奥林匹克竞赛试题)

8. 在 $m\times n(m>1,n>1)$ 棋盘 C 中,每格填一个数,使对任何正整数 p,q 及任何 $p\times q$ 矩形,相对顶点两格所填的数的和相等.若对适当的 r 个格填数后,余下各格所填的数被唯一确定,求 r 的最小值.(第 5 届全苏数学奥林匹克竞赛试题)

9. 对 $A=T(a_1,a_2,\cdots,a_{2n})$,定义 $T(A)=(a_{n+1},a_1,a_{n+2},a_2,\cdots,a_{n-1},a_{2n},a_n)$,试问:对哪些自然数 n,上述操作是周期的?即操作有限次后出现以前出现过的状态?(第 28 届国际数学奥林匹克竞赛备选题)

10. 求一个正实数 λ,使得对任意正整数 n,$[\lambda^n]$ 与 n 有相同的奇偶性.

11. 设 α,β 为无理数,且 $\dfrac{1}{\alpha}+\dfrac{1}{\beta}=1$,则 $f(n)=[n\alpha]$,$g(n)=[n\beta]$ 满足:

(1) $f(n),g(n)$ 都是 $\mathbf{N}_+\to\mathbf{N}_+$ 的递增函数;

(2) $\{[n\alpha]\}\cup\{[n\beta]\}=\mathbf{N}_+$,且 $\{[n\alpha]\}\cap\{[n\beta]\}=\varnothing$,即正整数集 $\mathbf{N}_+$ 可以用 $\{[n\alpha]\}$,$\{[n\beta]\}$ 来分解.(Beatty 定理)

12. 甲、乙两人做游戏:甲先在纸上任意写下一个由 L,R 构成的长为 n 的序列,然后乙将 n 个质量互不相同的砝码逐一放在天平上,每放一个砝码(已放的砝码不再拿下),乙都在纸上按顺序写一个字母:如果天平倾向左边则写 L,否则写 R.当所有砝码都放在天平上时,乙也写下一个由 L,R 构成的长为 n 的序列.规定:当乙写的序列与甲的序列相同时乙胜,否则甲胜.试问:谁有必胜策略?

13. 将每个正整数任意染红、蓝两色之一,证明:总存在一个无穷的正整数序列 $a_1<a_2<\cdots<a_n<\cdots$,使得无穷序列 $a_1,\dfrac{a_1+a_2}{2},a_2,$ $\dfrac{a_2+a_3}{2},a_3,\dfrac{a_3+a_4}{2},\cdots$ 是一个同色的正整数序列.(2008 年国际数学奥林匹克竞赛中国国家集训队选拔考试试题)

14. 设 n 为大于 7 的奇数,试证:将正 n 边形的顶点做 2-染色,必存在同色梯形.(原创题)

15. 证明:将正 15 边形的任意 6 个顶点染红色,必存在 4 个顶点为红色的梯形.

16. 求最小的实数 m,使得对于满足 $a+b+c=1$ 的任意正实数 a,b,c,都有 $m(a^3+b^3+c^3)\geqslant 6(a^2+b^2+c^2)+1$.(第 3 届中国东南地区数学奥林匹克竞赛试题)

17. 设 α 是给定的正实数,求所有的函数 $f:\mathbf{N}_+\to\mathbf{R}$,使得对任意满足条件 $\alpha m\leqslant k<(\alpha+1)m$ 的正整数 k,m,都有 $f(k+m)=f(k)+f(m)$.(2005 年国际数学奥林匹克竞赛中国国家集训队选拔考试试题)

18. 设 $P(x), Q(x)$ 都是非常数的复系数多项式,且
$$\{x \mid P(x) = 0, x \in \mathbf{C}\} = \{x \mid Q(x) = 0, x \in \mathbf{C}\} = A$$
$$\{x \mid P(x) = 1, x \in \mathbf{C}\} = \{x \mid Q(x) = 1, x \in \mathbf{C}\} = B$$
求证:对任何 $x \in \mathbf{C}$,有 $P(x) = Q(x)$.(第 22 届国际数学奥林匹克竞赛预选题)

19. 证明:$1, 2, 3, \cdots, n$ 的最小公倍数不小于 2^{n-1},即 $[1, 2, \cdots, n] \geqslant 2^{n-1}$.

习题 2 解答

1. 所求 n 为一切正偶数.

首先,若 n 为正偶数,则将棋子分成 2 堆:$\left(\dfrac{n}{2}, \dfrac{n}{2}\right)$,操作一次以后并成一堆.

其次,若 n 枚棋子可以适当分成若干堆(至少 2 堆),通过倍增操作并成一堆,我们证明 n 为偶数.实际上,采用回索推理,考察最后一次操作,必定是将两堆并成一堆,设这一次操作为 $(a, b) \to (2a, b-a)$,由于并成一堆,有 $b - a = 0$,从而目标状态为 $(2a, 0)$,故棋子总数 $n = 2a$ 为偶数.

2. 设圆心为 O,在圆周上按逆时针方向依次取 6 个点 $A_1, A_2, \cdots, A_6$,使它们将圆周 6 等分.当 $r \geqslant 1$ 时,将点 O 染第 7 种颜色,此外,将扇形 $A_i O A_{i+1}$(不包括边界 OA_i)上的点染第 i $(i = 1, 2, \cdots, 6$,其中规定 $A_7 = A_1$)种颜色,则 $\angle A_i O A_{i+1} = 60°$,所以扇形 $A_i O A_{i+1}$ 的直径为 1,于是任何顶点同色的线段的长小于 $1 \leqslant r$,所以 $r \geqslant 1$ 时合乎条件.

其次,若 $r < 1$,对每一种合乎条件的 7-染色,在圆周上任取一点 A_1,从 A_1 开始,按逆时针方向在圆周上依次另取 5 个点 $A_2, A_3, \cdots, A_6$,使它们将圆周 6 等分,则 $A_i A_j \geqslant A_1 A_2 = 1 (1 \leqslant i < j \leqslant 6), OA_i = 1 (i = 1, 2, \cdots, 6)$,而 $r < 1$,所以 $O, A_1, A_2, \cdots, A_6$ 两两异色(图 2.15),它们包含了所有的 7 种颜色.

以下来找同色点,一个充分条件是:只要找到点 X 与上述 7 个点中的 6 个都异色,则必与第 7 个同色. 而与 6 个都异色的充分条件是与 6 个的距离都大于 r. 以 A_2 为圆心,以 r 为半径画弧,交劣弧 A_1A_2 于点 P,以 A_6 为圆心,以 r 为半径画弧,交劣弧 A_6A_1 于点 Q,令 $A_1P = A_1Q$,则对圆弧 PA_1Q 上任何点 X,有 $XO = 1 > r$,$XA_i \geqslant r(i = 2, 3, \cdots, 6)$,这表明 X, O 异色;X, A_i 异色$(i = 2, 3, \cdots, 6)$,从而 X 与 A_1

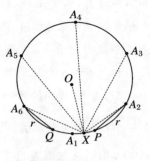

图 2.15

同色,由此可见,圆弧 PA_1Q 上的点都与 A_1 同色,由 A_1 的任意性(A_1 可以任意运动),圆周上所有的点同色,矛盾,所以 $r \geqslant 1$.

综上所述,命题获证.

3. 圆半径已确定,只需确定圆心 O. 采用反面思考的策略:哪些地方 "不"可以作为圆心 O?——到边的距离小于 $\dfrac{S}{P}$ 的地方. 于是可采用"去边法"(即"内镶边法")求解. 分别在直线 AB, BC, CD, DA 的含有四边形

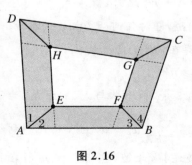

图 2.16

$ABCD$ 的一侧作与其相距 $\dfrac{S}{P}$ 的平行线,4 条线交成一个四边形 $EFGH$,连 AE,BF, CG, DH,得到 4 个高为 $\dfrac{S}{P}$ 的梯形(图 2.16). 我们证明 4 个梯形没有盖住四边形 $ABCD$,从而存在点 M 在四边形 $ABCD$ 内,且在各梯形外,这样一来,M 到四边形 $ABCD$ 各边的距离都

大于 $\dfrac{S}{P}$.

一个充分条件是:4 个梯形的面积之和小于 S. 但 4 个梯形的面积之

和不易计算,需要用规则的图形(矩形)代替4个梯形,此时,我们期望:4个梯形的面积之和≤4个矩形的面积之和≤S(可以是非严格不等式,因为4个矩形有重叠,从而不可能覆盖四边形 $ABCD$).为了保证"4个梯形的面积之和≤4个矩形的面积之和",一个充分条件是:4个矩形覆盖了4个梯形.考察以 AB 为一边,其对边在直线 EF 上的矩形,注意到 E 到 AB,AD 的距离都是 $\dfrac{S}{P}$,从而 $\angle 1=\angle 2<\dfrac{1}{2}\angle DAB<90°$.同理,$\angle 3=\angle 4<90°$,于是该矩形覆盖了梯形 $ABEF$.由对称性,4个矩形覆盖了4个梯形.因为4个矩形的面积之和 $S'=(a+b+c+d)\times\dfrac{S}{P}=P\times\dfrac{S}{P}=S$,且这4个矩形有重叠部分,所以它们不可能覆盖四边形 $ABCD$,于是,存在四边形内一个点 M,使 M 不被任何一个矩形覆盖.因为点 M 在4个梯形之外,M 到 AB,BC,CD,DA 的距离都大于 $\dfrac{S}{P}$,所以,以 M 为圆心,$\dfrac{S}{P}$ 为半径的圆在四边形的内部,即四边形覆盖了一个半径为 $\dfrac{S}{P}$ 的圆.

4. 一般地,对 $n\times n$ 数表,有 $C_g=n+1$.首先,第 i 行依次填 $(i-1)n+1,(i-1)n+2,\cdots,(i-1)n+n$,此时,数表的 C-间隙为 $n+1$.对任何一个数表,设 g 是它的 C-间隙,即对任何两个相连的数 x,y,有 $|x-y|\leqslant g$.我们证明:$g\geqslant n+1$.也即存在相连的两个数 a_i,a_{i+1},使

$$|a_i-a_{i+1}|\geqslant n+1 \qquad (1)$$

这样,若 $g>n+1$,则有 $|a_i-a_{i+1}|\leqslant g>n+1$,与式(1)矛盾.为了找到 $|a_i-a_{i+1}|\geqslant n+1$,可从整体上考察 $\sum\limits_{i=1}^{n}|a_i-a_{i+1}|$,由此想到利用二色链.将1和 n 所在的格用一条链连接,此链(包括1和 n 所在的格)至多有 n 个格,不妨设共有 $m(m\leqslant n)$ 个格,这 m 个格中的数依次为 $a_1=1,a_2,a_3,\cdots,a_m=n^2$.考察各相连两数之差,有

$$|a_2-a_1|+|a_3-a_2|+\cdots+|a_m-a_{m-1}|\geqslant (a_2-a_1)$$
$$+(a_3-a_2)+\cdots+(a_m-a_{m-1})=a_m-a_1=n^2-1$$

于是,必有一个 i,使

$$|a_i - a_{i-1}| \geqslant \frac{n^2-1}{m-1} \geqslant \frac{n^2-1}{n-1} = n+1$$

命题获证.

5. 同上题的证法(略).

6. 设添加石子的操作为 A,取走石子的操作为 B.假定某次操作 M 使 S 达到最小,则操作 M 必定不是 A 操作,否则,在 M 之后作一次 B 操作,可使 S 减小,矛盾.于是,M 必定是 B 操作.如果操作 M 前存在 A 操作 N_A,由于 M_B 是 B 操作,考察由 N_A 到 M_B 的一系列操作,由"二色链"性质,一定有一个 A 操作,其后面的操作为 B 操作.将连续两次操作 A,B 合并为一个大操作,则大操作为"零"操作(不添加也不取走石子).实际上,不妨设 (a,b,c) 通过 A 操作后得到 $(a+b+c,b,c)$,则再通过 B 操作只能得到 (a,b,c).去掉其中一个大操作,如果操作 M_B 前还有 A 操作,则继续上述过程,直至没有 A 操作,这样,操作 M 前的操作程序如下:

$(1993,199,18) \to (1993 - (199+18) \times 9, 199, 18)$

$= (40,199,18) \to (40, 199 - (40+18) \times 3, 18) = (40,25,18)$

至此,无法再进行 B 操作,所以 S 的最小值为 $40+25+18=83$.

7. 结论是肯定的.由"正 n 边形各个顶点处放的数的和为 0",想到正多边形的一个性质:从中心出发的 n 个向量之和为 0,从而各个顶点的纵坐标之和为 0.在各个顶点处放置该点的纵坐标即可.为了使放的数非 0 且互异,应使各个点的纵坐标非 0 且互异.找一个充分条件:适当选取 x 轴,使 x 轴不与多边形的任何边和任何对角线平行,且不过任何顶点.则多边形的各个顶点的纵坐标非零且互异.由引理,得 $\sum_{i=1}^{n} OA_i = 0$,所以,$\sum_{i=1}^{n} y_i = 0$,在顶点 A_i 上放置数 y_i 即可.

补证引理:设 O 是复平面上正 n 边形 $A_1 A_2 \cdots A_n$ 的中心,则

$$\sum_{k=1}^{n} OA_k = 0$$

实际上,设 $OA_n = z$,$\angle A_1OA_2 = \theta$,则

$$OA_k = z(e^{i\theta})^k$$

所以

$$\sum_{k=1}^{n} OA_k = z \sum_{k=1}^{n} (e^{i\theta})^k = z \frac{1-(e^{i\theta})^n}{1-e^{i\theta}} = 0$$

8. 当数表的第一行和第一列确定后,数表被唯一确定,此时,数表只填了 $m+n-1$ 个数,即 $r = m+n-1$ 时,存在相应的填法.下面证明,对所有合乎条件的填法,有 $r \geqslant m+n-1$.

用反证法,即 $r \leqslant m+n-2$ 时,不论怎样填表,数表都不唯一确定,对 $m+n$ 归纳.当 $m+n=4$ 时,$m=n=2$,2×2 数表中填 2 个数,数表不唯一确定,结论成立.设结论对 $m+n=k$ 成立,考察 $m+n=k+1 > 4$ 时的情形.数表填入 $r \leqslant m+n-2 = (k+1)-2 = k-1$ 个数,我们要证明此数表不唯一确定.为了利用假设,应去掉数表的一行或一列,而且去掉的行或列应具有这样的性质:

(1) 去掉这行后,数表至少还有两行(否则不能利用归纳假设),为此,不妨设 $m \leqslant n$,则 $n > 2$,于是可去掉一个列;

(2) 去掉这列后,$(m-1) \times n$ 数表中的数不多于 $(m-1)+n-1 = k-2$ 个数,即去掉的列中至少有一个数;

(3) 加上去掉的这个列,数表仍不唯一确定,这只需此列中的数不多于一个(一个充分条件).

实际上,此列中恰有一个数 a,则去掉此列,由归纳假设,子表中有一个数 b 不被唯一确定,于是子表中不存在以 b 为顶点的矩形.反设加上一列后可唯一确定 b,则扩充后的表中有一个以 b 为顶点且含顶点 a 的矩形 $abcd$,设 d 与 a 同列,则 d 是新填入的,则子表中存在以 d 为顶点的矩形 $aefd$,设为 e,f 同列,于是 b 可由子表中的 e,f,c 唯一确定,矛盾,于是 a 仍不能唯一确定,于是 b 仍不能唯一确定.

2 回索推理

$$
\begin{array}{ccc}
a & b & e \\
d & c & f
\end{array}
$$

现在要找到合乎上述两个条件(2),(3)的一个列,即此列中恰有一个数.注意到 $m \leqslant n$,所以,棋盘中的数的个数 $r \leqslant k-1 = m+n-2 \leqslant 2n-2 < 2n$,所以,至少有一列不多于一个数.若此列中没有数,则此列不唯一确定,结论成立.若此列中恰有一个数 a,则去掉此列,由归纳假设,子表中有一个数 b 不被唯一确定,于是子表中不存在以 b 为顶点的矩形.反设加上一列后可唯一确定 b,则扩充后的表中有一个以 b 为顶点且含顶点 a 的矩形 $abcd$,设 d 与 a 同列,则 d 是新填入的,则子表中存在以 d 为顶点的矩形 $aefd$,设 e,f 同列,于是 b 可由子表中的 e,f,c 唯一确定,矛盾,于是 a 仍不能唯一确定.

9. 令 $A = (a_1, a_2, \cdots, a_{2n})$,考察 A 的第 $i(i=1,2,\cdots,2n)$ 个分量 a_i 在 $T(A)$ 中的位置,发现:

A 中的第 $i(i=1,2,\cdots,2n)$ 个分量 a_i 是 $T(A)$ 中的第 $2i \pmod{2n+1}$ 个分量.   (1)

实际上,当 $i \leqslant n$ 时,判断(1)显然成立.当 $i > n$ 时,令 $i = n+k(1 \leqslant k \leqslant n)$,那么对 $A = (a_1, a_2, \cdots, a_{2n})$,由 $T(A) = (a_{n+1}, a_1, a_{n+2}, a_2, \cdots, a_{n+k}, a_k, \cdots, a_{n-1}, a_{2n}, a_n)$ 可知,a_{n+k} 是 $T(A)$ 的第 $2k-1$ 个分量.但

$$2i = 2(n+k) = 2n + 2k = (2n+1) + 2k - 1$$
$$\equiv 2k - 1 \pmod{2n+1}$$

所以判断(1)成立.

考察 A 中的第 i 个分量 a_i,它是 $T(A)$ 中的第 $2i$ 个分量,是 $T^2(A)$ 中的第 $2^2 i$ 个分量……是 $T^r(A)$ 中的第 $2^r i$ 个分量.要使

$$2^r i \equiv i \pmod{2n+1}$$

找一个充分条件:使 $2^r \equiv 1 \pmod{2n+1}$,这个条件是容易找到的,利用欧拉定理:

$$2^{\varphi(2n+1)} \equiv 1(\bmod 2n+1)$$

取 $r = \varphi(2n+1)$ 即可,其中, φ 为欧拉函数.

由上面讨论可知, A 中的第 i 个分量 a_i, 是 $T^r(A)$ 中的第 $2^r i \equiv i(\bmod 2n+1)$ 个分量,即 $T^r(A) = A$. 因为

$$r = \varphi(2n+1) \leqslant 2n$$

故命题获证.

10. 先找拟对象:如果不要求 λ 为正数,则问题很简单:取 $-1 < \lambda < 0$, 则当 n 为奇数时, $-1 < \lambda^n < 0$, $[\lambda^n] = -1$ 为奇数;当 n 为偶数时, $0 < \lambda^n < 1$, $[\lambda^n] = 0$ 为偶数,所以恒有 $[\lambda^n] \equiv n(\bmod 2)$. 现在,要求 $\lambda > 0$, 由 $[\lambda^n]$ 想到这样的结论(引理):如果 λ^n, μ^n 都不是整数,而 $\lambda^n + \mu^n$ 是整数,则

$$[\lambda^n] + [\mu^n] = \lambda^n + \mu^n - 1$$

考察目标:寻找 $\lambda > 0$, 使 $[\lambda^n] \equiv n(\bmod 2)$, 这等价于寻找 $\lambda > 0$, 及 $\mu \in \mathbf{R}$, 且 $\lambda^n, \mu^n \in \mathbf{Z}$, 使 $\lambda^n + \mu^n - [\mu^n] - 1 \equiv n(\bmod 2)$(此式已保证了 $\lambda^n + \mu^n \in \mathbf{Z}$), 即寻找 $\lambda > 0$, 及 $\mu \in \mathbf{R}$, 且 $\lambda^n, \mu^n \notin \mathbf{Z}$, 使

$$\lambda^n + \mu^n \equiv n + 1 + [\mu^n](\bmod 2) \tag{1}$$

找充分条件,取 $-1 < \mu < 0$, 则由前面所证,有 $[\mu^n] \equiv n(\bmod 2)$. 于是, 我们只需寻找 $\lambda > 0, -1 < \mu < 0$, 使

$$\lambda^n, \mu^n \notin \mathbf{Z}, \lambda^n + \mu^n \equiv 1(\bmod 2) \tag{2}$$

为使 $\lambda^n + \mu^n \equiv 1(\bmod 2)$ 对任何 $n = 1, 2, 3, \cdots$ 都成立,可建立递归关系:

$$\lambda^n + \mu^n = (\lambda + \mu)(\lambda^{n-1} + \mu^{n-1}) - \mu\lambda^{n-1} - \lambda\mu^{n-1}$$
$$= (\lambda + \mu)(\lambda^{n-1} + \mu^{n-1}) - \lambda\mu(\lambda^{n-2} + \mu^{n-2})$$
$$\equiv (\text{归纳假设}) 1 - \lambda\mu(\bmod 2)$$

再找充分条件:只需 $1 - \lambda\mu \equiv 1(\bmod 2)$, 在此基础上,注意到归纳奠基:

$$f_1 = \lambda + \mu \equiv 1(\bmod 2), \quad f_2 = \lambda^2 + \mu^2 \equiv 1(\bmod 2)$$

及

$$\lambda^2 + \mu^2 = (\lambda + \mu)^2 - 2\lambda\mu \equiv \lambda + \mu \pmod{2}$$

只需 $\lambda + \mu \equiv 1, \lambda\mu \equiv 0 \pmod{2}$. 令 $\lambda + \mu = A, \lambda\mu = -B$（因为 $\mu < 0$），注意到：若 λ, μ 满足 $\lambda > 0$ 和 $-1 < \mu < 0, \lambda + \mu \equiv 1 \pmod 2$，则 $\lambda + \mu > -1$，且 $\lambda + \mu$ 为奇数. 从而 $\lambda + \mu > 0$，于是 A 是正奇数，B 是正偶数. 由韦达定理可知，λ, μ 是方程 $x^2 - Ax - B = 0$ 的根（找到了 A, B，解方程便得到 λ, μ）.

注意到式(2)中要求 $\lambda^n, \mu^n \notin \mathbf{Z}$，问题转化为寻找整数 A 奇，B 偶，使方程两个根 λ, μ 满足 $\lambda > 0$ 和 $-1 < \mu < 0$，且 $\lambda^n, \mu^n \notin \mathbf{Z}$. 注意到

$$\lambda = \frac{A + \sqrt{A^2 + 4B}}{2}, \quad \mu = \frac{A - \sqrt{A^2 + 4B}}{2}$$

显然，对任何正奇数 A，正偶数 B，有 $\lambda > 0, \mu < 0, \lambda^n, \mu^n \notin \mathbf{Z}$. 于是，只需正奇数 A，正偶数 B 满足：

$$\frac{A - \sqrt{A^2 + 4B}}{2} > -1$$

即 $A - \sqrt{A^2 + 4B} > -2$，即 $A + 2 > \sqrt{A^2 + 4B}$，即 $4A + 4 > 4B$，即 $A + 1 > B$，取 $A > B$ 即可. 比如，取 $A = 3, B = 2$，则方程 $x^2 - 3x - 2 = 0$ 的根 $\lambda = \dfrac{3 + \sqrt{17}}{2}, \mu = \dfrac{3 - \sqrt{17}}{2}$，于是，可以证明，对一切正整数 n 有

$$\left[\left(\frac{3 + \sqrt{17}}{2}\right)^n\right] \equiv n \pmod 2$$

11. 因为 $1 = \dfrac{1}{\alpha} + \dfrac{1}{\beta} > \dfrac{1}{\alpha}$，所以 $\alpha > 1$，所以

$$f(n+1) = [n\alpha + \alpha] \geqslant [n\alpha] + [\alpha] \geqslant [n\alpha] + 1 > [n\alpha] = f(n)$$

同理，$g(n+1) > g(n)$，所以(1)成立.

下面证明(2)，为此，利用(1)的结论，我们只需证明如下一个充分条件.

引理：对任一正整数 k，函数 f, g 在 $A_k = \{1, 2, \cdots, k\}$ 中取值的总数为 k.

实际上,设在 A_k 上 $f(n) = [n\alpha]$ 取得 n_1 个值,$g(n) = [n\beta]$ 取得 n_2 个值,那么 n_1 是满足 $[n\alpha] \leqslant k$ 的最大正整数 n,从而
$$[n_1\alpha] \leqslant k < [(n_1+1)\alpha]$$
所以
$$[n_1\alpha] \leqslant k \leqslant [(n_1+1)\alpha] - 1$$
所以
$$n_1\alpha - 1 < [n_1\alpha] \leqslant k \leqslant [(n_1+1)\alpha] - 1 \leqslant (n_1+1)\alpha - 1$$
所以
$$n_1\alpha < k+1 \leqslant (n_1+1)\alpha$$
即
$$n_1 < \frac{k+1}{\alpha} \leqslant n_1 + 1$$
但 α 为无理数,所以不等式右边等号不成立,所以
$$n_1 < \frac{k+1}{\alpha} < n_1 + 1$$
同理
$$n_2 < \frac{k+1}{\beta} < n_2 + 1$$
以上两式相加得
$$n_1 + n_2 < (k+1)\left(\frac{1}{\alpha} + \frac{1}{\beta}\right) < n_1 + n_2 + 2$$
即
$$n_1 + n_2 < k+1 < n_1 + n_2 + 2$$
但在 (n_1+n_2, n_1+n_2+2) 中只有一个自然数 n_1+n_2+1,所以
$$k+1 = n_1 + n_2 + 1$$
即
$$k = n_1 + n_2$$

引理成立. 由引理及 f,g 的单调性,可知 f,g 在 $A_k = \{1,2,\cdots,k\}$ 中取值

2 回索推理

与 $1,2,\cdots,k$ 建立了一一对应,从而(2)获证.

12. 记 n 个砝码的质量依次为 $a_1<a_2<\cdots<a_n$,设甲写的序列为 A,我们证明乙有办法写下序列 A.不妨设 A 的最后一个项为 L,且 n 为偶数(奇数情形类似),乙的策略满足如下要求(找一个获胜的充分条件):

(1) 任何时刻天平上砝码的下标都是连续的自然数.

(2) 奇下标砝码放天平右边,偶下标砝码放天平左边(因为最后一个项为 L,天平最后倾斜向左边).

由以上两点,可知任何时刻,天平总是倾斜向含有最重砝码的那一边.此外,以上策略还满足:

(3) 序列从某一个项到下一个项改变字母 $\Leftrightarrow$ 天平从某个砝码到加下一个砝码改变倾斜方向 $\Leftrightarrow$ 新放的是一个比已放的都重的砝码;

序列从某一个项到下一个项不改变字母 $\Leftrightarrow$ 天平从某个砝码到加下一个砝码不改变倾斜方向 $\Leftrightarrow$ 新放的是一个比已放的都轻的砝码.

这样一来,乙可按下述规则将砝码排列顺序:

从最后一个项开始,逆向往前排,当排列右起第 $i(1\leqslant i\leqslant n)$ 个砝码时,如果序列 A 的右起第 i 项与它左边一项不同,则排剩下的最重的砝码,否则排剩下的最轻的砝码(比如,$A=(L,R,R,L,L,L)$,则砝码排列的顺序是 $(a_4,a_5,a_3,a_6,a_2,a_1)$.

现在,按从左向右的顺序将砝码依次放在天平上,且下标为奇数的砝码都放在天平右边,下标为偶数的砝码都放在天平左边,则此放法对应写下的序列恰好为 A.

实际上,在排列砝码顺序时,每次都是排最重或最轻的,从而任何时刻剩下的砝码的下标都是连续自然数,当按相反的顺序将砝码放到天平上时,任何时刻天平上砝码的下标都是连续自然数.又将下标为奇数的砝码放在天平右边,下标为偶数的砝码放在天平左边,从而天平总是倾向放有最重砝码的那边.这样一来,当加入最重的一个砝码时,天平的倾斜方向发生改变(原来最重的砝码在左或右变为在右或左),加入最轻的一个

砝码时,天平的倾斜方向不发生改变(原来最重的砝码在左或右仍为在左或右),当所有砝码放好后,由于最重的砝码 a_n(n 为偶数)放在天平的左边,从而最后写下的字母一定是 L.设其放法对应写下的序列为 B,由于 A 与 B 从右至左每次改变字母的时刻相同,且最右边一项也相同,所以 $A = B$.

综上所述,乙有必胜策略.

13. 首先容易发现,如果序列 $a_1 < a_2 < \cdots < a_n < \cdots$ 满足要求,则 $\dfrac{a_1 + a_2}{2}, \dfrac{a_2 + a_3}{2}, \cdots$ 为整数,即 $a_1, a_2, \cdots, a_n, \cdots$ 奇偶性相同.再注意到 $\dfrac{a_1 + a_2}{2}$ 是 a_1, a_2 的等差中项.综合这两点,便可发现结论成立的一个充分条件:存在一个无穷的同色正整数列 A,A 有这样一个无穷子列 B:B 的任何两个相邻项的等差中项都是 A 中的项(保证它也同为该色).显然,这只需 A 是等差数列即可.

事实上,设无穷序列 $A: x_1 < x_2 < \cdots < x_n < \cdots$ 是一个 $\mathbf{N}_+$ 中的红色的等差数列,则 $x_1, x_3, x_5, \cdots$ 奇偶性相同,于是,取 $a_i = x_{2i-1}(i \in \mathbf{N}_+)$,便得到一个满足要求的无穷的红色正整数序列:

$$a_1 < \frac{a_1 + a_2}{2} < a_2 < \frac{a_2 + a_3}{2} < a_3 < \cdots$$

此外,采用逐增构造,很易发现结论成立的另一个充分条件:对每一个正整数 i,都存在正整数 j,使得 i, j 奇偶性相同,且 $i, \dfrac{i+j}{2}, j$ 同色.事实上,取 $a_1 = 1$,并设 a_1 为红色.假定已经构造合乎要求的红色数列:$a_1, a_2, \cdots, a_k$,根据假设,对每个正整数 a_k,都存在正整数 j,使得 a_k, j 奇偶性相同,且 $a_k, \dfrac{a_k + j}{2}, j$ 同色.于是,取 $a_{k+1} = j$,则得到合乎要求的红色数列:$a_1, a_2, \cdots, a_{k+1}$,如此下去,便得到一个满足要求的无穷的红色正整数序列:

2 回索推理

$$a_1 < \frac{a_1+a_2}{2} < a_2 < \frac{a_2+a_3}{2} < a_3 < \cdots$$

现在,假设上述两个充分条件都不存在,则染色具有如下性质 p:任何无穷正整数等差数列都含有 2 种颜色,且存在正整数 i_0,使得对任意正整数 j,要么 i_0, j 奇偶性相异,要么 $i_0, \frac{i_0+j}{2}, j$ 不同色(也就是说,当 i_0, j 奇偶性相同时 $i_0, \frac{i_0+j}{2}, j$ 不同色).此时,不妨设 $i_0 = 1$,否则考虑集合 $\{i \times i_0 \mid i = 1, 2, \cdots\}$ 中的数染色即可.

设 1 为红色,则对任意正整数 $j \geqslant 2$,因 1 与 $2j-1$ 奇偶性相同,由性质 p 知,$j, 2j-1$ 至少有一个为蓝色. (1)

由于不存在无穷项的同色的等差数列,所以 $\mathbf{N}_+$ 中存在无穷多个蓝色的奇数,任取其中一个记为 a_1,下面我们证明存在以 a_1 为首项的无穷奇数数列 $a_1 < a_2 < \cdots < a_n < \cdots$,使得无穷序列 $a_1 < \frac{a_1+a_2}{2} < a_2 < \frac{a_2+a_3}{2} < a_3 < \cdots$ 的所有项都为蓝色.对 n 用数学归纳法.$n=1$ 时,a_1 已经存在,结论成立.假设蓝色的奇数数列 $a_1 < a_2 < \cdots < a_n < \cdots$ 存在,下面我们证明满足要求的 a_{n+1} 一定存在.

(1) 若对任意 $i \in \mathbf{N}_+, a_n + i, a_n + 2i$ 不同色,反设此时没有满足要求的 a_{n+1},即不存在 $a_{n+1} > a_n$ 使得 $a_n, \frac{a_n + a_{n+1}}{2}, a_{n+1}$ 同为蓝色. (2)

由于不存在无穷项的同色的等差数列,所以 $\mathbf{N}_+$ 中红蓝两色的数均有无穷多个,必存在某个 i,使得 $a_n + i$ 为红色,这时 $a_n + 2i$ 为蓝色,记 $a_n = 2k+1$.现有 $2k+1$ 为蓝色,$2k+i+1$ 为红色,$2k+2i+1$ 为蓝色,由条件(1)知

$$2(2k+i+1)-1 = 4k+2i+1$$

为蓝色,再由条件(2)知

$$\frac{(2k+1)+(4k+2i+1)}{2} = 3k+i+1$$

为红色,再由式(1)知

$$2(3k+i+1)-1 = 6k+2i+1$$

为蓝色,如此递归下去,便得到一个蓝色的无穷序列

$$\{2nk+2i+1\}_{n=1}^{\infty}$$

它们的所有项都是蓝色. 但注意到它是一个等差数列,矛盾! 这说明满足要求的 a_{n+1} 一定存在.

(2) 若存在 $i \in \mathbf{N}_+$,使得 a_n+i, a_n+2i 同色,设 $a_n = 2k+1$.

① 若 a_n+i, a_n+2i 同为蓝色,则取 $a_{n+1} = a_n+2i$ 即可.

② 若 a_n+i, a_n+2i 同为红色,则由式(1),知

$$2(2k+i+1)-1 = 4k+2i+1$$

及

$$2(2k+2i+1)-1 = 4k+4i+1$$

均为蓝色. 因此,若

$$\frac{(2k+1)+(4k+4i+1)}{2} = 3k+2i+1$$

为蓝色,取 $a_{n+1} = 4k+4i+1$ 即可. 若

$$\frac{(2k+1)+(4k+4i+1)}{2} = 3k+2i+1$$

为红色,再由式(1)知

$$2(3k+2i+1)-1 = 6k+4i+1$$

为蓝色,这时

$$\frac{(2k+1)+(6k+4i+1)}{2} = 4k+2i+1$$

为蓝色,取 $a_{n+1} = 6k+4i+1$ 即可.

综上所述,命题获证.

14. 对正 n 边形任何两个顶点 A, B,连 AB,考察劣弧 AB,如果劣弧 AB 上包含正 n 边形的 $r-1\left(r=1,2,3,\cdots,\dfrac{n-1}{2}\right)$ 个顶点,则称弦 AB 为

r 级边.

当 $n=9$ 时,由 2.1 例 12 知,结论成立.

当 $n=11$ 时,由抽屉原理,必有 6 个点同色,设为红色. 6 个红色点,有 $C_6^2=15$ 条边,但只有 5 种不同的级别,必有 $\frac{15}{5}=3$ 条边的级别相同. 由于这 3 条级别相同的边不能构成正三角形,其中必有 2 条边没有公共顶点,它们构成红色等腰梯形的腰,结论成立.

当 $n=13$ 时,由抽屉原理,必有 7 个点同色,设为红色. 7 个红色点,有 $C_7^2=21$ 条边,但只有 6 种不同的级别,必有 $\left[\frac{21}{6}\right]+1=4$ 条边的级别相同. 这 4 条级别相同的边中必有 2 条边没有公共顶点,它们构成红色等腰梯形的腰,结论成立.

当 $n \geqslant 15$ 时,由抽屉原理,必有 $\frac{n+1}{2}$ 个点同色,设为红色. $\frac{n+1}{2}$ 个红色点,有 $C_{\frac{n+1}{2}}^2=\frac{1}{2}\times\frac{n+1}{2}\times\frac{n-1}{2}=\frac{n^2-1}{8}$ 条边,但只有 $\frac{n-1}{2}$ 种不同的级别,必有 $\left[\frac{n+1}{4}\right]$ 条边的级别相同. 因为 $n \geqslant 15$, $\left[\frac{n+1}{4}\right] \geqslant \left[\frac{15+1}{4}\right]=4$,而 4 条级别相同的边中必有 2 条边没有公共顶点,它们构成红色等腰梯形的腰,结论成立.

15. 对正 15 边形任何两个顶点 A,B,连 AB,考察劣弧 AB,如果劣弧 AB 上包含正 15 边形的 $r-1(r=1,2,3,4,5,6,7)$ 个顶点,则称弦 AB 为 r 级边.

红色 K_6 有 $C_6^2=15$ 条边,但只有 7 种不同的级别,必有 $\left[\frac{15}{7}\right]+1=3$ 条边的级别相同. 如果这 3 条级别相同的边不构成正三角形,则其中必有 2 条边没有公共顶点,它们构成红色等腰梯形的腰;如果这 3 种相同级别的边构成正三角形,则其级别只能为 5,不妨设 3 个红顶点为 A,B,C. 此外,至少还有 3 个红点,每个红点都与 A,B,C 之一构成级别为 1 或 2 的边(考察它与 A,B,C 中最近一个点构成的边),由抽屉原理,必有2个红点 $P,Q \notin \{A,B,C\}$,使 $PX = PY$,其中 $X,Y \in \{A,B,C\}$.

如果 $X = Y$,不妨设 $X = Y = A$(图2.17),则由 $PA = QA$ 可知,$PB = QC$,从而 P,Q,C,B 是红色等腰梯形.

如果 $X \neq Y$(图2.18),则 P,Q,X,Y 是红色等腰梯形的4个顶点.

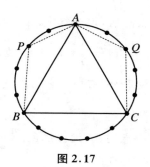

图 2.17

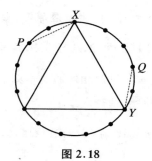

图 2.18

16. 取 $a = b = c = \dfrac{1}{3}$,有 $m \geqslant 27$. 下证对于满足 $a + b + c = 1$ 的任意正实数 a,b,c 都成立不等式:

$$27(a^3 + b^3 + c^3) \geqslant 6(a^2 + b^2 + c^2) + 1 \tag{1}$$

解法1:不等式(1)可变为

$$27a^3 + 27b^3 + 27c^3 \geqslant 6(a^2 + b^3 + c^2) + 5(a + b + c) - 4$$

进一步可分拆为

$$\sum(27a^3) \geqslant \sum\left(6a^2 + 5a - \dfrac{4}{3}\right) \quad (a + b + c = 1)$$

一个充分条件是

$$27a^3 \geqslant 6a^2 + 5a - \dfrac{4}{3} \quad (0 < a < 1)$$

因为

$$27x^3 \geqslant 6x^2 + 5x - \dfrac{4}{3} \Leftrightarrow 81x^3 - 18x^2 - 15x + 4 \geqslant 0$$

$$\Leftrightarrow (3x-1)^2(9x+4) \geqslant 0$$

而 $(3x-1)^2(9x+4) \geqslant 0$ 在 $0 < x < 1$ 时成立,所以

$$27x^3 \geqslant 6x^2 + 5x - \frac{4}{3} \quad (0 < x < 1)$$

所以

$$27(a^3 + b^3 + c^3) \geqslant 6(a^2 + b^2 + c^2) + 1$$

故 m 的最小值为 27.

解法 2:不等式(1)可变为

$$27a^3 + 27b^3 + 27c^3 \geqslant 6(a^2 + b^2 + c^2) + (a + b + c)^2$$

而

$$6(a^2 + b^2 + c^2) + (a + b + c)^2 \leqslant 6(a^2 + b^2 + c^2)$$
$$+ 3(a^2 + b^2 + c^2) = 9(a^2 + b^2 + c^2)$$

只要证:

$$27a^3 + 27b^3 + 27c^3 \geqslant 9(a^2 + b^2 + c^2)$$

因为

$$(a-b)^2(a+b) \geqslant 0$$

所以

$$a^3 + b^3 \geqslant a^2b + ab^2$$

同理

$$b^3 + c^3 \geqslant b^2c + bc^2, \quad c^3 + a^3 \geqslant c^2a + ca^2$$

于是

$$2(a^3 + b^3 + c^3) \geqslant a^2b + b^2c + c^2a + ab^2 + bc^2 + ca^2$$
$$3(a^3 + b^3 + c^3) \geqslant a^3 + b^3 + c^3 + a^2b + b^2c + c^2a + ab^2$$
$$+ bc^2 + ca^2 = (a+b+c)(a^2+b^2+c^2) = a^2+b^2+c^2$$

所以不等式(1)成立,故 m 的最小值为 27.

17. $f(n) = bn$,其中 b 为任意给定的实数. 首先证明:当 $n \geqslant 2\alpha + 3$ 时,有

$$f(n+1) - f(n) = f(n) - f(n-1)$$

这只要证明存在正整数 u，使得

$$f(n+1) - f(n) = f(u+1) - f(u) \quad (1)$$

$$f(n) - f(n-1) = f(u+1) - f(u) \quad (2)$$

实际上

$$式(1) \Leftrightarrow f(n+1) + f(u) = f(u+1) + f(n)$$

由题设条件知，这只需

$$\alpha(n+1) \leqslant u < (\alpha+1)(n+1), \quad \alpha n \leqslant u+1 < (\alpha+1)n$$

也就是

$$\alpha(n+1) \leqslant u < u+1 < (\alpha+1)n \quad (3)$$

同理

$$式(2) \Leftrightarrow \alpha n \leqslant u < u+1 < (\alpha+1)(n-1) \quad (4)$$

由式(3)、式(4)知，只要存在正整数 u，使得 $\alpha(n+1) \leqslant u < u+1 < (\alpha+1)(n-1)$，则由 $(\alpha+1)(n-1) - \alpha(n+1) = n - 2\alpha - 1 \geqslant 2$，知上式成立.

其次，设 n_0 为整数，$n_0 - 1 < 2\alpha + 2 \leqslant n_0$，则 $n_0 \geqslant 3$. 由上述可知：

$$f(n+1) - f(n) = f(n_0) - f(n_0 - 1) \quad (n \geqslant n_0 - 1)$$

因此

$$f(n) = (n - n_0 + 1)(f(n_0) - f(n_0 - 1)) + f(n_0 - 1)$$
$$(n \geqslant n_0 - 1) \quad (5)$$

取正整数 k, m，使得 $m \geqslant n_0, \alpha m \geqslant m_0, \alpha m \leqslant k < (\alpha+1)m$，则由

$$f(k+m) = f(k) + f(m)$$

知

$$(k + m - n_0 + 1)(f(n_0) - f(n_0 - 1)) + f(n_0 - 1)$$
$$= (k - n_0 + 1)(f(n_0) - f(n_0 - 1)) + f(n_0 - 1)$$
$$\quad + (m - n_0 + 1)(f(n_0) - f(n_0 - 1)) + f(n_0 - 1)$$

由此，得

$$(n_0 - 1)f(n_0) = n_0 f(n_0 - 1)$$

所以

$$\frac{f(n_0)}{n_0} = \frac{f(n_0 - 1)}{n_0 - 1} = \cdots = \frac{f(1)}{1} = f(1)$$

令 $f(1) = b$,则 $f(n_0) = bn_0$. 代入式(5)得

$$f(n) = bn \quad (n \geq n_0 - 1)$$

下面证明:对所有正整数 n,有 $f(n) = bn$. 若不然,设使得 $f(n) \neq bn$ 的最大正整数为 n_1. 当 $\alpha > 1$ 时,取正整数 k,使得

$$\alpha n_1 \leq k < (\alpha + 1)n_1$$

则

$$k > n_1, \quad k + n_1 > n_1, \quad f(k + n_1) = f(k) + f(n_1)$$

因此

$$f(n_1) = f(k + n_1) - f(k) = (k + n_1)b - kb = bn_1$$

矛盾. 当 $\alpha \leq 1$ 时,$\alpha n_1 \leq n_1 < (\alpha + 1)n_1$,此时

$$b \times 2n_1 = f(2n_1) = f(n_1) + f(n_1)$$

因此,$f(n_1) = bn_1$,矛盾. 又 $f(n) = bn$(b 为任意给定的实数)显然满足题意.

综上所述,所求的函数为

$$f(n) = bn \quad (b \text{ 为任意给定的实数})$$

18. 反设 $P(x) - Q(x)$ 为非零多项式,我们要导出矛盾,一个充分条件是:$P(x) - Q(x)$ 的根的个数 $> \max\{\deg P(x), \deg Q(x)\}$. 设 $\deg P(x) = p, \deg Q(x) = q$,不妨设 $p \geq q$. 考察 $P(x) - Q(x)$ 的根,显然集合 A, B 中的数都是 $P(x) - Q(x)$ 的根. 但 A 中未必有 p 个数,因为 $P(x)$ 可能有重根.

设 $A = \{a_1, a_2, \cdots, a_s\}, B = \{b_1, b_2, \cdots, b_t\}$,即 $P(x) = Q(x) = 0$ 有 s 个互异的根,$P(x) = Q(x) = 1$ 有 t 个互异的根($s \leq p, t \leq q$). 由 $P(a_i) = 0 \neq 1 = P(b_j)$,知 $A \cap B = \varnothing$,所以 $P(x) - Q(x)$ 至少有 $s + t$ 个互异的根. 下面只需证明 $s + t > \max\{p, q\} = p$.

(1) 当 $P(x)$ 没有重根时,$s = p$,此时 $s + t \geqslant s + 1 = p + 1 > p$,结论成立.

(2) 当 $P(x)$ 有重根时,$s < p$,那么共有 $p - s$ 个根是重根(被重复计算),这 $p - s$ 个根都是 $P'(x)$ 的根. 实际上,设 a_i 是 $P(x)$ 的 r_i 重根($r_1 + r_2 + \cdots + r_s = p$),令
$$P(x) = (x - a_1)^{m_1}(x - a_2)^{m_2}\cdots(x - a_s)^{m_s}$$
因为 a_i 是 $P'(x)$ 的 $r_i - 1$ 重根,所以
$$P'(x) = (x - a_1)^{m_1 - 1}(x - a_2)^{m_2 - 1}\cdots(x - a_s)^{m_s - 1}g(x)$$
于是 $P'(x)$ 在 A 中的根的个数为
$$(r_1 - 1) + (r_2 - 1) + \cdots + (r_s - 1) = p - s$$
同样可知,$(P(x) - 1)'$ 在 A 中的根的个数为 $p - t$. 因为 $[P(x) - 1]' = P'(x)$,且 $a_i \neq b_j$,从而 $P'(x)$ 至少有 $p - s + p - t$ 个根,所以
$$\deg P'(x) \geqslant p - s + p - t, \quad p - 1 \geqslant p - s + p - t$$
所以 $s + t \geqslant p + 1$,证毕.

19. 因为
$$2^{n-1} = C_{n-1}^0 + C_{n-1}^1 + \cdots + C_{n-1}^{n-1} \leqslant n \times C_{n-1}^{\left[\frac{n-1}{2}\right]}$$
利用这一"中间点",只要证明
$$[1, 2, \cdots, n] \geqslant n \times C_{n-1}^{\left[\frac{n-1}{2}\right]}$$
我们证明更强的结论:
$$n \times C_{n-1}^{\left[\frac{n-1}{2}\right]} \mid [1, 2, \cdots, n] \tag{1}$$
记
$$k = C_{n-1}^{\left[\frac{n-1}{2}\right]}, \quad t = n - 1 - \left[\frac{n-1}{2}\right]$$
则有
$$n \times C_{n-1}^{\left[\frac{n-1}{2}\right]} = \frac{n!}{k! \, t!}$$
任取质数 $p \leqslant n$,设 $p^\alpha \leqslant n < p^{\alpha+1}$,则 $[1, 2, \cdots, n]$ 中 p 的幂次为 p^α,

$\dfrac{n!}{k!\ t!}$ 中 p 的幂次为 $\sum\limits_{i=1}^{\alpha}\left(\left[\dfrac{n}{p^i}\right]-\left[\dfrac{k}{p^i}\right]-\left[\dfrac{t}{p^i}\right]\right)$. 令 $a=\left[\dfrac{k}{p^i}\right]$, $b=\left[\dfrac{t}{p^i}\right]$, 则

$$k\leqslant (a+1)p^i-1,\quad t\leqslant (b+1)p^i-1$$

于是

$$n=k+t+1\leqslant (a+b+2)p^i-1$$

从而

$$\left[\dfrac{n}{p^i}\right]\leqslant a+b+1$$

于是

$$\sum_{i=1}^{\alpha}\left(\left[\dfrac{n}{p^i}\right]-\left[\dfrac{k}{p^i}\right]-\left[\dfrac{t}{p^i}\right]\right)\leqslant \sum_{i=1}^{\alpha}1=\alpha$$

故 $\dfrac{n!}{k!\ t!}\mid [1,2,\cdots,n]$. 所以式(1)成立,从而原命题得证.

3 加强命题

数学中,如果由前一个命题可以推出后一个命题,而由后一命题不能推出前一命题,我们则称前一命题比后一命题强.将一个要证明的命题转化为一个比之更强的命题,我们称为加强命题.

显然,在证明某个命题成立时,如果能证明一个比原命题更强的命题成立,则原命题必定成立.

由于更强的结论可能在表达形式上比原结论更整齐或更有规律性,因此,证明更强结论的推理有时反而更容易进行.因而加强命题也就成为我们常用的一种处理问题的思维方式.

特别地,在利用数学归纳法证明关于自然数 n 的命题时,当命题加强后,其归纳假设也被加强,从而更便于我们利用归纳假设推出有关结论.

3.1 加强结论

一个假言命题,常常包括条件与结论两部分,所谓加强结论,就是保持命题的所有条件不变,而将结论变为较之更强的一个结论.

例1 设 $n \geqslant 2$,$a_1, a_2, \cdots, a_n$ 是正整数,$a_k \leqslant k (1 \leqslant k \leqslant n)$. 求证:当且仅当 $a_1 + a_2 + \cdots + a_n$ 是偶数时,可以适当选取"+"和"-"号,使得 $a_1 \pm a_2 \pm \cdots \pm a_n = 0$.(1990年全国中学生数学冬令营选拔试题)

3 加强命题

分析与证明 考察目标:$a_1 \pm a_2 \pm \cdots \pm a_n = 0$,将其负项移到等式的另一边,则它可变形为

$$a_{i_1} + a_{i_2} + \cdots + a_{i_s} = a_{j_1} + a_{j_2} + \cdots + a_{j_t} \qquad (1)$$

其中,$i_1, i_2, \cdots, i_s, j_1, j_2, \cdots, j_t$ 是 $1, 2, \cdots, n$ 的一个排列. 如果令

$$X = \{a_1, a_2, a_3, \cdots, a_n\}$$
$$A = \{a_{i_1}, a_{i_2}, \cdots, a_{i_s}\}$$
$$B = \{a_{j_1}, a_{j_2}, \cdots, a_{j_t}\}$$

则式(1)可表示为 $S(A) = S(B)$,其中 $S(A)$ 表示 A 中元素的和.

注意到 $A \cup B = X$,我们有

$$2S(A) = S(A) + S(B) = S(X), \quad S(A) = \frac{1}{2}S(X)$$

由条件,$S(X)$ 为偶数,从而问题转化为证明存在 X 的子集 A,使

$$S(A) = \frac{1}{2}S(X)$$

保持题给条件不变,将其结论加强为:对任何整数 $p(p \leqslant a_1 + a_2 + \cdots + a_n)$,都存在 $X = \{a_1, a_2, a_3, \cdots, a_n\}$(元素未必互异)的子集 A,使 $S(A) = p$.

对 n 使用数学归纳法.

当 $n = 1$ 时,由 $a_1 \leqslant 1$,有 $a_1 = 1$,此时 $X = \{1\}$,$p = 1$,结论显然成立.

设 $n = k$ 时结论成立,则 $n = k + 1$ 时,对任何满足:$p \leqslant a_1 + a_2 + \cdots + a_k + a_{k+1}$ 的正整数 p,有以下情况:

(1) 若 $p = a_{k+1}$,则 $S(\{x = a_{k+1}\}) = x$,结论成立;

(2) 若 $p < a_{k+1}$,则 $p < a_{k+1} \leqslant k + 1$,于是,$p \leqslant k \leqslant a_1 + a_2 + \cdots + a_k$,由归纳假设,存在 X 的子集 A,使 $S(A) = p$,结论成立;

(3) 若 $p > a_{k+1}$,则由 $p \leqslant a_1 + a_2 + \cdots + a_k + a_{k+1}$,得 $p - a_{k+1} \leqslant a_1 + a_2 + \cdots + a_k$,由归纳假设,对 $p' = p - a_{k+1}$,存在 $1 \leqslant i_1 \leqslant i_2 \leqslant \cdots \leqslant i_r \leqslant k$,使 $p - a_{k+1} = p' = a_{i_1} + a_{i_2} + \cdots + a_{i_r}$,于是

$$p = a_{i_1} + a_{i_2} + \cdots + a_{i_r} + a_{k+1}$$

结论成立.

特别地,当 $a_1 + a_2 + \cdots + a_n$ 是偶数时,取

$$p = \frac{1}{2}(a_1 + a_2 + \cdots + a_n) \leqslant a_1 + a_2 + \cdots + a_n$$

则由引理,存在 $A = \{a_{i_1}, a_{i_2}, \cdots, a_{i_r}\}$,使

$$S(A) = a_{i_1} + a_{i_2} + \cdots + a_{i_r} = \frac{1}{2}(a_1 + a_2 + \cdots + a_n)$$

即

$$2(a_{i_1} + a_{i_2} + \cdots + a_{i_r}) = a_1 + a_2 + \cdots + a_n$$

故

$$a_{j_1} + a_{j_2} + \cdots + a_{j_t} - (a_{i_1} + a_{i_2} + \cdots + a_{i_r}) = 0$$

其中,$i_1, i_2, \cdots, i_r, j_1, j_2, \cdots, j_t$ 是 $1, 2, \cdots, n$ 的一个排列,原命题获证.

例 2 能否选择 2015 个不大于 10^5 的不同正整数,其中没有 3 个正整数是等差数列中的连续项? 证明你的结论.

分析与解 假设 A 是合乎条件的 2015 个数组成的集合,则 A 中不存在这样的 3 个数 x, y, z,使 $x + z = 2y$.

由于 A 具有的性质是以否定的方式描述的,宜从反面考虑:假定 A 中存在 3 个数 x, y, z,使 $x + z = 2y$,我们来研究 x, y, z 具有怎样的性质 p.由此便可找到一个使 A 合乎要求的充分条件:只要我们在选取那些数构成集合 A 时,使每个数都不具有这样的性质 p 即可.

从等式 $x + z = 2y$ 出发,先考察局部:$2y$ 会具有怎样的性质? 一个显然的事实是:$2y$ 为偶数,也就是说 $2y$ 的个位数字为偶数.但这一结果不足以产生矛盾,由此想到,这一结果能否更强些,比如能否适当选取 A 中的数,使 $2y$ 的各位数字都为偶数? 这显然可以做到,只需 A 中的每个数的各位数字都不超过 4 即可,因为这样的限定下,$2y = y + y$ 在做加法时没有进位.

因为 x, z 的各位数字都不超过 4,从而 $x + z$ 在做加法时没有进位,

又 $x+z=2y$ 的各位数字都为偶数,从而 x 与 z 对应位(不足的用 0 补齐使 x,z 的位数相同)上的数字奇偶性相同.

如果我们选取 A 中的数不能使各位上的数字奇偶性都相同,则可以产生矛盾,但这样选取的数没有 2015 个.

实际上,不大于 10^5 的正整数最多有 6 位,而每个数位上的奇偶性只有 2 种选择,于是最多有 $2^6=64$ 种不同可能性,取 2015 个数,由抽屉原理,必定有 2 个数各位上的数字奇偶性都相同.

上述思路大方向是可取的,只是需要做些优化处理. 如果我们用 0 表示偶数,用 1 表示奇数,则可选取 A 中的数只含有数字 0 和 1. 现在的问题是,题中"不大于 10^5"的限制使 A 中的数最多只有 6 个数位,从而没有 2015 个数,为了使数位尽可能多,需采用尽可能小的进位制.

假定采用二进制数,则各位确实只能含有数字 0 和 1,但此时 $2y$ 并不使各位数字都为偶数!稍作思考即可发现,取三进制数即可.

将前 10^5 个自然数都表示为三进制,在这些三进制数中选取只含数字 0,1 而不含数字 2 的数组成集合 T.

因为 $3^{10} < 10^5 < 3^{11}$,所以前 10^5 个自然数的三进制数至多由 11 个数字组成.

考察 T 中的任意一个 k 位三进制数,它的首位为 1,其余各位可以排 0 或 1,都有 2 种选择,从而这样的 k 位三进制数有 2^{k-1} 个.

注意到 $k=0,1,2,\cdots,11$,从而 T 中的元素个数

$$|T|=1+2+2^2+\cdots+2^{10}=2^{11}-1=2047>2015$$

显然,T 中最大的整数是 $(11111111111)_{(3)}=3^0+3^1+3^2+\cdots+3^{10}=88573<10^5$.

于是,可从 T 中取出 2015 个不大于 10^5 的不同正整数,我们证明这 2015 个数符合要求.

实际上,假设其中有 3 个数构成等差排列的 3 个连续项,不妨设 $x,y,z \in T, x+z=2y$.

因为 y 的三进制表示中只含数字 0,1,所以 $2y$ 的三进制表示中只含数字 0 和 2,再利用 $2y = x + z$,且 x,z 的三进制表示中只含数字 0,1,所以 x 与 z 的三进制表示中各位对应相等,从而 $x = z$,矛盾.

例 3 已知 9 阶图 G 中有 n 条边,对其边做 2-染色,必存在同色三角形,求 n 的最小值.(第 33 届国际数学奥林匹克竞赛试题)

分析与解 假设 n 的最小值为 c,则我们的目标包含如下两个方面:

(1) 证明 $n \geq c$;

(2) 证明 $n = c$ 合乎条件.

对于(1),要从正面论证任何 2 色 9 阶图 G 的边数不少于 c 是不容易的,可从反面考虑:证明对任何 $n \leq c - 1$,都存在 n 条边的 2 色图,使之无同色三角形.

假设 $n \leq c - 1$,要使 G 中不存在同色三角形,则 G 不能含有 K_6,因为 2 色 K_6 中必有同色三角形.于是,G 中任何 6 个点构成的子图都不是 K_6,这等价于任何 6 点中都有 2 点不相连.

由此想到以"任何两点都不相连"的点集为抽屉,使 6 个点中都有 2 个点在同一抽屉,这显然最多能有 5 个抽屉.

于是,将 9 个点分为 5 组,使同一组中的点都不连边,不同组中的点都连边,得到 5 部分完全图 G.为了使 G 的边数尽可能多,令其中 4 个部分各含 2 个点,1 个部分含 1 个点,此时

$$2 \|G\| = \sum_{i=1}^{n} d_i = 8 \times 1 + 7 \times 8 = 64$$

其中,$d_i (1 \leq i \leq n)$ 是每个点的度.

此时,$\|G\| = 32$.下面证明,可适当将 G 的边做 2-染色,使之没有同色三角形.

如图 3.1 所示,用 $1,2,\cdots,9$ 代表 9 个点,将 9 个点分为 5 组:$(1,2)$,$(3,4)$,$(5,6)$,$(7,8)$,(9).图中两组之间用实线连接时,表示这两组之间的点两两连红边;两组之间用虚线连接时,表示这两组之间的点两两连蓝

边.此外,同一组中的点不连边,此时
$$\|G\| = C_9^2 - 4 = 32$$
且 G 中无同色三角形.

实际上,任何三角形只能在每个小组中有一个顶点(同组点不相邻),于是只需考察 5 的"大点"之间有无同色三角形,它由一个红五边形和一个长为 4 的蓝色链构成,从而无同色三角形.

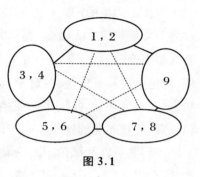

图 3.1

若 $n<32$,则在上述构图中任意去掉 $32-n$ 条边,得到有 n 条边的二色图,其中也无同色三角形.

由此可见,当 n 合乎条件时,必有 $n \geq 33$.

下面证明 $n=33$ 合乎条件,即:如果 9 阶图 G 中有 33 条边,对 G 的边做 2-染色,必存在同色三角形.

将其条件保持不变,而结论加强为:G 中存在 2 色 K_6.

为了找完全图,可去掉含有虚边的少数几个顶点,使虚边全部被去掉即可!因为 G 中有 33 条边,从而有 $C_9^2 - 33 = 3$ 条虚边(表示对应的点不连边).

在 G 中去掉引出虚边的一个点 A,剩下点构成的图至多有 2 条虚边.再去掉其中引出虚边的一个点 B,剩下点构成的图至多有 1 条虚边.又去掉其中引出虚边的一个点 C,剩下点构成的图没有虚边,得到一个 K_6.

但由拉姆赛定理,2 色 K_6 中必有同色三角形,所以 $n=33$ 合乎条件.

综上所述,n 的最小值为 33.

例 4 有 9 名数学家,每个人至多能讲 3 种语言,每 3 个人中至少有 2 个人会用同一种语言交谈.求证:其中有 3 个人能用同一种语言交谈.

分析与解 本题有明显的图论色彩,但不是简单的 2 色问题(不是认

识或不认识之类的问题),也不是通常的3色问题(并非所有人只通3种语言之一).虽然每个人最多只会3种语言,但9名科学家总共涉及多少种语言是不确定的,仅知道一个范围1~27,也就是说,色数并不确定.此外,同色边还具有传递性:对于3个点 a,b,c,如果 ab,ac 都是红色边,则 bc 也是红色边,从而不能简单地归结为同色三角形问题,必须设计一种方案,实现问题的转化.

先将其条件和结论用图论语言来描述:用 $x_0,x_1,x_2,\cdots,x_8$ 表示9名数学家,用 $c_1,c_2,\cdots,c_n$ 表示数学家之间交谈所用的各种语言.当且仅当 x_i,x_j 能用同一种语言 c_i 交谈时,将此边染 c_i 色.而当 x_i,x_j 不能用同一种语言交谈时,他们之间的边不染色,称之为无色边(用虚边表示).这样,K_9 的每条边要么未染色,要么被染上一种或多种颜色.如果两条边有一种颜色相同,则称之为同色边,则我们的目标是:找同色三角形,这等价于找同色角,因为若两边同色,则第三边必同色.

题给的条件有两个:一是每个点至多引出3种颜色的边,二是任何3点之间至少有一条有色边.

将条件与目标比较,自然想到先由条件2找有色边,进而利用条件1找到同色边.但目标是要找同色的角,于是,我们需要找共点(有公共顶点)的同色边,这自然想到考察同一个点引出的8条边.将3种颜色看作3个抽屉,要使有2条边属于同一个抽屉,只需这8条边中有4条边是有色的,于是,我们将目标加强为:G 中存在一个点 x_0,使 x_0 引出4条有色边,则必有若干条边属于同一抽屉,找到同色边;由此可取适当的3点组,找到有色边.

从条件出发,向目标靠近,可得到解决本题的大致思路:先由条件找有色边,再找共点的同色边,显然,实现目标的一个充分条件是:找到一点 x_0,使 x_0 引出4条有色边(再由3个抽屉推出同色角).

实际上,考察任意一个顶点 x_0,若 x_0 至多引出3条有色边,则 x_0 至少引出5条无色边,设为 $x_0x_i(i=1,2,\cdots,5)$.

由题意,$x_1, x_2, \cdots, x_5$ 之间的边都被染色(任何 3 点之间有 1 条有色边),得到一个由有色边构成的 K_5,于是点 x_5 引出了 4 条有色边.

由此可见,G 中一定存在一个点引出 4 条有色边,但该点引出的边至多有 3 种颜色,其中必有 2 条同色,得到同色角,命题获证.

另证(原来的解答) (1) 若 G 中不含无色边(虚边),考察边:$x_0 x_i$ ($i = 1, 2, \cdots, 8$),必有 $\left[\dfrac{8}{3}\right] + 1 = 3$ 条边同色,不妨设为 $x_0 x_j$ ($j = 1, 2, 3$) 同色,那么 $x_0 x_1 x_2$ 是同色三角形;

(2) 若 G 中含有无色边(虚边),不妨设边 $x_0 x_8$ 是无色边,考察其他点 x_i ($i = 1, 2, \cdots, 7$) 与 x_0, x_8 之间的边(图 3.2).

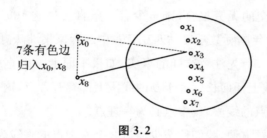

图 3.2

对任何固定的 i ($i = 1, 2, \cdots, 7$),两条边 $x_0 x_i, x_8 x_i$ 中必有一条有色边,否则 x_0, x_8, x_i 这 3 点之间无有色边,与已知条件矛盾,于是,在 $\{x_0, x_8\}$ 与 $\{x_1, x_2, \cdots, x_7\}$ 之间至少有 7 条有色边,这 7 条有色边归入 x_0, x_8,必有一个点引出 $\left[\dfrac{7}{2}\right] + 1 = 4$ 条有色边,设为 $x_0 x_i$ ($i = 1, 2, 3, 4$),这 4 条边至多有 3 种不同的颜色,必有 2 条边同色,设为 $x_0 x_1, x_0 x_2$,这样,$x_0 x_1 x_2$ 是同色三角形.

我们还可以用反证法证明. 反设无同色角,则每个点至多引出 3 条有色边,从而至少引出 5 条无色边,于是,无色边的总数:
$$\|\bar{G}\| \geq \frac{9 \times 5}{2} > 22$$

但依题意,不存在"无色边"的三角形,它等价于 $\bar{G}$ 中无三角形,从而

由熟知的结论,有

$$\|\bar{G}\| \leqslant \left[\frac{9^2}{4}\right] = 20$$

矛盾.

例 5 设 A 为平面上的一个点集,L 为平面上的一条直线,若直线 L 过集合 A 中某个点,则称直线 L 过集合 A.

(1) 试证:可以将平面上的有理点分成 100 个两两不交的无穷集合,使得对平面上任一直线,若其上有 2 个有理点,则该直线过这 100 个集合中的每个集合.

(2) 求最大的整数 r,使得如果将平面上的有理点,按任一方式分成 100 个两两不交的无穷集合,则至少有一条直线过这 100 个集合中的 r 个集合.(2002 年国际数学奥林匹克竞赛中国国家集训队测试题)

分析与解 首先注意这样的事实,如果平面上一条直线通过 2 个有理点,则该直线上任何长度大于 0 的线段上都有有理点,这是因为对任何以有理点为端点的线段,其中点必为有理点.

为叙述问题方便,我们称至少通过 2 个有理点的直线为"有理直线".

(1) 先研究特例:考虑如何将平面上的有理点分成 2 个两两不交的合乎题目要求的无穷集合.

显然,用一条直线将平面分割为 2 个半平面是最简单的划分,但这一划分不合乎要求,比如,平行划分直线的有理直线只在其中一个半平面内.由此想到,用直线划分平面难以合乎要求.

除直线外,圆是最简单的曲线,但一个圆将平面分割成的 2 个集合也不合乎要求,比如,圆外部分的有理直线不通过圆内的有理点.由此想到,用有限多个圆划分平面所得的集合是不合乎要求的.比如,作一个充分大的圆包含所有的有限个圆,则大圆外部分的有理直线不通过圆内的有理点.

进一步思考,能否作无穷多个圆将平面划分为 2 个集合,使之合乎题目要求?为了保证分割没有重复也没有遗漏,用同心圆组成的圆环来划

分是最简单的,由此即可发现合乎要求的划分:
$$A_1 = \{(x,y) \mid 0 \leqslant x^2 + y^2 < 1$$
或
$$2 \leqslant x^2 + y^2 < 3$$
或
$$4 \leqslant x^2 + y^2 < 5, \cdots\} = \{(x,y) \mid 2n \leqslant x^2 + y^2 < 2n+1, n \in \mathbf{N}\}$$
$$A_2 = \{(x,y) \mid 1 \leqslant x^2 + y^2 < 2$$
或
$$3 \leqslant x^2 + y^2 < 4$$
或
$$5 \leqslant x^2 + y^2 < 6, \cdots\} = \{(x,y) \mid 2n+1 \leqslant x^2 + y^2 < 2n+2, n \in \mathbf{N}\}$$

将上述划分推广到 100 个集合的情形,便得到如下合乎要求的划分:对 $i = 0, 1, 2, \cdots, 99$,令
$$A_i = \{(x,y) \mid 100n + i \leqslant x^2 + y^2 < 100n + i + 1, n \in \mathbf{N}\}$$
则 $A_0, A_1, A_2, \cdots, A_{99}$ 满足要求.

(2) 我们采用试验的方法穷举 r 的取值.

$r = 1$ 显然合乎要求. 此外, $r = 2$ 也合乎要求,这只需在其中两个集合中各取一个有理点,过该两点作一条直线即可.

下面证明 $r = 3$ 合乎要求.

假设平面上的有理点的集合 $\mathbf{Q}^2$ 划分为 100 个无穷集合 $A_1, A_2, \cdots, A_{100}$,我们证明至少有一条直线过这 100 个集合中的 3 个集合.

用反证法,假设任一直线至多过 $A_1, A_2, \cdots, A_{100}$ 中的 2 个集合.

取定 $P_1 \in A_1, P_2 \in A_2, P_3 \in A_3$,由假设,对任意点 $P \in (A_4 \cup A_5 \cup \cdots \cup A_{100})$,有 $PP_1 \cap P_2P_3 = \varnothing, PP_2 \cap P_1P_3 = \varnothing, PP_3 \cap P_1P_2 = \varnothing$,所以 $PP_1 /\!/ P_2P_3, PP_2 /\!/ P_1P_3, PP_3 /\!/ P_1P_2$.

由假设 P_2P_3 与 P_1P_3 不重合,设 l_1 为过 P_1 且平行于 P_2P_3 的直线, l_2 为过 P_2 且平行于 P_1P_3 的直线,则 l_1 不平行于 l_2.

由上面讨论可知,$A_4 \cup A_5 \cup \cdots \cup A_{100}$ 中任何点 P 既在 l_1 上也在 l_2 上,从而在 $l_1 \cap l_2$ 上. 但 $|l_1 \cap l_2| = 1$,而 $A_4 \cup A_5 \cup \cdots \cup A_{100}$ 是无穷集,矛盾.

所以任一直线至少过 $A_1, A_2, \cdots, A_{100}$ 中的 3 个集合.

因为无法证明 $r = 4$ 合乎要求,我们猜想 $r \leqslant 3$. 也就是说,对有理点集合 $\mathbf{Q}^2 = \{(x,y) | x, y \in \mathbf{Q}\}$,存在一种划分 $\mathbf{Q}^2 = (A_0, A_1, A_2, \cdots, A_{99})$,使每一条直线都只通过 $A_0, A_1, A_2, \cdots, A_{99}$ 中的 3 个集合.

去掉集合 A_0,我们将结论加强为每一条直线都只通过 $A_1, A_2, \cdots, A_{99}$ 中的 2 个集合,这等价于直线只过集合 $A_1 \cup A_2 \cup \cdots \cup A_{99}$ 中的 2 个点.

在注意到任何直线与抛物线至多有 2 个交点,从而一个充分条件是 $A_1 \cup A_2 \cup \cdots \cup A_{99}$ 中的点都在同一条抛物线上,且 $A_1, A_2, \cdots, A_{99}$ 中每一个都有无数个有理点.

考察最简单的抛物线:$y = x^2$,其上有无数个有理点:(n, n^2),按模 99 的余数对 n 分类,余数为 i 的为第 i($i = 1, 2, \cdots, 99$)类,以第 i 类点构成集合 A_i,得到如下构造:对 $i = 1, 2, \cdots, 99$,令

$$A_i = \{(99n + i, (99n + i)^2) \mid n \in \mathbf{N}\}$$

$$A_0 = \mathbf{Q}^2 \setminus (A_1 \cup A_2 \cup \cdots \cup A_{99})$$

其中,$\mathbf{Q}^2 = \{(x,y) | x, y \in \mathbf{Q}\}$,则每一条直线 L 至多过 $A_0, A_1, A_2, \cdots, A_{99}$ 中的 3 个集合.

实际上,因为 $A_1, A_2, \cdots, A_{99}$ 中的点都在抛物线 $y = x^2$ 上,而每条直线 L 与抛物线至多有 2 个交点,从而 L 至多过 $A_1, A_2, \cdots, A_{99}$ 中的 2 个集合,从而 L 至多过 $A_0, A_1, A_2, \cdots, A_{99}$ 中的 3 个集合,所以 $r \leqslant 3$.

综上所述,$r_{\max} = 3$.

例 6 在 $\triangle ABC$ 中,$\angle C = 90°$,给定其内部或边界上 n 个点,试证:可以将它们适当编号为 $P_1, P_2, \cdots, P_n$,使

$$P_1 P_2^2 + P_2 P_3^2 + \cdots + P_{n-1} P_n^2 \leqslant AB^2$$

分析与证明 考察目标不等式,其右边是 AB^2,而其左边却不含字母 A, B,只是点 $P_1, P_2, \cdots, P_n$ 在直线 AB 上,这自然想到在左边添加 2 项:

AP_1^2, P_nB^2,将结论加强为

$$AP_1^2 + P_1P_2^2 + P_2P_3^2 + \cdots + P_{n-1}P_n^2 + P_nB^2 \leqslant AB^2$$

对 n 归纳. 当 $n=1$ 时,因为 $\angle C = 90°$,所以 $\angle AP_1B \geqslant 90°$,由余弦定理得 $AP_1^2 + P_1B^2 \leqslant AB^2$,结论成立.

设结论对小于 n 的自然数成立,考虑 n 个点的情形.

作 $\triangle ABC$ 的高 CD,得到两个 Rt$\triangle ADC$ 和 Rt$\triangle BCD$.

(1) 若每个直角三角形都至少含有一个已知点,则每个直角三角形内的点数都小于 n,将其中一个直角三角形内的点编号为 $P_1, P_2, \cdots, P_r$,将另一个直角三角形内的点编号为 $P_{r+1}, P_{r+2}, \cdots, P_n$(图 3.3),分别利用归纳假设,得

$$AP_1^2 + P_1P_2^2 + \cdots + P_{r-1}P_r^2 + P_rC^2 \leqslant AC^2$$
$$CP_{r+1}^2 + P_{r+1}P_{r+2}^2 + \cdots + P_nB^2 \leqslant BC^2$$

两式相加,得

$$AP_1^2 + P_1P_2^2 + \cdots + (P_rC^2 + CP_{r+1}^2) + P_{r+1}P_{r+2}^2 + \cdots + P_nB^2$$
$$\leqslant AC^2 + BC^2 = AB^2$$

因为 $\angle P_rCP_{r+1} \leqslant 90°$,所以 $P_rC^2 + CP_{r+1}^2 \geqslant P_rP_{r+1}^2$,将之代入上式,结论成立.

(2) 如图 3.4 所示,若某个直角三角形内无已知点,不妨设所有已知点都在 $\triangle_1$ 内,另一个直角三角形 $\triangle_1'$ 内无已知点,再将 $\triangle_1$ 分割为两个直角三角形 $\triangle_2$ 和 $\triangle_2'$.

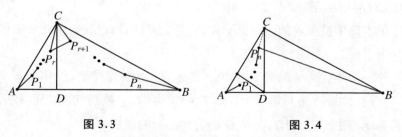

图 3.3 图 3.4

① 若 $\triangle_2$ 与 $\triangle_2'$ 都非空,则 $\triangle_1$ 化为(1)的情形,由(1)所证,必有

$$AP_1^2 + P_1P_2^2 + \cdots + P_nC^2 \leqslant AC^2 \quad (\text{在} \triangle_1 \text{中成立})$$

所以

$$AP_1^2 + P_1P_2^2 + \cdots + P_{n-1}P_n^2 + P_nB^2 = AP_1^2 + P_1P_2^2 + \cdots$$
$$+ P_{n-1}P_n^2 + P_nC^2 + (P_nB^2 - P_nC^2)$$
$$\leqslant AC^2 + (P_nB^2 - P_nC^2)$$

因为 $\angle P_nCB \leqslant 90°$,所以 $P_nC^2 + BC^2 \geqslant P_nB^2$,所以 $P_nB^2 - P_nC^2 \leqslant BC^2$,将之代入上式,结论成立(在 $\triangle ABC$ 中成立).

② 若 $\triangle_2$ 和 $\triangle_2'$ 中有一个为空,不妨设 $\triangle_2'$ 为空,再将 $\triangle_2$ 分割为两个小直角三角形……如此下去,直至某一时刻,得到一系列含有已知点的直角三角形套:

$$\triangle ABC \supseteq \triangle_1 \supseteq \triangle_2 \supseteq \cdots \supseteq \triangle_r$$

而将 $\triangle_r$ 分割为两个小直角三角形时,两个小直角三角形都非空.

由(1)所证,可适当将 n 个点编号,使不等式在 $\triangle_r$ 中成立.

由(2)中①所证,这一编号可使不等式在 $\triangle_{r-1}$ 中成立,进一步在 $\triangle_{r-2}, \triangle_{r-3}, \cdots, \triangle_1$ 及 $\triangle ABC$ 中成立,命题获证.

例7 求证:有限多个带形不能覆盖整个平面.

分析与证明 有限个图形 $T_i(i=1,2,\cdots,n)$ 不能覆盖一个有界图形 T 的一个充分条件是

$$\sum_{i=1}^n S(T_i \cap T) < S(T)$$

其中,$S(M)$ 表示图形 M 的面积.

但本题中被覆盖的图形是平面,它是无界的,所以我们用充分大的圆来逼近平面.

作一个半径为 r 的圆 T,其中 r 是充分大的待定参数,设共有 n 个带形 $T_i(i=1,2,\cdots,n)$,第 i 个带形 T_i 的宽为 r_i,它被圆 T 截得的较大的弦长为 a_i(图3.5),则 T_i 与圆 O 的公共部分的面积:

$$S(T_i \cap T) \leqslant a_i \times r_i \leqslant 2r \times r_i$$

于是

$$\sum_{i=1}^{n} S(T_i \cap T) \leqslant 2r \times \sum_{i=1}^{n} r_i$$

取 $r = r_1 + r_2 + \cdots + r_n$,则

$$\sum_{i=1}^{n} S(T_i \cap T) \leqslant 2r \times r = 2r^2 < \pi r^2 = S(T)$$

所以 n 个带形不能覆盖圆 T,当然不能覆盖整个平面.

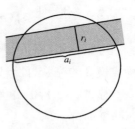

图 3.5

例 8 求 8 个正整数 $n_1, n_2, \cdots, n_8$,具有性质:对每一个 k($-1985 < k < 1985$),都有 8 个整数 $a_1, a_2, \cdots, a_8 \in \{-1, 0, 1\}$,使得 $k = n_1 a_1 + n_2 a_2 + \cdots + n_8 a_8$.(第 26 届国际数学奥林匹克竞赛备选题)

分析与解 本题实际上是要找到 8 个整数 $n_1, n_2, \cdots, n_8$,使 $a_1, a_2, \cdots, a_8$ 分别跑遍 $\{-1, 0, 1\}$ 时,$n_1 a_1 + n_2 a_2 + \cdots + n_8 a_8$ 取遍 $-1984, -1983, \cdots, -1, 0, 1, \cdots, 1984$ 中的每一个数.

注意到 $a_1, a_2, \cdots, a_8$ 分别跑遍 $\{-1, 0, 1\}$ 时,$n_1 a_1 + n_2 a_2 + \cdots + n_8 a_8$ 共有 3^8 个取值,这是因为每个 $a_i (1 \leqslant i \leqslant 8)$ 都恰有 3 个取值.于是,我们找一个充分条件,将结论加强为:寻找 8 个整数 $n_1, n_2, \cdots, n_8$,使 $a_1, a_2, \cdots, a_8$ 分别跑遍 $\{-1, 0, 1\}$ 时,$n_1 a_1 + n_2 a_2 + \cdots + n_8 a_8$ 构成模 3^8 的完系,且

$$-\frac{3^8 - 1}{2} \leqslant n_1 a_1 + n_2 a_2 + \cdots + n_8 a_8$$

$$\leqslant \frac{3^8 - 1}{2} \quad \left(\text{其中注意} \frac{3^8 - 1}{2} > 1985\right)$$

假定 $n_1, n_2, \cdots, n_t$ 已找到,令

$$f(a_1, a_2, \cdots, a_t) = n_1 a_1 + n_2 a_2 + \cdots + n_t a_t$$

则只需 $f(a_1, a_2, \cdots, a_t)$ 同时具有如下性质:

(1) 当 $a_1, a_2, \cdots, a_t$ 分别跑遍 $\{-1, 0, 1\}$ 时,$f(a_1, a_2, \cdots, a_t)$ 的值模 3^t 互不同余;

(2) $-\dfrac{3^t-1}{2} \leqslant f(a_1, a_2, \cdots, a_t) \leqslant \dfrac{3^t-1}{2}$.

考察特例：当 $t=1$ 时，a_1 跑遍 $\{-1,0,1\}$ 时，取 n_1 为何值，能使 $n_1 a_1$ 构成模 3 的完系，且 $-1 \leqslant n_1 a_1 \leqslant 1$？

显然，$\{-1,0,1\}$ 本身已构成模 3 的完系，且 $-1 \leqslant a_1 \leqslant 1$，所以取 $n_1 = 1$ 即可.

再考察特例：当 $t=2$，a_1, a_2 分别跑遍 $\{-1,0,1\}$ 时，取 n_1, n_2 为何值，能使 $n_1 a_1 + n_2 a_2$ 构成模 3^2 的完系，且 $-4 \leqslant n_1 a_1 + n_2 a_2 \leqslant 4$？

假定仍取 $n_1 = 1$，下面讨论如何选取 n_2 的值.

如果取 $n_2 = 1$，则 $n_1 a_1 + n_2 a_2 = a_1 + a_2$，此时
$$f(0,0) = f(1,-1) = 0$$
与(1)不符.

如果取 $n_2 = 2$，则 $n_1 a_1 + n_2 a_2 = a_1 + 2a_2$，此时
$$f(-1,0) = f(1,-1) = -1$$
与(1)不符.

如果取 $n_2 = 3$，则 $n_1 a_1 + n_2 a_2 = a_1 + 3a_2$，此时(1),(2)都成立.

再考虑特例：当 $t=3$ 时，a_1, a_2, a_3 分别跑遍 $\{-1,0,1\}$ 时，取 n_1, n_2, n_3 为何值，能使 $n_1 a_1 + n_2 a_2 + n_3 a_3$ 构成模 3^3 的完系，且 $-13 \leqslant n_1 a_1 + n_2 a_2 \leqslant 13$？

假定仍取 $n_1 = 1, n_2 = 3$，则仿上同样实验，发现取 $n_3 = 9 = 3^2$ 合乎要求.

由此可见，对一般情形，取 $n_1 = 1 = 3^0, n_2 = 3 = 3^1, \cdots, n_t = 3^{t-1}$，我们证明
$$f(a_1, a_2, \cdots, a_t) = a_1 + 3a_2 + \cdots + 3^{t-1} a_t$$
满足(1),(2).

首先，$n_1 a_1 + n_2 a_2 + \cdots + n_t a_t$ 的最小取值为
$$-1 - 3 - 3^2 - \cdots - 3^{t-1} = -\dfrac{3^t-1}{2}$$

最大取值为
$$1 + 3 + 3^2 + \cdots + 3^{t-1} = \frac{3^t - 1}{2}$$

从而(2)成立.

其次,由(2)可知,要使(1)成立,只需 $f(a_1, a_2, \cdots, a_t)$ 的值互不相等.

假定存在
$$(a_1, a_2, \cdots, a_t) \neq f(b_1, b_2, \cdots, b_t)$$
使
$$f(a_1, a_2, \cdots, a_t) = f(b_1, b_2, \cdots, b_t)$$
即
$$a_1 + 3a_2 + \cdots + 3^{t-1}a_t = b_1 + 3b_2 + \cdots + 3^{t-1}b_t \qquad (1)$$

由 $(a_1, a_2, \cdots, a_t) \neq f(b_1, b_2, \cdots, b_t)$,知存在 $1 \leqslant i \leqslant t$,使 $a_i \neq b_i$,设 i 是这样的下标中的最大者,即 $a_i \neq b_i$,而 $a_{i+1} = b_{i+1}, a_{i+2} = b_{i+2}, \cdots, a_t = b_t$,代入式(1),得
$$a_1 + 3a_2 + \cdots + 3^{i-1}a_i = b_1 + 3b_2 + \cdots + 3^{i-1}b_i$$

不妨设 $a_i < b_i$,则 $a_i - b_i \leqslant -1$,于是
$$a_1 + 3a_2 + \cdots + 3^{i-1}a_i \leqslant 1 + 3 + \cdots + 3^{i-2} + 3^{i-1}a_i$$
$$b_1 + 3b_2 + \cdots + 3^{i-1}b_i \geqslant -1 - 3 - \cdots - 3^{i-2} + 3^{i-1}b_i$$

所以
$$(a_1 + 3a_2 + \cdots + 3^{i-1}a_i) - (b_1 + 3b_2 + \cdots + 3^{i-1}b_i)$$
$$\leqslant (1 + 3 + \cdots + 3^{i-2} + 3^{i-1}a_i) - (-1 - 3 - \cdots - 3^{i-2} + 3^{i-1}b_i)$$
$$\leqslant 2(1 + 3 + \cdots + 3^{i-2}) + 3^{i-1}(a_i - b_i)$$
$$\leqslant 2(1 + 3 + \cdots + 3^{i-2}) - 3^{i-1}$$
$$= 2 \times \left(\frac{3^{i-1} - 1}{2}\right) - 3^{i-1} = -1 < 0$$

与式(1)矛盾.

取 $t=8$,注意到 $\dfrac{3^8-1}{2} > 1985$,原命题获证.

 **放宽条件**

所谓放宽条件,就是减少对题中对象的条件约束,证明在一个更宽松的条件下,命题的结论同样成立.

例1 设 a,b 为给定的正数,对正整数 n,求 $f(n)=an+\dfrac{b}{n}$ 的最小值.

分析与解 题给条件中限定 n 为正整数,我们先放宽这一条件的约束,考察任意正数 x,令

$$f(x)=ax+\dfrac{b}{x}$$

先研究函数 $f(x)$ 的性质,然后再求出 $f(n)$ 的最小值. 因为

$$f'(x)=a-\dfrac{b}{x^2}$$

所以当 $0<x<\sqrt{\dfrac{b}{a}}$ 时,$f'(x)<0$,$f(x)$ 在 $\left(0,\sqrt{\dfrac{b}{a}}\right]$ 上递减;当 $x>\sqrt{\dfrac{b}{a}}$ 时,$f'(x)>0$,$f(x)$ 在 $\left[\sqrt{\dfrac{b}{a}},+\infty\right)$ 上递增. 所以 $f(x)$ 在 $x=\sqrt{\dfrac{b}{a}}$ 时取得最小值.

当 n 为正整数时,如果 $\sqrt{\dfrac{b}{a}}\in \mathbf{N}$,则 $f(n)=an+\dfrac{b}{n}$ 的最小值为

$$f\left(\sqrt{\dfrac{b}{a}}\right)=a\times\sqrt{\dfrac{b}{a}}+b\times\sqrt{\dfrac{a}{b}}=2\sqrt{ab}$$

如果 $\sqrt{\dfrac{b}{a}}\notin \mathbf{N}$,则当 $n\leqslant \left[\sqrt{\dfrac{b}{a}}\right]$ 时,由于 $f(x)$ 在 $\left(0,\sqrt{\dfrac{b}{a}}\right]$ 上递减,有

$$f(n)\geqslant f\left(\left[\sqrt{\dfrac{b}{a}}\right]\right)=a\left[\sqrt{\dfrac{b}{a}}\right]+\dfrac{b}{\left[\sqrt{\dfrac{b}{a}}\right]}$$

当 $n \geqslant \left[\sqrt{\dfrac{b}{a}}\right]+1$ 时,由于 $f(x)$ 在 $\left[\sqrt{\dfrac{b}{a}},+\infty\right)$ 上递增,有

$$f(n) \geqslant f\left(\left[\sqrt{\dfrac{b}{a}}\right]+1\right) = a\left(\left[\sqrt{\dfrac{b}{a}}\right]+1\right) + \dfrac{b}{\left[\sqrt{\dfrac{b}{a}}\right]+1}$$

综上所述,当 $\sqrt{\dfrac{b}{a}} \in \mathbf{N}$ 时,$f(n)$ 的最小值为 $2\sqrt{ab}$;当 $\sqrt{\dfrac{b}{a}} \notin \mathbf{N}$ 时,$f(n)$ 的最小值为

$$\min\left\{a\left[\sqrt{\dfrac{b}{a}}\right] + \dfrac{b}{\left[\sqrt{\dfrac{b}{a}}\right]},\ a\left[\sqrt{\dfrac{b}{a}}\right] + \dfrac{b}{\left[\sqrt{\dfrac{b}{a}}\right]+1} + a\right\}$$

例 2 在 $n \times n(n \geqslant 2)$ 数表中,每两行都不完全相同,求证:可以删去其中的一列,使剩下的数表每两行仍不完全相同.

分析与解 为叙述问题方便,称每两行都不完全相同的数表为好数表.

设想对 n 归纳,则对 $n = k+1$ 的情形,为了利用归纳假设,需要在 $(k+1) \times (k+1)$ 的好数表中构造一个 $k \times k$ 的好数表,此时需要去掉一行、一列以利用归纳假设. 这不仅较为繁琐,而且可能增加解题的困难.

如果将条件适当放宽,证明结论为对一般的 $m \times n(2 \leqslant m \leqslant n)$ 好数表也成立,则对 $m = k+1$ 的情形,为了利用归纳假设,只需去掉一行,数表变为 $k \times n(2 \leqslant k \leqslant n)$ 数表,问题则简单得多.

再注意到解题目标:好数表可以删去其中的一列,使剩下的数表仍为好数表. 而原题中,由 $n \times n$ 数表删去一列,得到的是 $n \times (n-1)$ 数表. 现在,如果保持形式不变,则 $m \times n(2 \leqslant m \leqslant n)$ 数表删去一列得到的是 $m \times (n-1)(2 \leqslant m \leqslant n)$ 数表,这与原题结论的表达形式不完全一致. 为了与原来的结论相一致,应将 $m \times n(2 \leqslant m \leqslant n)$ 数表删去若干列,使剩下一个 $m \times (m-1)$ 数表.

于是,我们证明如下一个更一般的结论:

对于任何 $m \times n(2 \leqslant m \leqslant n)$ 好数表,都可适当删除 $n-m+1$ 列,使剩下的 $m \times (m-1)$ 数表仍为好数表.

对 m 归纳. 当 $m=2$ 时,将 $2 \times n(2 \leqslant n)$ 数表适当删除 $n-m+1=n-1$ 列后,只剩下一个 2×1 数表,即数表只有一列. 要使结论成立,只需剩下的一列 2 个数不同即可.

因为 $2 \times n(2 \leqslant n)$ 数表是好数表,从而至少有一列的 2 个数不同,保留此列,删除其他各列,可知 $m=2$ 时结论成立.

设 $m=k$ 时结论成立,即任何 $k \times n(2 \leqslant k \leqslant n)$ 好数表,都可适当删除 $n-k+1$ 列,使剩下的 $k \times (k-1)$ 数表仍为好数表.

当 $m=k+1$ 时,我们要证明:对任何 $(k+1) \times n(2 \leqslant k+1 \leqslant n)$ 好数表,都可适当删除 $n-k$ 列,使剩下的 $(k+1) \times k$ 数表仍为好数表.

考察 $(k+1) \times n(2 \leqslant k+1 \leqslant n)$ 好数表的前 k 行,它构成 $k \times n(2 \leqslant k \leqslant n)$ 的好数表. 由归纳假设,可以适当删除 $n-k+1$ 列,使剩下的 $k \times (k-1)$ 数表 A 仍为好的.

但我们的目标是要找到 $(k+1) \times k$ 的好数表,因而应在好数表 A 的基础上增加一行、一列,使之变为 $(k+1) \times k$ 的好数表.

不妨设数表 A 位于原数表的左上角,先补上原数表第 $k+1$ 行,得到 $(k+1) \times (k-1)$ 的数表 B.

为了保证 B 增加一列后得到的数表 $(k+1) \times k$ 是好的,一个充分条件是,第 $k+1$ 行的前 $k-1$ 个格中的数构成的序列与 A 中每一行的数构成的序列都互异,则在 B 的基础上随意增加一列,得到的 $(k+1) \times k$ 数表是好的.

此外,若第 $k+1$ 行的前 $k-1$ 个格中的数构成的序列与 A 中某一行的数构成的序列完全相同,则 A 中这样的行只有一行,是因 A 中各行互异,设此行为第 $i(1 \leqslant i \leqslant k)$ 行.

因为 $(k+1) \times n(2 \leqslant k+1 \leqslant n)$ 数表是好的,所以第 $i(1 \leqslant i \leqslant k)$ 行

与第 $k+1$ 行不完全相同,但它们前 $k-1$ 个数对应相同,从而它们的后 $n-k+1$ 个数不能完全对应相同,即存在一个列,设为第 $j(k\leqslant j\leqslant n)$ 列,该列位于第 i 行,第 $k+1$ 行的 2 个数不同,于是,在 B 的基础上补充第 $j(k\leqslant j\leqslant n)$ 列,得到的 $(k+1)\times k$ 数表是好的.

综上所述,结论对任何大于 1 的正整数 m 成立.特别地,取 $m=n$,可知原题结论成立.

例 3 在一条直线上标出 n 个互异的蓝点和 n 个互异的红点.求证:每两个同色点对之间的距离之和不大于每两个异色点之间的距离之和.(第 20 届全俄数学奥林匹克竞赛试题)

分析与证明 题给条件中要求 n 个蓝点和 n 个红点都是互异的.我们将这一要求放宽,得到如下一个一般性命题:

如果一条直线上标出了 n 个蓝点和 n 个红点,其中任何两个点可以重合,包括两个异色点,那么,每两个同色点对之间的距离之和不大于每两个异色点之间的距离之和.

下面证明上述一般命题.用 S 表示同色点之间的距离之和,S' 表示异色点之间的距离之和,要证 $S-S'\leqslant 0$.

先考察一种最特殊的情况:所有 $2n$ 个点重合为一个点,此时 $S-S'=0$,结论成立.

对其他情况,设共有 N 个互异的点:$A_1,A_2,\cdots,A_N$,它们在直线上从左至右依次排列,将 A_1 点处的所有点都移至 A_2 处,对应的 S 与 S' 分别记为 S_1,S_1',我们证明:$S-S'\leqslant S_1-S_1'$.

实际上,不妨设 A_1 处有 p 个红点,q 个蓝点,那么,A_2 到 A_n 中共有 $n-p$ 个红点和 $n-q$ 个蓝点.

将 A_1 的 $p+q$ 个点移到 A_2,使同色距离减少了 $(p(n-p)+q(n-q))\times|A_1A_2|$,从而

$$S-S_1=(p(n-p)+q(n-q))\times|A_1A_2|$$

而异色距离减少了 $(q(n-p)+p(n-q))\times|A_1A_2|$,从而

$$S' - S'_1 = (q(n-p) + p(n-q)) \times |A_1A_2|$$

所以

$$(S' - S'_1) - (S - S_1) = (p(p-q) + q(q-p)) \times |A_1A_2|$$
$$= |A_1A_2|(p-q)^2 \geq 0$$

如此下去,将所有点移至一个点 A_N 处,命题获证.

有时候,加强命题需要同时加强结论与放宽条件. 我们看下面的例子.

例 4 是否存在同时满足下列条件的正整数 n:

(1) n 恰好能够被 2000 个互不相同的质数整除;

(2) $2^n + 1$ 能够被 n 整除.

(2000 年国际数学奥林匹克竞赛试题)

分析与解 题中的条件(1)限定 n 恰好能够被 2000 个互不相同的质数整除,我们将 2000 放宽为任意给定的正整数 k,想到证明如下一个更一般的命题:

对每一个自然数 k,都存在自然数 $n = n(k)$,满足 $n | 2^n + 1, 3 | n$,且 n 恰好能够被 k 个互不相同的质数整除.

其中 $3 | n$ 是新增加的条件约束,目的是为了用数学归纳法证明时能利用较强的归纳假设.

对 k 归纳. 当 $k = 1$ 时,取 $n(1) = 3$,可知命题成立.

假设对于 $k \geq 1$,存在满足要求的 $n(k) = 3^r \times t$,其中 $r \geq 1$,且 $3 \nmid t$.

由 $n | 2^n + 1$,知 $n = n(k)$ 必为奇数,从而

$$2^{2n} - 2^n + 1 \equiv (-1)^{2n} - (-1)^n + 1$$
$$\equiv 1 - (-1) + 1 \equiv 3 \equiv 0 \pmod{3}$$

所以 $3 | 2^{2n} - 2^n + 1$. 又

$$(2^n + 1)(2^{2n} - 2^n + 1) = 2^{3n} + 1$$

可知 $3n | 2^{3n} + 1$.

3 加强命题

为了找到一个奇质数 p，满足 $p\mid 2^{3n}+1$，但 $p\nmid 2^n+1$. 我们先证明如下的引理.

引理：对于每一个整数 $a>2$，存在一个质数 p，满足 $p\mid a^3+1$，但 $p\nmid a+1$.

实际上，假设对某个 $a>2$ 使结论不成立，则 a^2-a+1 的每一个质因子都要整除 $a+1$. 而
$$a^2-a+1=(a+1)(a-2)+3$$
所以整除 a^2-a+1 的唯一质数是 3.

所以，a^2-a+1 是 3 的方幂. 因为 $a+1$ 是 3 的倍数，所以 $a-2$ 也是 3 的倍数，于是 a^2-a+1 能够被 3 整除，但不能被 9 整除，所以 $a^2-a+1=3$.

另一方面，由 $a>2$，知 $a^2-a+1>3$，矛盾，引理获证.

根据引理，存在一个奇质数 p，满足 $p\mid 2^{3n}+1$，但 $p\nmid 2^n+1$.

于是，取 $n(k+1)=3p\times n(k)$，则命题对 $k+1$ 成立.

特别地，取 $k=2000$，原命题获证.

例 5 设 n 是正整数，S 是 $\{1,2,\cdots,n\}$ 中所有与 n 互质的数构成的集合. 记 $S_1=S\cap\left(0,\dfrac{n}{3}\right]$，$S_2=S\cap\left(\dfrac{n}{3},\dfrac{2n}{3}\right]$，$S_3=S\cap\left(\dfrac{2n}{3},n\right]$，如果 S 的元素个数是 3 的倍数，求证：集合 S_1,S_2,S_3 的元素个数相等.（2014 年中国女子数学奥林匹克竞赛试题）

分析与证明 为叙述问题方便，如果正整数 n 满足题目条件，则称 n 为"平衡的".

注意到 $|S|=\varphi(n)$，其中 $|S|$ 表示集合 S 中的元素个数，$\varphi(n)$ 是数论中的欧拉函数，于是，问题可以表述为：如果 $3\mid\varphi(n)$，则 n 是"平衡的".

现在，我们来考察条件 $3\mid\varphi(n)$ 的作用. 设 $n=p_1^{\alpha_1}p_2^{\alpha_2}\cdots p_r^{\alpha_r}$，其中 $p_1,p_2,\cdots,p_r$ 是互异的质数，$\alpha_1,\alpha_2,\cdots,\alpha_n$ 是正整数. 由欧拉公式可知

$$\varphi(n) = n \times \prod_{k=1}^{r}\left(1 - \frac{1}{p_k}\right) = \prod_{k=1}^{r} p_k^{a_k-1}(p_k - 1)$$

所以,若 $3 \mid \varphi(n)$,则存在 $1 \leqslant i \leqslant r$,使 $3 \mid p_i^{a_i-1}$,或者存在 $1 \leqslant j \leqslant r$,使 $3 \mid p_j - 1$.

如果 $3 \mid p_i^{a_i-1}$,则 $p_i = 3$,且 $\alpha_i \geqslant 2$,此时 $9 \mid p_i^{a_i}$,从而 $9 \mid n$.

如果 $3 \mid p_j - 1$,令 $p_j - 1 = 3k (k \in \mathbf{N}_+)$,则 $p_j = 3k + 1$,此时 n 含有一个 $3k+1$ 型质因子 p_j.

容易验证 9 和 $3k+1$ 型的质数均为"平衡的".

实际上,将区间 $(0,9)$ 按顺序三等分为 $(0,3]$,$(3,6]$,$(6,9]$,则每一等份中与 9 互质的数的个数都是 2.

将区间 $(0,3k+1]$ 按顺序三等分为 $\left(0, \dfrac{3k+1}{3}\right]$,$\left(\dfrac{3k+1}{3}, \dfrac{6k+2}{3}\right]$,$\left(\dfrac{6k+2}{3}, 3k+1\right]$,注意到 $3k+1$ 是质数,则每一等份中与 $3k+1$ 互质的数的个数都是 k,因为 $1,2,\cdots,3k+1$ 中,除 $3k+1$ 本身外,其余数都与 $3k+1$ 互质.

由此可见,如果 $3 \| S |$,则存在正整数 k,使 n 是一个"平衡数"的 k 倍.

由此可见,我们只要证明:如果一个正整数 n 是平衡的,则对任何正整数 k,kn 也是平衡的.

再注意到每一个大于 1 的正整数都可以分解为若干个质数的积,所以我们只要证明如下的引理.

引理:如果 n 是"平衡的",则对任意质数 p,pn 也是"平衡的".

为了证明 pn 是"平衡的",需要考虑 $\{1,2,\cdots,pn\}$ 中所有与 pn 互质的数,而题目条件中给出的是"$\{1,2,\cdots,n\}$ 中所有与 n 互质的数",两者讨论的数的范围不一致,难以将"pn"的问题化归到"n"的问题.

我们期望两者讨论的数的范围是一致的,为此,先放宽题目条件:题

中定义 S 是"$\{1,2,\cdots,n\}$ 中所有与 n 互质的数"的集合,我们去掉其中 $\{1,2,\cdots,n\}$ 的限制,将 S 扩充为所有与 n 互质的数的集合,并将扩充后的集合记为 $A(n)$. 显然,S 扩充为 $A(n)$ 后,S_1,S_2,S_3 的意义不变,即仍有

$$S_1 = A(n) \cap \left(0, \frac{n}{3}\right]$$

$$S_2 = A(n) \cap \left(\frac{n}{3}, \frac{2n}{3}\right]$$

$$S_3 = A(n) \cap \left(\frac{2n}{3}, n\right]$$

于是,所谓 n 是平衡的,是指 n 具有这样的性质:将区间 $(0,n]$ 按顺序三等分,则每一等份中与 n 互质的数的个数相等.

更一般地,对每个整数 k,定义

$$A_k(n) = A(n) \cap \left(\frac{(k-1)n}{3}, \frac{kn}{3}\right]$$

则

$$S_k = A_k(n) \quad (k = 1, 2, 3)$$

显然,对任意正整数 x,$(x,n)=1 \Leftrightarrow (x+n,n)=1$,这表明

$$x \in A_k(n) \Leftrightarrow x + n \in A_{k+3}(n)$$

从而

$$|A_k(n)| = |A_{k+3}(n)|$$

由此可见,如果正整数 n 是平衡的,即

$$|A_1(n)| = |A_2(n)| = |A_3(n)|$$

那么,由上面结论可知,对所有的整数 k,$|A_k(n)|$ 都相等,此时,我们将 $|A_k(n)|$ 记为 m(常数).

下面证明引理,分两种情形讨论:

(1) 如果 $p \mid n$,则

$$(x, pn) = 1 \Leftrightarrow (x, n) = 1$$

从而 $A(pn) = A(n)$.

考察 $A_1(pn)$,有
$$A_1(pn) = A(pn) \cap \left(0, \frac{pn}{3}\right] = A(n) \cap \left(0, \frac{pn}{3}\right]$$

所以 $A_1(pn)$ 是 $\left(0, \frac{pn}{3}\right]$ 中与 n 互质的数的个数. 为了利用 $|A_k(n)| = m$,其区间长度要变成 $\frac{n}{3}$,从而再将 $\left(0, \frac{pn}{3}\right]$ 等分为 n 个小区间:

$$\left(0, \frac{pn}{3}\right] = \left(0, \frac{n}{3}\right] \cup \left(\frac{n}{3}, \frac{2n}{3}\right] \cup \cdots \cup \left(\frac{(p-1)n}{3}, \frac{pn}{3}\right]$$

这样
$$A_1(pn) = A(n) \cap \left(0, \frac{pn}{3}\right] = A_1(n) \cup A_2(n) \cup \cdots \cup A_p(n)$$

又 $|A_k(n)| = m (k \in \mathbf{N}_+)$,于是
$$|A_1(pn)| = pm$$

同理可知
$$A_2(pn) = A(pn) \cap \left(\frac{pn}{3}, \frac{2pn}{3}\right] = A(n) \cap \left(\frac{pn}{3}, \frac{2pn}{3}\right]$$
$$= A_{p+1}(n) \cup A_{p+2}(n) \cup \cdots \cup A_{2p}(n)$$
$$A_3(pn) = A(pn) \cap \left(\frac{2pn}{3}, pn\right] = A(n) \cap \left(\frac{2pn}{3}, pn\right]$$
$$= A_{2p+1}(n) \cup A_{2p+2}(n) \cup \cdots \cup A_{3p}(n)$$

所以
$$|A_1(pn)| = |A_2(pn)| = |A_3(pn)| = pm$$

这表明 pn 是"平衡的".

(2) 如果 $p \nmid n$,则
$$(x, pn) = 1 \Leftrightarrow (x, n) = 1$$

且 $(x, p) = 1$. 此时有
$$A(pn) = A(n) - B(n) \quad (\text{去掉与 } n \text{ 互质但不与 } p \text{ 互质的数})$$

这里
$$B(n) = \{x \mid p \mid x, x \in A(n)\} = \{x \mid x = py, y \in A(n)\}$$

由(1)的讨论可知,$A(n)$ 在区间 $\left(0, \dfrac{pn}{3}\right]$ 中有 pm 个元素. 注意到集合 $B(n)$ 中的元素 $x = py \in \left(0, \dfrac{pn}{3}\right]$,对应 $A(n)$ 中的元素 $y \in \left(0, \dfrac{n}{3}\right]$,这样的数有 $|A_1(n)| = m$ 个,于是 $B(n)$ 在区间 $\left(0, \dfrac{pn}{3}\right]$ 中有 m 个元素.

所以 $|A_1(pn)| = pm - m$.

同理可知
$$|A_2(pn)| = |A_3(pn)| = pm - m$$

这表明 pn 是"平衡的",引理获证.

由引理,结合前面的讨论,原命题获证.

习 题 3

1. 设 a, b 为给定的正数,对正整数 n,求 $f(n) = an^2 + \dfrac{b}{n}$ 的最小值.

2. 求 $1 + x + x^2 + x^3 + \cdots + x^{16}$ 除以 $(x^2 - 1)(x^3 - 1) \cdots (x^{16} - 1) \times (x^{18} - 1)$ 的余数. (美国数学杂志《Mathematics Magazine》1994 年问题 1428)

3. 试证:集合 $A = \{2, 2^2, \cdots, 2^n, \cdots\}$ 满足:

(1) 对每个 $a \in A$,及 $b \in \mathbf{N}_+$,若 $b < 2a - 1$,则 $b(b+1)$ 一定不是 $2a$ 的倍数;

(2) 对每个 $a \in \bar{A}$ (其中 $\bar{A}$ 表示 A 在 $\mathbf{N}$ 中的补集),且 $a \neq 1$,必存在 $b \in \mathbf{N}_+$,$b < 2a - 1$,使 $b(b+1)$ 是 $2a$ 的倍数. (2012 年全国高中数学联赛试题)

4. 试证:对任意整数 $n \geqslant 4$,存在一个 n 次多项式
$$f(x) = x^n + a_{n-1}x^{n-1} + \cdots + a_1 x + a_0$$

具有如下性质：

（1）$a_0, a_1, \cdots, a_{n-1}$均为正整数；

（2）对任意正整数 m，及任意 $k(k \geq 2)$ 个互不相同的正整数 $r_1, r_2, \cdots, r_k$，均有 $f(m) \neq f(r_1) f(r_2) \cdots f(r_k)$. （2011年全国高中数学联赛试题）

5. 设 $a_1, a_2, \cdots, a_n \in \mathbf{Z}$，并且任何部分和 $a_{i_1} + a_{i_2} + \cdots + a_{i_k}$ 都不为零 $(1 \leq i_1 < i_2 < \cdots < i_k \leq n)$，求证：可将自然数集 $\mathbf{N}$ 划分为有限个子集，使 $x_1, x_2, \cdots, x_n$ 属于同一子集时，$a_1 x_1 + a_2 x_2 + \cdots + a_n x_n \neq 0$.

6. 已知 $5n$ 个实数 $r_i, s_i, t_i, u_i, v_i (i=1,2,\cdots,n)$ 都大于 1，记

$$R = \frac{1}{n}\sum_{i=1}^{n} r_i, \quad S = \frac{1}{n}\sum_{i=1}^{n} s_i, \quad T = \frac{1}{n}\sum_{i=1}^{n} t_i$$

$$U = \frac{1}{n}\sum_{i=1}^{n} u_i, \quad V = \frac{1}{n}\sum_{i=1}^{n} v_i$$

求证：$\prod_{i=1}^{n} \frac{r_i s_i t_i u_i v_i + 1}{r_i s_i t_i u_i v_i - 1} \geq \left(\frac{RSTUV+1}{RSTUV-1}\right)^n$. （1994年国际数学奥林匹克竞赛中国国家集训队选拔考试试题）

7. 给定平面上有限多个带形，试证：存在平面上的直线 L，使 L 没有被这些带形覆盖.

8. 平面上给定有限条直线，试证：对于任意正数 r，对可以在平面上作一个半径为 r 的圆，使其与任何一条已知直线都没有公共点（即有充分大的空隙）.

9. 设正整数 $n \geq 3$，如果在平面上有 n 个格点 $P_1, P_2, \cdots, P_n$ 满足：当 $|P_i P_j|$ 为有理数时，存在 P_k，使得 $|P_i P_k|$ 和 $|P_j P_k|$ 均为无理数；当 $|P_i P_j|$ 为无理数时，存在 P_k，使得 $|P_i P_k|$ 和 $|P_j P_k|$ 均为有理数，那么称 n 是"好数".

（1）求最小的好数；

（2）问：2005 是否为好数？

（2005年中国女子数学奥林匹克竞赛试题）

10. 设 $P_0, P_1, \cdots, P_n$ 是平面上 $n+1$ 个点，它们两两间的距离的

最小值为 $d(d>0)$. 求证:

$$|P_0P_1| \times |P_0P_2| \times \cdots \times |P_0P_n| > \left(\frac{d}{3}\right)^n \sqrt{(n+1)!}$$

(2012年全国高中数学联赛试题)

11. 设 n 是给定的正整数,k 是复平面上下面区域的面积,
$$\left\{z \,\Big|\, \sum_{k=1}^{n} \frac{1}{|z-k|} \geqslant 1\right\} = K, 求证: K \geqslant \frac{\pi(11n^2+1)}{12}.$$

12. 设 $S = \{1, 2, \cdots, 98\}$,求最小自然数 n,使得 S 的任一 n 元子集中都可以选出 10 个数,无论怎样将这 10 个数均分成两组,总有一组中存在一个数与另外 4 个数都互质,而另一组中存在一个数与另外 4 个数都不互质.(1998年中国数学奥林匹克竞赛试题)

习题 3 解答

1. 放宽条件:考察任意正数 x,令

$$f(x) = ax^2 + \frac{b}{x}$$

则

$$f'(x) = 2ax - \frac{b}{x^2}$$

当 $0 < x < \sqrt[3]{\frac{b}{2a}}$ 时,$f'(x) < 0$,$f(x)$ 在 $\left(0, \sqrt[3]{\frac{b}{2a}}\right]$ 上递减;

当 $x > \sqrt[3]{\frac{b}{2a}}$ 时,$f'(x) > 0$,$f(x)$ 在 $\left[\sqrt[3]{\frac{b}{2a}}, +\infty\right)$ 上递增.

当 n 为正整数时,如果 $\sqrt[3]{\frac{b}{2a}} \in \mathbf{N}$,则 $f(n)$ 的最小值为

$$f\left(\sqrt[3]{\frac{b}{2a}}\right) = a \times \sqrt[3]{\frac{b^2}{4a^2}} + b \times \sqrt[3]{\frac{2a}{b}} = \frac{3}{2}\sqrt[3]{2ab^2}$$

如果 $\sqrt[3]{\frac{b}{2a}} \notin \mathbf{N}$,则当 $n \leqslant \left[\sqrt[3]{\frac{b}{2a}}\right]$ 时,由于 $f(x)$ 在 $\left(0, \sqrt[3]{\frac{b}{2a}}\right]$ 上递减,有

$$f(n) \geqslant f\left(\left[\sqrt[3]{\frac{b}{2a}}\right]\right) = a\left(\left[\sqrt[3]{\frac{b}{2a}}\right]\right)^2 + \frac{b}{\left[\sqrt[3]{\frac{b}{2a}}\right]}$$

当 $n \geqslant \left[\sqrt[3]{\frac{b}{2a}}\right] + 1$ 时,由于 $f(x)$ 在 $\left[\sqrt[3]{\frac{b}{2a}}, +\infty\right)$ 上递增,有

$$f(n) \geqslant f\left(\left[\sqrt[3]{\frac{b}{2a}}\right] + 1\right) = a\left(\left[\sqrt[3]{\frac{b}{2a}}\right] + 1\right)^2 + \frac{b}{\left[\sqrt[3]{\frac{b}{2a}}\right] + 1}$$

综上所述,当 $\sqrt[3]{\frac{b}{2a}} \in \mathbf{N}$ 时,$f(n)$ 的最小值为 $\frac{3}{2}\sqrt[3]{2ab^2}$;当 $\sqrt[3]{\frac{b}{2a}} \notin \mathbf{N}$ 时,$f(n)$ 的最小值为

$$\min\left\{a\left(\left[\sqrt[3]{\frac{b}{2a}}\right]\right)^2 + \frac{b}{\left[\sqrt[3]{\frac{b}{2a}}\right]}, a\left(\left[\sqrt[3]{\frac{b}{2a}}\right] + 1\right)^2 + \frac{b}{\left[\sqrt[3]{\frac{b}{2a}}\right] + 1}\right\}$$

2. 我们证明一个一般结论:

对奇质数 p 有

$$g(x) = 1 + x + x^2 + x^3 + \cdots + x^{p-1}$$

除以

$$f(x) = (x^2 - 1)(x^3 - 1)\cdots(x^{p-1} - 1)(x^p - 1)$$

的余数是 p. 实际上,设 $g(x)$ 的所有根为 $\omega_1, \omega_2, \cdots, \omega_{p-1}$,其中 $\omega_1^t = \omega_t$,则

$$1 + x + x^2 + \cdots + x^{p-1} = (x - \omega_1)(x - \omega_2)\cdots(x - \omega_{p-1})$$

又

$$f(\omega_t) = (\omega_t^2 - 1)(\omega_t^3 - 1)\cdots(\omega_t^{p-1} - 1)(\omega_t^p - 1)$$
$$= (\omega_t - 1)(\omega_t^2 - 1)\cdots(\omega_t^{p-1} - 1) \quad (因为 \omega_t^p = \omega_t)$$
$$= (1 - \omega_t)(1 - \omega_t^2)\cdots(1 - \omega_t^{p-1}) \quad (因为 p-1 为偶数)$$
$$= (1 - \omega_1^t)(1 - \omega_1^{2t})\cdots(1 - \omega_1^{(p-1)t})$$

注意到 p 为质数,$(t, p) = 1$,$t, 2t, \cdots, (p-1)t, pt$ 构成模 p 的完系. 又 pt 模 p 余 0,所以,$t, 2t, 3t, \cdots, (p-1)t$ 模 p 的余数适当调整顺序后分

别为 $1, 2, 3, \cdots, p-1$. 所以
$$\{\omega_1^t, \omega_1^{2t}, \cdots, \omega_1^{(p-1)t}\} = \{\omega_1, \omega_1^2, \cdots, \omega_1^{p-1}\} = \{\omega_1, \omega_2, \cdots, \omega_t\}$$
所以
$$\begin{aligned} f(\omega_t) &= (1-\omega_1^t)(1-\omega_1^{2t})\cdots(1-\omega_1^{(p-1)t}) \\ &= (1-\omega_1)(1-\omega_2)\cdots(1-\omega_{p-1}) \\ &= (x-\omega_1)(x-\omega_2)\cdots(x-\omega_{p-1})\big|_{x=1} = g(1) \\ &= 1+1+\cdots+1 = p \end{aligned}$$

由余数定理,知 $x-\omega_t | f(x)-p$,所以 $g(x) | f(x)-p$,即 $f(x)$ 除以 $g(x)$ 的余数是 p. 特别地,令 $p=17$,即得原题的答案为 17.

3. (1) 对任意的 $a \in A$,设 $a = 2^k (k \in \mathbf{N}_+)$,则 $2a = 2^{k+1}$. 如果 b 为满足 $b < 2a-1$ 的正整数,则 $b+1 \leqslant 2a-1 = 2^{k+1}-1$. 由于 b 与 $b+1$ 中,一个为奇数,它不含素因子 2,另一个是偶数,它含素因子 2 的幂的次数最多为 k,因此 2 在 $b(b+1)$ 中的次数至多是 k,故 $b(b+1)$ 一定不是 $2a(=2^{k+1})$ 的倍数.

(2) 若 $a \in \bar{A}$,且 $a \neq 1$,可设 $a = m \times 2^k$,其中 k 为非负整数,m 为大于 1 的奇数,则 $2a = m \times 2^{k+1}$.

显然,使 $b(b+1)$ 是 $2a(=2^{k+1}m)$ 的倍数的一个充分条件是(目标分解):b 是 m 的倍数,且 $b+1$ 是 2^{k+1} 的倍数.

于是,令 $b = mx, b+1 = 2^{k+1}y$,此时 $b(b+1) = xy \times (2^{k+1}m)$ 为 $2a$ 的倍数. 下面求方程组
$$\begin{cases} b = mx \\ b+1 = 2^{k+1}y \end{cases}$$
的满足 $b = mx < 2a-1$ 的正整数解 (x, y, b)(其中 k, m 都由 a 唯一确定,为已知数). 方程组消去 b,得 $2^{k+1}y - mx = 1$. 由于 $(2^{k+1}, m) = 1$,此方程必有整数解. 设其通解为
$$\begin{cases} x = x_0 + 2^{k+1}t \\ y = y_0 + mt \end{cases}$$

其中,$t \in z$,(x_0, y_0)为方程的特解. 因为 $x = 0$ 不满足方程,设使 x 最小的正整数解记为 (x^*, y^*),则 $x^* \leqslant 2^{k+1} - 1$,此时
$$b = mx^* \leqslant m2^{k+1} - m = 2a - m < 2a - 1 \quad (m > 1)$$
故 $b = mx^* < 2a - 1$,使 $b(b+1)$ 是 $2a$ 的倍数.

4. $f(m) \not\equiv f(r_1)f(r_2)\cdots f(r_k)$ 成立的一个充分条件是:存在正整数 p,使
$$f(m) \not\equiv f(r_1)f(r_2)\cdots f(r_k) \pmod{p} \tag{1}$$
为了便于计算
$$f(r_1)f(r_2)\cdots f(r_k) \pmod{p}$$
特别地,取 n 次多项式 $f(x)$ 满足:对任何正整数 x,有
$$f(x) \equiv c \pmod{p}$$
此时式(1)变成
$$c \equiv c^k \pmod{p} \tag{2}$$

注意到 $k \geqslant 2$,取 $c = 2$,$p = c^2 = 4$,则式(2)成立. 于是,我们只需要取 n 次多项式 $f(x)$ 满足:对任何正整数 x,有
$$f(x) \equiv 2 \pmod{4}$$
令 $g(x) = f(x) - 2$,则
$$g(x) \equiv 0 \pmod{4} \quad (x \in \mathbf{N})$$
取 $g(x) = 4(x^n + x^{n-1} + \cdots + x + 1)$ 即可. 但此时 $g(x)$ 的首项系数不是 1,注意到连续 4 个正整数中必定有一个为 4 的倍数,从而取 $g(x) = (x+1)(x+2)\cdots(x+n)$,则其合乎要求. 于是,令
$$f(x) = (x+1)(x+2)\cdots(x+n) + 2$$
右边展开即知 $f(x)$ 是一个首项系数为 1 的正整数系数的 n 次多项式. 下面证明 $f(x)$ 满足性质(2).

对任意整数 t,由于 $n \geqslant 4$,故连续的 n 个整数 $t+1, t+2, \cdots, t+n$ 中必有一个为 4 的倍数,从而由式(1)知 $f(t) \equiv 2 \pmod{4}$. 因此,对任意 $k(k \geqslant 2)$ 个正整数 $r_1, r_2, \cdots, r_k$,有

$$f(r_1)f(r_2)\cdots f(r_k) \equiv 2^k \equiv 0 \pmod 4$$

但对任意正整数 m,有

$$f(m) \equiv 2 \pmod 4$$

故

$$f(m) \not\equiv f(r_1)f(r_2)\cdots f(r_k) \pmod p$$

所以 $f(x)$ 符合题设要求.

5. $a_1x_1 + a_2x_2 + \cdots + a_nx_n \neq 0$ 的一个充分条件是,存在正整数 m,使

$$a_1x_1 + a_2x_2 + \cdots + a_nx_n \not\equiv 0 \pmod m$$

取质数 p,使 $p > \sum_{i=1}^{n} |a_i|$. 对每个自然数 x, x 都可分解为 $p^m \times r$ ($p \nmid r$) 的形式,我们称 r 为 x 的非 p 幂部分. 对任意一个 x,若 x 的非 p 幂部分模 p 的余数为 j ($j=1,2,\cdots,p-1$),则将 x 归入第 j 个集合 A_j,这样,$\mathbf{N}$ 被划分为 $p-1$ 个集合. 在 A_j 中任取 n 个数 $x_1, x_2, \cdots, x_n$,不妨设 p^m 整除所有的 $x_1, x_2, \cdots, x_n$,但至少存在一个 x_i,使 $p^{m+1} \nmid x_i$. 设 $x_1, x_2, \cdots, x_n$ 中不被 p^{m+1} 整除的数为 $x_{i_1}, x_{i_2}, \cdots, x_{i_k}$,则

$$\sum_{i=1}^{n} a_i x_i \equiv \sum_{r=1}^{k} a_{i_r} x_{i_r} \equiv j(a_{i_1} + a_{i_2} + \cdots + a_{i_k}) \pmod{p^{m+1}}$$

因为 $1 \leqslant j < p$,所以,$p \nmid j$. 又

$$p > \sum_{i=1}^{n} |a_i| \geqslant \sum_{r=1}^{k} |a_{i_r}| \geqslant a_{i_1} + a_{i_2} + \cdots + a_{i_k}$$

且 p 为质数,所以

$$p \nmid j(a_{i_1} + a_{i_2} + \cdots + a_{i_k})$$

所以

$$\sum_{i=1}^{n} a_i x_i \not\equiv 0 \pmod{p^{m+1}}$$

所以

$$\sum_{i=1}^{n} a_i x_i \neq 0$$

6. 由平均值不等式,有

$$\left(\prod_{i=1}^{n} \frac{x_i}{x_i+1}\right)^{\frac{1}{n}} \leqslant \frac{1}{n} \sum_{i=1}^{n} \frac{x_i}{x_i+1}$$

$$\left(\prod_{i=1}^{n} \frac{1}{x_i+1}\right)^{\frac{1}{n}} \leqslant \frac{1}{n} \sum_{i=1}^{n} \frac{1}{x_i+1}$$

两式相加,得

$$\left(\prod_{i=1}^{n} \frac{x_i}{x_i+1}\right)^{\frac{1}{n}} + \left(\prod_{i=1}^{n} \frac{1}{x_i+1}\right)^{\frac{1}{n}} \leqslant 1$$

即

$$\left(\prod_{i=1}^{n}(x_i+1)\right)^{\frac{1}{n}} \geqslant \left(\prod_{i=1}^{n} x_i\right)^{\frac{1}{n}} + 1 \qquad (1)$$

用 $x_i - 1$ 代替式(1)中的 x_i,有

$$\left(\prod_{i=1}^{n} x_i\right)^{\frac{1}{n}} \geqslant \left(\prod_{i=1}^{n}(x_i-1)\right)^{\frac{1}{n}} + 1$$

即

$$\left(\prod_{i=1}^{n}(x_i-1)\right)^{\frac{1}{n}} \leqslant \left(\prod_{i=1}^{n} x_i\right)^{\frac{1}{n}} - 1 \qquad (2)$$

式(1) ÷ 式(2),得

$$\prod_{i=1}^{n} \frac{x_i+1}{x_i-1} \geqslant \frac{\left(\left(\prod_{i=1}^{n} x_i\right)^{\frac{1}{n}} + 1\right)^n}{\left(\left(\prod_{i=1}^{n} x_i\right)^{\frac{1}{n}} - 1\right)^n} \qquad (3)$$

取 $x_i = r_i s_i t_i u_i v_i (i=1,2,\cdots,n)$,则由平均值不等式,有

$$\left(\prod_{i=1}^{n} x_i\right)^{\frac{1}{n}} \leqslant RSTUV \qquad (4)$$

又函数 $f(x) = \dfrac{x+1}{x-1} = 1 + \dfrac{2}{x-1}$ 在 $x > 1$ 时是递增的,由式(3)、式(4)结合单调性,不等式获证.

另证 先证辅助不等式.设 $y_i > 0$,则

$$\prod_{i=1}^{n}(1+y_i) \geqslant \left(1+\left(\prod_{i=1}^{n} y_i\right)^{\frac{1}{n}}\right)^n \tag{5}$$

实际上

$$\prod_{i=1}^{n}(1+y_i) = 1 + \sum_{k=1}^{n} \sum_{1 \leqslant i_1 < i_2 < \cdots < i_k \leqslant n} y_{i_1} y_{i_2} \cdots y_{i_k}$$

$$\geqslant 1 + \sum_{k=1}^{n} C_n^k \left(\prod_{i=1}^{n} y_i^r\right)^{\frac{1}{t}} \quad (\text{其中}, r = C_{n-1}^{k-1}, t = C_n^k,$$

$$\text{和中共有 } t = C_n^k \text{ 个项}, \text{含 } y_i \text{ 的项有 } r = C_{n-1}^{k-1} \text{ 个})$$

$$= 1 + \sum_{k=1}^{n} C_n^k \left(\prod_{i=1}^{n} y_i\right)^{\frac{k}{n}} = 1 + \sum_{k=1}^{n} C_n^k \left(\prod_{i=1}^{n} y_i^{\frac{1}{n}}\right)^k$$

$$= \left(1 + \left(\prod_{i=1}^{n} y_i^{\frac{1}{n}}\right)\right)^n \quad (\text{二项式定理})$$

所以式(5)成立. 令 $x_i = r_i s_i t_i u_i v_i (i = 1, 2, \cdots, n)$, 则

$$x_i > 1$$

$$RSTUV = \left(\frac{1}{n}\sum_{i=1}^{n} r_i\right)\left(\frac{1}{n}\sum_{i=1}^{n} s_i\right)\left(\frac{1}{n}\sum_{i=1}^{n} t_i\right)\left(\frac{1}{n}\sum_{i=1}^{n} u_i\right)\left(\frac{1}{n}\sum_{i=1}^{n} v_i\right)$$

$$\geqslant \left(\prod_{i=1}^{n} r_i\right)^{\frac{1}{n}} \left(\prod_{i=1}^{n} s_i\right)^{\frac{1}{n}} \left(\prod_{i=1}^{n} t_i\right)^{\frac{1}{n}} \left(\prod_{i=1}^{n} u_i\right)^{\frac{1}{n}} \left(\prod_{i=1}^{n} v_i\right)^{\frac{1}{n}}$$

$$= \left(\prod_{i=1}^{n} x_i\right)^{\frac{1}{n}} > 1$$

在式(5)中令 $y_i = x_i - 1$, 有

$$\left(\prod_{i=1}^{n} x_i\right)^{\frac{1}{n}} \geqslant 1 + \left(\prod_{i=1}^{n}(x_i - 1)\right)^{\frac{1}{n}} \tag{6}$$

要证的不等式即为

$$\prod_{i=1}^{n}\left(1 + \frac{2}{x_i - 1}\right) \geqslant \left[1 + \frac{2}{\left(\prod_{i=1}^{n} x_i\right)^{\frac{1}{n}} - 1}\right]^n \tag{7}$$

利用式(5)和式(6),有

$$\prod_{i=1}^{n}\left(1+\frac{2}{x_i-1}\right) \geqslant \left(1+\left(\prod_{i=1}^{n}\frac{2}{x_i-1}\right)^{\frac{1}{n}}\right)^n \geqslant \left[1+\frac{2}{(\prod_{i=1}^{n}x_i)^{\frac{1}{n}}-1}\right]^n$$

所以式(7)成立,故原不等式成立.

7. 显然,带形不能覆盖直线的充分必要条件是:直线与带形的边界不平行.因为 n 个带形的边界共有 $2n$ 条直线,从而一定存在一条直线 L,它不与这 $2n$ 条直线中的任何一条平行.设第 i 个带形覆盖 L 的长度为 a_i,则 $a_1+a_2+\cdots+a_n=a$ 为一有限数,所以 n 个带形没有覆盖直线 L,当然没有覆盖整个平面.矛盾.

8. 对于半径为 r 的圆,它与直线 L 没有公共点,则圆心可以作在何处?只能在以 L 为对称轴,边界与 L 平行,宽为 $2r$ 的带形外,于是,每一条直线作一个类似的带形,在所有带形外取一点 O 为圆心即可.设平面上给定了 n 条直线 $a_1, a_2, \cdots, a_n$,以 a_i 为"中线"作带形 D_i,使带形 D_i 的边界到 a_i 的距离都为 r.由 3.1 节例 7 的结论,n 个带形不能覆盖整个平面,从而必定有一个点 O 被这 n 个带形覆盖,以 O 为圆心、r 为半径的圆与 n 条直线 $a_1, a_2, \cdots, a_n$ 都没有公共点.

9. 最小的好数为 5,且 2005 是好数.

当 $|P_iP_j|$ 为有理数时,将线段染红色,否则染蓝色.对于有序三点组 (P_i, P_j, P_k),若 P_iP_j 与 P_jP_k, P_kP_j 都异色,则称 (P_i, P_j, P_k) 为一个好组,并称 P_iP_j 为好边.显然,所谓 n 是好的,等价于 n 阶有色图中,每一条边都是好边.

(1)首先,$n=3$ 显然不是好数,因为任何三角形中至多有一条边是好边.

其次,$n=4$ 也不是好数.若不然,假设 P_1, P_2, P_3, P_4 满足条件,因为 P_1P_2, P_2P_3 为好边,对应的好组为 $(P_1, P_2, P_3), (P_2, P_3, P_4)$,则 $(P_2, P_4, P_1), (P_2, P_4, P_3)$ 均不是好组(图 3.6),所以 P_2P_4 不是好边,矛盾!

最后,$n=5$ 是好数.以下 5 个格点满足条件:$(5,0), (13,6), (13,9), (9,12), (0,12)$(图 3.7).

3 加强命题

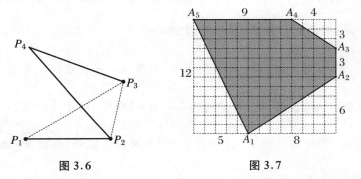

图 3.6 图 3.7

(2) 找一个充分条件,我们证明: $n \geqslant 8$ 都是好数,从而 2005 是好数.

当 $n = 8, 3k + r(k \geqslant 3, r \in \mathbf{N})$ 时,易证: $n^2 + 1$ 和 $n^2 + 4$ 都不是完全平方数,实际上,若 $n \geqslant 2$,有 $n^2 < n^2 + 1 < n^2 + 4 < (n+1)^2$. $n = 8, 3k + r(k \geqslant 3, r \in \mathbf{N})$ 的构造如图 3.8、图 3.9 所示.

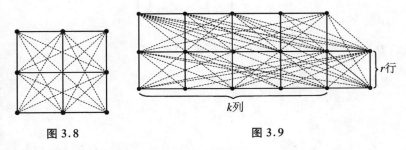

图 3.8 图 3.9

上述构造也可统一为如图 3.10 所示的形式.

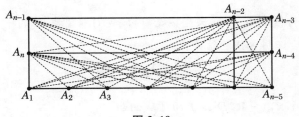

图 3.10

10. 不妨设 $|P_0P_1| \leqslant |P_0P_2| \leqslant \cdots \leqslant |P_0P_n|$,不等式成立的一个充分条件是:对任意正整数 k,都有 $|P_0P_k| > \dfrac{d}{3}\sqrt{k+1}$. 显然,$|P_0P_k| \geqslant d \geqslant \dfrac{d}{3}\sqrt{k+1}$ 对 $k=1,2,\cdots,8$ 均成立,只有 $k=8$ 时右边取等号. 所以,只要证明当 $k \geqslant 9$ 时,有 $|P_0P_k| > \dfrac{d}{3}\sqrt{k+1}$ 即可. 以 $P_i(i=0,1,2,\cdots,k)$ 为圆心、$\dfrac{d}{2}$ 为半径画 $k+1$ 个圆,它们两两相离或外切. 以 P_0 为圆心、$|P_0P_k|+\dfrac{d}{2}$ 为半径画圆,这个圆覆盖上述 $k+1$ 个圆,所以

$$\pi\left(|P_0P_k|+\dfrac{d}{2}\right)^2 > (k+1)\pi\left(\dfrac{d}{2}\right)^2 \Rightarrow |P_0P_k| > \dfrac{d}{2}(\sqrt{k+1}-1)$$

由 $k \geqslant 9$ 易知

$$\dfrac{\sqrt{k+1}-1}{2} > \dfrac{\sqrt{k+1}}{3}$$

所以 $|P_0P_k| > \dfrac{d}{3}\sqrt{k+1}$ 对 $k \geqslant 9$ 也成立.

综上所述,对任意正整数 k 都有

$$|P_0P_k| > \dfrac{d}{3}\sqrt{k+1}$$

故

$$|P_0P_1| \times |P_0P_2| \times \cdots \times |P_0P_n| > \left(\dfrac{d}{3}\right)^n \sqrt{(n+1)!}$$

11. 因为区域 K 的形状是非规则的,我们期望找 K 的一个规则的子区域 D,然后证明更强的结论:

$$D \geqslant \dfrac{\pi(11n^2+1)}{12}$$

设 $z=x+yi,x,y \in \mathbf{R}$,$D$ 是下面区域的面积:

$$\left\{z \,\bigg|\, \sqrt{\dfrac{|z-1|^2+|z-2|^2+\cdots+|z-n|^2}{n}} \leqslant n \right\} = D$$

3 加强命题

由均值不等式

$$\sum_{k=1}^{n}\frac{1}{|z-k|} \geq 1 \Leftrightarrow \frac{n}{\sum_{k=1}^{n}\frac{1}{|z-k|}} \leq n$$

知 D 是 K 的子集(子区域). 下面计算 D 的面积. 因为

$$\left(\frac{1}{n}\sum_{k=1}^{n}|z-k|^2\right)^{\frac{1}{2}} = \left(\frac{1}{n}\sum_{k=1}^{n}((x-k)^2+y^2)\right)^{\frac{1}{2}}$$

$$= \left(x^2 - \frac{2x}{n}\sum_{k=1}^{n}k + \frac{1}{n}\sum_{k=1}^{n}k^2 + y^2\right)^{\frac{1}{2}}$$

$$= \left(x^2 - (n+1)x + \frac{(n+1)(2n+1)}{6} + y^2\right)^{\frac{1}{2}}$$

$$= \left(\left(x-\frac{n+1}{2}\right)^2 + y^2 + \frac{n^2-1}{12}\right)^{\frac{1}{2}}$$

所以

$$D = \left\{x+yi \,\Big|\, \left(x-\frac{n+1}{2}\right)^2 + y^2 \leq \frac{11n^2+1}{12}\right\}$$

而 D 的面积为 $\dfrac{\pi(11n^2+1)}{12}$, 故

$$K \geq \frac{\pi(11n^2+1)}{12}$$

命题获证.

12. 对于 S 的一个 10 元子集,如果其中 10 个数无论怎样均分成两组,总有一组中存在一个数与另外 4 个数都互质,而另一组中存在一个数与另外 4 个数都不互质,则称该子集为一个好子集.

我们先构造一个集合 A,使 A 不存在好子集,一个充分条件是:A 中任何两数均不互质. 这又只需 A 中的数的最大公约数大于 1. 为了使 A 尽可能大,取 A 中的数的最大公约数为 2,得到构造:设 $A = \{x \mid x$ 为偶数,$x \in S\}$,则 $|A| = 49$,并且 A 中任何两数均不互质,所以 A 不存在好子集,所以 $n \geq 50$.

下面证明 S 的任一 50 元子集 T 存在好子集. 用反证法, 假设 T 不存在好子集. 令 $B_1 = \{1, 53, 59, 61, 67, 71, 73, 79, 83, 89, 97\}$ 为 1 和大于 49 小于 100 的质数组成的集合, 则 $|B_1| = 11$.

(1) 如果 $B_1 \cap T \neq \varnothing$, 设 $a \in B_1, a \in T$, 显然 a 与 T 中其他数均互质, 所以 T 中不存在 9 个数有公因子, 至多有 8 个偶数, 8 个 3 的倍数. 因为

$$C = \{x \mid x \text{ 为奇数}, 3 \mid x, x \in S\}$$

则 $|C| = 16$, 所以

$$|T| \leqslant 8 + 8 + (98 - 49 - 16) = 49$$

矛盾, 所以 $B_1 \cap T = \varnothing$. 令 $B_2 = \{13, 17, 19, 23, 29, 31, 37, 41, 43, 47\}$ 为大于 12 小于 49 的质数组成的集合, 则 $|B_2| = 10$.

(2) $B_1 \cap T = \varnothing, B_2 \cap T \neq \varnothing$, 则 T 中至多有 38 个奇数, 至少有 12 个偶数, $|T \cap A| \geqslant 12$. 设 B_2 中的 $b \in T$, 类似 (1), $T \cap A$ 中至多有 8 个与 b 互质. 因为 $\left[\dfrac{49}{b}\right] \leqslant 3$, 所以 $T \cap A$ 中不与 b 互质的至多有 3 个, $|T \cap A| \leqslant 11$, 矛盾, 所以

$$B_1 \cap T = B_2 \cap T = \varnothing$$

令

$$B_3 = \{5 \times 11, 5 \times 13, 5 \times 17, 5 \times 19, 7 \times 7, 7 \times 11, 7 \times 13\}$$

则 $|B_3| = 7$.

(3) $B_1 \cap T = B_2 \cap T = \varnothing, B_3 \cap T \neq \varnothing$, 则 T 中至多有 28 个奇数, $|T \cap A| \geqslant 22$. 设 B_3 中 $c \in T$, 类似 (1), $T \cap A$ 中至多有 8 个与 b 互质. 因为

$$\left[\dfrac{49}{5}\right] + \left[\dfrac{49}{11}\right] - \left[\dfrac{49}{5 \times 11}\right] = 13, \quad \left[\dfrac{49}{7}\right] = 7$$

所以 $T \cap A$ 中不与 c 互质的至多有 13 个, $|T \cap A| \leqslant 21$, 矛盾, 所以

$$B_1 \cap T = B_2 \cap T = B_3 \cap T = \varnothing$$

令

$$B_4 = \{5 \times 7, 5 \times 5, 3 \times 31, 3 \times 29, 3 \times 23, 3 \times 19,$$
$$3 \times 17, 3 \times 13, 3 \times 11\}$$

则 $|B_4| = 9$.

(4) $B_1 \cap T = B_2 \cap T = B_3 \cap T = \varnothing, B_4 \cap T \neq \varnothing$,则 T 中至多有 21 个奇数,$|T \cap A| \geqslant 29$. 设 B_4 中 $d \in T$,类似(1),$T \cap A$ 中至多有 8 个与 d 互质,因为

$$\left[\frac{49}{5}\right] + \left[\frac{49}{7}\right] - \left[\frac{49}{5 \times 7}\right] = 15, \quad \left[\frac{49}{3}\right] + \left[\frac{49}{11}\right] - \left[\frac{49}{3 \times 11}\right] = 19$$

所以 $T \cap A$ 中不与 d 互质的至多有 19 个,$|T \cap A| \leqslant 27$,矛盾,所以

$$B_1 \cap T = B_2 \cap T = B_3 \cap T = B_4 \cap T = \varnothing$$

令

$$B_5 = S - A - B_1 - B_2 - B_3 - B_4$$

则 $|B_5| = 12$,B_5 中的数最多有 2 个不同质因子($3 \times 5 \times 7 = 105 > 98$).

(5) $B_1 \cap T = B_2 \cap T = B_3 \cap T = B_4 \cap T = \varnothing, B_5 \cap T \neq \varnothing$,则 T 中至多有 12 个奇数,$|T \cap A| \geqslant 38$. 设 B_5 中 $s \in T$,类似(1),$T \cap A$ 中至多有 8 个与 s 互质,因为

$$\left[\frac{49}{3}\right] + \left[\frac{49}{5}\right] - \left[\frac{49}{3 \times 5}\right] = 22$$

所以 $T \cap A$ 中不与 s 互质的至多有 22 个,$|T \cap A| \leqslant 30$,矛盾. 所以

$$B_1 \cap T = B_2 \cap T = B_3 \cap T = B_4 \cap T = B_5 \cap T = \varnothing$$

T 中没有奇数,所以 $|T| \leqslant |A| = 49$,矛盾. 所以 S 的任一 50 元子集 T 中都存在这样 10 个数.

综上所述,$n_{\min} = 50$.

4 以充分条件分类

在数学解题的探索过程中,我们常这样想象:如果有××条件就好了!因为这个条件足以保证解题目标的实现,但由题设,这个条件未必存在.此时,我们可以以该条件是否存在为标准,对问题进行分类讨论.

也就是说,所谓以充分条件分类,就是想象题中有某一个条件,如果这个条件成立,则题中的结论必定成立.然后考虑,当这个条件不存在时,题中的结论是否同样成立.

值得指出的是,当所需要的条件不存在时,实质上也是增加了另一个条件:因为后面的讨论都是在题中的元素不具有上述性质的前提下进行的,其问题的处理也就变得容易些了.

4.1 为运用定理分类

在一些问题中,很容易联想到与之相关的某个熟悉的结论.但若该结论成立,则相关对象必须满足一定的约束条件.为了利用这样的结论解决问题,可先讨论结论所要求的条件皆满足的情形,然后再讨论条件不满足的情形,最终使问题获解.此外,有时为了保证某项工作可以继续进行,需要增设某种条件,但题设中并没有这样的条件,我们可以以该条件是否存在为标准进行分类处理.

例1 若将长度为 L 的线段任意分成两段,这两段线段与长度为 1,

4 以充分条件分类

2 的两条线段共 4 条线段中,必有 3 条线段可构成一个三角形,求 L 的取值范围.

分析与解 为叙述问题方便,如果一条线段任意分成两段,这两段线段与长度为 1,2 的两条线段共 4 条线段中,必有 3 条线段可构成一个三角形,则称该线段是"可任意 2-分割"的.

设长度为 L 的线段是"可任意 2-分割"的,为求 L 的取值范围,需要解决如下 2 个问题.

问题 1:如果长度为 L 的线段是"可任意 2-分割"的,则存在常数集合 M,使 $L \in M$.

问题 2:假设 $L \in M$,我们要证明长度为 L 的线段是"可任意 2-分割"的.

对于问题 1,由于难以从正面找到集合 M,可从反面入手,考虑线段长度 L 取哪些值时,其线段不是"可任意 2-分割"的.即存在一种分割:$L = a + b$,使 $(a, b, 1, 2)$ 中任意三个都不构成三角形.

由构成三角形的条件:$a + b > c$,$|a - b| < c$,可想象构造这样的分割:$L = a + b$,或者 a, b 都很小,则可能出现"$a + b < c$"(此时要求线段长 $L = a + b$ 很小);或者 a, b 中一个很小,另一个很大,则可能出现"$b - a > c$"(此时要求线段长 $L = a + b$ 很大,不妨假设 $b > a$),于是可分以下两种情况讨论:

(1) 当 L 很小时,考察分割:$L = a + b$.此时 a, b 都很小,所以不妨假定 $a < b < 1 < 2$,这样,$(a, b, 1, 2)$ 中没有三角形的条件是 $a + b \leqslant 1$.

由此可见,当 $L \leqslant 1$ 时,将线段分成长度相等的两段,此时 $\left(\dfrac{L}{2}, \dfrac{L}{2}, 1, 2\right)$ 中任意三个都不构成三角形,矛盾,所以 $L > 1$.

(2) 当 L 很大时,考察分割:$L = a + b$.此时可想象分割时使 a 很小,b 很大,从而可假定

$$a \leqslant 1 < 2 \leqslant b$$

现在考虑 a,b 取何值时，$(a,b,1,2)$ 中任意三个都不构成三角形，它等价于 $a,1,2$ 不构成三角形，且 $b,1,2$ 不构成三角形（因为此时能保证其他 2 组边都不构成三角形）．

为使 $a,1,2$ 不构成三角形，只需 $a+1\leqslant 2$，得 $a\leqslant 1$．

为使 $b,1,2$ 不构成三角形，只需 $1+2\leqslant b$，得 $b\geqslant 3$．

由此可见，只要 $a\in(0,1]$，$b\in[3,+\infty)$，则 $(a,b,1,2)$ 中任意三个都不构成三角形．

那么，L 在什么范围取值时，存在分割 $L=a+b$，使 $a\in(0,1]$，$b\in[3,+\infty)$？

一个显然的范围是
$$L=a+b\geqslant a+3>3$$

下面证明，当 $L>3$ 时，存在分割 $L=a+b$，使 $a\in(0,1]$，$b\in[3,+\infty)$，从而 $(a,b,1,2)$ 中任意三个都不构成三角形．

先取定 $a\in(0,1]$，为简单起见，可取区间端点，令 $a=1$，此时 $b=L-1$．为使 $b\in[3,+\infty)$，只需 $L-1\geqslant 3$，得 $L\geqslant 4$．

我们也可这样考虑：相应的 4 条线段长为 $(1,L-1,1,2)$，注意 $L>3$，有 $1<2<L-1$，所以其中任意三个都不构成三角形的条件是 $1+2\leqslant L-1$，同样得 $L\geqslant 4$．

于是，当 $L\geqslant 4$ 时，存在分割，其中任意三个都不构成三角形，矛盾．

再取定 $b\in[3,+\infty)$，同样可取区间端点，令 $b=3$，此时 $a=L-3$．要使 $a\in(0,1]$，只需 $L-3\leqslant 1$，得 $L\leqslant 4$．

我们也可这样考虑：相应的 4 条线段长为 $(3,L-3,1,2)$，注意 $3<L\leqslant 4$，有 $L-3\leqslant 1<2<3$，所以其中任意三个都不构成三角形的条件是 $(L-3)+1\leqslant 2$，同样得 $L\leqslant 4$．

于是，当 $3<L\leqslant 4$ 时，存在分割，其中任意三个都不构成三角形．

综合以上两种情况，可知 $L>3$ 时，都存在分割，其中任意三个都不构成三角形，矛盾，所以 $L\leqslant 3$．

综合(1),(2),有 $1<L\leqslant 3$.

注 以上两种情况可以合并处理:

当 $L>3$ 时,将 L 分成 $a=[L]$(表示小于 L 的最大整数)与 $b=L-[L]$(即 $L\notin \mathbf{Z}$ 时,$a=[L]$,$b=\{L\}$,当 $L\in \mathbf{Z}$ 时,$a=L-1$,$b=1$)两段,则 $a\geqslant 3$,$0<b\leqslant 1$.

因为 $a-b\geqslant 3-1=2$,所以 $(a,b,2)$,$(a,b,1)$ 都不构成三角形;

又 $a\geqslant 3=1+2$,所以 $(a,1,2)$ 不构成三角形;

而 $b\leqslant 1=2-1$,所以 $(b,1,2)$ 不构成三角形,矛盾.

再解决问题 2,当 $1<L\leqslant 3$ 时,设线段分成了 a,b 两段,其中 $a\leqslant b$,我们证明 $(a,b,1,2)$ 中有三角形.

注意到已有 $a+b>1$,所以先看看 $(a,b,1)$ 能否构成三角形,这只需考虑是否有 $b-a<1$(充分条件),由此找到了分类的标准.

(1) 若 $0\leqslant b-a<1$,由于 $a+b=L>1$,$0<b-a<1$,所以 $1,a,b$ 构成三角形.

(2) 若 $b-a\geqslant 1$,由于 $a>0$,必有 $1<b<3$,所以 $1,2,b$ 构成三角形.

综上所述,L 的取值范围是 $1<L\leqslant 3$.

上述问题可推广如下:

若将长度为 L 的线段任意分成 $n(n>1)$ 段,这 n 段与长度为 $1,2$ 的两条线段共 $n+2$ 条线段中,必有 3 条线段构成一个三角形,求证:

$$\frac{F_1+F_2+\cdots+F_n}{F_{n-1}+F_n}<L\leqslant 3$$

其中,$\{F_i\}$ 为斐波那契数列.

证明 用反证法.

(1) 若 $L\geqslant 3+\dfrac{1}{2}$,将 L 分成 $F_1 a$,$F_1 a$,$F_2 a$,$\cdots$,$F_{n-1} a$ 与 $L-\dfrac{1}{2}$ 共 n 段,其中

$$a = \frac{1}{2(F_1 + F_2 + \cdots + F_{n-1})}$$

则 $F_i a \leqslant \frac{1}{2}$.

对任何 $i < j < k$,因为

$$F_i + F_j \leqslant F_{j-1} + F_j \leqslant F_{k-2} + F_{k-1} = F_k$$

所以 $F_i a, F_j a, F_k a$ 不构成三角形.

此外,因为

$$F_i a + F_j a \leqslant \frac{1}{2} + \frac{1}{2} = 1 < 2 < L - 1$$

所以 $F_i a, F_j a$ 不能与 $L-1, 1, 2$ 中的任何一个构成三角形.

因为

$$F_i a \leqslant \frac{1}{2} < 2 - 1$$

所以 $1, 2, F_i a$ 不构成三角形.

因为

$$1 + 2 \leqslant L - 1$$

所以 $1, 2, L-1$ 不构成三角形.

从而在 $n+2$ 条线段中,没有 3 条线段可构成一个三角形,与题意矛盾.

(2) 若 $3 < L < 3 + \frac{1}{2}$,将 L 分成 $F_1 a, F_2 a, \cdots, F_{n-1} a$,与 $L-3$ 共 n 段,其中 $\{F_i\}$ 为斐波那契数列,

$$a = \frac{L-3}{F_1 + F_2 + \cdots + F_{n-1}}$$

则 $F_i a \leqslant L - 3 < \frac{1}{2}$.

同样可知,$1, 2, F_1 a, F_2 a, \cdots, F_{n-1} a, L-3$ 中任何 3 个都不构成三角形,矛盾.

所以 $L\leqslant 3$.

其次,将 L 分成 $F_1a, F_2a, \cdots, F_na$ 共 n 段,其中 $\{F_i\}$ 为斐波那契数列,

$$a = \frac{L}{F_1 + F_2 + \cdots + F_n}$$

则 $F_1a, F_2a, \cdots, F_na$ 中任何 3 个都不构成三角形.

由于 $F_ia \leqslant \frac{1}{2}$,所以 $1, 2, F_ia$ 不构成三角形.

所以必存在 F_ia, F_ja,使其与 1 或 2 构成三角形,于是 $F_ia + F_ja > 1$.

所以 $F_{n-1}a + F_na \geqslant F_ia + F_ja > 1$,解得

$$L > \frac{F_1 + F_2 + \cdots + F_n}{F_{n-1} + F_n}$$

综上所述,有

$$\frac{F_1 + F_2 + \cdots + F_n}{F_{n-1} + F_n} < L \leqslant 3$$

遗留问题:若 $\frac{F_1 + F_2 + \cdots + F_n}{F_{n-1} + F_n} < L \leqslant 3$,将长度为 L 的线段任意分成 $n(n>1)$ 段,则在这 n 段与长度为 $1, 2$ 的两条线段共 $n+2$ 条线段中,是否必有 3 条线段构成一个三角形?

这个问题,留给读者探讨.

例 2 给定自然数 n. 若 n 阶简单图 G 中,任何 4 个点中都至少有一个点与该 4 点组中的其他 3 点相连,问: G 中与其他所有顶点都相连的点至少有多少个?(原创题)

分析与解 为叙述问题方便,我们称图 G 中与其他顶点都相连的点为 G 的奇异点, n 阶图 G 中所有奇异点的个数记为 $f(n)$.

考察解题目标,我们要找到常数 c,使对任何合乎题意的图 G,有 $f(n) \geqslant c$.

再考察条件:任何 4 个点中都有 1 个点与其他 3 个点相连. 为叙述问题方便,如果一个 4 点组中存在一个点与该 4 点组中的其他 3 点都相连,

我们则称该点为该 4 点组的一个奇异点,简称"局部奇异点". 这样, 题设条件可以表述为: 任何 4 点组都有局部奇异点.

这个条件有何实际意义呢? 考察其反面, 假设存在一个不含局部奇异点的 4 点组, 则该 4 点组中含有一个"虚边 2-匹配", 即有 2 条没有公共顶点的虚边. 由此可见, 题给条件可以等价表述为: G 中不存在虚边 2-匹配.

由条件可知, 若取定 G 的一条虚边 e, 则 G 中除 e 的两端点外的其他点都两两相邻(否则有虚边 2-匹配), 由此即可找到众多的奇异点.

但 G 中一定有虚边吗? 为利用上述结论, 我们需要分类讨论.

(1) 若 G 中所有点都相邻, 则 $f(n) = n$.

(2) 若 G 中存在两个点 x, y 不相连, 则 x, y 都不是奇异点. 在 G 中任取 x, y 以外的两个互异点 u, v, 由题设, 4 点组 (x, y, u, v) 中有一个局部奇异点, 这个点只能是 u, v 之一, 于是 u, v 相连.

由 u, v 的任意性, 知 $G' = G \setminus \{x, y\}$ 构成一个 K_{n-2}. 因为 K_{n-2} 中的点都相连, 这些点几乎都可以成为奇异点, 现在考虑 K_{n-2} 中至少有多少个奇异点.

在 K_{n-2} 中任取两点 u, v, 我们证明其中必有一个为奇异点. 实际上, 考察由 u, v 连同前面的两点 $x, y (x, y$ 不相连) 构成的 4 点组 (x, y, u, v), 其中有一个局部奇异点, 这个点只能是 u, v 之一, 不妨设为 u, 则点 u 与 x, y 都相连. 又 u 与 K_{n-2} 中每一个点都相连, 从而 u 为奇异点.

由此可知, 对 $G' = K_{n-2}$ 中任何两个点, 其中必有一个是奇异点. 这样, 假设 $G' = K_{n-2}$ 中存在一个点 u 不是奇异点, 则对 $G' = K_{n-2}$ 中任何点 v, 由于 u, v 中有一个奇异点, 所以 v 是奇异点, 从而 G' 中至少有 $n - 3$ 个奇异点, 于是

$$f(n) \geqslant n - 3 \quad (G' = K_{n-2} \text{ 中至多除去 } u)$$

最后, 我们需要构造一个含有 $n - 3$ 个奇异点的图 G, 这是很容易的. 从上述估计中考察等号成立的条件, 即可发现在 n 阶完全图 K_n 中去掉一个三角形得到的图 G 合乎要求, 此时 G 有 $n - 3$ 个奇异点.

综上所述，G 中与其他所有顶点都相连的点至少有 $n-3$ 个.

例 3 设 G 为 $n(n\geq 5)$ 阶简单图. 若 G 有 e 条边，则必有两个恰有一个公共顶点的三角形，求 e 的最小值.

分析与解 我们称恰有一个公共顶点的两个三角形 APQ,AMN 为一个标准形，记为 $\{APQ,AMN\}$.

考察目标，我们需要找到常数 c，使 $e\geq c$.

可从反面考虑，构造一个边数尽可能多的图 G_0，使 G_0 中无标准形，这样便有 $e\geq \|G_0\|+1$.

由图论的基本知识可知，二部分图中没有三角形. 由此想到把 n 个点分成 M_1,M_2 两组，使 $|M_1|=\left[\dfrac{n+1}{2}\right]$，$|M_2|=\left[\dfrac{n}{2}\right]$. 作二部分图：$(M_1,M_2,E)$，然后在 M_1 中添加一条边得到图 G_0，此时

$$\|G_0\|=\left[\dfrac{n+1}{2}\right]\left[\dfrac{n}{2}\right]+1=\left[\dfrac{n^2}{4}\right]+1$$

但图中无标准形，所以 $e\geq \left[\dfrac{n^2}{4}\right]+2$.

下面证明，若 $e=\left[\dfrac{n^2}{4}\right]+2$，则 G 中必有标准形.

注意到一个标准形包含有 5 个顶点，其中有一个点与另外 4 个点都相连，我们称这个点为该 5 点组的一个奇异点.

下面采用局部逼近策略，为找标准形，先找奇异点.

对 n 归纳：当 $n=5$ 时，$e=8$. 此时 G 为 5 阶完全图 K_5 去掉 2 条边，从而至少有一个奇异点，设为点 A，由它引出的 4 条边为 AB,AC,AD,AE.

考察以 B,C,D,E 为顶点构成的子图 G'，我们只需在 G' 中找一个 2-匹配.

由于 G' 是由一个 K_4 去掉两条边后的图形，而 K_4 中有 3 个两两没有公共边的 2-匹配：$(BC,DE),(CD,BE),(BD,CE)$，去掉 2 条边后其中至少

有一个2-匹配存在,这个2-匹配与前述4条边构成标准形,结论成立.

设结论对 $n-1$ 成立,考察 n 阶图 G,它有 $\left[\dfrac{n^2}{4}\right]+2$ 条边.

为了利用归纳假设,需要去掉一个点,使剩下的图至少有 $\left[\dfrac{(n-1)^2}{4}\right]+2$ 条边,一个充分条件是 G 中有一个顶点的度不大于 $\left[\dfrac{n}{2}\right]$,我们以此为标准进行分类讨论.

(1) 如果 G 中有一个顶点的度不大于 $\left[\dfrac{n}{2}\right]$,则去掉此点及连接此点的边,得到 $n-1$ 阶图 G'. 此时 G' 的边数为

$$e' \geqslant \left[\dfrac{n^2}{4}\right]+2-\left[\dfrac{n}{2}\right]=\left[\dfrac{n+1}{2}\right]\left[\dfrac{n}{2}\right]+2-\left[\dfrac{n}{2}\right]$$

$$=2+\left[\dfrac{n}{2}\right]\left[\dfrac{n-1}{2}\right]=2+\left[\dfrac{(n-1)^2}{4}\right]$$

所以由归纳假设, G' 中有标准对.

(2) 若 G 中所有点的度都大于 $\left[\dfrac{n}{2}\right]$,则有以下两种情况:

① 当 $n=2k(k\geqslant 3)$ 时

$$e \geqslant \left(\left[\dfrac{2k}{2}\right]+1\right)\times\dfrac{2k}{2}=k^2+k>k^2+2=\left[\dfrac{n^2}{4}\right]+2$$

与题目条件矛盾.

② 当 $n=2k+1(k\geqslant 3)$ 时,

$$e \geqslant \left(\left[\dfrac{2k+1}{2}\right]+1\right)\times\dfrac{2k+1}{2}=k^2+k+\dfrac{k+1}{2}$$

$$\geqslant k^2+k+2=\left[\dfrac{n^2}{4}\right]+2=e$$

所以,上述不等式成立等号,必有 $k=3$,即 $n=7$,且每个顶点的度都为

$$\left[\dfrac{2k+1}{2}\right]+1=4$$

设此时的图为 G_7,其顶点为 A,B,C,D,E,P,Q. 由于 $d(A)=4$,

不妨设 A 与点 B,C,D,E 相连,考察以 B,C,D,E 为顶点的子图 G'.

如果 G' 中有 2-匹配,则结论成立.

假设 G' 中不存在 2-匹配,我们考察 G' 中点的相连性.由于 G_7 中每个顶点的度都为 4,且 $G\backslash G'$ 中只有 3 个点,从而 B,C,D,E 在 G' 中的度至少是 1.

不妨设 B,C 相连.由假设知,D,E 不相连,于是 D,E 必与 B,C 中一个相连.不妨设 D,B 相连,则由假设可知,C,E 不相连,于是 C,B 相连,此时 C,D,E 之间无连线.

由于 C,D,E 在 G 中的度都为 4,从而 C,D,E 都与 P,Q 相连(图 4.1).

由于 P,Q 在 G_7 中的度为 4,但 P,Q 都不与 A,B 相连,从而 P,Q 相连,此时亦有标准形 $\{CAB,CPQ\}$.

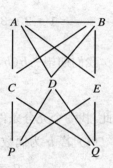

图 4.1

综上所述,得

$$e_{\min} = \left[\frac{n^2}{4}\right] + 2$$

例 4 求出所有这样的质数 p:存在整数 $b>1$,当 p 表成 b 进制数时,数码 $0,1,2,\cdots,b-1$ 都恰好使用一次,且首位不为 0.

分析与解 设 $p=(a_{b-1}a_{b-2}\cdots a_0)_b$,其中 $a_{b-1},a_{b-2},\cdots,a_0$ 是 $0,1,2,\cdots,b-1$ 的一个排列,且 $a_{b-1}\neq 0$.

下面设法求出所有合乎上述条件的 b,进而通过穷举求出 $a_{b-1},a_{b-2},\cdots a_0$.首先注意到 p 的范围:

$$\begin{aligned} p &= a_{b-1}b^{b-1} + a_{b-2}b^{b-2} + \cdots + a_1 b + a_0 \\ &\geqslant a_{b-1}b^{b-1} \geqslant b^{b-1} \geqslant b \end{aligned} \tag{1}$$

其次,设法将质数 p "分解"因式,以便利用质数 p 的因式只能是 1 和 p 建立等式.想象存在正整数 n,使 $n\mid p$,即 $p\equiv 0 \pmod{n}$.因为

$$p = a_{b-1}b^{b-1} + a_{b-2}b^{b-2} + \cdots + a_1 b + a_0$$
$$= a_{b-1}(b^{b-1} - 1) + a_{b-2}(b^{b-2} - 1) + \cdots$$
$$+ a_1(b - 1) + (a_0 + a_1 + a_2 + \cdots + a_{b-1})$$
$$= a_{b-1}(b^{b-1} - 1) + a_{b-2}(b^{b-2} - 1) + \cdots$$
$$+ a_1(b - 1) + (0 + 1 + 2 + \cdots + b - 1)$$
$$\equiv 1 + 2 + 3 + \cdots + b - 1 = \frac{1}{2}b(b-1)(\bmod(b-1)) \quad (2)$$

我们期望 $\frac{1}{2}b(b-1)$ 是 $b-1$ 的倍数，这样便有
$$p \equiv 0(\bmod\ b - 1)$$

为此，找一个充分条件，只需要 b 为偶数，以此为标准分类讨论．

(1) 若 b 为偶数，令 $b = 2m$，则由式(2)，有
$$p \equiv m(2m - 1) \equiv 0\ (\bmod 2m - 1)$$

但 p 为质数，所以 $2m - 1 = 1$ 或 p．

当 $2m - 1 = p$ 时，$b = 2m = p + 1 > p$，与式(1)矛盾，所以 $2m - 1 = 1$，解得 $m = 1, b = 2$，此时 $p = (10)_2 = 2$．

(2) 若 b 为奇数，令 $b = 2m + 1$，则由式(2)，有
$$p \equiv (2m + 1)m \equiv 1 \times m \equiv m(\bmod 2m)$$

所以 $2m \mid p - m$，于是 $m \mid p$，但 p 为质数，所以 $m = 1$ 或 p．

当 $m = p$ 时，$b = 2m + 1 > p$，与式(1)矛盾，所以 $m = 1$，解得 $b = 3$，此时 $p = a_2 b^2 + a_1 b^1 + a_0$，其中 a_2, a_1, a_0 是 $0, 1, 2$ 的一个排列，且 $a_2 \neq 0$，所以
$$(a_2, a_1, a_0) = (1, 0, 2), (1, 2, 0), (2, 0, 1), (2, 1, 0)$$

但其中只有 $p = (102)_3 = 11$，$p = (201)_3 = 19$ 为质数．

综上所述，所有合乎条件的质数 $p = 2, 11, 19$．

例 5 求证：任何不大于 $n!$ 的正整数，都可以表成 $n!$ 的不多于 n 个互异约数之和．(第 2 届全苏数学奥林匹克竞赛试题)

分析与证明 对 n 归纳. 当 $n=1$ 时, 结论成立.

设结论对 n 的情形成立, 即对任何正整数 $x \leqslant n!$, 有
$$x = x_1 + x_2 + \cdots + x_t$$
其中, $t \leqslant n$, $x_i \mid n!$, $x_1 < x_2 < \cdots < x_t$.

考虑 $n+1$ 的情形, 任取一个正整数 $x \leqslant (n+1)!$, 要证 x 可以表示成 $(n+1)!$ 的不多于 $n+1$ 个互异约数之和.

如何将其化归到 n 的情形? 这显然要找到相应的正整数 x', 使 $x' \leqslant n!$.

由条件 $x \leqslant (n+1)!$, 自然想到 $\dfrac{x}{n+1} \leqslant n!$, 于是发现一个充分条件:

若 $n+1 \mid x$, 则取 $x' = \dfrac{x}{n+1}$ 即可.

但 $n+1$ 一定整除 x 吗? 需要以此为标准进行分类讨论!

(1) 如果 $n+1 \mid x$, 则 $x' = \dfrac{x}{n+1}$ 为整数, 且 $x' \leqslant n!$, 由归纳假设, 有
$$x' = x_1 + x_2 + \cdots + x_t$$
于是
$$x = (n+1)x' = (n+1)x_1 + (n+1)x_2 + \cdots + (n+1)x_t$$
其中, $(n+1)x_1 < (n+1)x_2 < \cdots < (n+1)x_t$ 是 $(n+1)!$ 的互异约数, 结论成立.

(2) 如果 $n+1 \nmid x$, 则将 x 用模 $n+1$ 带余表示, 令
$$x = (n+1)y' + r \quad (0 < r < n+1)$$
由条件 $x \leqslant (n+1)!$, 知 $y' \leqslant n!$. 由归纳假设, 有
$$y' = x_1 + x_2 + \cdots + x_t$$
$$x = r + (n+1)y'$$
$$= r + (n+1)x_1 + (n+1)x_2 + \cdots + (n+1)x_t$$
而 $r < n+1$ 必是 $(n+1)!$ 的约数, 结论成立.

例 6 记 $S(n)$ 为正整数 n 的不同质因子构成的集合. 若正整数 $b > 1$, p 为质数, 且 $S(b^p - 1) = S(b-1)$, 则 $p = 2$, 且 $b+1$ 是 2 的方幂.

分析与证明 首先注意如下基本事实:

若 $x>1, y>1, (x,y)=1$,则 x, y 的质因数互不相同.

由此可见,若 $S(x) \subseteq S(y)$,则 $(x,y) \neq 1$. 由于
$$b^p - 1 = (b-1)(b^{p-1} + b^{p-2} + \cdots + b + 1)$$
于是
$$S(b^p - 1) = S(b-1) \Leftrightarrow S(b^{p-1} + b^{p-2} + \cdots + b + 1) \subseteq S(b-1)$$
由此可见,$b \neq 2$,从而 $b > 2$.

反设 p 为奇质数,为了导出矛盾,由上述基本事实,我们只需有
$$(b^{p-1} + b^{p-2} + \cdots + b + 1, b-1) = 1 \tag{1}$$
因为
$$b^{p-1} + b^{p-2} + \cdots + b + 1 = (b^{p-1} - 1) + (b^{p-2} - 1)$$
$$+ \cdots + (b-1) + p$$
所以
$$(b^{p-1} + b^{p-2} + \cdots + b + 1, b-1) = (p, b-1)$$
所以式(1)成立的一个充分条件是 $p \nmid b-1$,以此为标准分类讨论.

(1) 若 $p \nmid b-1$,则式(1)成立,矛盾.

(2) 若 $p \mid b-1$,则由 $S(b^{p-1} + b^{p-2} + \cdots + b + 1) \subseteq S(b-1)$,知 $b^{p-1} + b^{p-2} + \cdots + b + 1$ 含有因子 p. 此时,要提取公因式,使剩余的因子互质.

将 p 捆绑:设 $b - 1 = p^s \times t, s, t \in \mathbf{Z}_+, p \nmid t$,则 $b = p^s t + 1$,于是
$$b^p - 1 = (1 + p^s \times t)^p - 1 = p \times p^s \times t + C_p^2 \times (p^s \times t)^2 + \cdots$$
$$= p^{s+1} \times t(1 + p^s \times t \times x) \quad (x \in \mathbf{Z}_+)$$
所以
$$S(1 + p^s tx) \subseteq S(b^p - 1) = S(b-1)$$
因为
$$(1 + p^s \times t \times x, b-1) = (1 + p^s \times t \times x, p^s \times t) = 1$$
从而 $1 + p^s tx$ 与 $b-1$ 含有的质因数互不相同,这与 $S(1+p^s tx) \subseteq$

$S(b-1)$ 矛盾.

所以 $p=2$,于是,由 $S(b^2-1)=S(b-1)$,得
$$S(b+1)\subseteq S(b-1)$$

设 q 是 $b+1$ 的质因数,$q\in S(b+1)\subseteq S(b-1)$,矛盾,所以 $q\mid b-1$.又 $q\mid b+1$.所以 $q\mid 2$,从而 $q=2$,于是 $b+1$ 是 2 的幂.

另证 因为 $S(b^p-1)=S(b-1)$,而
$$b^p-1=(b-1)(b^{p-1}+b^{p-2}+\cdots+b+1)$$
所以
$$S(b^{p-1}+b^{p-2}+\cdots+b+1)\subseteq S(b-1)$$

任取质数 $q\in S(b^{p-1}+b^{p-2}+\cdots+b+1)$,则 $q\in S(b-1)$,所以
$$q\mid b^{p-1}+b^{p-2}+\cdots+b+1,\quad q\mid b-1$$
又
$$b^{p-1}+b^{p-2}+\cdots+b+1=(b^{p-1}-1)+(b^{p-2}-1)+\cdots$$
$$+(b-1)+1=(b-1)k+p$$

所以 $q\mid p$,但 p 为质数,所以 $q=p$,即
$$S(b^{p-1}+b^{p-2}+\cdots+b+1)=\{p\}$$
令
$$b^{p-1}+b^{p-2}+\cdots+b+1=(b-1)k+p$$
$$=p^t\quad (t\in \mathbf{N}_+) \qquad (1)$$
则
$$b^p-1=(b-1)(b^{p-1}+b^{p-2}+\cdots+b+1)=(b-1)p^t \qquad (2)$$
因为
$$p\in S(b^{p-1}+b^{p-2}+\cdots+b+1)\subseteq S(b-1)$$
所以
$$p\in S(b-1)$$
所以 $p\mid b-1$.

令 $b-1=pr$,则

$$b^p - 1 = (b-1)(b^{p-1} + b^{p-2} + \cdots + b + 1)$$
$$= (b-1)p^t = pr \times p^t = r \times p^{t+1}$$

反设 $p > 2$,则 p 为奇数,$p \mid C_p^{p-2}$.由上式有

$$r \times p^{t+1} + 1 = b^p = (rp+1)^p = (rp)^p + C_p^1(rp)^{p-1} + \cdots$$
$$+ C_p^{p-2}(rp)^2 + C_p^{p-1}rp + 1$$
$$r \times p^{t+1} = (rp)^p + C_p^1(rp)^{p-1} + \cdots + C_p^{p-2}(rp)^2 + C_p^{p-1}rp$$

两边同除以 rp^2,得

$$p^{t-1} = r^{p-1}p^{p-2} + r^{p-2}p^{p-2} + \cdots + C_p^{p-2}r + 1 \equiv 1 \pmod{p}$$

所以 $t=1$,代入式(1),得 $(b-1)k = 0$,但 $b > 1$,所以 $k = 0$,

$$b^{p-1} + b^{p-2} + \cdots + b + 1 = (b-1)k + p = p$$

与 $b > 1$ 矛盾,所以 $p = 2$.

将 $p=2$ 代入式(2),得 $b^2 - 1 = (b-1)p^t$,所以 $b+1 = p^t$,证毕.

例 7 设 $f(x) = x^n + a_{n-1}x^{n-1} + \cdots + a_1 x + a_0$ 是实系数多项式,其中 $|a_i| \leqslant 1 (i = 0, 1, \cdots, n-1)$,求证:对多项式的任何根 α,有 $|\alpha| < 2$.

分析与解 为建立关于 α 的不等式,可先建立关于 α 的等式,然后进行放缩变形.由题意,有 $f(\alpha) = 0$,即

$$\alpha^n + a_{n-1}\alpha^{n-1} + \cdots + a_1\alpha + a_0 = 0$$

且 $|a_i| \leqslant 1$.为估计 $|\alpha|$,可将等式中的 α^n 移至另一边,然后取模,得

$$-\alpha^n = a_{n-1}\alpha^{n-1} + \cdots + a_1\alpha + a_0$$

由绝对值不等式,有

$$|\alpha^n| = |a_{n-1}\alpha^{n-1} + \cdots + a_1\alpha + a_0|$$
$$\leqslant |a_{n-1}||\alpha|^{n-1} + \cdots + |a_1||\alpha| + |a_0|$$
$$\leqslant |\alpha|^{n-1} + \cdots + |\alpha| + 1$$

为了对上式右边利用等比数列的求和公式,需考虑 $|\alpha|$ 是否等于 1,以此为标准分类讨论.

(1) 若 $|\alpha| = 1$,不等式 $|\alpha| < 2$ 显然成立.

(2) 若 $|\alpha| \neq 1$,则

$$|\alpha^n| \leqslant |\alpha|^{n-1} + \cdots + |\alpha| + 1 = \frac{|\alpha|^n - 1}{|\alpha| - 1}$$

上式两边同除以$|\alpha^{n-1}|$,得

$$|\alpha| \leqslant \frac{|\alpha| - \frac{1}{|\alpha|^{n-1}}}{|\alpha| - 1} \tag{1}$$

我们期望有

$$\frac{|\alpha| - \frac{1}{|\alpha|^{n-1}}}{|\alpha| - 1} < 2$$

一个充分条件是$|\alpha| > 1$(保证分母大于 0,以便进一步放缩),又以此为标准分类讨论.

① 当$|\alpha| < 1$时,不等式$|\alpha| < 2$显然成立;

② 当$|\alpha| > 1$时,式(1)右边的分母为正,于是由式(1),有

$$|\alpha| \leqslant \frac{|\alpha| - \frac{1}{|\alpha|^{n-1}}}{|\alpha| - 1} < \frac{|\alpha|}{|\alpha| - 1}$$

解得$|\alpha| < 2$.

综上所述,不等式获证.

4.2 为简化问题分类

在一些问题中,很容易想到可将有关对象的表达形式或结构进行简化,但这种简化并非总是可以进行的,需要有一定的前提. 为了保证相应的简化工作可以进行,要先假定所需要的条件存在,然后再讨论条件不存在的情形,使问题获解.

例 1 给定$\alpha > 0, n \in \mathbf{N}_+$,求

$$S_n(\alpha) = \sum_{j=0}^{n-1}\left[\sqrt{\alpha + \frac{j}{n}}\right]$$

(用α, n表示)

分析与解 我们期望存在整数 k，使

$$k \leqslant \sqrt{\alpha + \frac{j}{n}} < k+1$$

$$k^2 \leqslant \alpha + \frac{j}{n} < (k+1)^2$$

此时便有 $\left[\sqrt{\alpha + \frac{j}{n}}\right] = k$，问题从而得到简化.

下面立足于估计 $\alpha + \frac{j}{n}$，希望将之限定在两个连续平方数之间. 但 α 非整数，我们用 $[\alpha]$ 来逼近 α. 因为 $[\alpha] \leqslant \alpha < [\alpha]+1$，所以

$$[\alpha] + \frac{j}{n} \leqslant \alpha + \frac{j}{n} < [\alpha] + \frac{j}{n} + 1$$

一种自然的想法是，能否由上述不等式推出

$$k^2 \leqslant \alpha + \frac{j}{n} < (k+1)^2$$

找充分条件，希望有

$$k^2 \leqslant [\alpha] + \frac{j}{n}$$

且

$$[\alpha] + \frac{j}{n} + 1 \leqslant (k+1)^2$$

这等价于

$$k^2 \leqslant [\alpha] + \frac{j}{n} \leqslant k^2 + 2k$$

再找充分条件，希望有

$$k^2 \leqslant [\alpha]$$

且

$$[\alpha] + 1 \leqslant k^2 + 2k$$

$$k^2 \leqslant [\alpha] \leqslant k^2 + 2k - 1$$

$$k^2 + 1 \leqslant [\alpha] + 1 \leqslant k^2 + 2k$$

$$k^2 < [\alpha] + 1 < (k+1)^2$$

这等价于$[\alpha]+1$非平方数. 下面以此为标准进行分类讨论.

(1) 当$[\alpha]+1$非平方数时,必存在正整数k,使
$$k^2 < [\alpha] + 1 < (k+1)^2$$
$$k^2 + 1 \leqslant [\alpha] + 1 \leqslant k^2 + 2k$$
$$k^2 \leqslant [\alpha] \leqslant k^2 + 2k - 1$$

所以
$$k^2 \leqslant [\alpha] \leqslant [\alpha] + \frac{j}{n} < [\alpha] + 1$$
$$\leqslant k^2 + 2k \quad (j = 0, 1, \cdots, n-1) \tag{1}$$

因为$[\alpha] \leqslant \alpha < [\alpha]+1$,所以
$$[\alpha] + \frac{j}{n} \leqslant \alpha + \frac{j}{n} < [\alpha] + \frac{j}{n} + 1$$

再结合式(1),有
$$k^2 \leqslant [\alpha] + \frac{j}{n} \leqslant \alpha + \frac{j}{n} < [\alpha] + \frac{j}{n} + 1$$
$$< (k^2 + 2k) + 1 = (k+1)^2$$

所以
$$\left[\sqrt{\alpha + \frac{j}{n}}\right] = k \quad (j = 0, 1, \cdots, n-1) \tag{2}$$

所以
$$S_n(\alpha) = \sum_{j=0}^{n-1} \left[\sqrt{\alpha + \frac{j}{n}}\right] = \sum_{j=0}^{n-1} k = nk$$

在式(2)中取$j=0$,得$k = [\sqrt{\alpha}]$,故
$$S_n(\alpha) = nk = n[\sqrt{\alpha}]$$

(2) 当$[\alpha]+1$为平方数时,设$[\alpha]+1 = k^2$, k为正整数,则$[\alpha] = k^2 - 1$,于是
$$k^2 - 1 \leqslant \alpha < k^2$$

$$(k-1)^2 \leqslant k^2 - 1 + \frac{j}{n}$$

$$\leqslant \alpha + \frac{j}{n} < k^2 + \frac{j}{n} \quad (j = 0, 1, \cdots, n-1)$$

此时,必存在 j_0,使 $j \leqslant j_0$ 时

$$(k-1)^2 \leqslant \alpha + \frac{j}{n} < k^2$$

而 $j \geqslant j_0$ 时

$$k^2 \leqslant \alpha + \frac{j}{n} < k^2 + \frac{j}{n} < k^2 + 1$$

所以,当 $j = 0, 1, \cdots, j_0$ 时

$$\left[\sqrt{\alpha + \frac{j}{n}}\right] = k - 1$$

而 $j = j_0 + 1, j_0 + 2, \cdots, n-1$ 时

$$\left[\sqrt{\alpha + \frac{j}{n}}\right] = k$$

所以

$$S_n(\alpha) = \sum_{j=0}^{n-1}\left[\sqrt{\alpha + \frac{j}{n}}\right] = \sum_{j=0}^{j_0}\left[\sqrt{\alpha + \frac{j}{n}}\right] + \sum_{j=j_0+1}^{n-1}\left[\sqrt{\alpha + \frac{j}{n}}\right]$$

$$= \sum_{j=0}^{j_0}(k-1) + \sum_{j=j_0+1}^{n-1} k$$

$$= (j_0 + 1)(k - 1) + (n - j_0 - 1)k = nk - j_0 - 1$$

由 j_0 的最小性可知,$\alpha + \frac{j_0}{n} < k^2$,而 $k^2 \leqslant \alpha + \frac{j_0 + 1}{n}$,所以

$$nk^2 - n\alpha - 1 \leqslant j_0 < nk^2 - n\alpha$$

$$n([\alpha] + 1) - n\alpha - 1 \leqslant j_0 < n([\alpha] + 1) - n\alpha$$

$$n - n\{\alpha\} - 1 \leqslant j_0 < n - n\{\alpha\}$$

$$n\{\alpha\} < n - j_0 \leqslant n\{\alpha\} + 1$$

$$n - j_0 = [n\{\alpha\}] + 1$$

$$j_0 = n - [n\{\alpha\}] - 1$$

所以

$$S_n(\alpha) = nk - j_0 - 1 = nk - n + [n\{\alpha\}]$$
$$= n\sqrt{[\alpha]+1} + [n\{\alpha\}] - n$$

综上所述,知

$$S_n(\alpha) = \begin{cases} n[\sqrt{\alpha}] & ([\alpha]+1 \text{ 非平方数}) \\ n[\sqrt{[\alpha]+1}] + [n\{\alpha\}] - n & ([\alpha]+1 \text{ 为平方数}) \end{cases}$$

例 2 求方程 $3x^4 + 5y^4 + 7z^4 = 11t^4$ 的正整数解 (x, y, z, t).(1988 年莫斯科数学奥林匹克竞赛试题)

分析与解 因为对任何整数 u,有 $u^4 \equiv 0$ 或 $1 \pmod 8$,为了使方程右边模 8 的余数唯一确定,可分 t 的奇偶情况讨论,使问题变得简单.

(1) 若 t 为奇数,则 $t^4 \equiv 1 \pmod 8$,有

$$3x^4 + 5y^4 + 7z^4 = 11t^4 \equiv 3 \pmod 8 \qquad (1)$$

但对任何整数 u,有 $u^4 \equiv 0$ 或 $1 \pmod 8$,于是

$$3x^4 \equiv 0 \text{ 或 } 3 \pmod 8$$
$$5y^4 \equiv 0 \text{ 或 } 5 \pmod 8$$
$$7z^4 \equiv 0 \text{ 或 } 7 \pmod 8$$

其中,只有 $3x^4 \equiv 3, 5y^4 \equiv 7z^4 \equiv 0 \pmod 8$ 合乎式(1),所以 x 为奇数,y, z 为偶数.

注意偶数的 4 次方,必含有因子 $2^4 = 16$,从而考虑 mod 16,有

$$0 \equiv 5y^4 + 7z^4 = 11t^4 - 3x^4 = 8t^4 + 3(t^4 - x^4)$$
$$= 8t^4 + 3(t^2 + x^2)(t+x)(t-x) \pmod{16} \qquad (2)$$

又 t, x 为奇数,所以 $t^2 + x^2, t+x, t-x$ 都是偶数.注意到 $16 \nmid 8t^4$,要由式(2)产生矛盾,一个充分条件是,3 个偶数 $t^2 + x^2, t+x, t-x$ 中有一个 4 的倍数,以此为标准进行分类讨论:

① 若 $t \equiv x \pmod 4$,则 $4 \mid t-x$,所以由式(2)得 $16 \mid 8t^4$,与 t 为奇数

矛盾.

② 若 $t \not\equiv x \pmod 4$,则 t,x 为奇数,它们一为 $4k+1$ 型数,一为 $4k-1$ 型数.于是,$4\mid t+x$,所以由式(2)得 $16\mid 8t^4$,与 t 为奇数矛盾.

(2) 若 t 为偶数,则
$$3x^4+5y^4+7z^4=11t^4\equiv 0\pmod 8$$

① 若 x,y,z 中至少有一个奇数,则由式(1),只能是
$$3x^4\equiv 3,\quad 5y^4\equiv 5,\quad 7z^4\equiv 0\pmod 8$$
于是 x,y 为奇数,z 为偶数.所以
$$3x^4+5y^4=7(t^4-z^4)+4t^4$$
$$=7(t^2+z^2)(t+z)(t-z)+4t^4\equiv 0\pmod{16}$$
但令 $x=2m+1,y=2k+1$,有
$$3x^4+5y^4=24m(3m+1)+40k(3k+1)+8\equiv 8\pmod{16}$$
矛盾.

② 若 x,y,z 都为偶数,则令
$$x=2^a x_1,\quad y=2^b y_1,\quad z=2^c z_1,\quad t=2^d t_1$$
又记 a,b,c,d 中最小者为 r,方程两边除以 2^r,得
$$3(2^{a-r}x_1)^4+5(2^{b-r}y_1)^4+7(2^{c-r}z_1)^4=11(2^{d-r}t_1)^4$$
由于 $2^{a-r}x_1,2^{b-r}y_1,2^{c-r}z_1,2^{d-r}t_1$ 中至少有一个为奇数,从而方程化为上述已讨论过的情形,同样无解.

综上所述,原方程没有正整数解.

例 3 求所有的函数 $f:\mathbf{Z}\to\mathbf{Z}$,使得对任意满足 $a+b+c=0$ 的整数 a,b,c,恒有
$$f(a)^2+f(b)^2+f(c)^2=2f(a)f(b)+2f(b)f(c)+2f(c)f(a)$$
(2012 年国际数学奥林匹克竞赛试题)

分析与解 先取若干满足 $a+b+c=0$ 的整数 a,b,c,代入题给的等式,由此发掘 f 的若干性质.

首先,满足 $a+b+c=0$ 的整数的最简单情形是(3 个数都为 0):$a=$

$b = c = 0$. 此时,有
$$3f(0)^2 = 6f(0)^2$$
所以 $f(0) = 0$.

其次,满足 $a + b + c = 0$ 的整数的另一简单情形是(1 个数为 0,不妨设 $c = 0$): $a + b = c = 0$. 此时,有
$$f(a)^2 + f(-a)^2 = 2f(a)f(-a)$$
即
$$(f(a) - f(-a))^2 = 0$$
于是 $f(a) = f(-a)$,所以 $f(n)$ 为 $\mathbf{Z}$ 上的偶函数. 由此可见,我们只需求 $f(n)(n \in \mathbf{N})$ 的表达式.

此外,由 $a + b + c = 0$,消去 c:将 $c = -a - b$ 代入等式,并注意到 $f(n)$ 为偶函数,我们有
$$f(a)^2 + f(b)^2 + f(a+b)^2 = 2f(a)f(b)$$
$$+ 2f(b)f(a+b) + 2f(a+b)f(a)$$
移项,配方,整理得
$$(f(b) - f(a+b))^2 = f(a)(2f(b) + 2f(a+b) - f(a)) \quad (1)$$

如果式(1)右边为 0,则问题变得相当简单,此时我们有
$$f(a+b) = f(b)$$
即 f 是一个以 a 为周期的函数.

显然,式(1)右边为 0 的一个充分条件是 $f(a) = 0$,以此为标准进行分类讨论:

如果方程 $f(n) = 0$ 存在非 0 整数根,我们先求出其整数根 a,然后求出 $f(n)$ 在一个周期内的表达式即可. 如果方程 $f(n) = 0$ 不存在整数根,我们再另作处理. 实际上,通过讨论发现,后一种情况是不存在的.

满足 $a + b + c = 0$ 的整数还有一种简单情形是(2 个数相等):将 $a = b, c = -2a$ 代入条件中的等式,得
$$f(2a)(f(2a) - 4f(a)) = 0 \quad (2)$$

由式(2),我们可找到 $f(n)=0$ 的一些整数根.比如,取 $a=1$,我们有
$$f(2)(f(2)-4f(1))=0$$

(1) 如果 $f(2)=0$,那么由上面的讨论,f 以 2 为周期.此时,对任意奇数 n 有 $f(n)=f(1)$,对任意偶数 n 有 $f(n)=f(2)=0$.所以
$$f(x)=\begin{cases} 0, & n\equiv 0 \pmod 2 \\ c, & n\equiv 1 \pmod 2 \end{cases}$$
其中,$c\in \mathbf{Z}$.容易验证该函数满足题目条件.

(2) 如果 $f(2)\neq 0$,则 $f(2)=4f(1)$,且 $f(1)\neq 0$.

注意到 $f(2)=4f(1)$ 具有 $f(n)=n^2\cdot f(1)$ 的形式,可以此为标准进行分类:

① 如果对所有整数 n,都有 $f(n)=n^2\cdot f(1)$ 成立,那么 $f(x)=cx^2$,其中 $c\in \mathbf{Z}$.容易验证该函数满足题目条件.

② 如果存在整数 n,使得 $f(n)\neq n^2 f(1)$,由于 f 是偶函数,不妨设 n 为自然数,那么显然 $n\geq 3$.

设 n 是使得 $f(n)\neq n^2 f(1)$ 的最小的正整数.令 $a=1,b=n-1,c=-n$,代入可得
$$f(1)^2+(n-1)4f(1)^2+f(n)^2$$
$$=2(n-1)^2 f(1)^2+2((n-1)^2+1)f(n)f(1)$$
$$(f(n)-n^2 f(1))\times(f(n)-(n-2)^2 f(1))=0$$
由假设,$f(n)\neq n^2 f(1)$,从而
$$f(n)=(n-2)^2 f(1) \tag{3}$$
再令 $a=n,b=2-n,c=-2$,代入可得
$$2(n-2)4f(1)^2+16f(1)^2$$
$$=2\times 4\times 2(n-2)^2 f(1)^2+2\times(n-2)^4 f(1)^2$$
由此得 $(n-2)^2=1$,即 $n=3$.

代入式(3),得 $f(3)=f(1)$.

令 $a=1,b=3,c=4$(因为 f 为偶函数,所以条件改成 $c=a+b$ 时仍

然成立),代入可得
$$f(4)^2 = 4f(4)f(1)$$
得 $f(4) = 0$ 或 $f(4) = 4f(1) = f(2)$.

如果 $f(4) \neq 0$,令 $a = 2, b = 2, c = 4$,代入可得
$$f(2)^2 + f(2)^2 + f(4)^2 = 2f(2)^2 + 4f(2)f(4)$$
得 $f(4) = 4f(2)$.

又 $f(4) = f(2)$,所以 $f(2) = 0$,矛盾. 因此 $f(4) = 0$,从而 f 以 4 为周期.

于是 $f(4k) = 0, f(4k+1) = f(4k+3) = c$ 以及 $f(4k+2) = 4c$.

容易验证这个解满足题目条件.

综上所述,函数方程的解为
$$f(x) = cx^2 \quad (c \in \mathbf{Z})$$
$$f(x) = \begin{cases} 0, & n \equiv 0 \pmod{2} \\ c, & n \equiv 1 \pmod{2} \end{cases} \quad (c \in \mathbf{Z})$$

以及
$$f(x) = \begin{cases} 0, & n \equiv 0 \pmod{4} \\ c, & n \equiv \pm 1 \pmod{4} \\ 4c, & n \equiv 2 \pmod{4} \end{cases} \quad (c \in \mathbf{Z})$$

例 4 设 $n, t \in \mathbf{N}, t \leqslant n$,且 $x_i (i = 1, 2, \cdots, t)$ 不被 n 整除,若 $x_i + x_j \equiv 0 \pmod{n} (1 \leqslant i < j \leqslant t)$,对所有合乎条件的正整数 $x_1, x_2, \cdots, x_t$,求数对 (i, j) 个数的最大值.

分析与解 对任何正整数 $x_1, x_2, \cdots, x_t$,设合乎条件的数对 (i, j) 的个数为 $p(t)$,则显然有 $p(t) \leqslant C_t^2$.

所以,我们首先考虑的是,能否存在这样的一种简单情形:存在正整数 $x_1, x_2, \cdots, x_t$,使 $p(t) = C_t^2$.

显然,要使 $p(t) = C_t^2$,必须对任何 x_i, x_j,都有
$$x_i + x_j \equiv 0 \pmod{n} \quad (1 \leqslant i < j \leqslant t)$$

上式成立的一个充分条件是 $x_i = x_j = \dfrac{n}{2}$，这就要求 n 为偶数，于是，以此为标准分类讨论.

(1) 若 n 为偶数，令 $x_1, x_2, \cdots, x_t = \dfrac{n}{2}$，则对一切数对 (i,j) $(1 \leqslant i < j \leqslant t)$，均有 $x_i + x_j = n \equiv 0 \pmod{n}$，从而合乎条件的数对 (i,j) 共有 $C_t^2 = \dfrac{t(t-1)}{2}$ 个.

(2) 若 n 为奇数，不妨设 $1 \leqslant x_i \leqslant n-1$（否则取 x_i 除以 n 所得的余数即可），并设满足 $x_i < \dfrac{n}{2}$ 的 x_i 的个数为 k，则满足 $x_i > \dfrac{n}{2}$ 的 x_i 的个数为 $t-k$. 因为

$$x_i + x_j \equiv 0 \pmod{n} \Leftrightarrow x_i + x_j = n$$

所以，x_i, x_j 中恰有一个小于 $\dfrac{n}{2}$，也恰有一个大于 $\dfrac{n}{2}$，不妨设 $x_i < \dfrac{n}{2}$，则 x_i 可取 t 个值，而 x_j 可取 $t-k$ 个值，所以

$$p(t) = k(t-k) \leqslant \left(\dfrac{k+t-k}{2} \right)^2 = \dfrac{t^2}{4}$$

因为 $p(t)$ 为整数，所以

$$p(t) \leqslant \left[\dfrac{t^2}{4} \right]$$

当 t 为偶数时，取 $x_1, x_2, \cdots, x_{\frac{t}{2}} = 1, x_{\frac{t}{2}+1}, x_{\frac{t}{2}+2}, \cdots, x_t = n-1$，有

$$p(t) = \left[\dfrac{t^2}{4} \right]$$

当 t 为奇数时，取 $x_1, x_2, \cdots, x_{\frac{t-1}{2}} = 1, x_{\frac{t+1}{2}}, x_{\frac{t+3}{2}}, \cdots, x_t = n-1$，有

$$p(t) = \left[\dfrac{t^2}{4} \right]$$

综上所述，可得

$$p(t)_{\max} = \begin{cases} \left[\dfrac{t^2}{4} \right] & (n \text{ 为奇数}) \\ \dfrac{t(t-1)}{2} & (n \text{ 为偶数}) \end{cases}$$

4 以充分条件分类

例5 已知平面上 10 个点,其中无 3 点在同一条直线上,每两点之间连一条线段,如果能将每条线段染上 $k(1\leqslant k\leqslant 10)$ 种颜色之一,使之满足:对于 10 个点中的任意 k 个点,它们之间两两相连的线段包含了所有的 k 种颜色,求所有满足条件的整数 k.(第 39 届国际数学奥林匹克竞赛预选题)

分析与解 因为题中已经限定 $1\leqslant k\leqslant 10$,从而 k 的取值不会太大,可以对各自然数 $1,2,\cdots,10$ 依次试验.

首先,显然 $k\neq 1,2$.

其次,若 $k=3$,则与点 A 相连的 9 条边中至少有 2 条同色,设为 AB,AC,那么,$\triangle ABC$ 的边至多包含 2 种颜色,矛盾,所以 $k\neq 3$.

此外,若 $k=4$,我们期望对任意一种染色方式,都可找到 4 个点,使它们之间两两相连的线段没有包含所有的 4 种颜色,我们称这样的 4 点组为奇异 4 点组.

在任意的染色方式中,各边颜色的搭配情况非常复杂,一种最能导致奇异 4 点组发生的简单情形是,由一点引出的同色边较多.以此为标准分类,可使各边颜色相对确定,问题变得简单得多.

有以下几种情况:

(1) 若有一点 A,由它引出 4 条同色边,设 AB,AC,AD,AE 为蓝色.如果 $BCDE$ 不构成奇异 4 点组,则完全四边形 $BCDE$ 中有蓝边,不妨设为 BC,此时 $\triangle ABC$ 是蓝边三角形(图 4.2).于是,完全四边形 $ABCD$ 中有 4 条边同为蓝边,连同 2 条其他颜色的边,至多包含 3 种颜色,所以 $ABCD$ 是奇异 4 点组,矛盾.

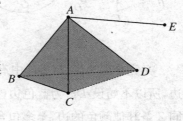

图 4.2

(2) 若不存在引出 4 条同色边的点,则考察由点 A 引出的 9 条边,归入 4 种颜色,由抽屉原理,必有 3 条同色,不妨设 AB,AC,AD 为蓝色.

因为 4 点组 $ABCD$ 不是奇异 4 点组,则完全四边形 $ABCD$ 包含 4 种颜色,从而 BC,CD,DB 都不是蓝色.

设 A,B,C,D 外的点的集合为 M,则因不存在引出 4 条同色边的点,由 A 只引出 3 条蓝色边,从而 M 中的点与 A 的连线都不是蓝边.

考察 M 中任意 3 点与 A 构成的 4 点组,它们都不是奇异 4 点组,从而该 4 点组中有蓝色边.由 3 点的任意性可知,M 中的每个三角形都包含蓝色边.

设 E 是 M 中一个点,考察点 E 在 M 中引出的 5 条边,由抽屉原理,要么有 3 条蓝边,要么有 3 条非蓝边.若为前者,设 3 条蓝边为 EF,EG,EH(图 4.3),由于 $\triangle FGH$ 中至少有一条蓝边,设为 FG,此时完全四边形 $EFGH$ 中有 4 条蓝色边,连同 2 条其他颜色的边,至多包含 3 种颜色,矛盾.

若为后者,设 3 条非蓝边为 EF,EG,EH(图 4.4),由于 $\triangle EFG$ 至少有一条蓝边,所以 FG 为蓝边,同理,GH,HF 都是蓝边,得到蓝色 $\triangle GFH$.

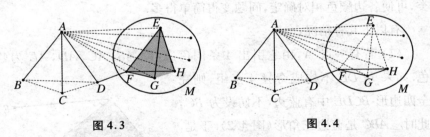

图 4.3　　　　　　　　　　图 4.4

又完全四边形 $BCDF$ 中有蓝色边,而前面已证明 $\triangle BCD$ 中无蓝色边,所以不妨设 DF 为蓝色边,则完全四边形 $DFGH$ 中有 4 条蓝色边,连同 2 条其他颜色的边,至多包含 3 种颜色,矛盾.

综合(1),(2),$k \neq 4$,从而 $k \geq 5$.

下面证明:所有正整数 $k \geq 5$ 都合乎条件.

首先,$k = 10$ 显然合乎条件.

4 以充分条件分类

当 $k=5$ 时,先考虑任何 5 点中都要有红色边,从而可以将 10 个点划分到 4 个抽屉,每个抽屉中任何两点都连红边,这样,任取 5 个点,归入 4 个抽屉,必有 2 点同抽屉,从而必有红边.

假设 10 个点的划分是红色的 $K_3+K_3+K_2+K_2$,但这时候只有 $3+3+1+1=8$ 条红边,想象旋转 5 次得到的 5 个不同位置,每一个位置对应的单色 $K_3+K_3+K_2+K_2$ 的颜色互不相同,这样便得到 40 条有色边,还有一些边没有染色. 也许剩下的边可以任意染色,但我们没有成功,从而设想另外的分割方式:它们是红色的 $K_4+K_2+K_2+K_2$,这种分割有 $6+1+1+1=9$ 条红边,旋转 5 次恰好得到 45 条边,如果我们能保证旋转过程中覆盖 K_{10} 的所有 45 条边,则构造合乎要求.

设 K_{10} 的 10 个顶点为 $0,1,2,\cdots,9$,将 K_{10} 的边分成如下 5 组:
$$S_1 = (0259, 13, 67, 48)$$
$$S_2 = S_1 + 2 = (2471, 35, 89, 60)$$
$$S_3 = S_2 + 2 = (4693, 57, 01, 82)$$
$$S_4 = S_3 + 2 = (1568, 79, 23, 04)$$
$$S_5 = S_4 + 2 = (3780, 91, 45, 26)$$

其中,$j_1 j_2 \cdots j_k (k=1$ 或 $2)$ 表示以 $j_1, j_2, \cdots, j_k$ 为顶点的完全 k 边形的所有边.

将 S_i 中的所有边都染第 i 色($i=1,2,3,4,5$),显然,如果想象 10 个点在同一个圆上,将圆周分割为 10 段相等的弧,则对 $i=1,2,3,4$,第 $i+1$ 组的边可由第 i 组的边绕正 10 边形的中心旋转 2 段弧而得到(图 4.5).

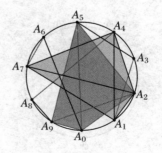

图 4.5

这种染色合乎要求,因为每一种颜色包含了所有 10 个点,且同色边都分成了 4 个完全图(抽屉),任取 5 个点,它们必定在每一个组中,由抽屉原理,必有两个点属于同一个完全图,此两点的连线为该色.

注意,分组的方法不是唯一的,比如,笔者的学生则给出了这样的分组:

$$(2369,05,14,78)$$
$$(3457,02,16,89)$$
$$(0468,13,27,59)$$
$$(0179,24,38,56)$$
$$(1258,03,49,67)$$

当 $6 \leqslant k \leqslant 9$ 时,先考虑任何 k 个点中都要有红色边,因为 $k \geqslant 6$,从而可以将 10 个点划分到 5 个抽屉,每个抽屉中任何两点都连红边,这样,任取 $k \geqslant 6$ 个点,归入 5 个抽屉,必有 2 点同抽屉,从而必有红边.

假设 10 个点的划分是红色的 $K_2 + K_2 + K_2 + K_2 + K_2$,一种自然的想法是:这 5 个 K_2 即 5 条边的"跨度"(相隔的弧的段数)互不相同,分别为 $1,2,\cdots,5$.从而可假定这 5 条边为 $\{16,37,29,80,45\}$,但此时,将其旋转 10 次,其中跨度为 5 的边"16"只有 $5 < k$ 个不同位置(总共只有 5 条不同直径),如果每旋转一次染一种新的颜色,则有一条直径被重复染色,构造不合要求.

但上述构造也给我们以启发,如果是奇数个点,则直径旋转后不会重复,于是想到将一个点 A_9 放在圆的中心,将 1 个与中心相连,其余 8 个点连 4 条跨度不同的边即可.特别地,可使其他边都与连中心的那条边垂直,然后旋转 9 次即可.

具体构造如下:

用 $A_0, A_1, A_2, \cdots, A_9$ 表示 10 个点,将 $A_0, A_1, A_2, \cdots, A_8$ 均匀地排列在圆周上,将 A_9 放在圆心.

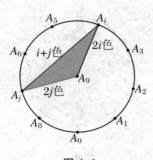

图 4.6

如图 4.6 所示,将 A_9 与 A_i 之间的连线染

第 $2i$ 种颜色(颜色编号按模 9 理解),而 A_i 与 A_j ($0 \leqslant i < j \leqslant 8$)之间的连线染第 $i+j$ 种颜色(如果 $k<9$,由于任何 k 点中含有 9 种颜色,从而第 $k+1, k+2, \cdots, 9$ 色的边都改为 1 色边即可).

上述构造中,9 种颜色中每一种颜色的边都出现 5 次,如图 4.7 所示,1 色边有 10,28,37,46,59(实际上,从图形上看,是半径 $A_9 A_5$ 及与该半径垂直的 4 条弦);2 色有 20,38,47,56,19(此色由 1 色边逆时针旋转 5 段弧得到,每个点标号增加 5,两点标号和增加 $10 \equiv 1 \pmod 9$),且每 5 条同色边恰好是一个 5-匹配(包含全部 10 个点,即任两条同色边不共点).

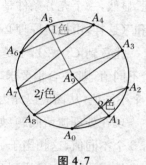

图 4.7

由于 $k \geqslant 6$,任取 k 个点,将其归入某种颜色的 5-匹配(5 个抽屉),必有 2 个点属于同一条边,从而含有该种颜色.

为实现目标分类

在一些问题中,容易发现解题目标在一种特殊的情况下显然成立,但这种特殊情况并不是问题的一般情形,仅仅是原问题的一个方面.此时,我们可先处理这一特殊情形,然后讨论该特殊情形之外的其他情形,使问题获解.

例 1 设正整数 n 具有如下性质:对任何 n 个不同的正整数,其中必定有 4 个不同的数 a, b, c, d,使 $20 \mid a+b-c-d$,求 n 的最小值.

分析与解 先考虑目标:$20 \mid a+b-c-d$.为便于推理,将其更换为另一种表述形式:
$$a+b-c-d \equiv 0 \pmod{20}$$
再将其变形为 $a+b \equiv c+d \pmod{20}$,则解题目标便具有抽屉原理的

特征.

由此容易想到,只需考虑题中 n 个不同的正整数关于模 20 的余数,然后对那些不同的"余数"进行捆绑:以每两个数的和为元素利用抽屉原理.显然,一个充分条件是,由那些不同的"余数"每两个的和可得到 21 个"和"(这样,由抽屉原理必有 2 个"和"相等).

注意到 $C_7^2 = 21$,于是,只要 n 个不同的正整数关于模 20 的余数有 7 个不同值,则 n 合乎要求.但 n 个不同的正整数关于模 20 的余数未必有 7 个不同值,从而应以此为条件进行分类讨论.

现在处理遗留问题:如果 n 个不同的正整数关于模 20 的余数至多有 6 个不同值,这相当于 n 个不同的正整数归入模 20 的剩余类只有 6 个非空抽屉,此时容易找到两个不同元素在同一抽屉(同余).由此又想到目标成立的另一个充分条件(等式两边各项对应相等):

$$a \equiv c \pmod{20}, \quad b \equiv d \pmod{20}$$

为了找到两个不同元素 a, c 在同一抽屉,只需 $n > 6$.在此假设下,取出这两个同余的元素,剩下 $n-2$ 个元素,我们还需要继续找两个不同元素 b, d 属于同一抽屉,这又只需 $n-2 > 6$,即 $n > 8$.

由以上讨论可知,$n = 9$ 合乎题目要求.

下面证明 $n \geqslant 9$,我们只需说明 $n = 8$ 不合乎题目要求.根据前面 $n = 9$ 合乎要求的证明可知,若 8 个数不合乎要求,则它们关于模 20 的余数至多有 6 个不同值,而且没有两对元素分别在同一个抽屉.所以,8 个数关于模 20 的余数恰有 6 个不同值,否则,8 个数关于模 20 的余数至多有 5 个不同值.因为 $8 > 5$,必有两个不同元素 a, c 在同一抽屉.取出这两个元素,剩下 6 个元素,而 $6 > 5$,又两个不同元素 b, d 在同一抽屉,矛盾.

进一步可知,8 个数关于模 20 的余数恰有 6 个不同值,且有 3 个数在同一抽屉(关于模 20 的余数相等).

考察 8 个数关于模 20 的余数,设其中有 3 个 1,接着,余数还可以取 2,3,但 $1+4=2+3$,可知余数不能取 4.接下来,余数还可以取 5,但 $1+6$

$=2+5, 1+7=3+5$,可知余数不能取 $6,7$. 接下来,余数还可以取 8,经过类似分析知道还可以取 13. 于是,令
$$A = \{21, 41, 61, 22, 23, 25, 28, 33\}$$
则 A 中不存在 4 个不同的数 a, b, c, d,使 $20 \mid a+b-c-d$,故 n 的最小值为 9.

例2 在 $n \times n$ 方格表中,已按某种方式填入了数 $1, 2, \cdots, n^2$,每个方格填一个数. 证明:可以删去一行和一列,使剩下的 $(n-1)^2$ 个数的和为偶数.

分析与证明 设棋盘中第 i 行、第 j 列的数为 x_{ij},第 i 行各数的和为 $a_i (1 \leqslant i \leqslant n)$,第 j 列各数的和为 $b_j (1 \leqslant j \leqslant n)$.

(1) 当 n 为奇数时,令 $n = 2k+1$,则
$$S = 1 + 2 + \cdots + n^2 = \frac{n^2(n^2+1)}{2}$$
$$= \frac{(2k+1)^2(4k^2+4k+2)}{2}$$
$$= (2k+1)^2(2k^2+2k+1)$$
为奇数,从而应使删去的数的和为奇数.

我们先随意去掉一行,比如去掉第一行.

① 若 a_1 为奇数,由于 S 为奇数,从而剩下的 $(n-1) \times n$ 棋盘 M' 中各数的和为偶数. 由于 M' 有奇数列,每列的和不能都为奇数(否则和为奇数),从而 M' 中必定有一列的和为偶数,去掉这一列,剩下各数的和仍为偶数,结论成立.

② 若 a_1 为偶数,由于 S 为奇数,从而剩下的 $(n-1) \times n$ 棋盘 M' 中各数的和为奇数,从而 M' 必有一列的和为奇数(否则和为偶数),去掉这一列,剩下各数的和为偶数,结论成立.

(2) 当 n 为偶数时,因为 $S = 1 + 2 + \cdots + n^2 = \frac{n^2(n^2+1)}{2}$ 为偶数,从而应使删去的数的和为偶数.

同上,我们先去掉第一行,有以下情况:

① 若 a_1 为奇数,由于 S 为偶数,从而剩下的 $(n-1)\times n$ 棋盘 M' 中各数的和为奇数.由于 M' 有偶数列,每列的和不能都为奇数(否则和为偶数),从而 M' 中必定有一列的和为奇数,去掉这一列,剩下各数的和为偶数,结论成立.

② 若 a_1 为偶数,由于 S 为偶数,从而剩下的 $(n-1)\times n$ 棋盘 M' 中各数的和为偶数,这时需要去掉一个和为偶数的列,但这样的列未必存在:因为 M' 有偶数列,有可能每列的和都为奇数.

对比①和②,发现:如果去掉的是"和为奇数"的行,则结论成立,由此找到分类标准:

当存在"和为奇数"的行时,则结论成立;当不存在"和为奇数"的行时,如何证明结论成立?

这种情况其实是很简单的:先由对称性,当存在"和为奇数"的列时,结论也成立.当所有行、列的和都为偶数时,假定去掉第 i 行、第 j 列,由于剩下的数为 $S-a_i-b_j+x_{ij}$,而 S 为偶数,于是只需 $a_i+b_j-x_{ij}$ 为偶数.又 a_i,b_j 都是偶数,从而只需 x_{ij} 为偶数,取 $x_{ij}=2$ 即可(也就是说,去掉"2"所在的行和列即可).

例3 给定整数 a,b,求证:若 ab 为偶数,则存在自然数 c,d,使得 $a^2+b^2+c^2=d^2$.

分析与解 先看条件"ab 为偶数",可知 a,b 中至少有一个是偶数.不妨设 a 为偶数,令 $a=2p$,则等式变为
$$4p^2+b^2+c^2=d^2 \tag{1}$$

从不同的角度审视式(1),可产生不同的解法.

审视角度1:观察两个未知数 c,d,发现它们具有"平方差"的结构,从而可以分解因式.实际上,由式(1),得
$$4p^2+b^2=d^2-c^2=(d-c)(d+c)$$

尽管上式左边不能分解因式,但我们可以将其看成一个积,即

$$1 \times (4p^2 + b^2) = (d-c)(d+c)$$

于是,上式成立的一个充分条件是两个因式"对应相等".令
$$4p^2 + b^2 = d + c \quad (1 = d - c)$$
得
$$d = 2p^2 + \frac{b^2+1}{2}, \quad c = 2p^2 + \frac{b^2+1}{2} - 1$$

但这样的 b,c 一定合乎要求吗?要使其合乎要求,只需增加一个条件:b 是奇数.至于 b 是偶数的情形,我们再另外处理.

(1) 若 b 是奇数,令 $b = 2q+1$,则等式变为
$$4p^2 + (2q+1)^2 = (d-c)(d+c)$$
令
$$d - c = 1, \quad d + c = 4p^2 + 4q^2 + 4q + 1$$
得
$$d = 2p^2 + 2q^2 + 2q + 1, \quad c = 2p^2 + 2q^2 + 2q$$

(2) 若 b 是偶数,令 $b = 2q$,则等式变为
$$2(2p^2 + 2q^2) = (d-c)(d+c)$$
令
$$d - c = 2, \quad d + c = 2p^2 + 2q^2$$
取
$$c = p^2 + q^2 - 1, \quad d = p^2 + q^2 + 1$$
即可.

审视角度 2:式(1)右边为平方数 d^2,自然想到将式(1)左边配方.虽然不能统一配方,但分 b 的奇偶性讨论,便可实施配方!

先看 b 是奇数的情形,令 $b = 2q+1$,则式(1)变为
$$c^2 + 4p^2 + 4q^2 + 4q + 1 = d^2$$
上式左边比较复杂(项较多),但若将 $4p^2 + 4q^2 + 4q + 1$ 看作 $4k+1$,则等式变成

$$c^2 + 4k + 1 = d^2$$

此时,取 $c = 2k$,则上式左边为完全平方,即

$$(2k+1)^2 = d^2$$

于是 $d = 2k + 1$,结论成立.

若 b 是偶数,令 $b = 2q$,则等式变为

$$4p^2 + 4q^2 + c^2 = d^2$$

再令 $p^2 + q^2 = k + 1$,则上式变为

$$c^2 + 4k + 4 = d^2$$

此时,取 $c = k$,则上式左边为完全平方,即

$$(k+2)^2 = d^2$$

于是 $d = k + 2$,结论成立.

注:本题中,若 ab 为奇数,则不存在自然数 c, d,使得

$$a^2 + b^2 + c^2 = d^2$$

实际上,假定存在自然数 c, d,使得

$$a^2 + b^2 + c^2 = d^2$$

因为 ab 为奇数,所以 a, b 都是奇数. 令 $a = 2p + 1, b = 2q + 1$,则等式变为

$$(2p+1)^2 + (2q+1)^2 + c^2 = d^2$$
$$(d-c)(d+c) = 4p^2 \cdot 4p + 4q^2 + 4q + 2$$

因为 $2 | 4p^2 + 4q^2 + 4q + 2$,所以 $2 | (d-c)(d+c)$,所以 $d-c, d+c$ 中至少有一个为偶数. 又 $d-c, d+c$ 的奇偶性相同,所以 $d-c, d+c$ 都是偶数,所以 $4 | (d-c)(d+c)$,于是

$$4 | 4p^2 + 4q^2 + 4q + 2$$

矛盾.

例 4 设 $f_1 = (a_1, a_2, \cdots, a_n)$ 是整数序列 ($n > 2$),对 $f_k = (c_1, c_2, \cdots, c_n)$,定义 $f_{k+1} = (c_{i_1}, c_{i_2}, c_{i_3} + 1, c_{i_4} + 1, \cdots, c_{i_n} + 1)$,其中 $c_{i_1}, c_{i_2}, \cdots, c_{i_n}$ 是 $c_1, c_2, \cdots, c_n$ 的一个排列(操作实际上就是将其中任意 $n - 2$ 个

分量加 1). 试给出 f_1 满足的充要条件, 使对任何满足条件的 $(a_1, a_2, \cdots, a_n)$ 及 n, 存在 k, 而 f_k 的各个分量都相等. (26 届国际数学奥林匹克竞赛备选题)

分析与解 由操作的目标状态, 可以看出, 原操作 A 等价于操作 B: 从 $a_1, a_2, \cdots, a_n$ 中选出两个数各减去 1 (考察元素"少"的那一边). 实际上, 操作 B 是原操作 A 与操作 "A': 每个数都减少 1" 合并而成, 而操作 A' 不改变问题的结论.

操作 B 具有显然的不变性: $S = \sum_{i=1}^{n} a_i$ 的奇偶性不变.

由此可见, 如果最终状态与初始状态对应的和 S 的奇偶性不同, 则操作目标不能实现.

在最终状态中, $S = b_1 + b_2 + \cdots + b_n = nb_1$, 它的奇偶性是什么? 为了确定其奇偶性, 一个充分条件是 n 为偶数. 以此为分类标准进行分类讨论.

(1) 若 n 为偶数, 令 $n = 2m$.

此时, 目标状态为偶数, 只有初始状态 $a_1 + a_2 + \cdots + a_n$ 也为偶数时才能实现目标, 这样又找到一个分类讨论标准.

① $a_1 + a_2 + \cdots + a_n$ 为奇数.

由于每次操作使 $a_1 + a_2 + \cdots + a_n$ 的奇偶性不变, 而最终 $b_1 + b_2 + \cdots + b_n = nb_1$ 为偶数, 但最初 $a_1 + a_2 + \cdots + a_n$ 为奇数, 矛盾. 此时, 目标状态无法实现.

② $a_1 + a_2 + \cdots + a_n$ 为偶数.

我们将 $a_1, a_2, \cdots, a_n$ 分成两组, 令

$$S_1 = a_1 + a_2 + \cdots + a_m, \quad S_2 = a_{m+1} + a_{m+2} + \cdots + a_{2m}$$

再找一个充分充分条件: 如果 $S_1 = S_2$, 那么, 我们可以这样操作来实现目标: 每次操作保持 $a_1, a_2, \cdots, a_n$ 中的最小数不变, 并在每一个组中各取一个数同时减去 1. 若干次操作后, 可使各数都变得与其最小数相等.

如果 $S_1 \neq S_2$,则先适当操作,使两组对应的和 S_1', S_2' 相等.实际上,因为

$$S_1 - S_2 \equiv S_1 + S_2 \equiv a_1 + a_2 + \cdots + a_n \equiv 0 \pmod{2}$$

不妨设 $S_1 - S_2 = 2k(k \in \mathbf{N})$,则对 S_1 操作 k 次,得到 S_1',而 S_2 不变,即 $S_2' = S_2$. 此时 $S_1' = S_2'$.

现对此序列进行前述操作,可使各数变得相等,故目标状态可以实现.

(2) 若 n 为奇数,令 $n = 2m + 1$.

此时的操作目标是很容易实现的:考察 $n = 3$ 的特例,即可发现操作 B 等价于将其中一个数增加 1.实际上,对于 $n = 2m+1$,将其中 $2m$ 个数分成 m 组,每组实施一次 B 操作,则可使 $2m$ 个不同的项减少 1,这等价于第 $2m+1$ 个项增加 1.

我们把这 m 次 B 操作合并看作一个大操作 C,则操作 C 可使序列中的一个项增加 1.

这样,利用操作 C,将每个项都逐步增加到与最大的项相等,即可实现各数相等的目标状态.

综上所述,序列 f_1 满足的充要条件为:n 为奇数,或 n 与 $a_1 + a_2 + \cdots + a_n$ 都为偶数.

例 5 已知向量 $a_1, a_2, \cdots, a_n$ 的模均不大于 1,试证:可将向量分成两组 A, B(A, B 之一可为空集),使 $\big| |S(A)| - |S(B)| \big| \leqslant 1$,其中 $S(X)$ 表示集合 X 中的向量之和,并规定 $S(\varnothing) = 0$.

分析与证明 有一种情况是不证自明的:如果 $a_1 + a_2 + \cdots + a_n = 0$,则将 $a_1, a_2, \cdots, a_n$ 归入同一组,结论显然成立.

下面考虑 $a_1 + a_2 + \cdots + a_n \neq 0$ 的情形.

因为分组 (A, B) 只有有限多种情况,必存在一种分组 (A, B),使 $\big| |S(A)| - |S(B)| \big|$ 最小.记此时的

$$A = \{a_1, a_2, \cdots, a_k\}, \quad B = \{a_{k+1}, a_{k+2}, \cdots, a_n\}$$

4 以充分条件分类

下面证明:此时有 $\|S(A)|-|S(B)\| \leqslant 1$.

不妨设 $|S(A)| \leqslant |S(B)|$,我们要证明 $|S(B)|-|S(A)| \leqslant 1$.

用反证法,假设 $|S(B)|-|S(A)|>1$,此时 $|S(B)|>|S(A)|$. 我们适当调整分组,使 $\|S(A')|-|S(B')\|$ 更小来导出矛盾.

一种自然的想法是,使 $|S(B)|-|S(A)|$ 中的"减数"增大,则其差减小.

于是,将 a_{k+1} 归入组 A,令
$$A' = A \cup \{a_{k+1}\}, \quad B' = B \setminus \{a_{k+1}\}$$
我们期望证明:
$$\|S(A')|-|S(B')\| < |S(B)|-|S(A)|$$
注意到 $|S(B)|-|S(A)|>1$,利用中间点技巧,只需证明
$$\|S(A')|-|S(B')\| \leqslant 1 \tag{1}$$
为了去掉绝对值符号,可先讨论 $|S(A')|-|S(B')|$ 的正负.

若 $|S(A')|<|S(B')|$,则
$$\begin{aligned}
\|S(A')|-|S(B')\| &= |S(B')|-|S(A')| \\
&= |S(B)-a_{k+1}|-|S(A)+a_{k+1}| \\
&\leqslant (|S(B)|+|a_{k+1}|)-(|S(A)|+|a_{k+1}|) \\
&= (|S(B)|-|S(A)|)+2|a_{k+1}|
\end{aligned}$$
此时无法证明式(1)成立.

但我们不能全盘否定,而要进一步研究新分组表现出来的新性质,并在此基础上继续分组.先将此种情况放在一边,考虑另一种情形:

若 $|S(B')| \leqslant |S(A')|$,则
$$\begin{aligned}
\|S(A')|-|S(B')\| &= |S(A')|-|S(B')| \\
&= |S(A)+a_{k+1}|-|S(B)-a_{k+1}| \\
&\leqslant (|S(A)|+|a_{k+1}|)-(|S(B)|-|a_{k+1}|) \\
&= (|S(A)|-|S(B)|)+2|a_{k+1}| \\
&< (-1)+2 = 1 < |S(B)|-|S(A)|
\end{aligned}$$

与 $\||S(A)|-|S(B)|\|$ 最小矛盾.

所以,只能是前一种情形发生,即 $|S(B')|>|S(A')|$.

这表明,将 B 中的一个向量归入到 A 中,得到新的分组 (A',B') 后仍有

$$|S(B')|>|S(A')|$$

如此下去,将 B 中的向量依次一个一个地归入到 A 中,最后使 B 为空集,仍有

$$|S(\varnothing)|>|S(a_1+a_2+\cdots+a_n)|$$

矛盾.

综上所述,命题获证.

例 6 求出所有大于 1 的正整数 k,使存在正整数 m,n,满足

$$m(m+k)=n(n+1)$$

分析与解 为了找到方程的一个正整数解 (m,n),先找一个充分条件:利用方程两边"各因子对应相等".显然

$$m(m+k)=n(n+1)$$
$$\Leftrightarrow m^2-n^2=n-mk$$
$$\Leftrightarrow (m+n)(m-n)=(n-mk)\times 1$$

至此,利用"各因子对应相等",令

$$m+n=n-mk,\quad m-n=1$$

但此时无解.

修改:在将平方项适当搭配之前,先施行配方,将含同一个未知数的式子"捆绑"在一起(一般地说,同一个未知数出现的次数越少越好),于是,先"捆绑",再分解,有

$$m(m+k)=n(n+1)$$
$$\Leftrightarrow \left(m+\frac{k}{2}\right)^2-\frac{k^2}{4}=\left(n+\frac{1}{2}\right)^2-\frac{1}{4} \quad (\text{"捆绑"变量})$$
$$\Leftrightarrow (2m+k)^2-k^2=(2n+1)^2-1 \quad (\text{去分母,简化})$$

4 以充分条件分类

$$\Leftrightarrow (2m+k)^2 - (2n+1)^2 = k^2 - 1$$
$$\Leftrightarrow (2m+k+2n+1)(2m+k-2n-1)$$
$$= (k^2-1) \times 1 = (k+1)(k-1) \quad (1)$$

找一个充分条件:能否令

$$2m+k+2n+1 = k+1, \quad 2m+k-2n-1 = k-1$$

不能!因为

$$(k+1)-(k-1) = 2$$

而

$$(2m+k+2n+1) - (2m+k-2n-1) = 4n+2 > 2$$

于是,尝试令

$$2m+k+2n+1 = k^2-1, \quad 2m+k-2n-1 = 1$$

解得

$$m = \frac{k(k-2)}{4}, \quad n = \frac{(k+2)(k-2)}{2}$$

但这样的 (m,n) 未必合乎要求,于是再找一个充分条件,以此为标准进行分类讨论.

(1) 当 k 为大于 2 的偶数时

$$(m,n) = \left(\frac{k(k-2)}{4}, \frac{(k+2)(k-2)}{2}\right)$$

是合乎要求的正整数解.

(2) 当 k 为奇数时,此时要寻求式(1)右边的式子的另一种分解.

因为 k 为奇数,式(1)右边的 k^2-1 是偶数,可分离出因子 2,于是,将式(1)变形为

$$(2m+k+2n+1)(2m+k-2n-1) = 2 \times \frac{k^2-1}{2}$$

尝试令

$$2m+k+2n+1 = \frac{k^2-1}{2}, \quad 2m+k-2n-1 = 2$$

解得
$$m = \frac{(k-1)(k-3)}{8}, \quad n = \frac{(k+3)(k-3)}{8}$$

但这样的 (m,n) 未必合乎要求,于是再找一个充分条件,以此为标准进行分类讨论.

① 当 k 为大于 3 的奇数时
$$(m,n) = \left(\frac{(k-1)(k-3)}{8}, \frac{(k+3)(k-3)}{8}\right)$$

是合乎要求的正整数解.

② 当 $k = 3$ 时,式(1)变为
$$(2m+2n+4)(2m-2n+2) = 8$$

即
$$(m+n+2)(m-n+1) = 2$$

于是 $m+n+2 \mid 2$.但 $m+n+2 > 2$,矛盾,所以 $k \neq 3$.

(3) 当 $k = 2$ 时,式(1)变为
$$(2m+2n+3)(2m-2n+1) = 3$$

于是 $2m+2n+3 \mid 3$.但 $2m+2n+3 > 3$,矛盾,所以 $k \neq 2$.

综上所述,所有合乎条件的正整数 k 的集合为 $\{k \mid k \geqslant 4, k \in \mathbf{Z}\}$.

例 7 坐标平面上横坐标与纵坐标都是整数的点称为格点,对给定的正整数 n,是否存在质数 p,使直线 $l : 20^{11}x + py + n = 0$ 不通过任何格点?如果存在,请求出所有合乎要求的质数 p;如果不存在,请说明理由.(原创题)

分析与解 设 x 为整数,考察直线 l 上的点 (x,y),则有
$$y = -\frac{20^{11}x + n}{p}$$

如果直线 l 不通过任何格点,则对任何整数 x,有
$$p \nmid 20^{11}x + n \tag{1}$$

从反面考虑,如果直线 l 不合乎条件,则必定存在整数 x,使

$$p \mid 20^{11}x + n$$

此结论成立的一个充分条件是：$20^{11}x + n (x = 1, 2, \cdots, p)$ 构成模 p 的完系. 这只需 $(p, 20) = 1$. 因为此时有 $(p, 20^{11}) = 1$, 从而当 $x = 1, 2, \cdots, p$ 时, $20^{11}x + n$ 构成模 p 的完系.

于是, 必有整数 x_0, 使

$$p \mid 20^{11}x_0 + n$$

与式(1)矛盾.

由此可见, 若质数 p 合乎要求, 则 $(p, 20) \neq 1$, 即 $p \mid 20$, 所以 $p = 2$ 或 5.

当 $p = 2$ 时

$$y = -\frac{20^{11}x + n}{p} = -10 \times 20^{10}x - \frac{n}{2}$$

所以 y 为整数的充分条件是 $2 \mid n$；

当 $p = 5$ 时

$$y = -\frac{20^{11}x + n}{p} = -4 \times 20^{10}x - \frac{n}{5}$$

所以 y 为整数的充分条件是 $5 \mid n$.

我们以此为标准进行分类讨论.

(1) 若 $2 \mid n$, 且 $5 \nmid n$, 则当 $p = 2$ 时, 对任何整数 x,

$$y = -\frac{20^{11}x + n}{p}$$

为整数, 此时直线 l 过格点 (x, y), 从而 $p = 2$ 不合乎要求.

而当 $p = 5$ 时, 对任何整数 x,

$$y = -\frac{20^{11}x + n}{p}$$

都不为整数, 此时直线 l 不过格点 (x, y), 从而 $p = 5$ 合乎要求.

(2) 若 $5 \mid n$, 且 $2 \nmid n$, 则当 $p = 5$ 时, 对任何整数 x,

$$y = -\frac{20^{11}x + n}{p}$$

为整数,此时直线 l 过格点 (x,y),从而 $p=5$ 不合乎要求.

而当 $p=2$ 时,对任何整数 x,

$$y = -\frac{20^{11}x + n}{p}$$

都不为整数,此时直线 l 不过格点 (x,y),从而 $p=2$ 合乎要求.

(3) 若 $10|n$,则当 $p=2,5$ 时,对任何整数 x,

$$y = -\frac{20^{11}x + n}{p}$$

为整数,此时直线 l 过格点 (x,y),从而 $p=2,5$ 不合乎要求.

(4) 若 $(n,10)=1$,则当 $p=2,5$ 时,对任何整数 x,

$$y = -\frac{20^{11}x + n}{p}$$

都不为整数,此时直线 l 不过任何格点 (x,y),从而 $p=2,5$ 合乎要求.

综上所述,当 $10|n$ 时,不存在合乎要求的质数 p;

当 $2|n$,且 $5\nmid n$ 时,存在唯一的合乎要求的质数 $p=5$;

当 $5|n$,且 $2\nmid n$ 时,存在唯一的合乎要求的质数 $p=2$;

当 $(n,10)=1$ 时,存在 2 个合乎要求的质数 $p=2,5$.

例 8 将三维空间的所有点划分为 5 个非空的子集 $M_1,M_2,\cdots,M_5$,求证:存在一个平面,它至少与其中的 4 个子集都相交.(1990 年日本数学奥林匹克竞赛试题)

分析与证明 我们的目标是找一个平面 α,使 α 与 $M_1,M_2,\cdots,M_5$ 中的 4 个相交,这等价于在 4 个子集中各找一个点,使它们共面.

同时在 4 个面中找共面的 4 个点不容易找,可退一步,先在 3 个面中找共面的 3 个点,这是轻而易举的!

为方便起见,称子集 M_i 中的点为 i 色点.取一个 1 色点 A_1,2 色点 A_2,3 色点 A_3,它们显然在同一个平面 α 内.

现在期望 α 还过一个其他色的点,比如 4 色点 A_4.任取一个 4 色点 A_4,设想 A_1,A_2,A_3 在什么情况下必定与点 A_4 在同一个平面 α 内,一个充分条件是：A_1,A_2,A_3 在同一条直线上，依此进行分类讨论：

(1) 如果存在 3 个两两异色的点共线，则再取一个 4 色点，则这 4 个两两异色的点共面，结论成立.

(2) 如果任何 3 个两两异色的点都不共线，则取一个 i 色点 $A_i(i=1,2,\cdots,5)$，对任何 $1\leqslant i<j\leqslant 5$，直线 A_iA_j 上的点都是 i 色或 j 色的.

设 A_1,A_2,A_3 确定的一个平面为 α，考察直线 A_4A_5 与 α 的关系.

如果 A_4A_5 与 α 相交，设交点为 P，则因 A_4A_5 上的点都是 4 色或 5 色的，所以 P 是 4 色或 5 色点，由于 P,A_1,A_2,A_3 都在 α 中，结论成立.

如果 $A_4A_5 /\!/ \alpha$，则利用线面平行的性质，将直线 A_4A_5 平移到平面 α 中去，去证 α 内有 $M_4 \cup M_5$ 中的点（利用交点）.

为了使过 A_4A_5 的平面 β 与 α 相交，只需取 α 中的一个点与 A_4A_5 作平面. 于是，过 A_4,A_5,A_3 作平面 β，设 $\alpha \cap \beta = A_3P$，则 $A_3P /\!/ A_4A_5$.

若 $A_3P /\!/ A_1A_2$（图 4.8），则 $A_4A_5 /\!/ A_1A_2$，此时 A_1,A_2,A_4,A_5 共面，但它们两两异色，结论成立.

若 $A_3P \cap A_1A_2 = P$（图 4.9），则因 $A_1A_2 \subseteq (M_1 \cup M_2)$，所以 $P \in (M_1 \cup M_2)$，此时，P,A_3,A_4,A_5 共面，但它们两两异色，结论成立.

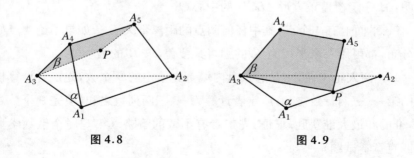

图 4.8　　　　　　　　　　图 4.9

习 题 4

1. 设 p 是奇质数，求证：存在整数 x,y，使 $5x^2+11y^2-1$ 是 p 的

倍数.

2. 有 $2n(n>1)$ 个人进行乒乓球单打比赛,每个人至少比 n 场.求证:其中存在 4 个人 A,B,C,D,使得 A 与 B 比赛,B 与 C 比赛,C 与 D 比赛,D 与 A 比赛.

3. 100 个城市用 4852 条道路连接(每条道路连接两个城市,且不通过中间任何城市).求证:人们总可以通过已有的道路旅行在任何两个城市之间.

4. 设 $2k$ 阶图 G 有 k^2+1 条边,试证:G 中存在两个有公共边的三角形.

5. 平面上给定 7 个点,其中无 3 点共线.求证:一定可将这些点分别作为一个三角形与一个凸四边形的顶点,且两图形无公共部分.(2001 年国际数学奥林匹克竞赛中国国家集训队测试试题)

6. 设 n 是大于 2 的自然数,又 $a_1<a_2<a_3<\cdots<a_k$ 是小于 n 且与 n 互质的全体自然数.试证:这 k 个自然数中一定有一个为质数.

7. 对平面上的点做 2-染色,求证:存在一个边长为 1 或 $\sqrt{3}$ 的正三角形,它的三个顶点同色.(1986 年中国数学奥林匹克竞赛试题)

8. 在边长为 2 的正方形 $ABCD$ 中嵌入一个边长为 1 的正方形 M,证明:M 一定覆盖正方形 $ABCD$ 的中心 O.

9. 平面上有 4 个点,其中任何两点的距离不大于 1.如果不论 4 点如何分布,都可用一个半径为 R 的圆将其覆盖,求 R 的最小值.

10. 两人轮流在 3×3 的棋盘内填事先给定的 9 个数,先走者计算棋盘的第一、三两行数之和,后走者计算第一、三两列数之和,填完 9 个数之后,谁的和最大谁获胜.求证:先走者有不败的策略.(第 5 届全俄数学奥林匹克竞赛试题)

11. 设 $f(x)=a_n x^n+a_{n-1}x^{n-1}+\cdots+a_1 x+a_0$ 是实系数多项式,令 $A=\max\left\{\left|\dfrac{a_i}{a_n}\right|\right\}$,求证:对多项式的任何根 α,有 $|\alpha|<1+A$.

12. 设 $S=\{1,2,\cdots,15\}$，从 S 中取出 n 个子集 $A_1,A_2,\cdots,A_n$，满足下列条件：

(1) $|A_i|=7(i=1,2,\cdots,n)$；

(2) $|A_i\cap A_j|\leqslant 3(1\leqslant i<j\leqslant n)$；

(3) 对 S 中任何 3 元子集 M，存在某个 A_k，使 $M\subset A_k$.

求这样的子集个数 n 的最小值.(第 40 届国际数学奥林匹克竞赛中国国家队选拔考试试题)

13. 集合 X 被划分成 n 个两两不交的子集 $A_1,A_2,\cdots,A_n$，又划分成两两不交的子集 $B_1,B_2,\cdots,B_n$，对任何两个 A_i,B_j，若 $A_i\cap B_j=\varnothing$，则 $|A_i\cup B_j|\geqslant n$，求 $|X|$ 的最小值.(1978 年罗马尼亚数学竞赛试题)

14. 在 2000×2000 的表格中，每格填上 1 或 -1，已知表格中所有数的和非负.证明：可以找到 1000 行与 1000 列，这些行与列交叉处的数的和不小于 1000.(1995 年全俄数学奥林匹克竞赛试题)

15. 用水平和垂直的直线网把一块正方形黑板分成边长为 1 的 n^2 个小方格，试问：对于怎样的最大自然数 n，一定可以选出 n 个小方格，使得任意面积不小于 n 的矩形中都至少包含有上面选出的一个小方格？(1993 年全俄数学奥林匹克竞赛试题)

16. 圆周上 9 个不同的点两两连成 36 条线段，对每条线段染红蓝两色之一，使每个三角形至少有一条红边，求其中红色完全四边形个数的最小值.

17. 对于任意正整数 n，记 n 的所有正约数组成的集合为 S_n.证明：S_n 中至多有一半元素的个位数为 3.(2003 年中国女子数学奥林匹克竞赛试题)

习题 4 解答

1. 我们证明更强的结论：存在整数 x，使 $5x^2+11x^2-1$ 是 p 的倍数.

因为
$$5x^2 + 11x^2 - 1 = 16x^2 - 1 = (4x+1)(4x-1)$$
要使 $(4x+1)(4x-1)$ 为 p 的倍数，只需 $4x+1 = p$ 或 $4x-1 = p$. 由于 p 是奇数，令 $p = 2n+1$.

试验 $4x+1 = p = 2n+1$，得 $2x = n$，如果 n 是偶数，则这样的整数 x 存在.

再试验 $4x-1 = p = 2n+1$，得 $2x = n+1$，如果 n 是奇数，则这样的整数 x 存在. 由此找到分类时机.

实际上，如果 n 是奇数，则取 $x = y = \dfrac{n+1}{2}$，此时
$$5x^2 + 11y^2 - 1 = 16x^2 - 1 = (4x+1)(4x-1)$$
$$= (4x+1)(2n+1) = (4x+1)p$$
是 p 的倍数. 如果 n 是偶数，则取 $x = y = \dfrac{n}{2}$，此时
$$5x^2 + 11y^2 - 1 = 16x^2 - 1 = (4x+1)(4x-1)$$
$$= (2n+1)(4x-1) = (4x-1)p$$
是 p 的倍数.

2. 本题等价于 $2n$ 阶简单图 G 中 $(n>1)$，每个顶点的度至少是 n，则 G 中存在长为 4 的圈 C_4. 我们可采用这样的策略来寻找 C_4：先找一个 $\angle PAQ$（共点边），然后在非顶点的端点 P, Q 处找同时与其相连的点，即 P, Q 的邻域 $D(P), D(Q)$ 有公共点，即 $|D(P) \cap D(Q)| \geq 1$.

实际上，任取一个点 x，由它至少引出 n 条边，令 $A = \{a \mid a$ 与 x 相邻$\}$，$B = \{b \mid b$ 与 x 不相邻$\}$，由条件 $|A| \geq n$，知 $|B| \leq n-1$（图 4.10）. 我们只需找到 A 中两个点 a_1, a_2，使它们与同一个点相邻，这个点在

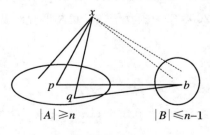

图 4.10

哪里找?

x 已用过,再看 A 中的点,由它至少引出 n 条边,但除连 x 外,可以向 B 引 $n-1$ 条边,从而不一定与 a_1, a_2 都相连,于是只能在 B 中找. 这样有两个问题需要解决:

(1) B 中有点吗?

(2) B 中点一定与 A 中两个点 a_1, a_2 相连吗?

先解决问题(1): 取 $d(x) < 2n - 1$ 即可,但这样的 x 是否存在? 以下分类讨论:

若对所有点 x, 有 $d(x) = 2n - 1$, 则 G 是完全图,结论显然成立.

若存在点 x, 使 $d(x) < 2n - 1$, 令 $A = \{a \mid a$ 与 x 相邻$\}$, $B = \{b \mid b$ 与 x 不相邻$\}$, 则由 $d(x) < 2n - 1$ 知, B 非空,任取 $b \in B$.

现在,我们只需解决问题(2),证明 b 与 A 中两个点 a_1, a_2 相邻. 这是很容易的,因为 $|B| \leqslant n - 1$, 所以 B 中的点至多在 B 中连 $n - 2$ 条边,从而至少向 A 中两个点连边.

我们还可利用这样的策略来寻找 C_4: 任取两点 x, y, 期望

$$|D(x) \cap D(y)| \geqslant 2$$

因为 $d(x) \geqslant n, d(y) \geqslant n$, 所以 $d(x) + d(y) \geqslant 2n$, 但无法证得 $|D(x) \cap D(y)| \geqslant 2$, 是因为 x 可能属于 $D(y)$.

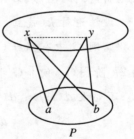

图 4.11

为了使 x 不属于 $D(y)$, 可假定 x, y 不相邻(分类处理). 若任何两个点都相邻,则 G 为 K_{2n}, 结论显然成立. 若存在两个点 x, y 不相邻,另其余 $n - 2$ 个点的集合为 P, 因为 $d(x) \geqslant n, d(y) \geqslant n$, 所以

$$d(x) + d(y) \geqslant 2n$$

即 $\{x, y\}$ 与 P 之间至少连 $2n$ 条边(图 4.11).

又每个点至多向 $\{x, y\}$ 引出两条边,由抽屉原理,必存在两个点 a,

b,使 a 与 x,y 都相邻,b 与 x,y 都相邻.于是,a,x,b,y,a 为一个 C_4.

3. 我们证明更一般的结论:n 阶简单图 G 中有 C_{n-1}^2+1 条边,则 G 是连通的.对 n 归纳.当 $n=2$ 时,结论显然成立.设结论对小于 n 的自然数成立,考察 n 个点的情形.假定去掉一个点 A,其中 $d(A)=k$,为了利用归纳假设,要使剩下的边数不小于 C_{n-2}^2+1,即

$$C_{n-1}^2+1-k \geqslant C_{n-2}^2+1$$

解得 $k \leqslant n-2$,以此充分条件为标准进行分类讨论.

(1) 若 $k=n-1$,则 A 与所有点相连,结论成立.

(2) 若 $k \leqslant n-2$,则去掉点 A 及其所连的边,剩下 $n-1$ 个点,至少有 $C_{n-1}^2+1-k \geqslant C_{n-2}^2+1$ 条边,由归纳假设,剩下的 $n-1$ 个点之间是连通的.现在,加入点 A,要使图仍连通,只需 $k>0$.优化假设,最初适当选取 A,使 $d(A)>0$ 即可.

4. 对 k 归纳.当 $k=2$ 时,G 有 4 个点、5 条边,于是,G 由 K_4 去掉一条边而得到的图形,必存在两个有公共边的三角形,结论成立.

设结论对 k 成立,考虑 $2k+2$ 阶图 G,设其顶点为 $A_1, A_2, \cdots, A_{2k+2}$,则 G 中有 $(k+1)^2+1$ 条边.为了利用假设,应去掉两个顶点化归为 $2k$ 阶图 G',使 $\|G'\| \geqslant k^2+1$.由此想到去掉度最小的两个顶点 A_1, A_2.不妨设 $d(A_1) \leqslant d(A_2) \leqslant \cdots \leqslant d(A_{2k+2})$,则必有

$$d(A_1)+d(A_2) \leqslant 2k+2$$

实际上,若

$$d(A_1)+d(A_2) > 2k+2$$

则

$$d(A_2) \geqslant k+2$$

于是

$$d(A_{2k+2}) \geqslant d(A_{2k+1}) \geqslant \cdots \geqslant d(A_2) \geqslant k+2$$

所以

$$\sum_{i=1}^{2k+2} d(A_i) = d(A_1) + d(A_2) + \sum_{i=3}^{2k+2} d(A_i)$$
$$\geqslant (2k+3) + 2k(k+2)$$
$$= 2k^2 + 6k + 3 > 2(k^2 + 2k + 2)$$

矛盾.

于是,去掉 A_1, A_2 及其所连的边,至多去掉了 $2k+2$ 条边,得到图 G',有
$$\|G'\| \geqslant \|G\| - [d(A_1) + d(A_2)]$$

(1) 若
$$d(A_1) + d(A_2) \leqslant 2k + 1$$
则
$$\|G'\| \geqslant \|G\| - (2k+1) \geqslant (k+1)^2 + 1 - (2k+1) = k^2 + 1$$
由归纳假设,结论成立.

(2) 若
$$d(A_1) + d(A_2) = 2k + 2$$
我们期望 A_1, A_2 相连,此时去掉 A_1, A_2 及其所连的边,至多去掉了 $2k+1$ 条边.注意到
$$d(A_1) + d(A_2) = 2k + 2$$
必有
$$d(A_1) = d(A_2) = k + 1$$
否则
$$d(A_2) \geqslant k + 2$$
所以
$$d(A_{2k+2}) \geqslant d(A_{2k+1}) \geqslant \cdots \geqslant d(A_2) \geqslant k + 2$$
从而有
$$\sum_{i=1}^{2k+2} d(A_i) = d(A_1) + d(A_2) + \sum_{i=3}^{2k+2} d(A_i)$$

$$\geqslant (2k+3) + 2k(k+2)$$
$$= 2k^2 + 6k + 3 > 2(k^2 + 2k + 2)$$

矛盾.

由于 $d(A_i) \geqslant k+1$,考察各 $d(A_i)$ 的可能取值,便发现 G 中度大于 $k+1$ 的点不多于 2 个.于是,G 中至少有 $2k$ 个点的度为 $k+1$,其中必有 2 个点相邻.否则,考察其中的一个点 A',$d(A') = k+1 \geqslant 3$,但 A' 在 $2k$ 个点中无邻点,而在 $2k$ 个点以外最多有 2 个邻点,从而 $d(A') \leqslant 2$,矛盾.

于是,A' 必与其中的一个点 B' 相邻.这样,去掉 A',B' 及其相邻的边,由于

$$d(A') + d(B') = 2k+2$$

且 A',B' 相邻,从而最多只去掉了 $2k+1$ 条边,这样

$$\|G'\| \geqslant \|G\| - (2k+1) = k^2 + 2k + 2 - (2k+1) = k^2 + 1$$

由归纳假设,命题获证.

5. 设这 7 个点为 A,B,C,D,E,F,G,考虑其凸包,分几种情况讨论.

(1) 若凸包为凸七边形 $ABCDEFG$,则 $\triangle ABC$ 与凸四边形 $DEFG$ 无公共点.

(2) 若凸包为凸六边形 $ABCDEF$,点 G 在其内部,连 AD,不妨设 G 在凸四边形 $ABCD$ 内(图 4.12),这时 $\triangle BCG$ 与凸四边形 $ADEF$ 无公共部分.

(3) 若凸包为凸五边形 $ABCDE$,点 F,G 在其内部,则当直线 FG 的一侧只有 1 个点 A,另一侧有 4 个点 B,C,D,E 时(图 4.13),$\triangle AFG$ 与凸四边形 $BCDE$ 无公共部分;当直线 FG 的一侧有 2 个点 A,B,另一侧有 3 个点 C,D,E 时(图 4.14),$\triangle CDE$ 与凸四边形 $ABGF$ 无公共部分.

4 以充分条件分类

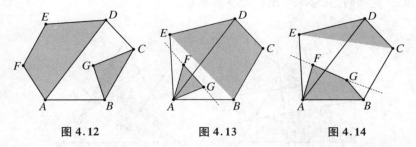

图 4.12　　　　　图 4.13　　　　　图 4.14

（4）若凸包为凸四边形 $ABCD$，点 E,F,G 在其内部，考虑 3 条直线 EF,FG,GE 位于 $\triangle EFG$ 的外侧（指不包含 $\triangle EFG$ 的那侧）．由抽屉原理，A,B,C,D 中必有两点，同在这 3 条直线之一（设为 EF）的外侧．当 EF 的外侧只有 A,B 两点时（图 4.15），侧四边形 $ABFE$ 是凸的，且它与 $\triangle CDG$ 无公共部分．当 EF 的外侧有 A,B,C 三点时（图 4.16），不妨设 $\angle FAB < \angle EAB$，则四边形 $ABCF$ 是凸的，且它与 $\triangle DEG$ 无公共部分．

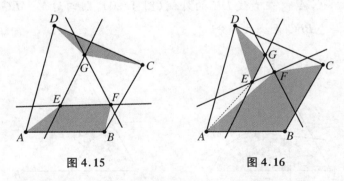

图 4.15　　　　　　　图 4.16

（5）若凸包为 $\triangle ABC$，D,E,F,G 在其内部，分两种情况．

① 若 D,E,F,G 的凸包是四边形 $DEFG$，考虑 4 条直线 DE,EF,FG,GD 位于凸四边形 $DEFG$ 的外侧（意义同上）．若有一条直线（设 DE）的外侧含有 A,B,C 中的两点，比如 A,B（图 4.17），则四边形 $ABDE$ 是凸的，且它与 $\triangle FGC$ 无公共部分．若这 4 条直线每条的外侧都只有 A,B,C 之一，则易知 A,B,C 不可能都在这 4 条直线中 2 条的外侧，设 A 点仅在直线 DE 的外侧（图 4.18），且设 $\angle BCF < \angle BCG$，则四边形

AEGD 是凸的,且它与△BFC 无公共部分.

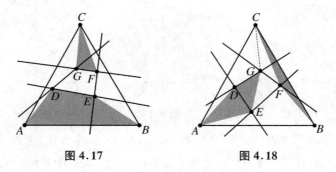

图 4.17　　　　　　　　图 4.18

② 若 D,E,F,G 的凸包是△DEF,G 在其内部.考虑 3 条直线 DE, EF,FD 位于△DEF 的外侧.若 DE 的外侧有 A,B,C 中的两点 A,B(图 4.19),则凸四边形 $ABFE$ 与△CDG 无公共部分.若 DE,EF,FD 每条直线的外侧仅有 A,B,C 之一,则易知 A,B,C 不可能都在这 3 条直线中两条的外侧,设 A 仅在直线 DE 的外侧(图 4.20),则四边形 $AEGD$ 是凸的,且它与△BFC 无公共部分.

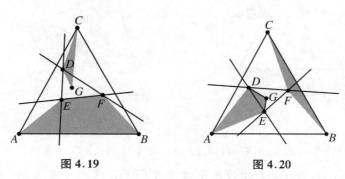

图 4.19　　　　　　　　图 4.20

6. 将目标分解为"找一个自然数 p,同时满足以下条件":

① $(p,n)=1$.

② $p<n$,且 p 是质数.

先考虑条件①,显然,与 n 互质的数最简单的是 1,但 1 不是质数.除 1 外,与 n 互质的数最简单的是 $n-1$,但 $n-1$ 不一定是质数.若 $n-1$ 为质数,则命题获证,由此得到分类标准.

(1) 若 $n-1$ 为质数,则因 $(n,n-1)=1$,结论成立.

(2) 若 $n-1$ 不是质数,则 $n-1$ 含有质因数 p,$p<n-1<n$.如果 $(p,n)\neq 1$,则 p 是 $n,n-1$ 的公共质因数,矛盾,所以 $(p,n)=1$,结论成立.

7. 找一个充分条件,若所有点同色,结论显然成立.此外,我们证明必有两个相距为 2 的异色点.实际上,设 A,B 是两个异色点,若 $AB>2$,则取 AB 的中点 C,由抽屉原理,C 必与 A,B 中的一个异色,如此下去,必可找到两个异色点 P,Q,使 $PQ\leq 2$.

以 PQ 为底作等腰 $\triangle MPQ$,使 $MP=MQ=2$(图 4.21),则 M 必与 P,Q 中的一个异色,结论成立.

利用上述结论,可取两个相距为 2 的异色点 A,C,再取 AC 的中点 B,则 B 与 A,C 中的一个同色,与另一个异色.不妨设 A,B 都是 1 色,C 为 2 色(图 4.22).作正 $\triangle ABM$ 及正 $\triangle ABN$,若 M,N 中有一个为 1 色,则其与 A,B 构成边长为 1 的 1 色正三角形;若 M,N 都是 2 色,则 M,N,C 是边长为 $\sqrt{3}$ 的 2 色正三角形.

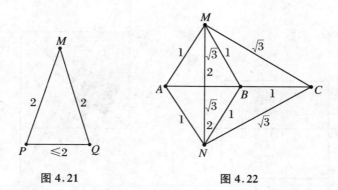

图 4.21　　　　图 4.22

8. 点 O 被正方形 M 覆盖的充分必要条件是:M 与过 O 的与 M 边界平行的"十字架"的两条射线相交.记 M 的边长为 x,过正方形 $ABCD$ 的

中心 O 作与 M 边界平行的两条互相垂直的直线构成的"十字架",与正方形 $ABCD$ 的边界交于 E,F,G,H. 反设 M 没有覆盖点 O,则 M 至多与"十字架"的一条射线相交,从而 M 必定在"十字架"某条直线 EF 或 GH 的同一侧.

(1) 如果 M 的边界平行正方形 $ABCD$ 的边(图 4.23),则不妨设 M 在矩形 $ECDF$ 内,此时

$$x < CE = \frac{1}{2}BC = 1$$

矛盾.

(2) 如果 M 的边界不平行于正方形 $ABCD$ 的边,不妨设 M 在直线 EF 的同一侧,并设 EF 与 CB, AD 分别交于点 P, Q(图 4.24),则不妨设 M 在 Rt$\triangle AEQ$ 内(或者 Rt$\triangle CFP$ 内). 此时,M 的对角线 L 的长不大于直角三角形的直角平分线 AO 的长度,即 $\sqrt{2}x \leqslant AO = \sqrt{2}$,所以 $x \leqslant 1$. 但 M 的边长 $x = 1$,所以不等式成立等号,从而 O 为正方形 M 的一个顶点,与 M 不覆盖 O 矛盾.

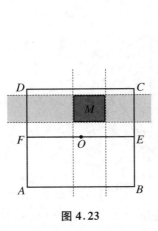

图 4.23

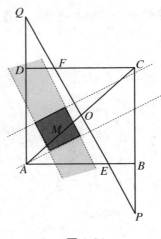

图 4.24

9. 先取这样 4 点:其中 A, B, C 构成正 $\triangle ABC$,设圆 O 覆盖了 4 点,

则圆 O 覆盖了 $\triangle ABC$,适当移动圆 O,使之过点 A,B,且仍覆盖 $\triangle ABC$.

延长 AC,交圆 O 于 D(图 4.25),则 $\angle D \leqslant \angle 1 < 90°$,由正弦定理得

圆 O 的直径 $= \dfrac{BC}{\sin\angle D} \geqslant \dfrac{BC}{\sin\angle 1} = \triangle ABC$ 的外接圆直径 $= \dfrac{2}{\sqrt{3}}$.

所以 $R \geqslant \dfrac{1}{\sqrt{3}}$.

(2) 下面证明:当 $R = \dfrac{1}{\sqrt{3}}$ 时,可以作一个半径为 R 的圆将 F 覆盖.

考察 4 点 A,B,C,D 的凸包:如果凸包是线段,设为 AB.以 AB 为直径作圆 O,圆 O 覆盖了 A,B,C,D.因为 $AB \leqslant 1$,所以圆 O 的半径 $R' = \dfrac{1}{2} < \dfrac{1}{\sqrt{3}}$.

如果凸包是三角形,设为 $\triangle ABC$.因为最大边小于或等于 1,可以用一个半径为 $R' = \dfrac{1}{\sqrt{3}}$ 的圆 O 覆盖 $\triangle ABC$,从而覆盖了 A,B,C,D.

如果凸包是四边形 $ABCD$,则

① 四边形 $ABCD$ 有 2 个相对的内角都不是锐角,不妨设 $\angle ABC$,$\angle ADC \geqslant 90°$,则以 AC 为直径作圆 O,圆 O 覆盖了 A,B,C,D.因为 $AC \leqslant 1$,所以圆 O 的半径 $R' = \dfrac{1}{2} < \dfrac{1}{\sqrt{3}}$.

② 四边形 $ABCD$ 任何 2 个相对的内角中都至少有一个为锐角,则必有 2 个锐角相邻,不妨设 $\angle DAB$,$\angle ABC$ 为锐角,且 $\angle ACB \leqslant \angle ADB$(图 4.26).

如果 $\angle ACB$ 不是锐角,则以 AB 为直径作圆 O,圆 O 覆盖了 A,B,C,D.因为 $AB \leqslant 1$,所以圆 O 的半径 $R' = \dfrac{1}{2} < \dfrac{1}{\sqrt{3}}$.

如果 $\angle ACB$ 是锐角,则作 $\triangle ABC$ 的外接圆 O,圆 O 覆盖了 A,B,C,D.

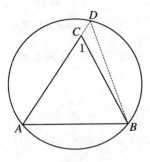

图 4.25

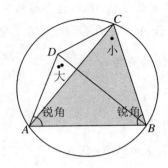

图 4.26

设 $\triangle ABC$ 的最大边长为 a，最大内角为 α，则 $\sin\alpha \geqslant \sin 60°$，于是圆 O 的半径 $R' = \dfrac{a}{2\sin\alpha} \leqslant \dfrac{1}{2\sin 60°} = \dfrac{1}{\sqrt{3}}$. 对以上各种情况，都可作一个半径为 R 的圆将圆 O 覆盖，从而此圆覆盖了 F.

综上所述，有

$$R_{\min} = \dfrac{1}{\sqrt{3}}$$

10. 设填入的 9 个数为 $a_1 \leqslant a_2 \leqslant \cdots \leqslant a_9$，由于 4 个角上填的数是 2 人的和中的公共的数，中心是两个和中都没有的数，因此只需比较图 4.27 中 A,B,C,D 四格内各数的大小.

图 4.27

甲显然有两招：将最大的数填入只属于自己的格子，将最小的数填入只属于对方的格子. 当甲将最大的数填入只属于自己的格 A 时，对方可将最小的数填入只属于甲的格子 C. 这样甲的和中有 $a_9 + a_1$. 若甲又将次小的数 a_2 填入只属于对方的格子 B，则乙可将次大的数 a_8 填入只属于自己的格 D 中，所以，须讨论 $a_1 + a_9$ 与 $a_2 + a_8$ 的大小.

(1) 当 $a_1 + a_9 \geqslant a_2 + a_8$ 时，甲可将 a_9 填入格 A，且能使 a_1 和 a_2 中的一个填入 B 或 D 中，这是因为乙填好一个数以后，B,D 中至少有一个格子未填数，且 a_1, a_2 中至少有一个未被填入. 若乙第一次填格 C，又分两种情况：一是乙将 a_1 填入 C，则甲可将 a_2 填入 B，于是，$A+C \geqslant a_9 + a_1 \geqslant a_2 + a_8 \geqslant B+D$；二是乙将 $a_i (i \neq 1)$ 填入 C，则甲可将 a_1 填入 B，于是，$A+C \geqslant a_9 + a_2 \geqslant a_1 + a_8 \geqslant B+D$. 若乙第一次不填格子 C，而填 B 或 D，则甲可将 a_2 填入 B，D 中还未填入的一个格子，于是

$$A+C \geqslant a_9 + a_1 \geqslant a_2 + a_8 \geqslant B+D$$

(2) 当 $a_9 + a_1 < a_2 + a_8$ 时，甲将 a_1 填入 B，以下分两种情况：一是乙第一次填格 D，则 $D \leqslant a_9$，甲再将 a_9，a_8 中未填入的一个填入 A，则有 $A+C \geqslant a_2 + a_8 \geqslant a_1 + a_9 \geqslant B+D$. 二是乙第一次不填 D，而填 A 或 C，则 A 或 $C \geqslant a_2$，此时，甲再将 a_9，a_8 中未填入的一个数填入 A，C 中未填的格子，有 $A+C \geqslant a_2 + a_8 \geqslant a_1 + a_9 \geqslant B+D$.

综上所述，命题获证.

11. 为了利用等比数列的求和公式，需考虑 $|\alpha|$ 是否等于 1，以此为标准分类讨论.

注意到 $|\alpha| \leqslant 1$ 时，结论显然成立. 我们只需讨论 $|\alpha| > 1$ 的情形，此时

$$|\alpha^n| = \left| \frac{a_{n-1}}{a_n} \alpha^{n-1} + \cdots + \frac{a_1}{a_n} \alpha + \frac{a_0}{a_n} \right|$$

$$\leqslant \left| \frac{a_{n-1}}{a_n} \right| |\alpha|^{n-1} + \cdots + \left| \frac{a_1}{a_n} \right| |\alpha| + \left| \frac{a_0}{a_n} \right|$$

$$\leqslant A(|\alpha|^{n-1} + \cdots + |\alpha| + 1)$$

$$= A \times \frac{|\alpha|^n - 1}{|\alpha| - 1} < A \times \frac{|\alpha|^n}{|\alpha| - 1}$$

所以 $1 < \frac{A}{|\alpha| - 1}$，即 $|\alpha| < 1 + A$.

12. 由条件 (1) $|A_i| = 7 (i=1, 2, \cdots, n)$，想到计算各元素在各子集中出现的总次数 S_1. 一方面，从每个子集入手，有 $S_1 = 7n$. 另一方面，从每个元素入手，设 $i (i=1, 2, \cdots, 15)$ 出现的次数为 r_i，则有

$$S_1 = \sum_{i=1}^{15} r_i$$

所以

$$7n = S_1 = \sum_{i=1}^{15} r_i$$

下面只需求 $\sum_{i=1}^{15} r_i$ 的范围,一个充分条件是求每个 r_i 的范围. 不失一般性,先求 r_1 的范围. 由条件(3),想到计算含有 1 的所有 3 元子集的个数 S_2.

另一方面,从整体 S 入手,有 $S_2 = C_{14}^2 = 91$. 另一方面,考察所有 r_1 个含 1 的子集 A_i,每个这样的子集中有 $C_6^2 = 15$ 个含 1 的 3 元子集,于是共有 $15r_1$ 个含 1 的 3 元子集. 由条件(3)可知,这样计算的含 1 的 3 元子集没有遗漏,所以 $15r_1 \geqslant S_2 = 91$,即 $r_1 \geqslant 7$. 同理,对所有 $i(i=1,2,\cdots,15)$,有 $r_i \geqslant 7$. 于是

$$7n = \sum_{i=1}^{15} r_i \geqslant \sum_{i=1}^{15} 7 = 15 \times 7$$

所以 $n \geqslant 15$. 但 $n = 15$ 时,令

$$A_i = \{1+i-1, 2+i-1, 4+i-1, 5+i-1, 6+i-1,$$
$$11+i-1, 13+i-1\} \quad (i = 1, 2, \cdots, 15)$$

若集合中的数大于 15,则取其除以 15 的余数代之. 不难验证,这样的 15 个集合符合题目所有条件,故 n 的最小值为 15.

13. 为了估计 $|X|$,自然想到一行行求元素个数. 注意到共有 n 行,因而有一种特殊情形——各行的元素个数都不小于 $\dfrac{n}{2}$,即最小的行不小于 $\dfrac{n}{2}$,是不证自明的,以此为标准进行分类. 设第 i 行中元素个数为 $|A_i|$,不妨设

$$p = |A_1| = \min\{|A_i|, |B_j|\}$$

(1) 若 $p \geqslant \dfrac{n}{2}$,则 $|X| \geqslant \dfrac{n^2}{2}$.

(2) 若 $p < \dfrac{n}{2}$,不妨设 A_1 中有 k 个项,则 $k \leqslant p < \dfrac{n}{2}$,记这 k 个项为

$a_{11}, a_{12}, \cdots, a_{1k}$.

我们从列的角度估计 S: 由于每个 A_i 恰属于一个 B_j, 从而最多有 k 个 B_j, 使 $A_1 \cap B_j \neq \emptyset$, 设它们分别为 $B_1, B_2, \cdots, B_m (m \leqslant k)$, 而对 $B_{m+1}, B_{m+2}, \cdots, B_n$, 都有 $A_1 \cap B_j = \emptyset$. 但 $|A_1 \cup B_j| \geqslant n$, 即 $|A_1| + |B_j| \geqslant n$, 所以

$$|B_j| \geqslant n - |A_1| = n - k \quad (j = m+1, m+2, \cdots, n)$$

另外, 由 $|A_1|$ 的最小性, 有

$$|B_i| \geqslant |A_i| = k \quad (i = 1, 2, \cdots, m)$$

所以

$$|X| = |B_1| + |B_2| + \cdots + |B_n| \geqslant mk + (n-m)(n-k)$$
$$= \frac{n^2}{2} + \frac{1}{2}(n - 2m)(n - 2k) \geqslant \frac{n^2}{2}$$

注意到 $|X|$ 为整数, 所以

$$|X| \geqslant \left[\frac{n^2 + 1}{2}\right]$$

最后, 不难构造集合 $|X|$ 使 $|X| = \left[\frac{n^2+1}{2}\right]$: 当 n 为奇数时, 令 $n = 2k + 1$, 则

$$\left[\frac{n^2+1}{2}\right] = k^2 + \frac{k+1}{2}$$

令某 $k+1$ 个 A_i 满足 $|A_i| = k+1$, 某 k 个 A_i 满足 $|A_i| = k$; 某 $k+1$ 个 B_j 满足 $|B_j| = k+1$, 某 k 个 B_j 满足 $|B_j| = k$. 则 $A_i \cap B_j = \emptyset$ 时

$$|A_i \cup B_j| = (k+1) + k = n$$

构造两个表, 一个为 $(k+1) \times (k+1)$ 数表:

a_{11}	a_{12}	$\cdots$	$a_{1,k+1}$
a_{21}	a_{22}	$\cdots$	$a_{2,k+1}$
$\vdots$	$\vdots$		$\vdots$
$a_{k+1,1}$	$a_{k+2,2}$	$\cdots$	$a_{k+1,k+2}$

另一个为 $k \times k$ 数表：

$$\begin{matrix} b_{11} & b_{12} & \cdots & b_{1k} \\ b_{21} & b_{22} & \cdots & b_{2k} \\ \vdots & \vdots & & \vdots \\ b_{k1} & b_{k2} & \cdots & b_{kk} \end{matrix}$$

以上述两个表中共有的 $2k+1$ 行、$2k+1$ 列中的第 i 行中的数构成 A_i，第 j 列中的数构成 B_j. 当 n 为偶数时，令 $n=2k$，则

$$\left[\frac{n^2+1}{2}\right]=2k^2$$

令

$$|A_i|=|B_j|=\frac{n}{2}=k$$

则 $A_i \cap B_j = \varnothing$ 时

$$|A_i \cup B_j|=\frac{n}{2}+\frac{n}{2}=n$$

构造两个 $k \times k$ 数表：

$$\begin{matrix} a_{11} & a_{12} & \cdots & a_{1k} & b_{11} & b_{12} & \cdots & b_{1k} \\ a_{21} & a_{22} & \cdots & a_{2k} & b_{21} & b_{22} & \cdots & b_{2k} \\ \vdots & \vdots & & \vdots & \vdots & \vdots & & \vdots \\ a_{k1} & a_{k2} & \cdots & a_{kk} & b_{k1} & b_{k2} & \cdots & b_{kk} \end{matrix}$$

以上述两个表中共有的 $2k$ 行、$2k$ 列中的第 i 行中的数构成 A_i，第 j 列中的数构成 B_j.

综上所述，有

$$|X|_{\min}=\left[\frac{n^2+1}{2}\right]$$

14. 因为表格中所有数的和非负，所以必有一行至少有 1000 个 1，不妨设前 1000 个数为 1(否则变动列的顺序).

令 A 为表格中前 1000 列组成的矩形，B 为后 1000 列组成的矩形.

在 A 中，行和(行中各数之和)最大的 1000 行用 A_1 表示，其余的用

A_2 表示. 一个充分条件是:如果 A_1 中各数之和不小于 1000,那么结论成立. 此外,设 A_1 中各数之和小于 1000. 如果 A_2 中有一行和非负,那么 A_1 中所有行和均非负. 而且 A_1 中有一行的所有数均为 1,于是 A_1 中各数之和不小于 1000,矛盾. 因此 A_2 中行和均为负数. 因为任一行和均为偶数,所以 A_2 中任一行和小于或等于 -2. 这就是说,在 A 中,各数之和大于 $(-2)\times 1000 + 1000$,即大于 -1000.

但由题设,整个表格中各数之和非负,因此矩形 B 的各数之和必大于 1000. 设 B_1 是矩形 B 中行和最大的 1000 行,B_2 是其余的 1000 行. 如果 B_2 中行和均小于或等于 0,那么,由于 B 中各数之和大于 1000,所以 B_1 中各数之和大于 1000. 如果 B_2 中有一行和是正的,那么 B_1 中行和均为正的,从而 B_1 中各数之和仍大于 1000.

综上所述,总存在 1000 行及 1000 列,这些行与列交叉处的数的和不小于 1000.

15. 显然,如果选出 n 个小方格满足问题的条件,那么,在每一行、每一列都恰有一个选定的小方格. 图 4.28 表明 $n=7$ 满足要求.

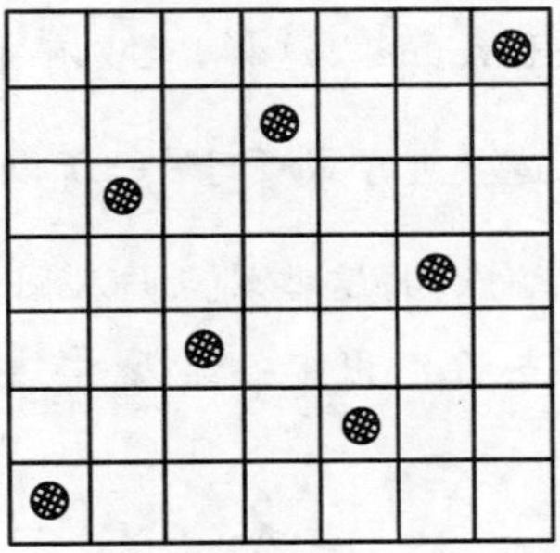

图 4.28

设 $n>7$,记第 1 个方格被选定的行为 A. 若 A 是第 1 行,则记第 2,3 行为 B,C. 若 A 是第 n 行,则记第 $n-1, n-2$ 行为 B,C. 若 A 不是第 1 行与第 n 行,则记与 A 相邻的两行为 B,C. 设行 B 中第 b 个格被选定. 如果 $b \leqslant n-\left[\dfrac{n}{2}\right]$ 或 $b > \left[\dfrac{n}{2}\right]+1$,那么在 A,B 两行中可以找到一个面积不小于 n 且其中不含选定小方格的长方形,所以

$$n-\left[\dfrac{n}{2}\right] < b < \left[\dfrac{n}{2}\right]+2$$

考虑 A,B,C 三行中由第 $2,3,\cdots, n-\left[\dfrac{n}{2}\right]$ 列构成的长方形与第 $\left[\dfrac{n}{2}\right]+$

$2,\left[\dfrac{n}{2}\right]+3,\cdots,n$ 列构成的长方形.

因为 $n>7$,这两个长方形的面积都不小于 n,且都不含有 A,B 两行中选定的小方格,而 C 这行中只能有一个选定的小方格,所以这两个长方形中必定有一个不包含选定的小方格.

综上所述,所求的最大值为 $n=7$.

16. 红色完全四边形的个数的最小值为 1. 我们先证明红色完全四边形的个数至少为 1.

先找一个充分条件:若存在一个顶点 A 引出 4 条蓝边,考察这 4 条蓝边的另 4 个端点,它们必构成红色四边形,否则有蓝色三角形,矛盾.

下面考虑每个顶点至多引出 3 条蓝边的情形. 此时每个顶点至少引出 5 条红边. 这样,至少有 45 条红边,每条红边至多重复计算一次,从而红边数大于或等于 $\dfrac{45}{2}$. 所以,红边数大于或等于 23. 因为 23 条红边有 46 个端点,将这些端点归入圆周上 9 个不同的点,由抽屉原理,至少有一个顶点 B 引出 6 条红边.

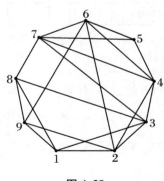

图 4.29

考察此 6 条红边的另 6 个端点,这 6 点中必有 3 点同色(拉姆赛定理),此三角形必为红色三角形,其 3 顶点连同点 B 构成红色完全四边形. 最后,如图 4.29 所示,存在一种染色方法,使之只有一个红色完全四边形,其中已连线的边为红色边,未连线的边为蓝色边,红色完全四边形为 4567.

构造方法:从等号成立的条件入手,令顶点 1 引出 4 条蓝色边,这 4 条蓝色边的另 4 个顶点为 4,5,6,7,它们构成红色完全四边形.

17. 结论成立的一个充分条件是:n 能被 5 整除. 实际上,设 $d_1,d_2,$

$\cdots, d_m$ 为 S_n 中所有个位数为 3 的元素,则 S_n 中还包括 $5d_1, 5d_2, \cdots, 5d_m$ 这 m 个个位数为 5 的元素,所以 S_n 中至多有一半元素的个位数为 3.

结论成立的另一个充分条件是:n 不能被 5 整除,且 n 的质因子的个位数均为 1 或 9. 实际上,S_n 中所有的元素的个位数均为 1 或 9,结论成立.

除以上 2 种情况,我们不妨假定 n 不能被 5 整除,且 n 有个位数为 3 或 7 的质因子 p. 此时,令 $n = p^r q$,其中 q 和 r 都是正整数,p 和 q 互质. 设 $S_q = \{a_1, a_2, \cdots, a_k\}$ 为 q 的所有正约数组成的集合,将 S_n 中的元素写成如下方阵:

$$\begin{array}{ccccc} a_1 & a_1 p & a_1 p^2 & \cdots & a_1 p^r \\ a_2 & a_2 p & a_2 p^2 & \cdots & a_2 p^r \\ \vdots & \vdots & \vdots & & \vdots \\ a_k & a_k p & a_k p^2 & \cdots & a_k p^r \end{array}$$

对于 $d_i = a_j p^l$,选择 $a_j p^{l-1}$ 或 $a_j p^{l+1}$ 之一与之配对(所选之数必须在 S_n 中). 设 e_i 为所选之数,我们称 (d_i, e_i) 为一对"朋友". 如果 d_i 的个位数为 3,则由 p 的个位数是 3 或 7,知 e_i 的个位数不是 3. 假设 d_i 和 d_j 的个位数都是 3,且有相同的"朋友" $e = a_s p^t$,则

$$\{d_i, d_j\} = \{a_s p^{t-1}, a_s p^{t+1}\}$$

因为 p 的个位数为 3 或 7,所以 p^2 的个位数是 9,而 n 不能被 5 整除,故 a_s 的个位数不为 0,所以 $a_s p^{t-1}$,$a_s p^{t-1} \times p^2 = a_s p^{t+1}$ 的个位数不同. 这与 d_i 和 d_j 的个位数都是 3 矛盾,所以,每个个位数为 3 的 d_i 均有不同的"朋友".

综上所述,S_n 中每个个位数为 3 的元素,均与一个 S_n 中个位数不为 3 的元素为"朋友",而且两个个位数为 3 的不同元素的"朋友"也是不同的,所以 S_n 中至多有一半元素的个位数为 3.

5 等价变换

数学解题的过程,实际上就是不断变换与转化的过程.当遇到一个陌生的问题时,我们总是想法将其变成熟悉的、标准化的问题.当我们遇到一个复杂的问题时,我们总是将其变成一个简单的问题.而在这种转化过程中,最常用的一种手段就是等价变换.

所谓等价变换,就是将当前问题变成一个与之等价的新问题.

5.1 条件变换

在一些问题中,题目给出的条件或是较为复杂,或是较为隐晦,此时,我们需要将其转化为一种与之等价的新的表达形式,以便利用条件,使问题获解.

例1 平面上的两个多边形 $A_1A_2\cdots A_n$ 与 $B_1B_2\cdots B_n$ 满足:$\sum_{i=1}^{n} \overrightarrow{A_iB_i} = 0$,求证:

(1) 两个多边形有公共点;

(2) $A_1A_2\cdots A_n$ 能够绕某点旋转到 $A_1'A_2'\cdots A_n'$,使 $A_1'A_2' \perp B_1B_2$,且 $\sum_{i=1}^{n} \overrightarrow{A_i'B_i} = 0$.

分析与证明 (1) 我们先明确条件 $\sum_{i=1}^{n} \overrightarrow{A_iB_i} = 0$ 的实际意义.采用

等价变换，将其中的向量都表示为我们习惯的从原点 O 出发的向量，有

$$\sum_{i=1}^{n}(\overrightarrow{OB_i} - \overrightarrow{OA_i}) = 0$$

$$\sum_{i=1}^{n}\overrightarrow{OA_i} = \sum_{i=1}^{n}\overrightarrow{OB_i}$$

联想到凸多边形的重心公式：

$$\overrightarrow{OG_A} = \frac{1}{n}\sum_{i=1}^{n}\overrightarrow{OA_i}, \quad \overrightarrow{OG_B} = \frac{1}{n}\sum_{i=1}^{n}\overrightarrow{OB_i}$$

可知两个多边形的重心 G_A, G_B 重合，设为 G.

我们猜想 G 是两个凸多边形的公共点，这只需证明凸多边形的重心必在凸多边形内.

实际上，考察凸多边形的任意一条边，以它为 x 轴建立直角坐标系，使多边形位于上半平面内.

设各顶点的纵坐标分别为 $y_1, y_2, \cdots, y_n$，其中至少有一个 $y_i \neq 0$. 于是，重心的纵坐标 $y = \frac{1}{n}\sum_{i=1}^{n} y_i > 0$，这表明多边形的重心必在任意一边的与多边形同侧的一侧，从而重心必在凸多边形内.

于是，两个多边形有公共点，即它们的公共重心 G.

(2) 绕重心 G 将多边形 $A_1 A_2 \cdots A_n$ 旋转到 $A'_1 A'_2 \cdots A'_n$，使 $A'_1 A'_2 \perp B_1 B_2$，则凸多边形 $A'_1 A'_2 \cdots A'_n$ 的重心仍为 G，即与多边形 $B_1 B_2 \cdots B_n$ 的重心重合. 于是

$$\frac{1}{n}\sum_{i=1}^{n}\overrightarrow{OA'_i} = \frac{1}{n}\sum_{i=1}^{n}\overrightarrow{OB_i}, \quad \sum_{i=1}^{n}\overrightarrow{OA'_i} = \sum_{i=1}^{n}\overrightarrow{OB_i}$$

所以 $\sum_{i=1}^{n}\overrightarrow{A'_i B_i} = 0$，命题获证.

例2 求证：对任何非零整数 $a, b (a \neq b)$，$(a, b) = r$，则当且仅当 a, b 满足 $\frac{ab}{r^2} \equiv 2 \pmod{3}$ 时，可以把整数集分拆为 3 个子集，使得对每个 $n \in \mathbf{Z}$，$n, n+a, n+b$ 分别属于这 3 个集合.

分析与证明　令 $a'=\dfrac{a}{r}, b'=\dfrac{b}{r}$，则

$$\dfrac{ab}{r^2}\equiv 2\pmod 3 \Leftrightarrow a'b'\equiv 2\pmod 3$$

我们来讨论条件 $a'b'\equiv 2\pmod 3$ 的实际意义.

显然,当 $a'b'\equiv 2$ 时,

$$a'\not\equiv 0\pmod 3,\quad b'\not\equiv 0\pmod 3$$

此外, $a'\not\equiv b'\pmod 3$，否则, $a'\equiv b'\equiv 1$ 或 $2\pmod 3$，有 $a'b'\equiv 1\pmod 3$，矛盾.

所以 a', b' 模 3 的余数是 1,2 的一个排列, 从而 $0, a', b'$ 构成模 3 的完全剩余系.

反之, 若 $0, a', b'$ 构成模 3 的完全剩余系, 则 $a'\not\equiv 0\pmod 3$, $b'\not\equiv 0\pmod 3$，且 $a'\not\equiv b'\pmod 3$，所以 a', b' 模 3 的余数是 1,2 的一个排列, 所以 $a'b'\equiv 2$. 由此可见:

$a'b'\equiv 2\pmod 3 \Leftrightarrow 0, a', b'$ 构成模 3 的完全剩余系.

先设 $a'b'\equiv 2\pmod 3$，考虑这样的 3 个集合:

$A_i=\{n\mid n=kr+t, 0\leqslant t\leqslant r-1, k\equiv i\pmod 3\}$ $(i=1,2,3)$

因为任何整数都可以写成 $kr+t(k\in \mathbf{Z}, 0\leqslant t\leqslant r-1)$ 的形式, 从而整数集被分拆为 3 个集合 A_1, A_2, A_3.

下证这样的分拆满足条件.

对任意整数 n，设 $n=kr+t(k\in \mathbf{Z}, 0\leqslant t\leqslant r-1)$，则

$$n+a=kr+t+a'r=(k+a')r+t$$
$$n+b=kr+t+b'r=(k+b')r+t$$

由于 $a'b'\equiv 2\pmod 3$，所以 $0, a', b'$ 构成模 3 的完全剩余系, 从而 $k, k+a', k+b'$ 构成模 3 的完全剩余系. 再由 A_i 的定义可知, $n, n+a, n+b$ 在不同的子集中.

反之, 设整数集被分拆为 3 个集合 A_1, A_2, A_3，使得对每个 $n\in \mathbf{Z}$, $n, n+a, n+b$ 分别属于这 3 个集合.

由此可见,对任何整数 n,若 $n \in A_i (1 \leqslant i \leqslant 3)$,则 $n + a \notin A_i$, $n + b \notin A_i$.

取 $n = rn'$,则
$$n + a = rn' + ra', \quad n + b = rn' + rb'$$
不妨设
$$rn' \in A_1, \quad rn' + ra' \in A_2, \quad rn' + rb' \in A_3$$
由
$$rn' + ra' \in A_2$$
有
$$rn' + ra' + rb' \notin A_2$$
由
$$rn' + rb' \in A_3$$
有
$$rn' + rb' + ra' \notin A_3$$
所以
$$rn' + ra' + rb' \in A_1$$
又
$$rn' + ra' \in A_2$$
所以
$$rn' + ra' + ra' \in A_3$$
即
$$r(n' + 2a') \in A_3$$

如此下去,可得
$$r(n' + 3a') \in A_1$$
从而
$$r(n' + 3ta') \in A_1$$
其中 $t \in \mathbf{Z}$.

由 A_2, A_3 的对称性,有
$$r(n' + 3kb') \in A_1$$
进而
$$r(n' + 3ta' + 3kb') \in A_1$$
其中,$t, k \in \mathbf{Z}$.

若 $3 \mid a'$,由于 $(a', b') = 1$,则由裴蜀定理知存在 t, k,使得
$$ta' + kb' = \frac{a'}{3}$$
此时 $3ta' + 3kb' = a'$,从而
$$r(n' + a') \in A_1 \cap A_2 = \varnothing$$
矛盾!所以 $3 \nmid a'$.

同理可证:
$$3 \nmid b', \quad 3 \nmid a' - b'$$
于是,$0, a', b'$ 构成模 3 的完全剩余系,即 $a'b' \equiv 2 \pmod{3}$. 必要性获证.

例 3 对给定的正整数 r,如果存在整数 k,使
$$\left[n + 1, n + 2, \cdots, n + \frac{n}{2} \right] = 2^r \times (2k + 1)$$
求所有正偶数 n.(原创题)

分析与解 题给条件的表达形式比较复杂,不方便使用,我们现将其转化为一种等价形式.

由公倍数的性质可知,使
$$\left[n + 1, n + 2, \cdots, n + \frac{n}{2} \right] = 2^r \times (2k + 1)$$
成立的充分必要是:存在正整数 k,使
$$2^r \times k \in \left[n + 1, n + \frac{n}{2} \right]$$
且对任何正整数 p,有

$$2^{r+1} \times p \notin \left[n+1, n+\frac{n}{2}\right] \tag{1}$$

在式(1)中取 $p=1$,有

$$2^{r+1} \notin \left[n+1, n+\frac{n}{2}\right]$$

所以 $2^{r+1} < n+1$,或 $n+\frac{n}{2} < 2^{r+1}$.

当 $n+1 > 2^{r+1}$ 时,$n \geqslant 2^{r+1}$.再在式(1)中取 $p=2$,有

$$2^{r+2} \notin \left[n+1, n+\frac{n}{2}\right]$$

所以 $2^{r+2} < n+1$,或 $n+\frac{n}{2} < 2^{r+2}$.

若 $n+1 > 2^{r+2}$,则 $n \geqslant 2^{r+2}$,$\frac{n}{2} \geqslant 2^{r+1}$,此时 $n+1, n+2, \cdots, n+\frac{n}{2}$ 包含 $\frac{n}{2} \geqslant 2^{r+1}$ 个连续正整数,其中必有一个为 2^{r+1} 的倍数,与式(1)矛盾.

所以只能是 $n+\frac{n}{2} < 2^{r+2}$,解得 $n \leqslant \left[\frac{2^{r+3}-2}{3}\right]$,所以

$$2^{r+1} \leqslant n \leqslant \left[\frac{2^{r+3}-2}{3}\right] \quad (n \text{ 为偶数})$$

反之,若 n 为偶数,且

$$2^{r+1} \leqslant n \leqslant \left[\frac{2^{r+3}-2}{3}\right]$$

可以证明

$$2^r \times 3 \in \left[n+1, n+\frac{n}{2}\right]$$

而对任何正整数 p,有

$$2^{r+1} \times p \notin \left[n+1, n+\frac{n}{2}\right]$$

实际上

$$n+1 \leqslant 2^r \times 3 \leqslant n+\frac{n}{2}$$

等价于
$$3n \leqslant 2^r \times 9 - 3$$
且
$$n + \frac{n}{2} \geqslant 2^r \times 3$$
而由
$$2^{r+1} \leqslant n$$
得
$$n + \frac{n}{2} \geqslant 2^{r+1} + 2^r = 2^r \times 3$$
由
$$2^r \times 3 \leqslant n + \frac{n}{2}$$
得
$$3n \leqslant 2^{r+3} = 8 \times 2^r \leqslant 2^r \times 9 - 3$$
所以
$$2^r \times 3 \in \left[n+1, n+\frac{n}{2} \right]$$
此外,由前面的论证,有
$$2^{r+1} \notin \left[n+1, n+\frac{n}{2} \right]$$
又
$$n + \frac{n}{2} < 2^{r+2}$$
所以
$$n + \frac{n}{2} < 2^{r+1} \times p \quad (p \geqslant 2)$$
从而有
$$2^{r+1} \times p \notin \left[n+1, n+\frac{n}{2} \right] \quad (p \geqslant 2)$$

因此 n 合乎条件.

当 $n + \dfrac{n}{2} < 2^{r+1}$ 时,有

$$2^r \times p \geqslant 2^{r+1} > n + \frac{n}{2} \quad (p \geqslant 2)$$

所以

$$2^r \times p \notin \left[n+1, n+\frac{n}{2} \right] \quad (p \geqslant 2)$$

从而只能是

$$2^r \in \left[n+1, n+\frac{n}{2} \right]$$

即

$$n + 1 \leqslant 2^r \leqslant n + \frac{n}{2}$$

解得

$$\frac{2^{r+1}}{3} \leqslant n \leqslant 2^r - 1$$

又因 n 为偶数,所以

$$\left[\frac{2^{r+1}}{3} \right] + 1 \leqslant n \leqslant 2^r - 2$$

反之,由于

$$n + \frac{n}{2} < 2^{r+1} \leqslant 2^{r+1} \times p$$

所以对任何正整数 p,有

$$2^{r+1} \times p \notin \left[n+1, n+\frac{n}{2} \right]$$

从而 n 合乎条件.

综上所述,所有合乎要求的正偶数为

$$n = 2^{r+1}, 2^{r+1} + 2, \cdots, 2\left[\frac{1}{2} \left[\frac{2^{r+3}-2}{3} \right] \right]$$

$$2\left[\frac{1}{2}\left(\left[\frac{2^{r+1}}{3}\right]+1\right)\right], 2\left[\frac{1}{2}\left(\left[\frac{2^{r+1}}{3}\right]+1\right)\right]+2, \cdots, 2^r-2$$

另解 题设条件等价于 $2^r \| A$，其中

$$A = \left[n+1, n+2, \cdots, n+\frac{n}{2}\right]$$

因为 $2^{r+1} \nmid A$，所以对任何自然数 k，有

$$k \times 2^{r+1} \notin \left[n+1, n+\frac{n}{2}\right]$$

考察数列 $\{k \times 2^{r+1} \mid k=0,1,2,\cdots\}$ 的划分，必存在自然数 k，使

$$k \times 2^{r+1} < n+1 < n+\frac{n}{2} < (k+1) \times 2^{r+1} \tag{1}$$

由

$$k \times 2^{r+1} < n+1$$

得

$$n \geqslant k \times 2^{r+1}$$

由

$$n + \frac{n}{2} < (k+1) \times 2^{r+1}$$

得

$$n < \frac{(k+1)2^{r+2}}{3}$$

所以

$$k \times 2^{r+1} \leqslant n < \frac{(k+1)2^{r+2}}{3}$$

于是 $3k < 2k+2$，即 $k<2$.

(1) 当 $k=0$ 时，由式(1)，得

$$n + \frac{n}{2} < 2^{r+1} = 2 \times 2^r$$

但 $2^r \| A$，只能是

$$2^r \in \left[n+1, n+\frac{n}{2}\right]$$

由此可得

$$\left[\frac{2^{r+1}}{3}\right]+1 \leqslant n \leqslant 2^r-2 \quad (n \text{ 为偶数})$$

它满足式(1)(求交集后不变).

(2) 当 $k=1$ 时,由式(1),得

$$2^{r+1} < n+1 < n+\frac{n}{2} < 2^{r+2}$$

即

$$2 \times 2^r < n+1 < n+\frac{n}{2} < 4 \times 2^r$$

但 $2^r \parallel A$,故只能是

$$3 \times 2^r \in \left[n+1, n+\frac{n}{2}\right]$$

由此可得

$$2^{r+1} \leqslant n \leqslant 3 \times 2^r - 1 \quad (n \text{ 为偶数})$$

但它需要与式(1)求交集.

由 $n+\frac{n}{2} < 2^{r+2}$,得 $n+\frac{n}{2} \leqslant 2^{r+2}-1$,解得

$$n \leqslant \left[\frac{2^{r+3}-2}{3}\right]$$

所以(求交集)

$$2^{r+1} \leqslant n \leqslant \left[\frac{2^{r+3}-2}{3}\right]$$

例4 设

$$\theta_i \in \left(-\frac{\pi}{2}, \frac{\pi}{2}\right) \quad (i=1,2,3,4)$$

试证:存在 $x \in \mathbf{R}$,使得不等式

$$\cos^2\theta_1 \cos^2\theta_2 - (\sin\theta_1 \sin\theta_2 - x)^2 \geqslant 0 \tag{1}$$

$$\cos^2\theta_3\cos^2\theta_4 - (\sin\theta_3\sin\theta_4 - x)^2 \geqslant 0 \qquad (2)$$

同时成立的充要条件是

$$\sum_{i=1}^{4}\sin^2\theta_i \leqslant 2(1 + \prod_{i=1}^{4}\sin\theta_i + \prod_{i=1}^{4}\cos\theta_i) \qquad (3)$$

(2005年中国数学奥林匹克竞赛试题)

分析与证明 先将条件化简,显然,式(1)和式(2)分别等价于

$$\sin\theta_1\sin\theta_2 - \cos\theta_1\cos\theta_2 \leqslant x \leqslant \sin\theta_1\sin\theta_2 + \cos\theta_1\cos\theta_2 \quad (4)$$

$$\sin\theta_3\sin\theta_4 - \cos\theta_3\cos\theta_4 \leqslant x \leqslant \sin\theta_3\sin\theta_4 + \cos\theta_3\cos\theta_4 \quad (5)$$

不难知道,存在 $x \in \mathbf{R}$,使得式(4)和式(5)同时成立的充分必要条件是

$$\sin\theta_1\sin\theta_2 + \cos\theta_1\cos\theta_2 - \sin\theta_3\sin\theta_4 + \cos\theta_3\cos\theta_4 \geqslant 0 \quad (6)$$

$$\sin\theta_3\sin\theta_4 + \cos\theta_3\cos\theta_4 - \sin\theta_1\sin\theta_2 + \cos\theta_1\cos\theta_2 \geqslant 0 \quad (7)$$

另一方面,利用 $\sin^2\alpha = 1 - \cos^2\alpha$,可将式(3)化为

$$\cos^2\theta_1\cos^2\theta_2 + 2\cos\theta_1\cos\theta_2\cos\theta_3\cos\theta_4 + \cos^2\theta_3\cos^2\theta_4$$
$$- \sin^2\theta_1\sin^2\theta_2 + 2\sin\theta_1\sin\theta_2\sin\theta_3\sin\theta_4 - \sin^2\theta_3\sin^2\theta_4 \geqslant 0$$

即

$$(\cos\theta_1\cos\theta_2 + \cos\theta_3\cos\theta_4)^2 - (\sin\theta_1\sin\theta_2 - \sin\theta_3\sin\theta_4)^2 \geqslant 0$$

亦即

$$(\sin\theta_1\sin\theta_2 + \cos\theta_1\cos\theta_2 - \sin\theta_3\sin\theta_4 + \cos\theta_3\cos\theta_4)$$
$$\times (\sin\theta_3\sin\theta_4 + \cos\theta_3\cos\theta_4 - \sin\theta_1\sin\theta_2 + \cos\theta_1\cos\theta_2) \geqslant 0 \quad (8)$$

当存在 $x \in \mathbf{R}$,使式(4)和式(5)同时成立时,由式(6)和式(7)立即可以推出式(8),从而得式(3)成立.

反之,当式(3),即式(8)成立时,如果式(6)和式(7)不成立,那么有

$$\sin\theta_1\sin\theta_2 + \cos\theta_1\cos\theta_2 - \sin\theta_3\sin\theta_4 + \cos\theta_3\cos\theta_4 < 0$$

$$\sin\theta_3\sin\theta_4 + \cos\theta_3\cos\theta_4 - \sin\theta_1\sin\theta_2 + \cos\theta_1\cos\theta_2 < 0$$

两式相加,得

$$2(\cos\theta_1\cos\theta_2 + \cos\theta_3\cos\theta_4) < 0$$

这与 $\theta_i \in \left(-\frac{\pi}{2}, \frac{\pi}{2}\right)(i=1,2,3,4)$ 的事实相矛盾，所以式(6)和式(7)必同时成立，因此存在 $x \in \mathbf{R}$，使得式(4)和式(5)同时成立．

例 5 求满足下面条件的最小正整数 k：对集合 $S = \{1, 2, \cdots, 2012\}$ 的任意一个 k 元子集 A，都存在 S 中的三个互不相同的元素 a, b, c，使得 $a+b, b+c, c+a$ 均在集合 A 中．(2012 年中国数学奥林匹克竞赛试题)

分析与解 题给条件比较繁琐，先将其用另一种形式表示．设 $a < b < c$，令 $x = b+c, y = c+a, z = a+b$，则有
$$x > y > z, \text{且 } x+y+z \text{ 为偶数} \tag{1}$$
反之，若存在 $x, y, z \in A$ 满足性质(1)，则令
$$a = \frac{y+z-x}{2}, \quad b = \frac{z+x-y}{2}, \quad c = \frac{x+y-z}{2}$$
此时有 $a, b, c \in \mathbf{Z}, 1 \leqslant a < b < c \leqslant 2012$，且
$$x = b+c, \quad y = c+a, \quad z = a+b$$
于是，题述条件等价于对任意的 k 元子集 A，均有 $x, y, z \in A$ 满足性质(1)．

若 $A = \{1, 2, 3, 5, 7, \cdots, 2011\}$，则 $|A| = 1007$，且集合 A 中不含有满足性质(1)的 3 个元素，因此 $k \geqslant 1008$．

下面证明：任意一个 1008 元子集均含有 3 个元素满足性质(1)．

我们证明一个更一般的结论：

对任意整数 $n(n \geqslant 4)$，集合 $\{1, 2, \cdots, 2n\}$ 的任意一个 $n+2$ 元子集均含有 3 个元素满足性质(1)．

对 n 进行归纳．

当 $n = 4$ 时，设集合 A 是 $\{1, 2, \cdots, 8\}$ 的一个六元子集，则 $A \cap \{3, 4, \cdots, 8\}$ 至少有 4 个元素．

若 $A \cap \{3, 4, \cdots, 8\}$ 中含有 3 个偶数，则 $4, 6, 8 \in A$ 且满足性质(1)；

若 $A \cap \{3, 4, \cdots, 8\}$ 中恰含有 2 个偶数，则它还应至少含有 2 个奇数，取这 2 个奇数，则 $4, 6, 8$ 中至少有 2 个偶数与这 2 个奇数可以形成

一个满足性质(1)的3元数组,由于至少有2个偶数,故存在3个数满足性质(1);

若 $A\cap\{3,4,\cdots,8\}$ 中恰含有一个偶数,则它含有全部3个奇数,此偶数与 5,7 即构成满足性质(1)的3元数组.

因此,当 $n=4$ 时,结论成立.

假设结论对 $n(n\geqslant 4)$ 成立,考虑 $n+1$ 的情形.

设集合 A 是 $\{1,2,\cdots,2n+2\}$ 的一个 $n+3$ 元子集,若 $|A\cap\{1,2,\cdots,2n\}|\geqslant n+2$,则由归纳假设知结论成立.

于是,只需考虑 $|A\cap\{1,2,\cdots,2n\}|=n+1$ 且 $2n+1,2n+2\in A$ 的情形.

此时,若 $\{1,2,\cdots,2n\}$ 中有一个大于1的奇数 x 在集合 A 中,则 $x,2n+1,2n+2$ 即构成满足性质(1)的3元数组.

若 $\{1,2,\cdots,2n\}$ 中所有大于1的奇数均不在集合 A 中,则
$$A\subseteq\{1,2,4,6,\cdots,2n,2n+1,2n+2\}$$
而 $\{1,2,4,6,\cdots,2n,2n+1,2n+2\}$ 恰有 $n+3$ 个元素,所以
$$A=\{1,2,4,6,\cdots,2n,2n+1,2n+2\}$$
此时,$4,6,8\in A$ 满足性质(1).

综上所述,所求最小的 k 为 1008.

例6 设 $M(1994p,7\times 1994p)$,其中 p 为质数,求满足下列条件的格点直角三角形的个数:

(1) M 是直角三角形的顶点;

(2) 原点 O 是直角三角形的内心.

(第9届中国数学奥林匹克竞赛试题)

分析与解 考察任意一个合乎条件的 $Rt\triangle PMQ$,因为 M 是给定的点,从而三角形由两直角边的另一顶点唯一确定,于是,问题转化为求点对 (P,Q) 的个数. 其中 P,Q 满足:

① $MP\perp MQ$;

5 等价变换

② 原点 O 是 $\triangle PMQ$ 的内心.

显然,条件①和②使用起来并不方便,我们期望将其转化为一个便于使用的条件. 不难想象,如果 M 是坐标原点,则条件①和②都变得很简单.

于是,以 OM 的中点为中心,作对称变换,则原 $Rt\triangle PMQ$ 变为以 O 为直角顶点,M 为内心的格点三角形 $Rt\triangle AOB$ (图 5.1).

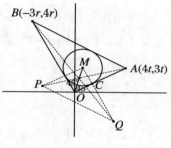

图 5.1

现在,我们只需计算合乎相应条件的点对 (A,B) 的个数.

设直线 OA,OM 的倾斜角分别为 α,β,由于 $M(1994p, 7\times 1994p)$,所以直线 OM 的斜率为 $k_{OM} = \tan\beta = 7$,直线 OA 的斜率

$$k_{OA} = \tan\alpha = \tan(\beta - 45°) = \frac{\tan\beta - 1}{1 + \tan\beta} = \frac{3}{4}$$

进而直线 OB 的斜率为 $-\frac{4}{3}$.

由此可设 $A(4t, 3t), B(-3r, 4r)$,由于 A, B 为格点,$4t, 3t, 3r, 4r$ 都是整数,所以 $t = 4t - 3t, r = 4r - 3r$ 都是整数.

下面只需求整数对 (t, r),使 $\triangle AOB$ 的内心为 M,这等价于

$$OA + OB - AB = 2R, \quad OM = \sqrt{2}R \quad (OCM \text{ 是等腰直角三角形})$$

设三角形 OAB 的内切圆直径为 d,则

$$d = 2MC = \sqrt{2}OM = \sqrt{2}\times 1994p \times \sqrt{1^2 + 7^2} = 10p\times 1994$$

由于 $OA = 5t, OB = 5r, AB = 5\sqrt{t^2 + r^2}$,且 $OA + OB - AB = d$,所以

$$5\sqrt{t^2 + r^2} = 5t + 5r - 10p\times 1994$$

$$\sqrt{t^2 + r^2} = t + r - 2p\times 1994$$

$$t^2 + r^2 = (t+r)^2 - 4p\times 1994\times(t+r) + 4p^2\times 1994^2$$

$$(t-3988p)(r-3988p) = 2p^2 \times 1994^2 = 2^3 \times 997^2 \times p^2$$

$$\left(t-\frac{d}{5}\right)\left(r-\frac{d}{5}\right) = 2p^2 \times 1994^2 = 2^3 \times 997^2 \times p^2$$

由于 $5t=OA>d,5r=OB>d$,所以合乎条件的三角形的个数为 $2^3 \times 997^2 \times p^2$ 的正因子的个数.

又因为 p 是质数,于是,当 $p\neq 2,997$ 时,方程共有 $(3+1)\times(2+1)\times(2+1)=36$ 个解;当 $p=2$ 时,方程共有 $(5+1)\times(2+1)=18$ 个解;当 $p=997$ 时,方程共有 $(3+1)\times(4+1)=20$ 个解.

综上所述,合乎条件的直角三角形的个数,当 $p\neq 2,997$ 时,为 36;当 $p=2$ 时,为 18;当 $p=997$ 时,为 20.

例 7 求所有正整数 n,使得 $\min\limits_{k\in \mathbf{Z}_+}\left(k^2+\left[\dfrac{n}{k^2}\right]\right)=1991$.(1991 年中国数学奥林匹克竞赛试题)

分析与解 一种自然的想法是,先求 $k^2+\left[\dfrac{n}{k^2}\right]$ 的最小值 $f(n)$,然后建立方程 $f(n)=1991$ 求出所有的 n.

但这种解法很繁,主要是难于求出 $k^2+\left[\dfrac{n}{k^2}\right]$ 的最小值 $f(n)$. 此外,即使求出了 $f(n)$,求方程 $f(n)=1991$ 的解也比较麻烦.

我们先对条件进行等价变换,将题中 n 满足的条件分解为如下两个方面:

(1) 对一切正整数 k,有 $k^2+\left[\dfrac{n}{k^2}\right]\geqslant 1991$;

(2) 存在正整数 k_0,使 $k_0^2+\left[\dfrac{n}{k_0^2}\right]=1991$.

则

(1) $\Leftrightarrow$ 对一切正整数 k,不等式 $k^2+\dfrac{n}{k^2}\geqslant 1991$ 都成立

$\Leftrightarrow k^4-1991k^2+n\geqslant 0$ (对任何 $k\in \mathbf{N}$)

$\Leftrightarrow f(k) = \left(k^2 - \dfrac{1991}{2}\right)^2 + n - \dfrac{1}{4} \times 1991^2 \geqslant 0$ （对任何 $k \in \mathbf{N}$）

$\Leftrightarrow f(k)_{\min} \geqslant 0$

$\Leftrightarrow \left(32^2 - \dfrac{1991}{2}\right)^2 + n - \dfrac{1991^2}{4} \geqslant 0$

（因为 32^2 是与 $\dfrac{1991}{2}$ 最接近的平方数）

$\Leftrightarrow n \geqslant 1024 \times 967$；

(2) $\Leftrightarrow$ 存在正整数 k_0，使 $1991 \leqslant k_0^2 + \dfrac{n}{k_0^2} < 1992$

$\Leftrightarrow k^2 + \dfrac{n}{k^2} < 1992$ 有正整数解 （上式左边的不等式由(1)保证）

$\Leftrightarrow k^4 - 1992k^2 + n < 0$ 有正整数解

$\Leftrightarrow (k^2 - 996)^2 < 996^2 - n$ 有正整数解

$\Leftrightarrow \min(k^2 - 996)^2 < 996^2 - n$

$\Leftrightarrow (32^2 - 996)^2 < 996^2 - n$ （因为 32^2 是与 996 最接近的平方数）

$\Leftrightarrow n < 996^2 - 28^2 = 1024 \times 968$.

综上所述，所有合乎条件的正整数 n 是 $[1024 \times 967, 1024 \times 968)$ 中的所有整数.

例 8 给定整数 $n \geqslant 3$，非零实数 $a_1, a_2, \cdots, a_n$ 满足：对 $1 \leqslant i \leqslant n$，

$$\dfrac{\sum\limits_{j=1}^{n} a_j - 2a_i - 2a_{i+1}}{a_i}$$

之值为常数（规定 $a_{n+1} = a_1$）. 试问：乘积 $\prod\limits_{j=1}^{n} \sum\limits_{\substack{i \neq j \\ 1 \leqslant i \leqslant n}} \dfrac{a_i}{a_j}$

可为哪些值？

分析与解 先通过等价变换将条件化简. 因为对 $1 \leqslant i \leqslant n$，

$$\dfrac{\sum\limits_{j=1}^{n} a_j - 2a_i - 2a_{i+1}}{a_i}$$

之值为常数，令

$$\dfrac{\sum\limits_{j=1}^{n} a_j - 2a_i - 2a_{i+1}}{a_i} = k \quad \text{（常数）}$$

得
$$\sum_{j=1}^{n} a_j - 2a_{i+1} = (k+2)a_i \quad (1)$$

我们期望由式(1)求出 k 的值. 注意到式(1)对 $i=1,2,\cdots,n$ 都成立, 于是, 采用整体思考, 将式(1)两边对 i 求和, 有

$$n\sum_{j=1}^{n} a_j - 2\sum_{i=1}^{n} a_{i+1} = (k+2)\sum_{i=1}^{n} a_i$$

$$n\sum_{j=1}^{n} a_j = (k+4)\sum_{i=1}^{n} a_i$$

所以 $\sum_{j=1}^{n} a_j = 0$, 或 $k = n-4$.

(1) 当 $\sum_{j=1}^{n} a_j = 0$ 时, 由式(1)有

$$\frac{a_{i+1}}{a_i} = -\frac{k+2}{2} \quad (2)$$

所以

$$1 = \prod_{j=1}^{n} \frac{a_{i+1}}{a_i} = \left(-\frac{k+2}{2}\right)^n \quad (3)$$

因此, $-\frac{k+2}{2} = 1$ 或 -1.

当 $-\frac{k+2}{2} = 1$ 时, 由式(2), 有 $a_{i+1} = a_i$, 这样, $0 = \sum_{j=1}^{n} a_j = na_1$, 有 $a_1 = 0$, 矛盾. 所以, $-\frac{k+2}{2} = -1$, 进而由式(2)有 $a_{i+1} = -a_i$, 再由式(1) 知 n 为偶数. 于是

$$\prod_{j=1}^{n} \sum_{\substack{i \neq j \\ 1 \leqslant i \leqslant n}} \frac{a_i}{a_j} = \prod_{j=1}^{n} \frac{\sum_{i=1}^{n} a_i - a_j}{a_j} = \prod_{j=1}^{n} \frac{-a_j}{a_j} = \prod_{j=1}^{n} (-1) = (-1)^n = 1$$

又 n 为偶数时, 取 $a_1 = a_3 = \cdots = a_{n-1} = -a$, 则 $\prod_{j=1}^{n} \sum_{\substack{i \neq j \\ 1 \leqslant i \leqslant n}} \frac{a_i}{a_j} = 1$, 从而

"1"是可以取到的一个值.

(2) 当 $\sum_{j=1}^{n} a_j \neq 0$ 时,必有 $k = n - 4$. 此时,由式(1),得

$$\sum_{j=1}^{n} a_j - 2a_{i+1} = (n-2)a_i$$

将 i 换作 $i+1$,有

$$\sum_{j=1}^{n} a_j - 2a_{i+2} = (n-2)a_{i+1}$$

两式相减,有

$$2(a_{i+2} - a_{i+1}) = (2-n)(a_{i+1} - a_i) \tag{4}$$

若 $a_1 = a_2$,由式(4),有 $a_1 = a_2 = \cdots = a_n$,此时

$$\prod_{j=1}^{n} \sum_{\substack{i \neq j \\ 1 \leqslant i \leqslant n}} \frac{a_i}{a_j} = \prod_{j=1}^{n} (n-1) \frac{a_i}{a_j} = \prod_{j=1}^{n} (n-1) = (n-1)^n$$

又取 $a_1 = a_2 = \cdots = a_n = a \neq 0$,有

$$\prod_{j=1}^{n} \sum_{\substack{i \neq j \\ 1 \leqslant i \leqslant n}} \frac{a_i}{a_j} = (n-1)^n$$

若 $a_1 \neq a_2$,由式(4),有 a_i 互异,对式(4)两边求积,有

$$\prod_{j=1}^{n} 2(a_i - a_{i+1}) = \prod_{j=1}^{n} (2-n)(a_{i+1} - a_i)$$

所以 $2^n = (2-n)^n$,即 $\left(\dfrac{2-n}{2}\right)^n = 1$,所以 $\dfrac{2-n}{2} = 1$ 或 -1,从而 $n = 0$ 或 4.

但 $n > 0$,所以 $n = 4$. 将之代入式(4),得 $a_1 = a_3, a_2 = a_4$.

反之,取 $a_1 = a_3 = a, a_2 = a_4 = b$,则

$$\prod_{j=1}^{4} \sum_{\substack{i \neq j \\ 1 \leqslant i \leqslant n}} \frac{a_i}{a_j} = \left(1 + \frac{2b}{a}\right)^2 \left(1 + \frac{2a}{b}\right)^2 = \left[5 + 2\left(\frac{b}{a} + \frac{a}{b}\right)\right]^2$$

因为 $\dfrac{b}{a}, \dfrac{a}{b}$ 同号,所以

$$\left|\frac{b}{a} + \frac{a}{b}\right| = \left|\frac{b}{a}\right| + \left|\frac{a}{b}\right| = \left|\frac{b}{a}\right| + \left|\frac{a}{b}\right| \geqslant 2$$

所以 $2\left(\dfrac{b}{a}+\dfrac{a}{b}\right)$ 可取到 $(-\infty,-4]$ 及 $[4,\infty)$ 内的所有数,于是,$5+2\left(\dfrac{b}{a}+\dfrac{a}{b}\right)$ 可取到 $(-\infty,1]$ 内的所有数.

由此可知,$\prod\limits_{j=1}^{4}\sum\limits_{\substack{i\neq j \\ 1\leqslant i\leqslant n}}\dfrac{a_i}{a_j}$ 可取到所有非负实数.

综上所述,我们有:当 n 为奇数时,$\prod\limits_{j=1}^{n}\sum\limits_{\substack{i\neq j \\ 1\leqslant i\leqslant n}}\dfrac{a_i}{a_j}$ 有唯一取值,为 $(n-1)^n$;

当 n 为偶数,且 $n\neq 4$ 时,$\prod\limits_{j=1}^{n}\sum\limits_{\substack{i\neq j \\ 1\leqslant i\leqslant n}}\dfrac{a_i}{a_j}$ 有两个取值,为 $(n-1)^n$ 和 1;

当 $n=4$ 时,$\prod\limits_{j=1}^{n}\sum\limits_{\substack{i\neq j \\ 1\leqslant i\leqslant n}}\dfrac{a_i}{a_j}$ 有无数个取值,即所有非负实数.

例 9 设 $f(x)=\dfrac{x^4+kx^2+1}{x^4+x^2+1}$. 若对任何实数 a,b,c,都存在以 $f(a),f(b),f(c)$ 为边长的三角形,求合乎条件的实数 k 的集合.

分析与解 先将条件进行改造,使之便于运用. 所谓"对任何实数 a,b,c,都存在以 $f(a),f(b),f(c)$ 为边长的三角形",其含义是:$f(x)$ 的值域中的任何 3 个数都可以作为一个三角形的三边的长,这又等价于

$$2f(x)_{\min}>f(x)_{\max} \quad (\text{其中视 } k \text{ 为常数})$$

由此可见,解题的关键是求出 $f(x)$ 的最大、最小值(用 k 表示). 注意到

$$f(x)=1+\dfrac{(k-1)x^2}{x^4+x^2+1}$$

而

$$\dfrac{x^4+x^2+1}{x^2}=x^2+\dfrac{1}{x^2}+1\geqslant 3$$

即

$$0 \leqslant \frac{x^2}{x^4+x^2+1} \leqslant \frac{1}{3}$$

所以要得出 $f(x)$ 的存在范围,需讨论 $k-1$ 的符号.

(1) 当 $k \geqslant 1$ 时

$$f(x)_{\min} = 1$$

$$f(x)_{\max} = 1 + \frac{k-1}{3} = \frac{k+2}{3}$$

于是 $2 > \frac{k+2}{3}$,解得 $1 \leqslant k < 4$.

(2) 当 $k \leqslant 1$ 时

$$f(x)_{\max} = 1$$

$$f(x)_{\min} = 1 + \frac{k-1}{3} = \frac{k+2}{3}$$

此时 $2 \times \frac{k+2}{3} > 1$,解得 $-\frac{1}{2} < k \leqslant 1$.

综上所述,所有合乎条件的 k 的集合为 $\left(-\frac{1}{2}, 4\right)$.

例10 圆纸片(半径为 R)内有一点 A, $OA = a$,对折纸片,使 A 与圆周上一点 A' 重合,当 A' 取遍圆周上所有的点时,求折线所在直线上点的集合.(2003年全国高中数学联赛试题)

分析与解 "对折纸片"这一条件虽然非常直观有趣,但却不方便运用,我们应将其等价转化成一种数学表达方式.

显然,问题等价于:$\odot O$ 内有一定点 A,A' 是圆周上任一点,线段 AA' 的垂直平分线为 l,当 A' 取遍圆周上所有点时,求 l 在圆内的点的集合(图 5.2).

设 B 为圆内 l 上任意一点,则

$$BA + BO = BA' + BO \geqslant OA' = R$$

所以 B 在以 O, A 为焦点,R 为长轴的椭圆(记为 W)的外部或边界上.

下面证明所有 W 外的(含 W 的边界)、在 $\odot O$(含边界)内的点都至少在一条垂直平分线上.

如图 5.3 所示,设 G 是 W 外且在 $\odot O$ 内的任意一点,以 G 为圆心、GA 为半径作圆,延长 OG 交 $\odot G$ 于 J.

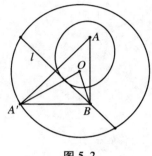

图 5.2

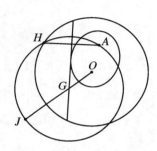

图 5.3

因为 G 在 W 以外,所以
$$OJ = OG + GJ = OG + GA \geq R$$
所以 J 在 $\odot O$ 外部或边界上.

又因为 A 在 $\odot O$ 内部,所以 $\odot G$ 与 $\odot O$ 相切或相交,所以 $\odot G$ 与 $\odot O$ 至少有一个公共点,设其为 H.

连接 AH,因为 $AG = HG$,所以 G 在 AH 的垂直平分线上.

所以所有 W 以外的(含 W 的边界)、在 $\odot O$(含边界)以内的点都至少在一条垂直平分线上.

综上所述,所求的集合为:以 O,A 为焦点,R 为长轴的椭圆外部(含边界)与 $\odot O$ 内部(含边界)的交的所有点的集合,其轨迹如图 5.4 所示.

例 11 设 $f(1)=2, f(n+1)=f(n)^2-f(n)+1$ $(n\in \mathbf{N})$.求证:对所有正整数 $n>1$,有
$$1-\frac{1}{2^{2^{n-1}}}<\frac{1}{f(1)}+\frac{1}{f(2)}+\cdots+\frac{1}{f(n)}<1-\frac{1}{2^{2^n}}$$

分析与证明 先对递归关系 $f(n+1)=f(n)^2-f(n)+1$ 进行等价

5 等价变换

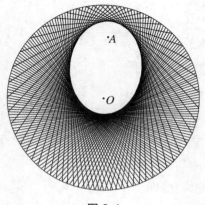

图 5.4

变换,以便化简目标式:

$$\sum_{k=1}^{n} \frac{1}{f(k)}$$

实际上,递归关系可变为

$$f(n+1) - 1 = f(n)(f(n) - 1) \tag{1}$$

联想到差分公式:

$$\frac{1}{x(x-1)} = \frac{1}{x-1} - \frac{1}{x}$$

发现如下类似变形:

$$\frac{1}{f(n+1)-1} = \frac{1}{f(n)(f(n)-1)} = \frac{1}{f(n)-1} - \frac{1}{f(n)}$$

$$\frac{1}{f(n)} = \frac{1}{f(n)-1} - \frac{1}{f(n+1)-1}$$

这里要求 $f(n) \neq 1$.

因为 $f(1) = 2$,从式(1)可知,$f(n)$ 递增,所以 $f(n) \neq 1$. 所以

$$S = \frac{1}{f(1)} + \frac{1}{f(2)} + \cdots + \frac{1}{f(n)} = \frac{1}{f(1)-1} - \frac{1}{f(n+1)-1}$$

$$= 1 - \frac{1}{f(n+1)-1}$$

于是,我们只需证明:

$$1 - \frac{1}{2^{2^{n-1}}} < 1 - \frac{1}{f(n+1)-1} < 1 - \frac{1}{2^{2^n}}$$

即 $1 + 2^{2^{n-1}} < f(n+1) < 2^{2^n} + 1$.

对 n 归纳. 当 $n = 2$ 时,因为

$$f(2) = f(1)^2 - f(1) + 1 = 2^2 - 2 + 1 = 3$$
$$f(3) = f(2)^2 - f(2) + 1 = 3^2 - 3 + 1 = 7$$

而 $1 + 2^{2^{2-1}} < 7 < 2^{2^2} + 1$,结论成立.

设 $n = k$ 时结论成立,即

$$1 + 2^{2^{k-1}} < f(k+1) < 2^{2^k} + 1$$

于是,当 $n = k+1$ 时,利用式(1)及归纳假设,得

$$f(k+2) - 1 = f(k+1)(f(k+1) - 1) > 2^{2^{k-1}} \times 2^{2^{k-1}} = 2^{2^k}$$
$$f(k+2) - 1 = f(k+1)(f(k+1) - 1) < 2^{2^k} \times (2^{2^k} + 1)$$
$$< 2^{2^{k+1}} + 2^{2^k}$$

这里,我们并没有达到预期的 $f(k+2) - 1 < 2^{2^{k+1}}$.

如何修改?若将严格不等式变为非严格的,则进行放缩时减小了放缩的"间距". 注意到

$$f(k+1) < 2^{2^k} + 1 \Leftrightarrow f(k+1) \leqslant 2^{2^k}$$

所以

$$f(k+2) - 1 = f(k+1)(f(k+1) - 1) \leqslant 2^{2^k} \times (2^{2^k} - 1) < 2^{2^{k+1}}$$

综上所述,命题获证.

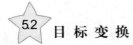

5.2 目标变换

在一些问题中,解题目标或是较为复杂,或是较为抽象,或者所含元素的相互关系不太明显,此时,我们需要将其转化为一种与之等价的新的表达形式,以便把握目标的本质,探索解题途径.

5 等价变换

例 1 设 x, y, z, a, b, c, r 为正数,求证:

$$\frac{x+y+a+b}{x+y+a+b+c+r} + \frac{y+z+b+c}{y+z+b+c+a+r}$$
$$> \frac{x+z+a+c}{x+z+a+c+b+r}.$$

分析与证明 观察目标不等式两边的表达形式,发现明显差异:左边有两项,右边只有一项.于是,可将右边分拆成两项,期望利用"对应大于"使不等式获证.

为了使分拆后能成立"对应大于",于是分拆应使对应的项含有尽可能多相同的字母,这样,不等式变成

$$\frac{x+y+a+b}{x+y+a+b+c+r} + \frac{y+z+b+c}{y+z+b+c+a+r}$$
$$> \frac{x+a}{x+z+a+b+c+r} + \frac{z+c}{x+z+b+c+a+r}.$$

我们期望有

$$\frac{x+y+a+b}{x+y+a+b+c+r} > \frac{x+a}{x+z+a+b+c+r} \tag{1}$$

$$\frac{y+z+b+c}{y+z+b+c+a+r} > \frac{z+c}{x+z+b+c+a+r} \tag{2}$$

对于式(1),不等式左边含有字母 y,而右边则不含字母 y. 如果直接将不等式左边的字母 y 去掉,便得到 $\frac{x+a+b}{x+a+b+c+r}$,于是,式(1)成立的一个充分条件是

$$\frac{x+y+a+b}{x+y+a+b+c+r} > \frac{x+a+b}{x+a+b+c+r}$$
$$> \frac{x+a}{x+z+a+b+c+r} \tag{1}$$

注意到

$$\frac{x+y+a+b}{x+y+a+b+c+r} > \frac{x+a+b}{x+a+b+c+r}$$

等价于
$$\frac{p+y}{q+y} > \frac{p}{q}$$

其中,$p = x + a + b$,$q = x + a + b + c + r$.

由于 $p < q$,$y > 0$,从而 $\frac{p+m}{q+m} > \frac{p}{q}$ 成立,则
$$\frac{x+a+b}{x+a+b+c+r} > \frac{x+a}{x+z+a+b+c+r}$$

显然成立,从而式(1)成立.

同样可以证明不等式(2),所以原不等式获证.

例2 设 n 是给定的正整数,$x_i \geq 0 (1 \leq i \leq n+1)$,$\sum_{i=1}^{n+1} x_i = \sum_{i=1}^{n+1} x_i^n = n$,求 $A = \sum_{i=1}^{n+1} \sqrt[n]{x_i}$ 的最小值.(原创题)

分析与解 先考虑 $n = 2$ 的情形,此时问题变为
$$x, y, z \geq 0, \quad x + y + z = x^2 + y^2 + z^2 = 2$$
求 $A = \sqrt{x} + \sqrt{y} + \sqrt{z}$ 的最小值.

我们的目标是,找到常数 C,使 $\sqrt{x} + \sqrt{y} + \sqrt{z} \geq C$.注意到条件
$$x + y + z = x^2 + y^2 + z^2 = 2$$
所找的常数 C 也许与 $x + y + z$,$x^2 + y^2 + z^2$ 密切相关,从而目标不等式从整体上呈现"和"$\geq$"和"的结构,只能通过 Cauchy 不等式,或若干个局部平均值不等式叠加而成.

为此,我们对目标适当变形,添加一个常数项:$2 = x^2 + y^2 + z^2$,则目标式变为
$$A + 2 = \sqrt{x} + \sqrt{y} + \sqrt{z} + (x^2 + y^2 + z^2)$$

然后适当组合,得
$$A + 2 = (\sqrt{x} + x^2) + (\sqrt{y} + y^2) + (\sqrt{z} + z^2)$$

考察其中的代表项 $\sqrt{x} + x^2$,期望通过利用平均值不等式,将"和"的形式

化成"积"的形式后变成 x 的整数次幂,特别是 x 的一次幂,以便利用条件 $x+y+z=2$. 但如果利用 2 元平均值不等式,则有

$$\sqrt{x}+x^2 \geqslant 2\sqrt{\sqrt{x}x^2}=2x^{\frac{5}{4}}$$

并没有得到所期望的 x 的一次幂,于是,需要分拆一些项,利用 3 元平均值不等式,这样,我们有

$$\sqrt{x}+x^2=\frac{1}{2}\sqrt{x}+\frac{1}{2}\sqrt{x}+x^2 \geqslant 3\sqrt[3]{\frac{1}{2}\sqrt{x}\times\frac{1}{2}\sqrt{x}x^2}=3\sqrt[3]{\frac{1}{4}}x$$

但此时不等式成立等号的条件是 $\frac{1}{2}\sqrt{x}=x^2$,即 $x=0$ 或 $\sqrt[3]{\frac{1}{4}}$,这与 $x+y+z=2$ 矛盾. 由此可见,上述分拆还需要适当搭配常数,想象将其中的系数 $\frac{1}{2}$ 换成 1,则可将目标变形为

$$2A+2=2\sqrt{x}+2\sqrt{y}+2\sqrt{z}+(x^2+y^2+z^2)$$
$$=(2\sqrt{x}+x^2)+(2\sqrt{y}+y^2)+(2\sqrt{z}+z^2)$$

此时

$$2\sqrt{x}+x^2=\sqrt{x}+\sqrt{x}+x^2 \geqslant 3\sqrt[3]{\sqrt{x}\sqrt{x}x^2}=3x$$

同理,$2\sqrt{y}+y^2 \geqslant 3y$,$2\sqrt{z}+z^2 \geqslant 3z$,三式相加得

$$2A+2 \geqslant 3(x+y+z)=6$$

所以 $A \geqslant 2$.

又 $x=y=1,z=0$ 时,$A=\sqrt{x}+\sqrt{y}+\sqrt{z}=2$,故 $A=\sqrt{x}+\sqrt{y}+\sqrt{z}$ 的最小值为 2.

上述解题过程可迁移到一般正整数 n 的情形. 实际上

$$nA+n=n\sum_{i=1}^{n+1}\sqrt[n]{x_i}+n=n\sum_{i=1}^{n+1}\sqrt[n]{x_i}+\sum_{i=1}^{n+1}x_i^n$$

$$=\sum_{i=1}^{n+1}(n\sqrt[n]{x_i}+x_i^n) \geqslant (n+1)\sum_{i=1}^{n+1}\sqrt[n+1]{(\sqrt[n]{x_i})^n x_i^n}$$

$$= (n+1)\sum_{i=1}^{n+1} x_i = (n+1)n$$

所以 $A \geqslant n$.

又 $x_1 = x_2 = \cdots = x_n = 1, x_{n+1} = 0$ 时, $A = n$, 故 A 的最小值为 n.

例 3 已知平行六面体 AC' 的体积为 V, 点 P, Q, R 分别为棱 $A'B'$, CC', CD 的中点, 求三棱锥 $A\text{-}PQR$ 的体积. (苏联第 9 届数学奥林匹克竞赛试题)

分析与解 三棱锥 $A\text{-}PQR$ 的任何一个面都不与平行六面体的面平行, 从而不易求其高. 于是, 我们期望通过对目标对象实施等价变换, 使其体积不变(等积变换), 但有一个面与平行六面体的某个面平行.

注意到四面体已有两个顶点在正方体的底面 $ABCD$ 内, 所以只需将 P, Q 中的一个变换到底面内, 这有多种途径.

我们先介绍该题原来解答所采用的变换方法. 由图的直观可猜测, P 关于 Q 的对称点在正方体的底面 $ABCD$ 内.

为证明此猜想, 我们设法找到平面 PQA 与平面 $ABCD$ 的交线. 假设截面 PQA 与平面 $ABCD$ 交于 AE(E 在 CD 上), 则由于平面 $ABB'A'$ 平行于平面 $DCC'D'$, 所以 $QE /\!/ PA$.

过 Q 作 PA 的平行线交 CD 于 E, 在平面 PQA 内延长 AE 与 PQ 相交于 N(图 5.5).

因为 $PA \underline{\!/\!/\!} C'R$, 所以 $QE /\!/ C'R$. 又 Q 为 CC' 的中点, 所以 $QE \underline{\!/\!/\!} \dfrac{C'R}{2}$, 且 E 为 RC 的中点. 于是 $QE \underline{\!/\!/\!} \dfrac{PA}{2}$, E 为 AN 的中点. 所以

$$S_{APQ} = S_{AQN}, \quad V_{R\text{-}APQ} = V_{R\text{-}AQN}$$

连接 RN, 则 $S_{ARE} = S_{ERN}$. 又 Q 为 CC' 的中点, 设平行六面体的高为

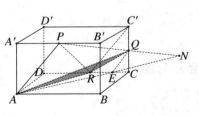

图 5.5

h,则棱锥 $Q\text{-}ARN$ 的高为 $\dfrac{h}{2}$. 但 $S_{RAN} = 2S_{ARE} = \dfrac{1}{4}S_{ABCD}$,所以

$$V_{R\text{-}AQN} = V_{Q\text{-}ARN} = \dfrac{1}{3} \times \dfrac{1}{4} \times S_{ABCD} \times \dfrac{h}{2} = \dfrac{V}{24}$$

以上解答是将 P 通过对称变换,将其转移到、变换到正方体的底面 $ABCD$ 的底面内. 如果我们变换点 Q,则解答要简单得多.

实际上,固定 $\triangle APR$,设想 Q 在平行 APR 的直线 L 上移动到底面 $ABCD$ 内,这只需 L 平行 AP,于是,作 $QE \parallel PA$,交 CD 于 E(图 5.6).

因为 $PA \underline{\underline{\parallel}} C'R$,所以 $QE \parallel C'R$. 又 Q 为 CC' 的中点,所以 $QE \underline{\underline{\parallel}} \dfrac{C'R}{2}$,且 E 为 RC 的中点. 所以

$$V_{A\text{-}PQR} = V_{Q\text{-}APR} = V_{E\text{-}APQ} = V_{P\text{-}AER} = \dfrac{1}{3} \times \dfrac{1}{8} \times S_{ABCD} \times h = \dfrac{V}{24}$$

在变换点 Q 时,若固定 $\triangle ARQ$,则解答更简单. 实际上,设想 P 在平行 ARQ 的直线 L 上移动到底面 $DCC'D'$ 内,这只需 L 平行 AR,于是,连 PC'(图 5.7),则

$$V_{A\text{-}PQR} = V_{P\text{-}AQR} = V_{C'\text{-}AQR} = V_{A\text{-}C'QR} = \dfrac{1}{3} \times \dfrac{1}{8} \times S_{DCC'D'} \times h = \dfrac{V}{24}$$

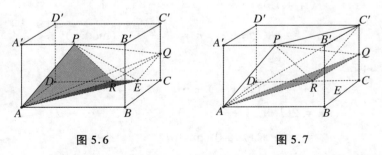

图 5.6   图 5.7

例 4 长为 n(即 n 段)的闭折线的所有顶点构成一个正 n 边形(n 为偶数),求证:此闭折线一定有两条边是平行的.(美国《数学杂志》1993 年第一期)

充分条件

分析与证明 先对解题目标"两条边是平行的"实施等价变换,使之变成容易推证的形式.

记正 n 边形为 $A_1A_2\cdots A_n$,我们先探索正 n 边形两条"顶点线段"(包括边与对角线)平行的充分必要条件,期望两条线平行问题,能利用正多边形的特征进行转化,最终脱离多边形的约束,得到其顶点下标满足的一个关系.

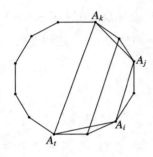

图 5.8

为此,考察正 n 边形的任意两条"顶点线段" A_iA_j, A_kA_t,如图 5.8 所示,不妨设 $t<i<j<k$(如有必要,可将其中若干个点的下标都加上 n,然后按模 n 理解),则有

$$A_iA_j \ /\!/ \ A_kA_t \Leftrightarrow |A_iA_t| = |A_kA_j|$$
$$\Leftrightarrow i - t \equiv k - j \pmod{n}$$
$$\Leftrightarrow i + j \equiv k + t \pmod{n}$$

考察正 n 边形中的任意一条长为 n 的闭折线: $A_{i_1}A_{i_2}\cdots A_{i_n}A_{i_1}$,反设它的任何两条边都不平行,那么由上面的结论可知,$i_1+i_2, i_2+i_3, \cdots, i_n+i_1$ 构成模 n 的完系.于是

$$(i_1+i_2) + (i_2+i_3) + \cdots + (i_n+i_1)$$
$$\equiv 1 + 2 + \cdots + n = \frac{n(n+1)}{2} \pmod{n}$$

另一方面

$$(i_1+i_2) + (i_2+i_3) + \cdots + (i_n+i_1)$$
$$= 2(i_1+i_2+\cdots+i_n) \equiv 2(1+2+\cdots+n)$$
$$= n(n+1) \equiv 0 \pmod{n}$$

所以

$$\frac{n(n+1)}{2} \equiv 0 \pmod{n}$$

但 n 为偶数,令 $n=2k$,有

$$0 \equiv k(2k+1) = 2k^2 + k \equiv k \pmod{2k}$$

矛盾.

综上所述,命题获证.

例 5 设 $a_i, b_i \in \mathbf{R}(1 \leqslant i \leqslant n)$,求证:

$$((n-1)\sum_{i=1}^{n} a_i b_i - \sum_{1 \leqslant i<j \leqslant n}(a_i b_j + a_j b_i))^2$$

$$\leqslant ((n-1)\sum_{i=1}^{n} a_i^2 - 2\sum_{1 \leqslant i<j \leqslant n} a_i a_j)((n-1)\sum_{i=1}^{n} b_i^2 - 2\sum_{1 \leqslant i<j \leqslant n} b_i b_j)$$

(Beesack 不等式)

分析与证明 原不等式等价于

$$(2(n-1)\sum_{i=1}^{n} a_i b_i - 2\sum_{1 \leqslant i<j \leqslant n}(a_i b_j + a_j b_i))^2$$

$$-4((n-1)\sum_{i=1}^{n} a_i^2 - 2\sum_{1 \leqslant i<j \leqslant n} a_i a_j)((n-1)\sum_{i=1}^{n} b_i^2 - 2\sum_{1 \leqslant i<j \leqslant n} b_i b_j)$$

$$\leqslant 0$$

上式呈现出 $B^2 - 4AC \leqslant 0$ 的形式,其中

$$A = (n-1)\sum_{i=1}^{n} a_i^2 - 2\sum_{1 \leqslant i<j \leqslant n} a_i a_j = \sum_{1 \leqslant i<j \leqslant n}(a_i - a_j)^2$$

$$B = 2((n-1)\sum_{i=1}^{n} a_i b_i - \sum_{1 \leqslant i<j \leqslant n}(a_i b_j + a_j b_i))$$

$$= 2\sum_{1 \leqslant i<j \leqslant n}(a_i - a_j)(b_i - b_j)$$

$$C = (n-1)\sum_{i=1}^{n} b_i^2 - 2\sum_{1 \leqslant i<j \leqslant n} b_i b_j = \sum_{1 \leqslant i<j \leqslant n}(b_i - b_j)^2$$

由此想到构造如下的函数:

$$f(x) = Ax^2 + Bx + C$$

$$= ((n-1)\sum_{i=1}^{n} a_i^2 - 2\sum_{1 \leqslant i<j \leqslant n} a_i a_j)x^2$$

$$+ 2((n-1)\sum_{i=1}^{n} a_i b_i - \sum_{1 \leqslant i < j \leqslant n}(a_i b_j + a_j b_i))x$$

$$+ (n-1)\sum_{i=1}^{n} b_i^2 - 2\sum_{1 \leqslant i < j \leqslant n} b_i b_j$$

$$= \sum_{1 \leqslant i < j \leqslant n}(a_i - a_j)^2 x^2 + 2\sum_{1 \leqslant i < j \leqslant n}(a_i - a_j)(b_i - b_j)x$$

$$+ \sum_{1 \leqslant i < j \leqslant n}(b_i - b_j)^2 \sum_{1 \leqslant i < j \leqslant n}((a_i - a_j)x + (b_i - b_j))^2$$

所以 $f(x) \geqslant 0$ 恒成立.

(1) 当 $A = 0$ 时,$a_1 = a_2 = \cdots = a_n$,此时原不等式等号成立;

(2) 当 $A \neq 0$ 时,$f(x)$ 为二次函数,且 $A = \sum_{1 \leqslant i < j \leqslant n}(a_i - a_j)^2 > 0$,而对一切实数 x,$f(x) \geqslant 0$ 恒成立,所以 $B^2 - 4AC \leqslant 0$,不等式成立.

综上所述,不等式获证.

例 6 设 $0 < m_1 \leqslant a_i \leqslant M_1$,$0 < m_2 \leqslant b_i \leqslant M_2$,求证:

$$\frac{\sum_{i=1}^{n} a_i^2 \sum_{i=1}^{n} b_i^2}{(\sum_{i=1}^{n} a_i b_i)^2} \leqslant \frac{1}{4}\left(\sqrt{\frac{M_1 M_2}{m_1 m_2}} + \sqrt{\frac{m_1 m_2}{M_1 M_2}}\right)^2 \quad \text{(Polya-Szego 不等式)}$$

分析与证明 将不等式变为

$$\left(\sqrt{\frac{M_1 M_2}{m_1 m_2}} + \sqrt{\frac{m_1 m_2}{M_1 M_2}}\right)^2 \left(\sum_{i=1}^{n} a_i b_i\right)^2 - 4\sum_{i=1}^{n} a_i^2 \sum_{i=1}^{n} b_i^2 \geqslant 0$$

上式具有 $B^2 - 4AC \geqslant 0$ 的形式,其中

$$A = \sum_{i=1}^{n} a_i^2,\ B = \left(\sqrt{\frac{M_1 M_2}{m_1 m_2}} + \sqrt{\frac{m_1 m_2}{M_1 M_2}}\right)\left(\sum_{i=1}^{n} a_i b_i\right),\ C = \sum_{i=1}^{n} b_i^2$$

令 $G = \sqrt{\frac{M_1 M_2}{m_1 m_2}}$,则

$$B = \left(G + \frac{1}{G}\right)\left(\sum_{i=1}^{n} a_i b_i\right)$$

由此想到构造如下的二次函数:

5 等价变换

$$f(x) = Ax^2 + Bx + C$$
$$= \left(\sum_{i=1}^{n} a_i^2\right)x^2 + \left(G + \frac{1}{G}\right)\left(\sum_{i=1}^{n} a_i b_i\right)x + \sum_{i=1}^{n} b_i^2$$
$$= \sum_{i=1}^{n}\left(a_i^2 x^2 + \left(G + \frac{1}{G}\right)a_i b_i x + b_i^2\right)$$
$$= \sum_{i=1}^{n}(a_i x + G b_i)\left(a_i x + \frac{b_i}{G}\right)$$

问题转化为证明 $f(x) = 0$ 有实根.

由于 $A > 0$,所以只需找到 x,使 $f(x) \leqslant 0$. 一个充分条件是:存在 x,使对所有 $i(1 \leqslant i \leqslant n)$,都有

$$(a_i x + G b_i)\left(a_i x + \frac{b_i}{G}\right) \leqslant 0$$

解上述不等式,得 $-\dfrac{G b_i}{a_i} \leqslant x \leqslant -\dfrac{b_i}{G a_i}$,从而

$$\max\left\{-\frac{G b_i}{a_i}\right\} \leqslant x \leqslant \min\left\{-\frac{b_i}{G a_i}\right\}$$

$$-\frac{G m_2}{M_1} \leqslant x \leqslant -\frac{M_2}{G m_1}$$

$$-\frac{m_2}{M_1} \times \sqrt{\frac{M_1 M_2}{m_1 m_2}} \leqslant x \leqslant -\frac{M_2}{m_1} \times \sqrt{\frac{m_1 m_2}{M_1 M_2}}$$

$$-\sqrt{\frac{m_2 M_2}{m_1 M_1}} \leqslant x \leqslant -\sqrt{\frac{m_2 M_2}{m_1 M_1}}$$

所以取 $x = -\sqrt{\dfrac{m_2 M_2}{m_1 M_1}}$,此时

$$f\left(-\sqrt{\frac{m_2 M_2}{m_1 M_1}}\right) = \sum_{i=1}^{n} \frac{(M_1 b_i - m_2 a_i)(m_1 b_i - M_2 a_i)}{m_1 M_1} \leqslant 0$$

所以 $f(x) = 0$ 有实根,从而其判别式 $B^2 - 4AC \geqslant 0$,即

$$\left(\sqrt{\frac{M_1 M_2}{m_1 m_2}} + \sqrt{\frac{m_1 m_2}{M_1 M_2}}\right)^2 \left(\sum_{i=1}^{n} a_i b_i\right)^2 \geqslant 4 \sum_{i=1}^{n} a_i^2 \sum_{i=1}^{n} b_i^2$$

不等式获证.

例7 对任何正整数 n,求证:$\sum_{k=0}^{n} C_n^k 2^k C_{n-k}^{[\frac{n-k}{2}]} = C_{2n+1}^n$.(第9届中国数学奥林匹克竞赛试题)

分析与证明 显然,等使右边是从 $2n+1$ 个元素中选取 n 个元素的方法数.所以,我们希望构造一个组合模型,使等式左边也是从 $2n+1$ 个元素中选取 n 个元素的方法数.

为此,考虑 $C_n^k 2^k$ 的意义,其中 C_n^k 表示从 n 个元素中选取 k 个元素的方法数,而 2^k 表明这选取的 k 个元素中的每一个都有 2 种选择.由此想到,前面的 C_n^k 用来表示从 n 个集合 $A_1, A_2, \cdots, A_n$ 中选定 k 个集合,假定 $|A_1| = |A_2| = \cdots = |A_n| = 2$,则在选定的 k 个集合中的每一个中选取一个元素,各有 2 种方法,这样选取 k 个集合及 k 个元素便有 $C_n^k 2^k$ 种方法.

注意到共有 $2n+1$ 个元素,而 $|A_1 \bigcup A_2 \bigcup \cdots \bigcup A_n| = 2n$,所以再假定 $|A_{n+1}| = 1$,然后在剩下的 $n+1-k$ 个集合中选取 $n-k$ 个元素,其中要求:如果一个集合中有一个元素被选取,则该集合中的所有元素都被选取(以保证后面的集合与前面的集合元素取法不同).这样便得到如下的组合模型:

将 $2n+1$ 个元素划分为 $n+1$ 个子集 $A_1, A_2, \cdots, A_n, A_{n+1}$,其中 $|A_1| = |A_2| = \cdots = |A_n| = 2$,$|A_{n+1}| = 1$,先假定从 $A_1, A_2, \cdots, A_n$ 的 k 个子集中选取一个元素($0 \leqslant k \leqslant n$),则选取 k 个集合有 C_n^k 种方法,而选取的各子集中选一个元素都有 2 种选择,所以元素有 2^k 种选择.

现在还要在剩下的 $n+1-k$ 个子集中选取 $n-k$ 个元素,其中每个集合中的元素全取或全不取.

(1) 如果 $n-k$ 为偶数,则因除 A_{n+1} 外的其余集合都是取偶数个元素,而 A_{n+1} 中只能取一个元素,从而 A_{n+1} 中的元素不取,在其他 $n-k$ 个子集中选取 $\frac{n-k}{2} = \left[\frac{n-k}{2}\right]$ 个子集,有 $C_{n-k}^{[\frac{n-k}{2}]}$ 种方法;

(2) 如果 $n-k$ 为奇数,则因除 A_{n+1} 外的其余集合都是取偶数个元素,而 $|A_{n+1}|=1$,从而 A_{n+1} 中的元素必被选取,在其他 $n-k$ 个子集中选取 $\frac{n-k-1}{2} = \left[\frac{n-k}{2}\right]$ 个子集,有 $C_{n-k}^{\left[\frac{n-k}{2}\right]}$ 种方法.

所以不论哪种情况,选取 $n-k$ 个元素都有 $C_{n-k}^{\left[\frac{n-k}{2}\right]}$ 种方法.由乘法原理,选取 n 个元素共有 $\sum_{k=0}^{n} C_n^k 2^k C_{n-k}^{\left[\frac{n-k}{2}\right]}$ 种方法,命题获证.

另证 首先注意 C_{2n+1}^n 为 $(1+x)^{2n+1}$ 展开式中 x^n 的系数.另一方面
$$(1+x)^{2n+1} = (1+x)^{2n}(1+x) = (2x+1+x^2)^n \times (1+x)$$
$$= \sum_{k=0}^{n} C_n^k 2^k x^k (1+x^2)^{n-k}(1+x)$$
$$= \sum_{k=0}^{n} C_n^k 2^k x^k (1+x^2)^{n-k} + \sum_{k=0}^{n} C_n^k 2^k x^{k+1}(1+x^2)^{n-k} \quad (1)$$

当 $n-k$ 为偶数时,$C_n^k 2^k x^k (1+x^2)^{n-k}$ 中含 x^n 的项为
$$C_n^k 2^k x^k C_{n-k}^{\left[\frac{n-k}{2}\right]} x^{2\left[\frac{n-k}{2}\right]} = C_n^k 2^k C_{n-k}^{\left[\frac{n-k}{2}\right]} x^n$$
而 $C_n^k 2^k x^{k+1}(1+x^2)^{n-k}$ 中没有含 x^n 的项.

当 $n-k$ 为奇数时,$C_n^k 2^k x^{k+1}(1+x^2)^{n-k}$ 中含 x^n 的项为
$$C_n^k 2^k x^{k+1} C_{n-k}^{\left[\frac{n-k}{2}\right]} x^{2\left[\frac{n-k}{2}\right]} = C_n^k 2^k C_{n-k}^{\left[\frac{n-k}{2}\right]} x^n$$
而 $C_n^k 2^k x^k (1+x^2)^{n-k}$ 中没有含 x^n 的项.

于是,式(1)右端 x^n 的系数为 $\sum_{k=0}^{n} C_n^k 2^k C_{n-k}^{\left[\frac{n-k}{2}\right]}$,等式获证.

例 8 计算:$C_{n+1}^1 + 2^2 C_{n+2}^2 + 3^2 C_{n+3}^3 + \cdots + n^2 C_{2n}^n$.(1992 年国际数学奥林匹克竞赛加拿大国家队训练题)

分析与解 我们先改造目标 $C_{n+1}^1 + 2^2 C_{n+2}^2 + 3^2 C_{n+3}^3 + \cdots + n^2 C_{2n}^n$.考察其中的通项:
$$k^2 C_{n+k}^k \quad (k=1,2,\cdots,n)$$
其中,$C_{n+k}^k = C_{n+k}^n$ 表示从 $n+k$ 个元素中选取 n 个元素的组合数.由此想到如下一个组合模型:

考虑一个有 $2n$ 名棋手的俱乐部,将这些棋手编号为 $1,2,\cdots,2n$. 从中选出编号小的若干个人(至少 $n+1$ 人)组成一个代表队外出参加比赛,然后在代表队中选出 n 个人组成正式的比赛小组,并在编号大于 n 的队员中选出一名经理和一名教练(统称为职员). 两个职务可以由同一棋手担任,记所有不同的选取方法数为 S.

假定代表队有 $n+k$ ($1\leqslant k\leqslant n$) 名队员,则选取比赛小组的成员有 C_{n+k}^{n} 种方法,选取职员有 k^2 种方法,于是共有 $k^2 C_{n+k}^{n}$ 种选法. 又 $k=1,2,\cdots,n$,所以

$$S = \sum_{k=1}^{n} k^2 C_{n+k}^{n} = \sum_{k=1}^{n} k^2 C_{n+k}^{k}.$$

现在的问题是,无法更换选取队员、职员的顺序,得到 S 的另一种计算方式. 我们需要改造上述组合模型. 为此,对目标和式作一个代换:

令 $k = j - (n+1)$,即 $j = k+n+1$,则由 $1 \leqslant k \leqslant n$,得

$$n+1 \leqslant j \leqslant 2n+1.$$

这样,目标和式变为

$$\sum_{j=n+2}^{2n+1} (j-n-1)^2 C_{j-1}^{j-n-1} = \sum_{j=n+2}^{2n+1} (j-n-1)^2 C_{j-1}^{n}.$$

考虑一个有 $2n+1$ 名棋手的俱乐部,将这些棋手编号为 $1,2,\cdots,2n+1$. 从中选出 $n+1$ 人组成一个组成一个代表队外出参加比赛,选出的 $n+1$ 个人称为队员,并从剩下的 n 名非队员的棋手中,选出一名经理和一名教练(统称为职员),两个职员可以由同一棋手担任,但任何一个职员(经理或教练)的编号都必须至少小于一名队员的编号,记所有不同的选取方法数为 S.

设所有队员中最大编号为 j,由于前 $n+1$ 个人不能全部为队员,否则教练的编号不小于任何组员的编号,于是 $n+2 \leqslant j \leqslant 2n+1$.

对于每一个这样的 j,其余的 n 个队员可以在编号为 $1,2,\cdots,j$ 的棋手中选取,有 C_{j-1}^{n} 种选法,而每一个职员可以在编号为 $1,2,\cdots,j$ 的未当选为队员的棋手中选取(可以重复选取),有 $(j-n-1)^2$ 种选法. 所以

$$S = \sum_{j=n+2}^{2n+1}(j-n-1)^2 C_{j-1}^n = \sum_{k=1}^{n} k^2 C_{n+k}^k$$

另一方面，我们先选定队员，有 C_{2n+1}^{n+1} 种方法，同时在剩下的 n 个非队员的棋手中选择职员有 n^2 种方法，从而共有 $n^2 C_{2n+1}^{n+1}$ 种方法．

但是，我们将去掉那些至少有一名职员编号大于所有队员编号的那些选择．我们称这样的选择为"坏选择"．

考察经理和教练由同一棋手担任的坏选择．此时，选择 $n+2$ 个人作为队员及职员共有 C_{2n+1}^{n+2} 种方法，由于选择是坏选择，这位职员只能是编号最大者，确定职员有唯一的方法，从而这样的坏选择有 C_{2n+1}^{n+2} 种．

考察经理和教练由不同的棋手担任的坏选择．此时，选择 $n+3$ 个人作为队员及职员共有 C_{2n+1}^{n+3} 种方法，由于坏选择中至少有一名职员编号大于所有队员编号，从而编号最大者不能是队员，只能是职员．而另一个职员可在选出来的另外 $n+2$ 个棋手中任选一人安排为职员，有 $n+2$ 种方法．最后，两个职员安排不同的职务有 2 种方法，从而这样的坏选择有 $2(n+1)C_{2n+1}^{n+3}$ 种．于是

$$S = n^2 C_{2n+1}^{n+1} - C_{2n+1}^{n+2} - 2(n+1)C_{2n+1}^{n+3} = \frac{n(n+1)^3 C_{2n+1}^{n+1}}{(n+2)(n+3)}$$

综上所述，有

$$C_{n+1}^1 + 2^2 C_{n+2}^2 + 3^2 C_{n+3}^3 + \cdots + n^2 C_{2n}^n = \frac{n(n+1)^3 C_{2n+1}^{n+1}}{(n+2)(n+3)}$$

例 9 计算：

$$\left(\tan\frac{\pi}{7} + \tan\frac{2\pi}{7} + \tan\frac{3\pi}{7} - \tan\frac{\pi}{7}\tan\frac{2\pi}{7}\tan\frac{3\pi}{7}\right)^2 +$$

$$\left(\tan\frac{\pi}{7}\tan\frac{2\pi}{7} + \tan\frac{2\pi}{7}\tan\frac{3\pi}{7} + \tan\frac{3\pi}{7}\tan\frac{\pi}{7} - 1\right)^2$$

（原创题）

分析与解 要求计算的目标式非常复杂，而且无法简化，需要对目标式中有关式子进行转换．记

$$p = \tan\frac{\pi}{7} + \tan\frac{2\pi}{7} + \tan\frac{3\pi}{7}$$

$$q = \tan\frac{\pi}{7}\tan\frac{2\pi}{7}\tan\frac{3\pi}{7}$$

$$r = \tan\frac{\pi}{7}\tan\frac{2\pi}{7} + \tan\frac{2\pi}{7}\tan\frac{3\pi}{7} + \tan\frac{3\pi}{7}\tan\frac{\pi}{7}$$

则目标式变为

$$p^2 + q^2 + r^2 - 2pq - 2r + 1$$

再注意到 $\tan\frac{\pi}{7}, \tan\frac{2\pi}{7}, \tan\frac{3\pi}{7}$ 反复出现,令

$$a = \tan\frac{\pi}{7}, \quad b = \tan\frac{2\pi}{7}, \quad c = \tan\frac{3\pi}{7}$$

则 $p = a + b + c, q = abc, r = ab + bc + ca$.

注意到 p 是 a, b, c 这 3 个数的和,q 是 a, b, c 这 3 个数的积,r 是 a, b, c 这 3 个数的每两数积的和,这恰好与 3 次方程的"根与系数关系"所具有的结构式相同,由此想到构造以这 3 个数为根的方程.

考察 a, b, c 的通式 $\tan\frac{k\pi}{7}(k=1,2,3)$,可引入参数,记 $\theta = \frac{k\pi}{7}(k=1,2,3)$,则 $7\theta = k\pi$(特殊角),且 $\tan\theta > 0$. 因为

$$\tan 7\theta = \tan k\pi = 0$$

所以

$$\frac{\tan 3\theta + \tan 4\theta}{1 - \tan 3\theta \tan 4\theta} = 0$$

$$\tan 3\theta + \tan 4\theta = 0$$

$$\frac{\tan \theta + \tan 2\theta}{1 - \tan \theta \tan 2\theta} = \frac{2\tan 2\theta}{\tan^2 2\theta - 1}$$

$$\tan \theta + 3\tan 2\theta - 3\tan \theta \tan^2 2\theta - \tan^3 2\theta = 0$$

令 $x = \tan \theta$,则 $x > 0$,上式化为

$$x + \frac{6x}{1 - x^2} - 3x \times \frac{4x^2}{(1 - x^2)^2} - \frac{8x^3}{(1 - x^2)^3} = 0$$

5 等价变换

$$x^6 - 21x^4 + 35x^2 - 7 = 0$$

令 $y = x^2$，则

$$y^3 - 21y^2 + 35y - 7 = 0 \tag{1}$$

于是，a^2, b^2, c^2 是方程(1)的 3 个根. 由韦达定理, 有

$$a^2 + b^2 + c^2 = 21, \quad a^2b^2 + b^2c^2 + c^2a^2 = 35, \quad a^2b^2c^2 = 7$$

于是

$$r^2 = (ab + bc + ca)^2 = a^2b^2 + b^2c^2 + c^2a^2 + 2abc(a + b + c)$$
$$= 35 + 2pq$$
$$p^2 = (a + b + c)^2 = a^2 + b^2 + c^2 + 2(ab + bc + ca) = 21 + 2r$$
$$q^2 = a^2b^2c^2 = 7$$

三式相加，得

$$p^2 + q^2 + r^2 = 63 + 2pq + 2r$$

故 $p^2 + q^2 + r^2 - 2pq - 2r + 1 = 64$.

例 10 设 $(h, k) = 1, n = h + k$，求证：对每一个 $j \in \mathbf{N}$，都存在 $\{1, 2, \cdots, n-1\}$ 的 $\dfrac{C_{n-1}^k}{h}$ 个 k 元子集，使得

(1) 这 $\dfrac{C_{n-1}^k}{h}$ 个 k 元子集的元素和的总和与 j 关于模 h 同余；

(2) 这 $\dfrac{C_{n-1}^k}{h}$ 个 k 元子集中每一个的元素和都分别与 j 关于模 h 同余.

分析与解 (1)是(2)的特例，我们只需解决(2).

我们先理解目标的实际意义，进而实现目标的转化.

任取 X 的一个 k 元子集 $A = \{a_1, a_2, \cdots, a_k\}$，设 $a_1 < a_2 < \cdots < a_k$，定义 $f(A) = B = \{b_1, b_2, \cdots, b_k\}$，其中

$$b_i = a_i - i \quad (1 \leqslant i \leqslant k)$$

注意到

$$b_k = a_k - k \leqslant n - 1 - k = h - 1$$

所以
$$0 \leqslant b_1 \leqslant b_2 \leqslant \cdots \leqslant b_k \leqslant h-1$$
又
$$S(A) = S(B) + (1+2+\cdots+k) = S(B) + \frac{k(k+1)}{2}$$

于是,当且仅当某两个 A 使 $S(A)$ 属于模 h 的同一个剩余类时,对应的两个 B 使 $S(B)$ 属于模 h 的同一个剩余类.

因此,目标等价于证明:对任何 $0 \leqslant j \leqslant h-1$,都有 $\dfrac{C_{n-1}^k}{h}$ 个 B,满足
$$S(B) \equiv j \pmod{h} \tag{1}$$

进一步,也只需证明对所有 B,使 $S(B)$ 属于模 h 的同一个剩余类的 B 的个数是相同的,即对任何 i,j,满足式(1)的 B 的个数与满足
$$S(B) \equiv i \pmod{h} \quad (0 \leqslant i \leqslant h-1) \tag{2}$$
的 B 的个数相等.

记满足式(1)和式(2)的 B 的个数分别为 u_j, u_i,下面只需证明 $u_j = u_i$.

任取一个满足式(1)的 $B = \{b_1, b_2, \cdots, b_k\}$,其中 $b_1 < b_2 < \cdots < b_k$,定义
$$g(B) = B_1 = (b_1+1, b_2+1, \cdots, b_k+1)$$
若 $b_k < n-1$,则
$$g(B) = B_1 = (0, 0, \cdots, 0, b_1+1, \cdots, b_t+1)$$
则 $b_{t+1} = b_{t+2} = \cdots = b_k = n-1 (b_t < n-1)$(即每个分量增加 1,若变成 n 则用 0 代替).

对任何 $t > 1$,定义 $B_t = g(B_{t-1})$,那么
$$S(B_1) \equiv S(B) + k$$
$$S(B_2) \equiv S(B) + 2k$$
$$\cdots$$
$$S(B_{h-1}) \equiv S(B) + (h-1)k \pmod{h}$$

由于 $0, 1, 2, \cdots, h-1$ 构成模 h 的完系,且 $(k, h) = 1$,从而 $S(B)$,

$S(B_1),\cdots,S(B_{h-1})$ 为模 h 的完系,于是,必有一个数模 h 余 i,即每一个满足式(1)的 B 必对应一个满足式(2)的 B_t,而且 B 不同时,B_t 亦不同,由此可知,$u_j \leqslant u_i$.

同样可得 $u_i \leqslant u_j$,命题获证.

以上的解答,思路独特,不易想到,下面介绍我们得到的另一种解法,虽然过程繁琐些,但思路更为自然.

另解 对任意 $j \in \mathbf{Z}$,记 $F(j) = \{A \mid A \subseteq \{1,2,\cdots,n-1\}, |A| = k, S(A) \equiv j \pmod{h}\}$,我们证明:对任意 $j \in \mathbf{Z}$,$|F(j)| = |F(0)|$.

这只需证明:对任意 $j \in \mathbf{Z}$,有

$$|F(j)| = |F(j+k)| \tag{1}$$

这是因为由式(1)可推出

$$|F(j)| = |F(j+tk)| \quad (t \in \mathbf{Z})$$

又显然有

$$|F(j)| = |F(j+sh)| \quad (s \in \mathbf{Z})$$

所以

$$|F(sh+tk)| = |F(tk)| = |F(tk+0)| = |F(0)|$$

而 $sh+tk$ 可以取遍所有整数,从而对任意 $j \in \mathbf{Z}$,有 $|F(j)| = |F(0)|$.

下面证明等式(1).令

$$G(m) = \{A \mid A \subseteq \{1,2,\cdots,n-1\}, m \notin A, m+1,$$
$$m+2,\cdots,n-1 \in A\} \quad (1 \leqslant m \leqslant n-2)$$
$$G(n-1) = \{A \mid A \subseteq \{1,2,\cdots,n-2\}\}$$

我们证明 $G(1), G(2), \cdots, G(n-1)$ 中任何两个都不相交.

实际上,考察 $G(i), G(j)$ $(i < j)$,若 $A \in G(i)$,则 $i+1, i+2, \cdots, n-1 \in A$,而 $j > i$,所以 $j \in A$,从而 $A \notin G(j)$,所以 $G(i) \cap G(j) = \varnothing$.

显然,$G(1) \cup G(2) \cup \cdots \cup G(n-1)$ 为 $\{1,2,\cdots,n-1\}$ 的所有子集构成的集合,于是

$$F(j) = \bigcup_{m=1}^{n-1}(F(j) \cap G(m))$$

对称地定义

$$H(m) = \{A \mid A \subseteq \{1,2,\cdots,n-1\}, 1,2,\cdots,n-m-1 \in A,$$
$$n-m \notin A\} \quad (1 \leqslant m \leqslant n-2)$$
$$H(n-1) = \{A \mid A \subseteq \{2,3,\cdots,n-1\}\}$$

则

$$F(j+k) = \bigcup_{m=1}^{n-1}(F(j+k) \cap H(m))$$

下面对每个固定的 m，构造从 $F(j) \cap G(m)$ 到 $F(j+k) \cap H(m)$ 的一个一一映射.

对 $A \in F(j) \cap G(m)$，设 $A = \{a_1, a_2, \cdots, a_k\}$，定义

$$f(A) = \{f(a_1), f(a_2), \cdots, f(a_k)\}$$

其中

$$f(a_i) = \begin{cases} n - a_i & (a_i \geqslant m+1) \\ n - m + a_i & (a_i \leqslant m) \end{cases}$$

由 $A \in F(j) \cap G(m)$，知 $A \in G(m)$，从而 $m \notin A, m+1, m+2, \cdots, n-1 \in A$，或者 $m = n-1 \notin A$.

由 f 的定义知，或者 $1, 2, \cdots, n-m-1 \in f(A), n-m \notin f(A)$，或者 $m = n-1, 1 \notin f(A)$，即 $f(A) \subseteq \{2, 3, \cdots, n-1\}$，所以 $f(A) \in H(m)$.

由 $A \in F(j) \cap G(m)$，知 $A \in F(j)$，从而 $S(A) \equiv j \pmod{h}$.

(1) 当 $m \neq n-1$ 时，$m+1, m+2, \cdots, n-1 \in A$，设 A 中其他 $k-(n-m-1) = k-n+m+1$ 个元素为 $a_1, a_2, \cdots, a_{k-n+m+1}$，则

$$A = \{a_1, a_2, \cdots, a_{k-n+m+1}, m+1, m+2, \cdots, n-1\}$$

于是

$$f(A) = \{f(a_1), f(a_2), \cdots, f(a_{k-n+m+1}), f(m+1),$$
$$f(m+2), \cdots, f(n-1)\}$$
$$= \{a_1 + (n-m), a_2 + (n-m), \cdots,$$
$$a_{k-n+m+1} + (n-m), 1, 2, \cdots, n-m-1\}$$

由 $S(A) \equiv j \pmod{h}$,得

$$a_1 + a_2 + \cdots + a_{k-n+m+1} + \frac{(m+n)(n-m+1)}{2} \equiv j \pmod{h}$$

所以

$$\begin{aligned}
S(f(A)) &= a_1 + (n-m) + a_2 + (n-m) + \cdots + a_{k-n+m+1} \\
&\quad + (n-m) + 1 + 2 + \cdots + n - m - 1 \\
&= a_1 + a_2 + \cdots + a_{k-n+m+1} + (k-n+m+1)(n-m) \\
&\quad + \frac{(n-m)(n-m-1)}{2} \\
&\equiv j + (k-n+m+1)(n-m) + \frac{(n-m)(n-m-1)}{2} \\
&\quad - \frac{(m+n)(n-m+1)}{2} \\
&\equiv j + (k-k+m+1)(k-m) + \left(\frac{n-m-1}{2}\right) \times 2m \\
&\equiv j + (m+1)(k-m) + m(n-m-1) \\
&\equiv j + (m+1)(k-m) + m(k-m-1) \\
&\equiv j + k \pmod{h}
\end{aligned}$$

(2) 当 $m = n-1$ 时,设 $A = \{a_1, a_2, \cdots, a_k\} (a_i \leqslant n-2)$,则
$f(A) = \{f(a_1), f(a_2), \cdots, f(a_k)\} = \{a_1+1, a_2+1, \cdots, a_k+1\}$
此时

$$S(f(A)) = S(A) + k \equiv j + k \pmod{h}$$

综合(1)和(2),恒有 $f(A) \in F(j+k) \cap H(m)$,所以 $f: A \to f(A)$ 是 $F(j) \cap G(m)$ 到 $F(j+k) \cap H(m)$ 的一个映射.

容易证明,上述映射是一一映射,所以

$$|F(j) \cap G(m)| = |F(j+k) \cap H(m)|$$

令 $m = 1, 2, \cdots, n-1$,然后求并,得

$$|F(j)| = |F(j+k)|$$

由此再利用前面的论断,有 $|F(j)| = |F(0)|$ (对任何 $j \in \mathbf{Z}$). 又

$$F(0) \cup F(1) \cup F(2) \cup \cdots \cup F(h-1)$$
$$= \{A \mid A \subseteq \{1, 2, \cdots, n-1\}, \mid A \mid = k\}$$

所以
$$\mid F(0) \mid = \mid F(1) \mid = \mid F(2) \mid = \cdots = \mid F(h-1) \mid = \frac{C_{n-1}^k}{h}$$

对于式(1),在 $F(0)$ 中取 $\frac{C_{n-1}^k}{h} - 1$ 个子集,在 $F(j)$ 中取一个子集,则此 $\frac{C_{n-1}^k}{h}$ 个子集合乎要求;

对于式(2),在 $F(j)$ 中取 $\frac{C_{n-1}^k}{h}$ 个子集,则此 $\frac{C_{n-1}^k}{h}$ 个子集合乎要求.

习 题 5

1. 有一种掷骰子游戏,它可随机地显示 1 到 6 中的一个点数. 一个棋子放在边长为 1 的正方形 $ABCD$ 的顶点处,每掷一次骰子,棋子就移动一次,移动规则是:从所在的位置开始,在正方形的周界上按逆时针方向行走长为所掷点数的距离到达另一个顶点. 假定棋子最初在 A 处,求两次运动所到达的点之间的距离大于 1 的概率. (原创题)

2. 设 $\{a_n\}$ 是等差数列,A,B,C 是直角坐标平面上共线的 3 点,但它们所在的直线不通过原点. 若 $\overrightarrow{OB} = a_1 \overrightarrow{OA} + a_{2000} \overrightarrow{OC}$,求 $\{a_n\}$ 的前 2000 项和 S_{2000}. (原创题)

3. 在棱长为 1 的正方体 AC' 中,E,F 分别是棱 BC, DD' 的中点,求四面体 $AB'EF$ 的体积.

4. 求方程 $(x^{2006} + 1)(1 + x^2 + x^4 + \cdots + x^{2004}) = 2006 x^{2005}$ 的实数解的个数. (2006 年全国高中数学联赛试题)

5. 在平面直角坐标系 xOy 中,求函数 $f(x) = a\sin ax + \cos ax$($a > 0$)在一个最小正周期长的区间上的图像与函数 $g(x) = \sqrt{a^2 + 1}$ 的图像所

围成的封闭图形的面积. (2004年全国高中数学联赛试题)

6. 设 $x,y,z \geq 0, x+y+z=3$, 求证: $\sqrt{x}+\sqrt{y}+\sqrt{z} \geq xy+yz+zx$.

7. 一张台球桌形状是正六边形 $ABCDEF$, 一个球从 AB 的中点 P 击出, 击中 BC 边上的某点 Q, 并且依次碰击 CD, DE, EF, FA 各边, 最后击中 AB 边上的某一点. 设 $\angle BPQ = \theta$, 求 θ 的范围.

8. 将编号为 $1,2,\cdots,9$ 的 9 个小球随机地放置在圆周的 9 个等分点上, 每个等分点各有一个小球. 设圆周上所有相邻两球号码之差的绝对值之和为 S, 求使 S 达到最小值的放法的概率. (注: 如果某种放法, 经旋转或镜面反射后可与另一种放法重合, 则认为它们是相同的放法)(2005年全国高中数学联赛试题)

9. 求正整数 n 的最小值, 使得

$$\sqrt{\frac{n-2011}{2012}} - \sqrt{\frac{n-2012}{2011}} < \sqrt[3]{\frac{n-2013}{2011}} - \sqrt[3]{\frac{n-2011}{2013}}$$

(2012年中国东南地区数学奥林匹克竞赛试题)

10. 在 $\triangle ABC$ 中, $C \geq 60°$, 证明:

$$(a+b)\left(\frac{1}{a}+\frac{1}{b}+\frac{1}{c}\right) \geq 4 + \frac{1}{\sin\frac{C}{2}}$$

11. 求所有具有下面性质的正整数 n: 若 a,b 为正整数, 且 $n \mid a^2b+1$, 则一定有 $n \mid a^2+b$.

12. 设有一个三角形形状的纸片 ABC 和其上一点 P, 考虑将 A,B,C 折在点 P 上所形成的折痕. 如果三条折痕互不相交, 我们称 P 为 $\triangle ABC$ 的一个折叠点. 如果 $AB=36, AC=72, \angle ABC=90°$, 且由 $\triangle ABC$ 折叠点所形成的集合的面积具有 $q\pi - r\sqrt{s}$ 的形式, 其中 q,r 和 s 均为正整数, 且 s 没有平方因子. 求 $q+r+s$. (第12届美国数学邀请赛试题)

13. 求所有的实数组 (a,b,c), 使对任何整数 n, 都有 $[na]+[nb]=[nc]$. (原创题)

14. 将 1 到 n^2 的正整数排成方阵:

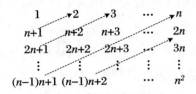

从左上角开始,按对角线从下到上的路线对各数依次编号为 $1,2,3,\cdots,n^2$,记 k 的编号为 $f(k)$.显然,1 和 n^2 都是 n 的不动点,即
$$f(1) = 1, \quad f(n^2) = n^2$$
若 n 为奇数,$\dfrac{n^2+1}{2}$ 亦是 n 的不动点.求证:当且仅当 n 至少有两个不同的质因数时,f 有其他形式的不动点.

15. 设 A_1,B_1,C_1 分别为锐角 $\triangle ABC$ 的顶点 A,B,C 在对边上的射影,设 $AB=c,BC=a,CA=b$ 以及 $AC_1=2tAB,BA_1=2rBC,CB_1=2\mu CA$.求证:
$$\frac{a^2}{b^2}\left(\frac{t}{1-2t}\right)^2 + \frac{b^2}{c^2}\left(\frac{r}{1-2r}\right)^2 + \frac{c^2}{a^2}\left(\frac{\mu}{1-2\mu}\right)^2 + 16tr\mu \geqslant 1$$

(2002年国际数学奥林匹克竞赛中国国家集训队测试题)

16. 设 $A+B+C=\pi,x,y,z\in \mathbf{R}$,求证:
$$x^2 + y^2 + z^2 \geqslant 2xy\cos C + 2yz\cos A + 2zx\cos B$$

17. 设 $a_1,a_2,\cdots,a_{2005},b_1,b_2,\cdots,b_{2005}$ 都是实数,使得
$$(a_ix - b_i)^2 \geqslant \sum_{j=1(j\neq i)}^{2005}(a_jx - b_j) \quad (i\in\{1,2,\cdots,2005\})$$
对任意实数 x 都成立,试问:$a_1,a_2,\cdots,a_{2005},b_1,b_2,\cdots,b_{2005}$ 中最多能有多少个正实数?

18. 求出所有使 $x+y+z, \dfrac{1}{x}+\dfrac{1}{y}+\dfrac{1}{z}, xyz$ 都是整数的正有理数组 (x,y,z),其中 $x\leqslant y\leqslant z$.(原创题)

19. 设 $n\geqslant 3, p_i,q_i(1\leqslant i\leqslant n)$ 及 a,b 是 $2n+2$ 个给定的正数,已知

对 n 个实数 $x_i (1 \leqslant i \leqslant n)$,有 $\sum_{i=1}^{n} p_i x_i = a$, $\sum_{i=1}^{n} q_i x_i^2 = b$,对固定的 $i (1 \leqslant i \leqslant n)$,求满足上述条件的 x_i 的最值.(1993 年国际数学奥林匹克竞赛中国国家集训队测试题)

习题 5 解答

1. 概率为 $\dfrac{1}{3}$.

两次运动所到达的点之间的距离大于 1,等价于两次运动所到达的点是正方形的相对顶点,这又等价于第二次掷的是 2 点或 6 点(不管第一次落在何处),从而其概率为第二次掷的是 2 点或 6 点的概率:

$$\frac{2}{6} = \frac{1}{3}$$

2. 先将条件"A, B, C 共线"翻译成向量语言,即 $\overrightarrow{BC} = k \overrightarrow{AC}$,其中 k 为实常数.于是,$\overrightarrow{OC} - \overrightarrow{OB} = k(\overrightarrow{OC} - \overrightarrow{OA})$.又 $\overrightarrow{OB} = a_1 \overrightarrow{OA} + a_{2000} \overrightarrow{OC}$,所以 $\overrightarrow{OC} - (a_1 \overrightarrow{OA} + a_{2000} \overrightarrow{OC}) = k(\overrightarrow{OC} - \overrightarrow{OA})$,整理得

$$(a_1 - k) \overrightarrow{OA} = (1 - a_{2000} - k) \overrightarrow{OC}$$

但 $\overrightarrow{OA}, \overrightarrow{OC}$ 不共线,所以 $a_1 - k = 0, 1 - a_{2000} - k = 0$,解得 $a_1 = k, a_{2000} = 1 - k$,于是 $a_1 + a_{2000} = 0$,所以

$$S_{2000} = (a_1 + a_{2000}) \times 1000 = 0$$

3. 如图 5.9 所示,为求体积,若选择 AEF 为底,虽然四面体的各面的面积可求,但任何一个高都难求.可考虑目标的等价变换.保持底面 AEF 不动,将顶点 B' 平移到底面 $ABCD$ 内.设想过 B' 作一条直线 $L \parallel$ 面 AEF,则顶点 B' 在 L 上变动时,所

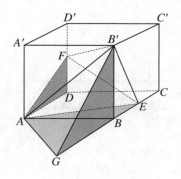

图 5.9

求四面体体积不变. 为了使 B' 变动到底面 $ABCD$ 内,过 B' 作直线 $B'G \parallel AF$,易知 $B'G$ 与 CB 相交,设交点为 G,则因为 $AD = 2DF$,所以 $BG = 2BB' = 2$,所以 $EG = \dfrac{5}{2}$,于是

$$V = V_{B'\text{-}AEF} = V_{G\text{-}AEF} = V_{F\text{-}AGE} = \dfrac{1}{3} \times \left(\dfrac{1}{2} GE \times AB\right) \times FD$$

$$= \dfrac{1}{6} \times \dfrac{5}{2} \times \dfrac{1}{2} = \dfrac{5}{24}$$

4. 先将方程等价变形:

$$(x^{2006} + 1)(1 + x^2 + x^4 + \cdots + x^{2004}) = 2006 x^{2005}$$

$$\Leftrightarrow \left(x + \dfrac{1}{x^{2005}}\right)(1 + x^2 + x^4 + \cdots + x^{2004}) = 2006$$

$$\Leftrightarrow x + x^3 + x^5 + \cdots + x^{2005} + \dfrac{1}{x^{2005}} + \dfrac{1}{x^{2003}} + \dfrac{1}{x^{2001}} + \cdots + \dfrac{1}{x} = 2006$$

$$\Leftrightarrow 2006 = x + \dfrac{1}{x} + x^3 + \dfrac{1}{x^3} + \cdots + x^{2005} + \dfrac{1}{x^{2005}} \geqslant 2 \times 1003 = 2006$$

要使等号成立,必须有 $x = \dfrac{1}{x}, x^3 = \dfrac{1}{x^3}, \cdots, x^{2005} = \dfrac{1}{x^{2005}}$,即 $x = \pm 1$. 但是 $x \leqslant 0$ 时,不满足原方程. 所以 $x = 1$ 是原方程的全部解. 因此原方程的实数解的个数为 1.

5. $f(x) = \sqrt{a^2 + 1} \sin(ax + \varphi)$,其中,$\varphi = \arctan \dfrac{1}{a}$,它的最小正周期为 $\dfrac{2\pi}{a}$,振幅为 $\sqrt{a^2 + 1}$.

由 $f(x)$ 的图像与 $g(x)$ 的图像围成的封闭图形的对称性(图 5.10),可将这图形割补成长为 $\dfrac{2\pi}{a}$、宽为 $\sqrt{a^2 + 1}$ 的长方形,故它的面积是

$$\dfrac{2\pi}{a} \sqrt{a^2 + 1}$$

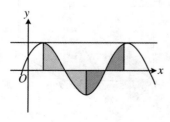

图 5.10

5 等价变换

6. 目标不等式变为
$$2\sqrt{x} + 2\sqrt{y} + 2\sqrt{z} \geqslant 2xy + 2yz + 2zx$$

它等价于
$$2(\sqrt{x} + \sqrt{y} + \sqrt{z}) + x^2 + y^2 + z^2 \geqslant (x+y+z)^2 = 9$$

计算得
$$2\sqrt{x} + x^2 = \sqrt{x} + \sqrt{x} + x^2 \geqslant 3\sqrt[3]{\sqrt{x}\sqrt{x}x^2} = 3x$$

同理
$$2\sqrt{y} + y^2 \geqslant 3y, \quad 2\sqrt{z} + z^2 \geqslant 3z$$

三式相加得
$$2(\sqrt{x} + \sqrt{y} + \sqrt{z}) + x^2 + y^2 + z^2 \geqslant 3(x+y+z) = 9$$

不等式获证.

7. 题中条件:"依次碰击 CD, DE, EF, FA 各边"虽然非常直观有趣,但却不方便运用,我们应将其等价转化成一种数学表达方式.如图 5.11 所示,将正六边形经过 5 次对称变换,共得到 6 个正六边形(包括最初的一个),图中的虚线表示每次翻转的路线,则球运动的路线是连接点 P 与 MN 上一点的一条折线.于是,点 Q 在 $\angle MPN$ 的内部或边界上,即 $\angle NPB \leqslant \theta \leqslant \angle MPB$.

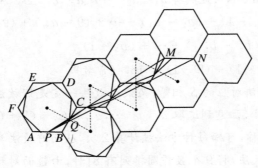

图 5.11

设 $AB=2$,以 P 为原点、PB 为 x 轴正方向建立直角坐标系,点 M 的坐标为 $(8,3\sqrt{3})$.点 N 的坐标为 $(10,3\sqrt{3})$,于是

$$\theta \in \left[\arctan\frac{3\sqrt{3}}{10}, \arctan\frac{3\sqrt{3}}{8}\right]$$

8. 由于只有有限种放法,使 S 最小的放法一定存在,我们称这样的放法为"最小放法".我们要证明,最小放法具有如下性质:其中一定没有这样的相邻 3 个数 a,x,b,使 $x>a,x>b$,且 $x\neq 9$(我们称这样的放法为"好放法").

否则,不妨设 $a<b$,与 b 相邻的另一数为 c,那么将 x 与 b 交换位置,有

$$\begin{aligned}S-S' &= |a-x|+|b-c|-|a-b|-|c-x| \\ &= x-a+|b-c|-(b-a)-|c-x| \\ &= x-b+|b-c|-|c-x|=|x-b|+|b-c|-|c-x| \\ &\geq |(x-b)+(b-c)|-|c-x|=|c-x|-|c-x|=0\end{aligned}$$

等号在 $x-b$ 与 $b-c$ 同号,即 $b>c$ 时成立,此时 $c<x$.于是,调整后总和 S 不增.如此下去,一定有某个时刻,使 $x<c$(比如 $c=9$),从而 S 减少,矛盾.

考察任意一个好放法:$1,a_1,a_2,\cdots,a_m,9,b_n,b_{n-1},\cdots,b_1$,其中 $m+n=7 (m,n\in\mathbf{N})$.显然有 $a_1<a_2<\cdots<a_m$,$b_1<b_2<\cdots<b_n$,此时

$$\begin{aligned}S &= (a_1-1)+(a_2-a_1)+\cdots+(9-a_m)+(9-b_n) \\ &\quad +(b_n-b_{n-1})+\cdots+(b_1-1) \\ &= (9-1)+(9-1)=16 \quad (常数)\end{aligned}$$

于是,所有好放法对应的 S 相等.又最小放法一定是好放法,从而所有好放法都使 S 最小.注意到选取 $a_1,a_2,\cdots,a_m$ 有 $C_7^0+C_7^1+C_7^2+\cdots+C_7^7=2^7$ 种.由镜面对称,可知每种方法被计算 2 次,从而好放法共有 2^6 种.

考察所有放法,将 9 个数作圆排列有 $8!$ 种,由镜面对称,可知每种方法被计算 2 次,从而所有放法共有 $\dfrac{8!}{2}$ 种.故所求概率为

$$\frac{2^6}{\frac{8!}{2}} = \frac{2^7}{8!} = \frac{2^4}{7!} = \frac{1}{315}$$

另解 考察任意一个放法：$1, a_1, a_2, \cdots, a_m, 9, b_n, b_{n-1}, \cdots, b_1$，其中 $m + n = 7, m, n \in \mathbf{N}$. 因为

$$\begin{aligned}
S &= |a_1 - 1| + |a_2 - a_1| + \cdots + |9 - a_m| + |9 - b_n| \\
&\quad + |b_n - b_{n-1}| + \cdots + |b_1 - 1| \\
&\geq (a_1 - 1) + (a_2 - a_1) + \cdots + (9 - a_m) + (9 - b_n) \\
&\quad + (b_n - b_{n-1}) + \cdots + (b_1 - 1) \\
&= (9 - 1) + (9 - 1) = 16 \quad (\text{常数})
\end{aligned}$$

其中等号成立，当且仅当 $a_1 < a_2 < \cdots < a_m$，且 $b_1 < b_2 < \cdots < b_n$，于是，当且仅当 $a_1 < a_2 < \cdots < a_m$，且 $b_1 < b_2 < \cdots < b_n$ 时，此放法使 S 最小. 注意到选取 $a_1, a_2, \cdots, a_m$ 有 $C_7^0 + C_7^1 + C_7^2 + \cdots + C_7^7 = 2^7$ 种，由镜面对称，可知每种方法被计算 2 次，从而好放法共有 2^6 种.

考察所有放法，将 9 个数作圆排列有 8! 种，由镜面对称，可知每种方法被计算 2 次，从而所有放法共有 $\frac{8!}{2}$ 种. 故所求概率为

$$\frac{2^6}{\frac{8!}{2}} = \frac{2^7}{8!} = \frac{2^4}{7!} = \frac{1}{315}$$

9. 由已知得 $n \geq 2013$，此时

$$\sqrt{\frac{n-2011}{2012}} < \sqrt{\frac{n-2012}{2011}} \Leftrightarrow 2011(n-2011) < 2012(n-2012)$$
$$\Leftrightarrow n > 4023 \qquad (1)$$

$$\sqrt[3]{\frac{n-2013}{2011}} \geq \sqrt[3]{\frac{n-2011}{2013}} \Leftrightarrow 2013(n-2013) \geq 2011(n-2011)$$
$$\Leftrightarrow n \geq 4024 \qquad (2)$$

由式(1)、式(2)知，当 $n \geq 4024$ 时，有

$$\sqrt{\frac{n-2011}{2012}} - \sqrt{\frac{n-2012}{2011}} < 0 \leq \sqrt[3]{\frac{n-2013}{2011}} - \sqrt[3]{\frac{n-2011}{2013}}$$

当 $2013 \leqslant n \leqslant 4023$ 时,有

$$\sqrt{\frac{n-2011}{2012}} - \sqrt{\frac{n-2012}{2011}} \geqslant 0 > \sqrt[3]{\frac{n-2013}{2011}} - \sqrt[3]{\frac{n-2011}{2013}}$$

综上所述可知,满足条件的正整数 n 的最小值为 4024.

10. 设 $u = \cos\dfrac{A-B}{2}, v = \sin\dfrac{C}{2}$,则由正弦定理可知

$$(a+b)\left(\frac{1}{a} + \frac{1}{b} + \frac{1}{c}\right) \geqslant 4 + \frac{1}{\sin\dfrac{C}{2}}$$

$$\Leftrightarrow (\sin A + \sin B)\left(\frac{1}{\sin A} + \frac{1}{\sin B} + \frac{1}{\sin C}\right) \geqslant 4 + \frac{1}{\sin\dfrac{C}{2}}$$

移项,整理,这又等价于

$$\frac{(\sin A - \sin B)^2}{\sin A \sin B} \geqslant \frac{1}{\sin\dfrac{C}{2}} - \frac{\sin A + \sin B}{\sin C}$$

由于

$$\frac{\sin A + \sin B}{\sin C} = \frac{2\sin\dfrac{A+B}{2}\cos\dfrac{A-B}{2}}{2\sin\dfrac{C}{2}\cos\dfrac{C}{2}} = \frac{\cos\dfrac{A-B}{2}}{\sin\dfrac{C}{2}}$$

不等式又等价于

$$\frac{(\sin A - \sin B)^2}{\sin A \sin B} \geqslant \frac{1 - \cos\dfrac{A-B}{2}}{\sin\dfrac{C}{2}}$$

$$\Leftrightarrow \frac{8\sin^2\dfrac{C}{2}\sin^2\dfrac{A-B}{2}}{\cos(A-B) + \cos C} \geqslant \frac{1 - \cos\dfrac{A-B}{2}}{\sin\dfrac{C}{2}}$$

$$\Leftrightarrow \frac{8\sin^2\dfrac{C}{2}\left(1 - \cos^2\dfrac{A-B}{2}\right)}{\cos(A-B) + \cos C} \geqslant \frac{1 - \cos\dfrac{A-B}{2}}{\sin\dfrac{C}{2}}$$

5 等价变换

$$\Leftrightarrow \frac{8\sin^2\frac{C}{2}\left(1+\cos\frac{A-B}{2}\right)}{\cos(A-B)+\cos C} \geqslant \frac{1}{\sin\frac{C}{2}}$$

$$\Leftrightarrow 8\sin^3\frac{C}{2}\left(1+\cos\frac{A-B}{2}\right) \geqslant \cos(A-B)+\cos C$$

$$= 2\cos^2\frac{A-B}{2} - 2\sin^2\frac{C}{2}$$

$$\Leftrightarrow 8v^3(u+1) \geqslant 2(u^2-v^2)$$

由于 $\frac{\pi}{3} \leqslant \frac{C}{2} < \frac{\pi}{2}$,有 $v=\sin\frac{C}{2} \geqslant \frac{1}{2}$. 又 $u=\cos\frac{A-B}{2} \leqslant 1$,于是

$$8v^3(u+1) - 2(u^2-v^2) \geqslant 8\left(\frac{1}{2}\right)^3(u+1) - 2(u^2-v^2)$$

$$= (2u+1)(1-u) + 2v^2 \geqslant 0$$

故结论成立.

11. 我们称题中给出的性质为 P,下面先证明性质 P 与如下性质 Q 等价.

性质 Q:若 a 为正整数,且 $(a,n)=1$,则 $n \mid a^4-1$.

事实上,若 n 具有性质 P,则对任意正整数 a,若 $(a,n)=1$,则 $(a^2,n)=1$. 由裴蜀定理,存在正整数 b,c,使 $cn-a^2b=1$,于是 $n \mid a^2b+1$. 利用性质 P,有 $n \mid a^2+b$. 而

$$a^4-1 = a^2(a^2+b) - (a^2b+1)$$

所以 $n \mid a^4-1$,于是,n 具有性质 Q.

另一方面,若 n 具有性质 Q,这时若 a,b 为正整数,使得 $n \mid a^2b+1$,则 $(a,n)=1$,利用性质 Q,可知 $n \mid a^4-1$. 而

$$a^2(a^2+b) = (a^4-1) + (a^2b+1)$$

有 $n \mid a^2(a^2+b)$. 又 $(a,n)=1$,所以 $n \mid a^2+b$,这表示 n 具有性质 P. 所以性质 P 与性质 Q 等价.

称具有性质 Q 的正整数为好数,下面求所有的好数 n.

首先,$n=16$ 是好数.实际上,若 $(a,16)=1$,则 a 为奇数,从而
$$a^2 \equiv 1 \pmod 8$$
所以 $8 \mid a^2-1$,而
$$a^4-1=(a^2-1)(a^2+1)$$
所以 $16 \mid a^4-1$,于是 $n=16$ 是好数.

其次,$n=3$ 是好数.实际上,若 $(a,3)=1$,则由费马小定理,有
$$a^2 \equiv 1 \pmod 3$$
所以 $3 \mid a^2-1$,而
$$a^4-1=(a^2-1)(a^2+1)$$
所以 $3 \mid a^4-1$,于是 $n=3$ 是好数.

此外,$n=5$ 是好数.实际上,若 $(a,5)=1$,则由费马小定理,有
$$a^4 \equiv 1 \pmod 5$$
所以 $5 \mid a^4-1$,于是 $n=5$ 是好数.

注意到:如果 x,y 都是好数,且 $(x,y)=1$,则 xy 是好数.实际上,若 $(a,xy)=1$,则 $(a,x)=1$,而 x 是好数,所以 $x \mid a^4-1$.同理,$y \mid a^4-1$.又 $(x,y)=1$,所以 $xy \mid a^4-1$,于是 $n=xy$ 是好数.

由以上可知,$n=16 \times 3 \times 5=240$ 是好数.进一步,由于 240 的质因数 2,3,5 都是好数,所以 240 的所有正约数都是好数.

反过来,设正整数 n 是好数,我们证明 n 是 240 的约数.设 $n=2^i k$(k 为奇数).若 $k>1$,则 $(k-2,n)=1$,由性质 Q 知,$n \mid (k-2)^4-1$,从而 $k \mid (k-2)^4-1$.但
$$1 \equiv (k-2)^4 \equiv (-2)^4 \equiv 16 \pmod k$$
所以 $k \mid 15$.这时,$(11,k)=1$,从而 $(11,n)=1$.利用性质 Q,可知 $n \mid 11^4-1$,所以 $2^i \mid 11^4-1$,从而 $i \leqslant 4$.综合 $k \mid 15, i \leqslant 4$,有 $2^i k \mid 15 \times 16$,即 $n \mid 240$.

综上所述,当且仅当 n 是 240 的正约数时,n 具有题中的性质.

12. 条件"三条折痕互不相交"不好直接运用,需将其以一种等价方

式进行替换. 为此, 先讨论顶点 A 和 B 折叠在 P 上所形成的折痕在什么情况下不相交, 我们发现其充要条件是 P 位于以 AB 为直径的圆的内部.

事实上, 由任一点 Q 折到 P 所形成的折痕是 PQ 的垂直平分线的一部分. 若 P 在以 AB 为直径的圆外, 那么 $\triangle PAB$ 是锐角三角形, 因为 $\angle P$ 是锐角, $\angle PAB$ 和 $\angle PBA$ 分别不超过 $60°$ 和 $90°$, 所以 $\triangle PAB$ 的外心在三角形的内部, 则折痕相交; 若 P 在以 AB 为直径的圆内, 那么 PA 和 PB 的中垂线交点与 P 被 AB 分开. 所以, 折痕不在 $\triangle ABC$ 内部相交. 若 P 在圆上, 则折痕在 AB 上相交.

由此可见, "三条折痕互不相交" 等价于 P 在以 AB, BC, CA 为直径的 3 个圆的内部. 注意到 $\triangle ABC$ 的所有内点都在以 AC 为直径的圆内, 所以三角形的折叠点所构成的集合是三角形的内点和以 AB, BC 为直径的圆的内点的公共部分. 下面来求这个公共部分的面积.

如图 5.12 所示, 以 BC, AB 为直径的两圆都与 AC 交于 D (D 是 B 到 AC 的垂足). 题目所求部分是两段圆弧所围的部分: 一个是以 AB 的中点 M 为圆心、以 18 为半径的 $120°$ 的弧; 另一个是以 BC 的中点 N 为圆心、以 $18\sqrt{3}$ 为半径的 $60°$ 的弧. 于是, $\triangle DBM$, $\triangle DBN$ 的面积分别为 $81\sqrt{3}$ 和 $243\sqrt{3}$, 扇形 DMB 和 DNB 的面积分别为 108π 和 162π. 所求部分的面积是

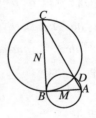

图 5.12

$$(108\pi + 162\pi) - (81\sqrt{3} + 243\sqrt{3}) = 270\pi - 324\sqrt{3}$$

故

$$q + r + s = 270 + 324 + 3 = 597$$

13. 我们先证明 "使对任何整数 n, 都有 $[na] + [nb] = [nc]$" 等价于 "a, b 中至少有一个为整数, 且 $c = a + b$".

一方面, 若 a, b 中至少有一个为整数, 且 $c = a + b$, 不妨设 a 为整数, 那么对任何整数 n, na 为整数, 所以 $na = [na]$, 于是

$$[nc] = [n(a+b)] = [na+nb] = na + [nb] = [na] + [nb]$$

另一方面,若对任何整数 n,都有 $[na]+[nb]=[nc]$,则分别取 $n=1,-1$,得 $[a]+[b]=[c],[-a]+[-b]=[-c]$,两式相加得

$$[a]+[-a]+[b]+[-b]=[c]+[-c]$$

又对任何实数 x,有

$$[x]+[-x]=[x]+[-([x]+\{x\})]=[x]+[-[x]-\{x\}]$$
$$=[-\{x\}]=\begin{cases}0 & (x\in \mathbf{Z})\\ -1 & (x\notin \mathbf{Z})\end{cases}$$

于是,如果 a,b 都不是整数,则

$$[a]+[-a]=[b]+[-b]=-1$$

所以

$$[a]+[-a]+[b]+[-b]=-2\neq [c]+[-c]$$

矛盾.所以 a,b 中至少有一个为整数,不妨设 a 为整数,那么对任何整数 n, na 为整数,所以 $na=[na]$,从而对任何整数 n,有

$$[nc]=[na]+[nb]=na+[nb]=[na+nb]=[n(a+b)]$$

即

$$nc-\{nc\}=n(a+b)-\{n(a+b)\}$$

所以

$$a+b-c=\frac{\{n(a+b)\}-\{nc\}}{n}$$

而

$$|\{n(a+b)\}-\{nc\}|<2$$

于是

$$a+b-c=\lim_{n\to\infty}(a+b-c)=\lim_{n\to\infty}\frac{\{n(a+b)\}-\{nc\}}{n}=0$$

即 $a+b=c$.

综上所述,所求的实数组 $(a,b,c)=(m,t,m+t),(t,n,n+t),(m,n,m+n)$,其中 m,n 为任意整数,t 为任意实数.

14. 将对角线依次编号为 $1,2,\cdots,2n-1$，由对称性，第 k 条对角线上的数 $x(k\leqslant n)$ 是不动点，当且仅当关于中心对称的第 $2n-k$ 条对角线上的数 n^2+1-x 是不动点，因此，只需考虑前 n 条对角线。因为数 $an+b$ 位于第 $a+1$ 行、第 b 列，从而它是第 $a+b$ 条对角线上的数。令 $a+b=k$，$a+1=i$，得 $a=i-1$，$b=k-i+1$，所以位于第 k 条对角线第 i 行的数为

$$x=(i-1)n+(k-i+1) \quad (1\leqslant i\leqslant k\leqslant n)$$

因为

$$x=(i-1)n+(k-i+1)$$

是第 k 条对角线上的第 $k-i+1$ 个数，所以

$$f(x)=(k-i+1)+\sum_{j=1}^{k-1}j=(k-i+1)+\frac{1}{2}k(k-1)$$

于是，若 x 是不动点，则 $x=f(x)$，即

$$(i-1)n=\frac{1}{2}k(k-1) \tag{1}$$

由式(1)可知，每条对角线上至多有一个不动点，这样，f 有非平凡的不动点，当且仅当式(1)有正整数解 (i,k) 满足 $2<k<n,1\leqslant i\leqslant n(k=1,n)$ 时，对应平凡不动点；$k=2$ 时，$n=1$，矛盾。若 $n=p^r$（p 为质数），则由式(1)得

$$2(i-1)p^r=k(k-1)$$

所以 $p^r\mid k(k-1)$。

若 $p\mid k$，因为 $(k,k-1)=1$，从而 $p^r\mid k$，即 $n\mid k$，与 $n>k$ 矛盾。

若 $p\mid k-1$，因为 $(k,k-1)=1$，从而 $p^r\mid k-1$，即 $n\mid k-1$，与 $n>k$ 矛盾。所以 $p\nmid k$，$p\nmid k-1$，这与 $p\mid k(k-1)$ 矛盾，故 n 至少有两个不同的质因数。

反之，若 n 至少有两个不同的质因数，设 $n=rs$，其中 $(r,s)=1$ 且 $r,s>1$，不妨设 s 为奇数，由于 $(2r,s)=1$，存在 $\alpha,\beta\in\mathbf{Z}$，使

$$\alpha\times 2r+\beta s=1 \tag{2}$$

若(α,β)满足式(2),则对任何整数t,$(\alpha+st,\beta-2rt)$亦然,于是可设$-r<\beta\leqslant r$.由式(2),应有$\beta\neq 0,r$,这有以下两种情形:

(1) $-r<\beta<0,\alpha>0$,此时,令$k=2r\alpha,i=1-\alpha\beta$;

(2) $0<\beta<r,\alpha<0$,此时,令$k=s\beta,i=1-\alpha\beta$.

在以上两种情形下都有

$$\frac{1}{2}k(k-1) = -\alpha\beta rs = -\alpha\beta n = (i-1)n$$

直接验证可知,$3\leqslant k\leqslant n-2$,且$2\leqslant i\leqslant \frac{n}{2}$,从而$(i,k)$满足式(1),命题获证.

15. 由已知得

$$\cos A = \frac{2tc}{b} = \frac{b(1-2\mu)}{c}$$

$$\cos B = \frac{2ra}{c} = \frac{c(1-2t)}{a}$$

$$\cos C = \frac{2\mu b}{a} = \frac{a(1-2r)}{b}$$

于是

$$\frac{\cos A}{\cos B} = \frac{a}{b}\frac{2t}{1-2t}$$

$$\frac{\cos B}{\cos C} = \frac{b}{c}\frac{2r}{1-2r}$$

$$\frac{\cos C}{\cos A} = \frac{c}{a}\frac{2\mu}{1-2\mu}$$

$$\cos A\cos B\cos C = 8tr\mu$$

故原不等式等价于

$$\left(\frac{\cos A}{\cos B}\right)^2 + \left(\frac{\cos B}{\cos C}\right)^2 + \left(\frac{\cos C}{\cos A}\right)^2 + 8\cos A\cos B\cos C \geqslant 4$$

因为

$$8\cos A\cos B\cos C = 4\cos A(\cos(B+C)+\cos(B-C))$$

5 等价变换

$$\leqslant 4\cos A(-\cos A + 1)$$
$$= -4\cos^2 A + 4\cos A = -(2\cos A - 1)^2 + 1 \leqslant 1$$

$$4\cos A\cos B\cos C = 2\cos A(\cos(B+C) + \cos(B-C))$$
$$= 2\cos A\cos(B+C) + 2\cos A\cos(B-C)$$
$$= -2\cos^2 A - 2\cos(B+C)\cos(B-C)$$
$$= -2\cos^2 A - \cos 2B - \cos 2C$$
$$= 2 - 2\cos^2 A - 2\cos^2 B - 2\cos^2 C$$

所以

$$2\cos A\cos B\cos C = 1 - \cos^2 A - \cos^2 B - \cos^2 C$$

所以原不等式又等价于

$$\left(\frac{\cos A}{\cos B}\right)^2 + \left(\frac{\cos B}{\cos C}\right)^2 + \left(\frac{\cos C}{\cos A}\right)^2 \geqslant 4(\cos^2 A + \cos^2 B + \cos^2 C) \quad (1)$$

下证式(1)成立.

方法一:由均值不等式,有

$$2\left(\frac{\cos A}{\cos B}\right)^2 + \left(\frac{\cos B}{\cos C}\right)^2 \geqslant 3\sqrt[3]{\frac{\cos^4 A}{\cos^2 B \cos^2 C}}$$

所以

$$3\left(\left(\frac{\cos A}{\cos B}\right)^2 + \left(\frac{\cos B}{\cos C}\right)^2 + \left(\frac{\cos C}{\cos A}\right)^2\right)$$
$$\geqslant 3\sqrt[3]{\frac{\cos^4 A}{\cos^2 B \cos^2 C}} + 3\sqrt[3]{\frac{\cos^4 B}{\cos^2 C \cos^2 A}} + 3\sqrt[3]{\frac{\cos^4 C}{\cos^2 A \cos^2 B}}$$

所以

$$\left(\frac{\cos A}{2\cos B}\right)^2 + \left(\frac{\cos B}{2\cos C}\right)^2 + \left(\frac{\cos C}{2\cos A}\right)^2$$
$$\geqslant \frac{1}{4}\left(\sqrt[3]{\frac{\cos^4 A}{\cos^2 B \cos^2 C}} + \sqrt[3]{\frac{\cos^4 B}{\cos^2 C \cos^2 A}} + \sqrt[3]{\frac{\cos^4 C}{\cos^2 A \cos^2 B}}\right)$$
$$= \frac{\cos^2 A + \cos^2 B + \cos^2 C}{4\sqrt[3]{\cos^2 A \cos^2 B \cos^2 C}} \geqslant \frac{\cos^2 A + \cos^2 B + \cos^2 C}{4\sqrt[3]{\left(\frac{1}{8}\right)^2}}$$

$$= \cos^2 A + \cos^2 B + \cos^2 C$$

方法二:先证如下引理.若 A, B, C 为 $\triangle ABC$ 的三内角,$x, y, z \in \mathbf{R}$,则

$$x^2 + y^2 + z^2 \geqslant 2xy\cos A + 2yz\cos B + 2xz\cos C$$

实际上,令

$$f(x) = x^2 - 2x(y\cos A + z\cos C) + y^2 + z^2 - 2yz\cos B$$

因为

$$\Delta = 4(y\cos A + z\cos C)^2 - 4(y^2 + z^2 - 2yz\cos B)$$
$$= -4(y\sin A - z\sin C)^2 \leqslant 0$$

所以 $f(x) \geqslant 0$ 恒成立,故引理得证.由引理有

$$\left(\frac{\cos A}{\cos B}\right)^2 + \left(\frac{\cos B}{\cos C}\right)^2 + \left(\frac{\cos C}{\cos A}\right)^2 \geqslant 2\frac{\cos A}{\cos B} \times \frac{\cos B}{\cos C} \times \cos B$$
$$+ 2\frac{\cos A}{\cos B} \times \frac{\cos C}{\cos A}\cos A + 2\frac{\cos B}{\cos C} \times \frac{\cos C}{\cos A} \times \cos C$$
$$= 2\left(\frac{\cos A \times \cos B}{\cos C} + \frac{\cos A \times \cos C}{\cos B} + \frac{\cos B \times \cos C}{\cos A}\right)$$

而 $\cos A, \cos B, \cos C$ 均大于零.再利用引理,得

$$\frac{\cos A \times \cos B}{\cos C} + \frac{\cos A \times \cos C}{\cos B} + \frac{\cos B \times \cos C}{\cos A}$$
$$\geqslant 2\sqrt{\frac{\cos A \times \cos B}{\cos C} \times \frac{\cos A \times \cos C}{\cos B}} \times \cos A$$
$$+ 2\sqrt{\frac{\cos A \times \cos B}{\cos C} \times \frac{\cos B \times \cos C}{\cos A}} \times \cos B$$
$$+ 2\sqrt{\frac{\cos A \times \cos C}{\cos B} \times \frac{\cos B \times \cos C}{\cos A}} \times \cos C$$
$$= 2(\cos^2 A + \cos^2 B + \cos^2 C)$$

所以

$$\left(\frac{\cos A}{\cos B}\right)^2 + \left(\frac{\cos B}{\cos C}\right)^2 + \left(\frac{\cos C}{\cos A}\right)^2 \geqslant 4(\cos^2 A + \cos^2 B + \cos^2 C)$$

16. 将目标式变为

$$x^2 + y^2 + z^2 - 2xy\cos C - 2yz\cos A - 2zx\cos B \geqslant 0$$

将上式左边看成是关于 x 的二次函数,则目标变成二次函数的值恒不小于 0,这只需其判别式不大于 0. 于是,令

$$f(x) = x^2 - (2y\cos C + 2z\cos B)x + y^2 + z^2 - 2yz\cos A$$

则其判别式

$$\begin{aligned}
\Delta &= (2y\cos C + 2z\cos B)^2 - 4(y^2 + z^2 - 2yz\cos A) \\
&= 4y^2\cos^2 C + 4z^2\cos^2 B + 8yz\cos B\cos C - 4y^2 - 4z^2 + 8yz\cos A \\
&= 4y^2(-\sin^2 C) + 4z^2(-\sin^2 B) + 8yz(\cos B\cos C + \cos A) \\
&= -4(y^2\sin^2 C + z^2\sin^2 B) + 8yz(\cos B\cos C - \cos(B+C)) \\
&= -4(y^2\sin^2 C + z^2\sin^2 B) + 8yz\sin B\sin C \\
&= -4(y^2\sin^2 C + z^2\sin^2 B - 2yz\sin B\sin C) \\
&= -4(y\sin C - z\sin B)^2 \leqslant 0
\end{aligned}$$

所以 $f(x) \geqslant 0$ 恒成立,不等式获证.

17. 由于对任意实数 x,有

$$(a_i x - b_i)^2 \geqslant \sum_{j=1(j\neq i)}^{2005} (a_j x - b_j) \quad (i \in \{1, 2, \cdots, 2005\}) \quad (1)$$

记 $A = \sum_{i=1}^{2005} a_i, B = \sum_{i=1}^{2005} b_i$,上式化为

$$a_i^2 x^2 - (A - a_i + 2a_i b_i)x + (B - b_i + b_i^2) \geqslant 0 \quad (2)$$

式(2)左边的判别式 $\Delta \leqslant 0$,即

$$(A - a_i)^2 + 4a_i(b_i A - a_i B) \leqslant 0$$

若所有的 $a_i, b_i > 0$,则对任何 $i \in \{1, 2, \cdots, 2005\}$,有 $a_i B > b_i A$,于是 $\sum_{i=1}^{2005} a_i B > \sum_{i=1}^{2005} b_i A$,即 $AB > AB$,矛盾.

因此 $a_1, a_2, \cdots, a_{2005}, b_1, b_2, \cdots, b_{2005}$ 中必有负数,即其中的正数个数至多为 4009.

下面说明,存在 4009 个正数和 1 个负数组成的 a_i, b_i 满足本题的条件.

为此,取 $a_1 = -2003$,其余 a_i, b_j 皆为 1,则 $A = 1, B = 2005$. 当 $i = 1$ 时,式(1)成为

$$(2003x + 1)^2 \geq 2004(x - 1)$$

即

$$\left(2003x + \frac{1001}{2003}\right)^2 + 2005 - \left(\frac{1001}{2003}\right)^2 \geq 0$$

显然此式对一切 $x \in \mathbf{R}$ 皆成立;当 $i \geq 2$ 时,式(2)化为

$$x^2 - 2x + 2005 \geq 0$$

显然此式对一切 $x \in \mathbf{R}$ 也成立. 因此, $a_1, a_2, \cdots, a_{2005}, b_1, b_2, \cdots, b_{2005}$ 中最多有 4009 个正实数.

18. 考察以 x, y, z 为根的多项式

$$\begin{aligned} f(t) &= (t - x)(t - y)(t - z) \\ &= t^3 - (x + y + z)t^2 + (xy + yz + zx)t - xyz \end{aligned}$$

注意到 $xy + yz + zx = xyz\left(\frac{1}{x} + \frac{1}{y} + \frac{1}{z}\right)$ 为整数,所以 $f(t)$ 是"首一"的整系数多项式. 又它的根都是有理数,其根的分母为首项系数的约数,所以它的根都是整数,即 x, y, z 都是整数. 设 $\frac{1}{x} + \frac{1}{y} + \frac{1}{z} = k$,由于 $x \leq y \leq z$,所以 $\frac{3}{x} \geq \frac{1}{x} + \frac{1}{y} + \frac{1}{z} = k \geq 1$,所以 $x \leq 3$.

(1) 当 $x = 1$ 时, $\frac{1}{y} + \frac{1}{z}$ 为整数. 若 $y = 1$,则 $\frac{1}{z}$ 为整数,所以 $z = 1$,得到 $(1,1,1)$;若 $y = 2$,则 $\frac{1}{z}$ 为半整数,但 $x + y + z = 3 + z$ 为整数,所以 z 为整数,从而 $z = 2$,得到 $(1,2,2)$;若 $y \geq 3$,则 $\frac{1}{y} + \frac{1}{z} \leq \frac{1}{3} + \frac{1}{3}$,所以 $\frac{1}{y} + \frac{1}{z}$ 不是整数,矛盾.

(2) 当 $x = 2$ 时, $\frac{2}{y} \geq \frac{1}{y} + \frac{1}{z} = k - \frac{1}{2} \geq 1 - \frac{1}{2} = \frac{1}{2}$,所以 $y \leq 4$. 若

$y=2$,则 $\dfrac{1}{z}$ 为整数,所以 $z=1$,与 $z \geqslant y=2$ 矛盾. 若 $y=3$,则 $z=6$,得到 $(2,3,6)$;若 $y=4$,则 $z=4$,得到 $(2,4,4)$.

(3) 当 $x=3$ 时

$$\dfrac{2}{y} \geqslant \dfrac{1}{y}+\dfrac{1}{z}=k-\dfrac{1}{3} \geqslant 1-\dfrac{1}{3}=\dfrac{2}{3}$$

所以 $y \leqslant 3$. 又因为 $y \geqslant x=3$,所以 $y=3, z=3$,得到 $(3,3,3)$.

综上所述,有

$$(x,y,z)=(1,1,1),(1,2,2),(2,3,6),(2,4,4),(3,3,3)$$

19. 令

$$t_i = \sum_{j=1}^{n} \dfrac{p_j^2}{q_j} - \dfrac{p_i^2}{q_i} = \sum_{j,j \neq i} \dfrac{p_j^2}{q_j} \quad (i=1,2,\cdots,n)$$

则由 Cauchy 不等式,有

$$(b-q_i x_i^2)t_i = \sum_{j,j \neq i} q_j x_j^2 \sum_{j,j \neq i} \dfrac{p_j^2}{q_j} \geqslant \Big(\sum_{j,j \neq i} p_j x_j\Big)^2 = (a-p_i x_i)^2 \quad (1)$$

所以

$$(p_i+t_i q_i)x_i^2 - 2ap_i x_i + a^2 - bt_i \leqslant 0$$

由于对合乎条件的任何 x_i,上述不等式恒成立,所以

$$\Delta_i' = \dfrac{\Delta_i}{4} = a^2 p_i^2 - (p_i+t_i q_i)(a^2-bt_i) \geqslant 0 \quad (2)$$

所以

$$\dfrac{ap_i-\sqrt{\Delta_i'}}{p_i+t_i q_i} \leqslant x_i \leqslant \dfrac{ap_i+\sqrt{\Delta_i'}}{p_i+t_i q_i} \quad (3)$$

下面只需找到极值点,使上述不等式成立等号. 对任何

$$x_i \in \left\{\dfrac{ap_i-\sqrt{\Delta_i'}}{p_i+t_i q_i}, \dfrac{ap_i+\sqrt{\Delta_i'}}{p_i+t_i q_i}\right\}$$

令

$$x_j = \dfrac{(a-p_i x_i)p_j}{t_i q_j} \quad (j \neq i)$$

则

$$\sum_{t=1}^{n} p_t x_t = p_i x_i + \sum_{j, j \neq i} \frac{(a - p_i x_i) p_j^2}{t_i q_j} = a$$

又对任何 $j \neq i$,有

$$\frac{\sqrt{q_j} x_j}{\frac{p_j}{\sqrt{q_i}}} = \frac{q_j x_j}{p_j} = \frac{q_j}{p_j} \frac{(a - p_i x_i) p_j}{t_i q_j} = \frac{a - p_i x_i}{t_i}$$

于是

$$\sum_{t=1}^{n} q_t x_t^2 = q_i x_i^2 + \sum_{j, j \neq i} q_j x_j^2 = q_i x_i^2 + \sum_{j, j \neq i} q_j \left(\frac{(a - p_i x_i) p_j}{t_i q_j} \right)^2$$

$$= q_i x_i^2 + \frac{(a - p_i x_i)^2}{t_i^2} \sum_{j, j \neq i} \frac{p_j^2}{q_j}$$

$$= \sum_{i=1}^{n} q_i x_i^2 = b$$

所以,不等式(3)两边均有相应的自变量使等号成立. 从而,有

$$(x_i)_{\min} = \frac{a p_i - \sqrt{\Delta_i}}{p_i + t_i q_i}, \quad (x_i)_{\max} = \frac{a p_i + \sqrt{\Delta_i}}{p_i + t_i q_i}$$

6 发掘引理

数学解题中,为了实现解题目标,有时需要用到一个或多个关键的结论,我们称之为引理.

一般情况下,解题中是否需要用到引理,或者要利用什么引理,在解题开始时通常是不知道的.在探索解题的过程中,我们可设想解题目标在一个怎样的前提条件下可以实现,由此来发掘我们所需要的引理.由此可见,引理的本质,就是某个结论成立的一个充分条件.

本章介绍引理的几种表现形式.

 核心结论

所谓核心结论,就是问题能够获得解决的一个前提条件,或者是解题过程中需要反复用到的一个结论.将其用"引理"的方式来处理,可使解题过程流畅简洁.

例1 给定非负整数 p,q,m,n,已知长为 $m+n+1$ 的数列 k_{-m}, $k_{-m+1},\cdots,k_{-1},k_0,k_1,\cdots,k_n$ 满足:

(1) $k_{-1}\leqslant 0\leqslant k_1$;

(2) $-p\leqslant k_{-m}\leqslant k_{-m+1}\leqslant\cdots\leqslant k_n\leqslant q$.

求这种数列的个数.(《美国数学月刊》1993年第8期问题3465)

分析与解 题中长为 $m+n+1$ 的数列 $k_{-m},k_{-m+1},\cdots,k_{-1},k_0$,

$k_1,\cdots,k_n$ 的各项来源于区间 $[-p,q]$ 中的整数. 容易想到这样的一般性问题: 连续若干个整数中存在多少个某种固定长度的不减数列? 由此便发现如下的引理.

引理: 在连续 s 个整数中取长为 r 的不减数列的个数为 C_{n+r-1}^r.

证法 1 一个不减序列 $a_1 \leqslant a_2 \leqslant \cdots \leqslant a_r$, 对应一个递增数列 $a_1 < a_2 + 1 < a_3 + 2 < \cdots < a_r + r - 1$.

后一个序列的个数, 即从 $s+r-1$ 个数中取出 r 个数的方法数, 引理获证.

证法 2 设连续 s 个整数为 $1, 2, \cdots, s$, 不减数列为 $a_1 \leqslant a_2 \leqslant \cdots \leqslant a_r$, 其中有 x_1 个 1、x_2 个 2……x_s 个 s, 从而不减数列的个数即不定方程 $x_1 + \cdots + x_s = r$ 的非负整数解的个数.

原题解答

当 $k_0 \geqslant 0$ 时, $-p \leqslant k_{-m} \leqslant k_{-m+1} \leqslant \cdots \leqslant k_{-1} \leqslant 0$, 从而由引理, $(k_{-m}, k_{-m+1}, \cdots k_{-1})$ 的选取有 C_{m+p}^m 种方法.

又 $0 \leqslant k_0 \leqslant k_1 \leqslant \cdots \leqslant k_n \leqslant q$, 从而由引理, $(k_0, k_1, \cdots, k_n)$ 的选取有 C_{n+q+1}^{n+1} 种方法.

所以此时的序列有 $C_{m+p}^m C_{n+q+1}^{n+1}$ 个.

当 $k_0 \leqslant -1$ 时, $-p \leqslant k_{-m} \leqslant k_{-m+1} \leqslant \cdots \leqslant k_{-1} \leqslant k_0 \leqslant -1$, 从而由引理, $(k_{-m}, k_{-m+1}, \cdots, k_0)$ 的选取有 C_{m+p}^{m+1} 种方法.

又 $0 \leqslant k_1 \leqslant k_2 \leqslant \cdots \leqslant k_n \leqslant q$, 从而由引理, $(k_1, k_2, \cdots, k_n)$ 的选取有 C_{n+q}^n 种方法.

所以此时的序列有 $C_{m+p}^{m+1} C_{n+q}^n$ 个.

综上所述, 所求数列的个数为
$$C_{m+p}^m C_{n+q+1}^{n+1} + C_{m+p}^{m+1} C_{n+q}^n$$

注: 若分 $k_0 > 0$ 和 $k_0 \leqslant 0$ 两种情况讨论, 则得到另一种形式的答案:
$$C_{m+p}^m C_{n+q}^{n+1} + C_{m+p+1}^{m+1} C_{n+q}^n$$

但其实质是一样的.

例2 设 $S(n)$ 表示 n 的二进制表示中各位数字之和,试证:$C_n^0, C_n^1, C_n^2, \cdots, C_n^n$ 中奇数的个数是 $2^{S(n)}$.

分析与证明 要知道 $C_n^0, C_n^1, C_n^2, \cdots, C_n^n$ 中有多少个奇数,需要确定 C_n^k 在何时为奇数,即什么情况下 2 在 C_n^k 中的指数为 0.

注意到
$$C_n^k = \frac{n!}{k!(n-k)!}$$

所以 2 在 C_n^k 中的指数等于 2 在 $n!$ 中的指数减去 2 在 $k!$,$(n-k)!$ 中的指数和. 由此发现如下的引理.

引理:2 在 $n!$ 中的指数为 $n - S(n)$,其中 $S(n)$ 表示 n 的二进制表示中各位数字之和.

实际上,设 n 的二进制表示为 $n = (a_k a_{k-1} \cdots a_1 a_0)_{(2)}$,注意到 $\frac{n}{2^i}$ 等价于将 n 的二进制表示中的小数点左移 k 位,于是,2 在 $n!$ 中的指数为

$$\left[\frac{n}{2}\right] + \left[\frac{n}{2^2}\right] + \left[\frac{n}{2^3}\right] + \cdots + \left[\frac{n}{2^k}\right] + \left[\frac{n}{2^{k+1}}\right] + \cdots$$

$$= \left[\frac{n}{2}\right] + \left[\frac{n}{2^2}\right] + \left[\frac{n}{2^3}\right] + \cdots + \left[\frac{n}{2^k}\right]$$

$$= (a_k a_{k-1} \cdots a_1) + (a_k a_{k-1} \cdots a_2) + \cdots + (a_k a_{k-1}) + a_k$$

$$= a_k 2^{k-1} + (a_k + a_{k-1}) 2^{k-2} + \cdots + (a_k + a_{k-1} + \cdots + a_2) 2$$
$$\quad + (a_k + a_{k-1} + \cdots + a_1)$$

$$= a_k(1 + 2 + \cdots + 2^{k-1}) + a_{k-1}(1 + 2 + \cdots + 2^{k-2}) + \cdots$$
$$\quad + a_2(1 + 2) + a_1$$

$$= a_k(2^k - 1) + a_{k-1}(2^{k-1} - 1) + \cdots + a_2(2^2 - 1) + a_1(2 - 1)$$

$$= a_k 2^k + a_{k-1} 2^{k-1} + \cdots + a_2 2^2 + a_1 2$$
$$\quad - (a_k + a_{k-1} + \cdots + a_2 + a_1)$$

$$= n - S(n)$$

所以引理成立.

原题证明 考察 2 在 $C_n^k = \dfrac{n!}{k!(n-k)!}$ 中的指数. 由引理, 其指数为

$$n - S(n) - (k - S(k) + (n-k) - S(n-k))$$
$$= S(k) + S(n-k) - S(n)$$

由此可知, 当且仅当 $S(k) + S(n-k) = S(n)$ 时, 2 在 C_n^k 中的指数为 0, 即 C_n^k 为奇数.

下面我们只需证明恰有 $2^{S(n)}$ 个 $k (1 \leqslant k \leqslant n)$, 使得

$$S(k) + S(n-k) = S(n)$$

注意到上式可变形为

$$S(n-k) = S(n) - S(k)$$

这表明 $n-k$ 的二进制表示中 1 的个数等于 n, k 的二进制表示中 1 的个数的差.

使之成立的一个充分条件是 k 的二进制表示中 1 所在的位置都是 n 的二进制表示中 1 所在的位置, 即将 k 的二进制表示前面添加若干个 0, 使得 k 与 n 的位数相同, 则 n 的二进制表示中每个数位上的数都大于 k 的二进制表示中对应数位上的数, 这样的 k 有 $2^{S(n)}$ 个, 这是因为 k 的二进制表示中, 有 $S(n)$ 个位置可排 0 和 1, 有两种选择, 而其余位置都排 0.

下面证明这个条件也是必要的. 设 $S(n) = p$ (n 的二进制表示中有 p 个 1), $S(k) = q$, 因为 $S(n-k) = S(n) - S(k)$, 所以 $p \geqslant q$.

若 k 的二进制表示中的 1 都在 n 的二进制表示中的 1 对应的数位上, 则 n 的二进制表示中的 p 个 1 中恰有 $p-q$ 个 1 对应着 k 的二进制表示中的 0. 如果调整 k 的二进制表示中的一个 1 与 n 的二进制表示中的 0 对应, 则 n 的二进制表示中对应 0 的 1 增加 1 个, 它使得 $S(n-k)$ 增加 1, 而 k 的二进制表示中的那个 1 与 n 的二进制表示中的 0 对应使得 $S(n-k)$ 不减少.

综合可知调整一次 $S(n-k)$ 至少增加 1, 于是

$$S(n-k) > S(n) - S(k)$$

矛盾.

或者,设 $n=(a_t a_{t-1}\cdots a_1 a_0)_{(2)}, k=(b_t b_{t-1}\cdots b_1 b_0)_{(2)}$,设最小的一个 i 使得 $a_i < b_i$,则 $a_i=0, b_i=1$,于是
$$S(n-k) > (a_t - b_t) + (a_{t-1} - b_{t-1}) + \cdots$$
$$+ (a_i - b_i) + \cdots + (a_0 - b_0)$$
$$= S(n) - S(k)$$

矛盾.

以上我们实际上还证明了这样的结论:

设 $n=(a_t a_{t-1}\cdots a_1 a_0)_{(2)}, k=(b_t b_{t-1}\cdots b_1 b_0)_{(2)}$,那么当且仅当所有 $a_i \geqslant b_i (i=1,2,\cdots,t)$ 时,C_n^k 为奇数.

另证 我们先引入定义:对于整系数多项式 $f(x)$ 与 $g(x)$,如果它们同次项系数的奇偶性相同,则记为
$$f(x) \equiv g(x) \pmod{2}$$

显然,若
$$f_1(x) \equiv g_1(x) \pmod{2}, \quad f_2(x) \equiv g_2(x) \pmod{2}$$
则
$$f_1(x) f_2(x) \equiv g_1(x) g_2(x) \pmod{2}$$

特别地,若
$$f(x) \equiv g(x) \pmod{2}$$
则
$$f(x)^2 \equiv g(x)^2 \pmod{2}$$

引理:对一切自然数 k,有
$$(1+x)^{2^k} \equiv 1 + x^{2^k} \pmod{2}$$

对 k 归纳,当 $k=0$ 时
$$(1+x)^{2^0} = 1+x = 1+x^{2^0} \equiv 1+x^{2^0} \pmod{2}$$

结论成立.

当 $k=1$ 时

$$(1+x)^{2^1} = (1+x)^2 = 1+2x+x^2 \equiv 1+x^2 = 1+x^{2^1} \pmod{2}$$

结论成立.

设 $(1+x)^{2^k} \equiv 1+x^{2^k} \pmod{2}$，那么

$$(1+x)^{2^{k+1}} = ((1+x)^{2^k})^2 \equiv (1+x^{2^k})^2$$
$$= 1+2x^{2^k}+x^{2^{k+1}} \equiv 1+x^{2^{k+1}} \pmod{2}$$

结论成立，引理获证.

原题证明 设 $n = 2^{k_1}+2^{k_2}+\cdots+2^{k_t} (0 \leqslant k_1 < k_2 < \cdots < k_t)$（即 n 的二进制表示中有 t 个 1），那么

$$(1+x)^n = (1+x)^{2^{k_1}+2^{k_2}+\cdots+2^{k_t}}$$
$$= (1+x)^{2^{k_1}}(1+x)^{2^{k_2}}\cdots(1+x)^{2^{k_t}}$$
$$\equiv (1+x^{2^{k_1}})(1+x^{2^{k_2}})\cdots(1+x^{2^{k_t}})$$
$$= 1+x^{r_1}+x^{r_2}+\cdots+x^{r_{2^t-1}} \quad (共有 2^t-1 个项，$$

系数都是 1，根据二进制表示的唯一性，没有同类项）

又

$$(1+x)^n = C_n^0 x^0 + C_n^1 x^1 + C_n^2 x^2 + \cdots + C_n^n x^n$$

所以 $C_n^0, C_n^1, C_n^2, \cdots, C_n^n$ 中共有 2^t 个奇数，显然 $t = S(n)$，命题获证.

例 3 求出所有具有下面性质 Q 的正整数 n：若 a 为正整数，且 $(a,n) = 1$，则 $n \mid a^4 - 1$.

分析与解 我们称具有性质 Q 的正整数 n 为好数.为了求出所有的好数，需要发掘好数具有的新的性质或特征.由此发现如下引理.

引理：设正整数 n 的质因数分解式为 $n = p_1^{\alpha_1} p_2^{\alpha_2} \cdots p_r^{\alpha_r}$，若 $p_1^{\alpha_1}, p_2^{\alpha_2}, \cdots, p_r^{\alpha_r}$ 都是"好的"，则 n 的所有约数都是好的.

实际上，任取 n 的一个约数 $m = p_1^{\beta_1} p_2^{\beta_2} \cdots p_r^{\beta_r}$，其中 $0 \leqslant \beta_i \leqslant \alpha_i (i = 1, 2, \cdots, r)$，要证 m 是好的，即证对任何 $(a, m) = 1$，有 $m \mid a^4 - 1$，这等价于对任何 $i = 1, 2, \cdots, r$，有 $p_i^{\beta_i} \mid a^4 - 1$.

由对称性，我们只需证明 $p_1^{\beta_1} \mid a^4 - 1$.

若 $\beta_1=0$,则结论显然成立.

设 $\beta_1\geqslant 1$,则由 $(a,m)=1$,有 $(a,p_1^{\beta_1})=1$.从而有 $(a,p_1)=1$,所以 $(a,p_1^{\alpha_1})=1$.

又因为 $p_1^{\alpha_1}$ 是好的,所以有 $p_1^{\alpha_1}\mid a^4-1$,而 $\beta_1\leqslant\alpha_1$,所以 $p_1^{\beta_1}\mid a^4-1$.

同理,知 $p_i^{\beta_i}\mid a^4-1(i=1,2,\cdots,r)$.而 $p_i^{\beta_i}$ 两两互质,所以 $m\mid a^4-1$,即 m 是好的,引理获证.

原题解答 首先,$n\mid a^4-1 \Leftrightarrow a^4\equiv 1(\bmod n)$,由此想到费马小定理:当 $(a,n)=1$ 时,$a^{p-1}\equiv 1(\bmod n)$.

因为 $(a,5)=1$,$a^{5-1}\equiv 1(\bmod 5)$,有 $5\mid a^4-1$,于是 5 是好的.

其次注意到 $a^4-1=(a^2+1)(a^2-1)$,只要 $n\mid a^2-1$,则 $n\mid a^4-1$.

因为 $(a,3)=1$,$a^{3-1}\equiv 1(\bmod 3)$,有 $3\mid a^2-1$,从而 $3\mid a^4-1$,于是 3 是好的.

下证 16 是好的.实际上,对任何整数 a,若 $(a,16)=1$,则 a 为奇数,此时 $a^2\equiv 1(\bmod 8)$,于是 $8\mid a^2-1$.又 a^2+1 为偶数,所以 $16\mid a^4-1$,于是 16 是好的.

由引理,$16\times 3\times 5=240$ 的所有约数都是好的.

反过来,设正整数 n 是好的,令 $n=2^i k$(k 为奇数),下面证明 $i\leqslant 4$,且 $k\mid 15$.

首先,证明 $k\mid 15$.因为 n 是好的,对任何 $(a,2^i k)=1$,有 $2^i k\mid a^4-1$,于是 $k\mid a^4-1$,即
$$a^4-1\equiv 0(\bmod k) \quad (\text{对任何}(a,2^i k)=1)$$
于是,取适当的 a,使 $a^4-1\equiv 15(\bmod k)$,则有 $k\mid 15$.

因为
$$a^4-1\equiv 15(\bmod k)\Leftrightarrow a^4\equiv 2^4(\bmod k)$$
取 $a\equiv 2(\bmod k)$,比如 $a=k+2$,则
$$(a,n)=(k+2,2^i k)=(k+2,k)=(2,k)=1 \quad (\text{因为 } k \text{ 为奇数})$$
由 n 是好数,有 $n\mid(k+2)^4-1$,从而 $k\mid(k+2)^4-1$,即

$$0 \equiv (k+2)^4 - 1 = (-2)^2 - 1 \equiv 15 \pmod{k}$$

所以 $k | 15$.

其次,证明 $i \leqslant 4$. 因为 n 是好的,对任何 $(a, 2^i k) = 1$,有 $2^i k | a^4 - 1$,从而 $2^i | a^4 - 1$ (对任何 $(a, 2^i k) = 1$).

下面取适当的 a,使 $a^4 - 1$ 中 2 的指数不大于 4. 经过试验,取 $a = 11$ 即可,此时

$$(11, n) = (11, 2^i k) = (11, k) = 1 \quad (因为 k | 11)$$

由 n 是好数,有 $n | 11^4 - 1$,所以 $2^i | 11^4 - 1$. 而

$$11^4 - 1 = (11^2 - 1)(11^2 + 1) = 120 \times 122 = 3 \times 5 \times 61 \times 2^4$$

所以 $i \leqslant 4$,即 $2^i | 2^4$.

所以 $n | 2^4 \times 15$,即 $n | 120$.

综上所述,具有题中的性质 Q 的正整数为 240 的一切正因数.

例 4 求所有的正整数 n,使 $\dfrac{1}{x} + \dfrac{1}{y} = \dfrac{4}{n}$ 有正整数解.

分析与解 先找一个充分条件,考虑更一般的方程:

$$\frac{1}{x} + \frac{1}{y} = \frac{q}{p}$$

其中,p, q 为正整数.

我们讨论 p, q 满足什么条件时,方程有正整数解. 由此可发现如下的引理.

引理:设 p, q 为自然数,则方程

$$\frac{1}{x} + \frac{1}{y} = \frac{q}{p}$$

有正整数解的充要条件是:存在自然数 p_1, p_2,使

$$p^2 = p_1 p_2, \text{且 } q | p + p_1, q | p + p_2$$

引理的证明:必要性:设 (x, y) 是方程的一个正整数解,则

$$\frac{1}{p} = \frac{1}{qx} + \frac{1}{qy}$$

$$p(x+y) = qxy$$
$$(qx-p)(qy-p) = p^2$$

所以 $qx>p, qy>p$. 令

$$qx - p = p_1, \quad qy - p = p_2 \tag{1}$$

则 $q|p+p_i$,且方程变为 $p^2 = p_1 p_2$,必要性获证.

充分性:设 $p^2 = p_1 p_2$,且 $q|p+p_1, q|p+p_2$,我们证明(由式(1)求得)

$$(x,y) = \left(\frac{p+p_1}{q}, \frac{p+p_2}{q}\right)$$

是原方程的正整数解.实际上

$$\frac{1}{x} + \frac{1}{y} = \frac{q}{p+p_1} + \frac{q}{p+p_2} = \frac{q(2p+p_1+p_2)}{p^2+(p_1+p_2)p+p_1p_2}$$

$$= \frac{q(2p+p_1+p_2)}{p^2+(p_1+p_2)p+p^2} = \frac{q(2p+p_1+p_2)}{2p^2+(p_1+p_2)p}$$

$$= \frac{q(2p+p_1+p_2)}{p(2p+p_1+p_2)} = \frac{q}{p}$$

综上所述,引理获证.

原题解答 首先,原方程等价于

$$n(x+y) = 4xy$$

当 $n = 2k(k \in \mathbf{N}_+)$ 时,原方程化为

$$k(x+y) = 2xy$$

此时 $(x,y) = (k,k)$ 为原方程的解.

当 $n = (4k-1)m(m, n \in \mathbf{N})$ 时,原方程化为

$$(4k-1)m(x+y) = 4xy$$

$$(4k-1)mx = (4x-4km+m)y$$

为使 $y \in \mathbf{N}$,必须有

$$4x - 4km + m \mid (4k-1)mx$$

找充分条件(舍弃右边的 x,便于找 x),只需

$$4x - 4km + m \mid (4k-1)m$$

再找充分条件(进一步舍弃右边的 k,便于找 x),只需

$$4x - 4km + m \mid m$$

于是,令 $4x - 4km = 0$,得

$$(x, y) = (km, (4k - 1)km)$$

为原方程的解.

所以 $n = 2k(k \in \mathbf{N}_+)$ 及 $n = (4k-1)m(k, m \in \mathbf{N}_+)$ 合乎要求.

其次,只需证明:若奇数 n 使方程有解,则存在 $k \in \mathbf{N}$,使 $4k-1 \mid n$,即 n 含有 $4k-1$ 型的质因数.

反设 n 不含 $4k-1$ 型的质因数,则奇数 n 的质因数都具有 $4k+1$ 的形式. 令

$$n = (4k_1 + 1)^{t_1}(4k_2 + 1)^{t_2}\cdots(4k_p + 1)^{t_p}$$

则 $n \equiv 1 \pmod{4}$.

又若原方程有解,则由上述引理,存在 n_1, n_2,使 $n^2 = n_1 n_2$,且 $4 \mid n + n_1$. 由于

$$n_1 n_2 = n^2 = (4k_1 + 1)^{2t_1}(4k_2 + 1)^{2t_2}\cdots(4k_p + 1)^{2t_p}$$

于是 n_1 的质因数都具有 $4k+1$ 的形式,从而 $n_1 \equiv 1 \pmod{4}$,所以 $n + n_1 \equiv 2 \pmod{4}$,这与 $4 \mid n + n_1$ 矛盾.

综上所述,所有合乎条件的正整数 n 为

$$n = 2k \quad (k \in \mathbf{N}_+)$$

及

$$n = (4k - 1)m \quad (k, m \in \mathbf{N}_+)$$

例 5 单位正方形内有两个无公共点、边长分别为 a_1, a_2 的小正方形,求证:$a_1 + a_2 < 1$.(《美国数学月刊》1993 年第 1 期问题 1423)

分析与证明 题中的单位正方形内有两个无公共点的小正方形,如果用一条平行于单位正方形的边的直线将两个无公共点的小正方形隔开,则单位正方形被分割为 2 个矩形,而且每个矩形内各有一个小正方形. 如果用一条不平行于单位正方形的边的直线将两个无公共点的小正方形隔开,则单位正方形被分割为 2 个直角梯形(或直角三角形),而且每

个直角梯形(或直角三角形)内各有一个小正方形.注意到直角梯形可以延拓成直角三角形,所以我们想到这样的一般性问题:给定矩形,直角三角形内能放置的最大的正方形的边长是多少? 由此便发现如下的两个引理.

引理 1:矩形 $ABCD$ 的边长分别为 $a,b(a\leqslant b)$,则矩形内最大正方形的边长为 a.

证明:如图 6.1 所示,设 $AD=a$, $AB=b$,作正方形 $PQRS$ 的两条平行于 AB 的支撑线 t,m,它们之间的距离为 $d\leqslant a$,PR 与 BC 的夹角 $\alpha\leqslant 45°$,于是

$$PR = \frac{d}{\cos\alpha} \leqslant \frac{a}{\cos\alpha} \leqslant \frac{a}{\cos 45°}$$

所以

$$PQ = PR\cos 45° \leqslant a$$

引理 2:直角三角形内的最大正方形的边长是直角的平分线长的 $\sqrt{2}/2$ 倍.

证明:设直角三角形 ABC 中 $\angle C$ 为直角(图 6.2),其内部一个正方形 $PQRS$ 的边长为 x.

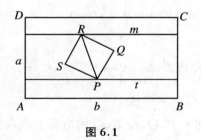

图 6.1

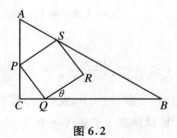

图 6.2

适当平移直角三角形的边,可使三角形的每条边上各有正方形的一个顶点(当某条边移动时,其他边保持不动,这时,$\angle C$ 的平分线长减小),设 QR 与 BC 的夹角为 θ.

在 $\triangle APS$ 中

$$\frac{x}{\sin A} = \frac{AP}{\sin\left(\frac{\pi}{2} - A + \theta\right)} = \frac{b - x\cos\theta}{\cos(A - \theta)}$$

解得

$$x = \frac{b\sin A}{\sin A\cos\theta + \cos(A - \theta)}$$

又 $0 \leqslant \theta \leqslant A < \frac{\pi}{2}$,所以

$$0 \leqslant \frac{\theta}{2} \leqslant A - \frac{\theta}{2} < \frac{\pi}{2}$$

所以

$$\sin(A - \theta) \geqslant \sin\frac{\theta}{2} > \sin\frac{\theta}{2}\sin A$$

所以

$$\sin\left(A - \frac{\theta}{2}\right)\sin\frac{\theta}{2} \geqslant \sin^2\frac{\theta}{2}\sin A$$

所以

$$\cos(A - \theta) - \cos A \geqslant (1 - \cos\theta)\sin A$$

所以

$$\cos(A - \theta) + \sin A\cos\theta \geqslant \sin A + \cos A$$

所以

$$x \leqslant \frac{b\sin A}{\sin A + \cos A} = \frac{bc\sin A}{c \times \sin A + c \times \cos A} = \frac{ab}{a+b} = \frac{\sqrt{2}}{2}t_C$$

其中,等号在 $\theta = 0$ 时成立,t_C 是直角 C 的平分线.

原题解答 设两个小正方形分别为 P, Q,在 P, Q 的边界上取点 X, Y,使 XY 最小.

作线段 XY 的中垂线 t,则 t 将 P, Q 分为 t 的两侧,且 t 与 P, Q 都无公共点.

(1) 若 t 与正方形 $ABCD$ 的边平行(图 6.3),设 t 分别交 AB, CD 于 E, F.

由引理 1，有
$$a + b \leqslant AE + EB = 1$$
若等号成立，则 $a = AE$，$b = BE$，此时，P，Q 在 t 上的边的长度和为 1，从而至少有一个公共点，矛盾.

所以，$a + b < 1$，结论成立.

(2) 若 t 与正方形 $ABCD$ 的任何边都不平行(图 6.4)，不妨设 t 交 AD，CB 的延长线于 E，F，交对角线 AC 于 G.

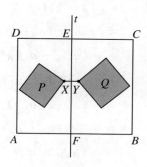

图 6.3

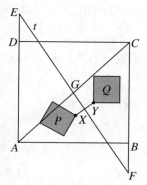

图 6.4

由引理 2，有
$$a + b \leqslant \frac{\sqrt{2}}{2}(AG + GC) = \frac{\sqrt{2}}{2}AC = 1$$

若等号成立，则 G 是两个小正方形的公共顶点，矛盾.

所以，$a + b < 1$，结论成立.

例 6 设 $f(x) = x^n + a_{n-1}x^{n-1} + \cdots + a_1 x + a_0$ 是整系数多项式，其中 $0 < a_n < a_{n-1} < \cdots < a_1 < a_0$，且 a_0 为质数，求证：$f(x)$ 不可能分解为两个整系数的多项式的乘积.（原创题）

分析与证明 我们先证明如下的引理.

引理：设 λ 是多项式
$$f(x) = x^n + a_{n-1}x^{n-1} + \cdots + a_1 x + a_0$$
的一个复根，则 $|\lambda| > 1$.

实际上，若 $\lambda \geqslant 0$，则因 $0 < a_n < a_{n-1} < \cdots < a_1 < a_0$，有
$$f(\lambda) = \lambda^n + a_{n-1}\lambda^{n-1} + \cdots + a_1\lambda + a_0 > 0$$
矛盾. 所以 $\lambda < 0$ 或 λ 为虚数.

反设 $|\lambda| \leqslant 1$，则

$$0 = |(\lambda-1)f(\lambda)|$$
$$= |-a_0 + (a_0-a_1)\lambda + (a_1-a_2)\lambda^2 + \cdots$$
$$+ (a_{n-1}-a_n)\lambda^n + a_n\lambda^{n+1}|$$
$$\geq a_0 - |(a_0-a_1)\lambda + (a_1-a_2)\lambda^2 + \cdots$$
$$+ (a_{n-1}-a_n)\lambda^n + a_n\lambda^{n+1}|$$
$$\geq a_0 - ((a_0-a_1)|\lambda| + (a_1-a_2)|\lambda|^2 + \cdots$$
$$+ (a_{n-1}-a_n)|\lambda|^n + a_n|\lambda|^{n+1})$$
$$\geq a_0 - (a_0-a_1) - (a_1-a_2) - \cdots - (a_{n-1}-a_n) - a_n = 0$$

于是,上述不等式等号成立,所以
$$(a_0-a_1)\lambda, (a_1-a_2)\lambda^2, \cdots, (a_{n-1}-a_n)\lambda^n, a_n\lambda^{n+1}$$
的辐角的终边全重合.

又 $a_0-a_1, a_1-a_2, \cdots, a_{n-1}-a_n, a_n$ 都是正数,所以 $\lambda, \lambda^2, \cdots, \lambda^n, \lambda^{n+1}$ 的辐角的终边全重合.

当 $\lambda < 0$ 时, λ, λ^2 的辐角的终边显然不重合,所以 λ 为虚数.

设 λ 的一个辐角为 α,则 2α 是 λ^2 的一个辐角,于是
$$2\alpha = \alpha + 2k\pi \quad (k \in \mathbf{Z})$$

所以 $\alpha = 2k\pi$,与 λ 为虚数矛盾.所以 $|\lambda| > 1$,引理获证.

原题解答 反设
$$f(x) = g(x)h(x)$$
$$= (b_px^p + b_{p-1}x^{p-1} + \cdots + b_0)(c_qx^q + c_{q-1}x^{q-1} + \cdots + c_0)$$

则 $|a_0| = |b_0c_0|$,但 a_0 为质数,所以 $|b_0|$ 或 $|c_0| = 1$.

不妨设 $|b_0| = 1$,则由韦达定理, $g(x)$ 的所有根之积的绝对值为 1.

但由引理, $f(x)$ 的所有根的绝对值都大于 1,所以 $g(x)$ 的所有根的绝对值都大于 1,矛盾.

例7 设 $n \geq 2$ 是给定的正整数,序列 $A = \{a_1, a_2, \cdots, a_n\}$ 满足: $0 \leq a_1 \leq a_2 \leq \cdots \leq a_n$,且 $2a_i \geq a_{i-1} + a_{i+1}$ ($i = 1, 2, \cdots, n-1$),其中规定 $a_0 = 0$.求最大的常数 λ_n,使对任何满足条件的序列 A,都有

$$\left(\sum_{i=1}^{n} i a_i\right)^2 \geqslant \lambda_n \sum_{i=1}^{n} a_i^2$$

(原创题)

分析与解 首先,令 $a_1 = a_2 = \cdots = a_n = 1$,得

$$\left(\sum_{i=1}^{n} i\right)^2 \geqslant \lambda_n \sum_{i=1}^{n} 1$$

所以

$$\lambda_n \leqslant \frac{n(n+1)^2}{4}$$

下面证明:

$$\left(\sum_{i=1}^{n} i a_i\right)^2 \geqslant \frac{n(n+1)^2}{4} \times \sum_{i=1}^{n} a_i^2 \tag{1}$$

为此,先证明如下的引理.

引理:对任何满足条件的序列 $A = \{a_1, a_2, \cdots, a_n\}$,若 $p < q$,则

$$a_p \geqslant \frac{p}{q} \times a_q$$

实际上,因为

$$a_i \geqslant \frac{1}{2}(a_{i-1} + a_{i+1}) \quad (i = 1, 2, \cdots, n-1)$$

所以

$$a_i - a_{i-1} \geqslant a_{i+1} - a_i$$

于是,对任何 $p < q$,有

$$a_1 - a_0 \geqslant a_2 - a_1 \geqslant a_3 - a_2 \geqslant \cdots \geqslant a_p - a_{p-1}$$
$$\geqslant a_{p+1} - a_p \geqslant a_{p+2} - a_{p+1} \geqslant \cdots \geqslant a_q - a_{q-1}$$

所以

$$\frac{(a_1 - a_0) + (a_2 - a_1) + \cdots + (a_p - a_{p-1})}{p}$$
$$\geqslant \frac{(a_{p+1} - a_p) + (a_{p+2} - a_{p+1}) + \cdots + (a_q - a_{q-1})}{q - p}$$

$$\frac{a_p}{p} \geqslant \frac{a_q - a_p}{q - p}$$

$$a_p \geqslant \frac{p}{q} \times a_q$$

下证不等式(1). 记

$$H(a_1, a_2, \cdots, a_n) = \left(\sum_{i=1}^{n} i a_i\right)^2 - \frac{n(n+1)^2}{4} \times \sum_{i=1}^{n} a_i^2$$

我们证明, 对 $1 \leqslant k \leqslant n$, 有

$$H(a_1, a_2, \cdots, a_n) \geqslant H(a_1, a_2, \cdots, a_{n-k}, \underbrace{a_{n-k+1}, a_{n-k+1}, \cdots, a_{n-k+1}}_{k\text{个}}) \quad (2)$$

对 k 归纳. 当 $k=1$ 时, 式(2)显然成立. 设式(2)对正整数 k 成立, 即

$$H(a_1, a_2, \cdots, a_n) \geqslant H(a_1, a_2, \cdots, a_{n-k}, \underbrace{a_{n-k+1}, a_{n-k+1}, \cdots, a_{n-k+1}}_{k\text{个}})$$

要证式(2)对正整数 $k+1$ ($k+1 \leqslant n$) 成立, 只需证明

$$H(a_1, a_2, \cdots, a_{n-k}, \underbrace{a_{n-k+1}, a_{n-k+1}, \cdots, a_{n-k+1}}_{k\text{个}})$$

$$\geqslant H(a_1, a_2, \cdots, a_{n-k-1}, \underbrace{a_{n-k}, a_{n-k}, \cdots, a_{n-k}}_{k+1\text{个}}) \quad (3)$$

令

$$f(x) = (a_1 + 2a_2 + \cdots + (n-k)a_{n-k} + ((n-k+1) + \cdots + n)x)^2$$
$$- \frac{n(n+1)^2}{4}(a_1^2 + a_2^2 + \cdots + a_{n-k}^2 + kx^2)$$

则式(3)变为

$$f(a_{n-k+1}) \geqslant f(a_{n-k})$$

下面证明 a_{n-k+1}, a_{n-k} 同属于 f 的一个不减区间. 因为

$$f(x) = \left(\left(\frac{k(2n-k+1)}{2}\right)^2 - \frac{1}{4}kn(n+1)^2\right)x^2$$
$$+ 2 \times \frac{k(2n-k+1)}{2}(a_1 + 2a_2 + \cdots + (n-k)a_{n-k})x + A$$

$$= \frac{1}{4}k(k(2n-k+1)^2 - n(n+1)^2)x^2$$

$$+ k(2n-k+1)(a_1 + 2a_2 + \cdots + (n-k)a_{n-k})x + A$$

其中 A 是与 x 无关的常数.

(1) 若 $k(2n-k+1)^2 - n(n+1)^2 \geqslant 0$,则 $f(x)$ 在 $\mathbf{R}_+$ 上是不减函数,从而式(3)成立.

(2) 若 $k(2n-k+1)^2 - n(n+1)^2 < 0$,则 $f(x)$ 在 $[0,t]$ 上是增函数,其中

$$t = \frac{k(2n-k+1)(a_1 + 2a_2 + \cdots + (n-k)a_{n-k})}{-\frac{1}{2}k(k(2n-k+1)^2 - n(n+1)^2)}$$

$$= \frac{2(2n-k+1)(a_1 + 2a_2 + \cdots + (n-k)a_{n-k})}{n(n+1)^2 - k(2n-k+1)^2}$$

对 $i = 1, 2, \cdots, n-k$,有 $i < n-k+1$,由引理得

$$a_i \geqslant \frac{i}{n-k+1} \times a_{n-k+1}$$

所以

$$t = \frac{2(2n-k+1)(a_1 + 2a_2 + \cdots + (n-k)a_{n-k})}{n(n+1)^2 - k(2n-k+1)^2}$$

$$\geqslant \frac{2(2n-k+1)}{n(n+1)^2 - k(2n-k+1)^2} \left(\frac{1}{n-k+1} \times a_{n-k+1} \right.$$

$$\left. + 2 \times \frac{2}{n-k+1} \times a_{n-k+1} + \cdots + (n-k) \times \frac{n-k}{n-k+1} \times a_{n-k+1} \right)$$

$$= \frac{a_{n-k+1}}{n-k+1} \times \frac{2(2n-k+1)(1^2 + 2^2 + \cdots + (n-k)^2)}{n(n+1)^2 - k(2n-k+1)^2}$$

$$= \frac{a_{n-k+1}}{n-k+1} \times \frac{2(2n-k+1) \times \frac{(n-k)(n-k+1)(2n-2k+1)}{6}}{n(n+1)^2 - k(2n-k+1)^2}$$

$$= a_{n-k+1} \times \frac{(2n-k+1)(n-k)(2n-2k+1)}{3n(n+1)^2 - 3k(2n-k+1)^2}$$

$$= a_{n-k+1}$$

$$\times \frac{4n^3 + (4-10k)n^2 + (8k^2 - 7k + 1)n - 2k^3 + 3k^2 - k}{3n^3 + (6-12k)n^2 + (12k^2 - 12k + 3)n - 3k^3 + 6k^2 - 3k}$$

$$= a_{n-k+1}$$

$$\times \left(1 + \frac{n^3 + (2k-2)n^2 - (4k^2 - 5k + 2)n + k^3 - 3k^2 + 2k}{3n^3 + (6-12k)n^2 + (12k^2 - 12k + 3)n - 3k^3 + 6k^2 - 3k}\right)$$

$$= a_{n-k+1}$$

$$\times \left(1 + \frac{n^3 + (2k-2)n^2 - (4k^2 - 5k + 2)n + k^3 - 3k^2 + 2k}{3n(n+1)^2 - 3k(2n - k + 1)^2}\right) \quad (4)$$

记

$$g(n) = n^3 + (2k-2)n^2 - (4k^2 - 5k + 2)n$$
$$+ k^3 - 3k^2 + 2k \quad (n \geq k+1)$$

则

$$g'(n) = 3n^2 + (4k-4)n - (4k^2 - 5k + 2)$$

$$g''(n) = 6n + 4k - 4 \geq 6(k+1) + 4k - 4 = 10k + 2 > 0$$

所以 $g'(n) = 3n^2 + (4k-4)n - (4k^2 - 5k + 2)$ 在 $[k+1, +\infty)$ 上递增,从而有

$$g'(n) \geq g'(k+1) = 3k^2 + 11k - 3 > 0 \quad (因为 k \geq 1)$$

所以 $g(n)$ 在 $[k+1, +\infty)$ 上递增,

$$g(n) \geq g(k+1) = 3k^2 + 6k - 3 > 0$$

又由情形(2)的假设,有

$$n(n+1)^2 - k(2n - k + 1)^2 > 0$$

代入式(4),可知 $t > a_{n-k+1}$,即 a_{n-k+1},a_{n-k} 同属于 $f(x)$ 的递增区间 $[0, t]$,故 $f(a_{n-k+1}) \geq f(a_{n-k})$,即不等式(3)成立.

由归纳原理,不等式(2)成立.

在式(2)中取 $k = n$,有

$$H(a_1, a_2, \cdots, a_n) \geq H(\underbrace{a_1, a_1, \cdots, a_1}_{n\text{个}})$$

$$= \left(\left(\sum_{i=1}^{n} i\right)^2 - \frac{n(n+1)^2}{4} \times \sum_{i=1}^{n} 1\right) a_1^2 = 0$$

所以不等式(1)成立.

综上所述,有
$$(\lambda_n)_{\max} = \frac{n(n+1)^2}{4}$$

例 8 给定正整数 n,若存在 k 个互异的正整数的集合 $A = \{a_1, a_2, \cdots, a_k\}$,使 $1, 2, \cdots, n$ 都可用 A 中若干个不同数的和表出,求 k 的最小值.(原创题)

分析与证明 为叙述问题方便,我们给出定义:如果一个数 x 可用 $A = \{a_1, a_2, \cdots, a_k\}$ 中若干个互异项的和表示,则称 x 可用 A 表出.

先证明如下的引理.

引理:设 $A = \{a_1, a_2, \cdots, a_r\}$,其中 $a_1, a_2, \cdots, a_r$ 是正整数,$a_1 < a_2 < \cdots < a_r$,那么,$1, 2, \cdots, n$ 都可用 A 表出的充分必要条件是 $a_1 = 1$,且存在 $1 \leqslant j \leqslant r$,使
$$a_1 + a_2 + \cdots + a_{j-1} < n \leqslant a_1 + a_2 + \cdots + a_j$$
并对任何 $1 \leqslant i \leqslant j-1$,有
$$a_{i+1} \leqslant 1 + a_1 + a_2 + \cdots + a_i$$

引理的证明:先证必要性.

如果 $1, 2, \cdots, n$ 都可用 $A = \{a_1, a_2, \cdots, a_r\}$ 表出,因为 A 能表出的最大数为 $a_1 + a_2 + \cdots + a_r$,从而
$$n \leqslant a_1 + a_2 + \cdots + a_r$$
于是,存在 $1 \leqslant j \leqslant r$,使
$$a_1 + a_2 + \cdots + a_{j-1} < n \leqslant a_1 + a_2 + \cdots + a_j$$
如果 $a_1 > 1$,则 1 无法用 A 表出,矛盾,所以 $a_1 = 1$.

若存在 $i(1 \leqslant i \leqslant j-1)$,使
$$a_{i+1} > 1 + a_1 + a_2 + \cdots + a_i$$
取 $t = 1 + a_1 + a_2 + \cdots + a_i$,则
$$t \leqslant 1 + a_1 + a_2 + \cdots + a_{j-1} \leqslant n$$

所以 $t \in \{1, 2, \cdots, n\}$. 下面证明 t 不能用 A 表出.

反设 t 表成了 A 中若干个互异数的和 S, 有以下情况.

(1) 若 S 中含有某个数 $a_t (t \geq i+1)$, 则
$$S \geq a_t \geq a_{i+1} > 1 + a_1 + a_2 + \cdots + a_i = t$$
所以 $S > t$, 矛盾.

(2) 若和 S 中不含任何 $a_t (t \geq i+1)$, 则
$$S \leq a_1 + a_2 + \cdots + a_i < 1 + a_1 + a_2 + \cdots + a_i = t$$
所以 $S < t$, 矛盾, 必要性获证.

下证充分性. 我们证明更强的命题:

如果 $A = \{a_1, a_2, \cdots, a_r\}$, 其中 $1 = a_1 < a_2 < \cdots < a_r$, 且存在 $1 \leq j \leq r$, 使
$$a_1 + a_2 + \cdots + a_{j-1} < n \leq a_1 + a_2 + \cdots + a_j$$
则 $1, 2, \cdots, n$ 都可用 $A_j = \{a_1, a_2, \cdots, a_j\}$ 表示出来.

实际上, 我们可对 i 归纳证明: 当 $x \leq a_1 + a_2 + \cdots + a_i (2 \leq i \leq j)$ 时, x 可用 $A_i = \{a_1, a_2, \cdots, a_i\}$ 表示出来.

当 $i = 1$ 时, $A_1 = \{a_1\} = \{1\}$.

又因为 $x \leq a_1 = 1$, 所以 $x = 1 = a_1$, 所以 x 可用 A_1 表示出来, 结论成立.

设结论对小于 i 的情形成立, 考察 i 的情形, 此时
$$x \leq a_1 + a_2 + \cdots + a_i$$

如果 $x < a_i$, 那么
$$x < a_i \leq 1 + a_1 + a_2 + \cdots + a_{i-1}$$
所以
$$x \leq a_i - 1 \leq a_1 + a_2 + \cdots + a_{i-1}$$

由归纳假设, x 可用 A_{i-1} 表示出来, 从而可用 A_i 表示出来, 结论成立.

如果 $x = a_i$, 则显然 x 可用 A_i 表示出来, 结论成立.

如果 $x > a_i$，则
$$a_i < x \leqslant a_1 + a_2 + \cdots + a_i$$
于是
$$0 < x - a_i \leqslant a_1 + a_2 + \cdots + a_{i-1}$$

由归纳假设，$x - a_i$ 可用 A_{i-1} 表示出来，在相应的等式两边加 a_i，可知 x 可用 A_i 表出，结论成立．

取 $i = j$，可知 $x \leqslant a_1 + a_2 + \cdots + a_j$ 时，x 可用 A_j 表示出来．

又 $n \leqslant a_1 + a_2 + \cdots + a_j$，从而 $1, 2, \cdots, n$ 都可用 $A_j = \{a_1, a_2, \cdots, a_j\}$ 表示出来，充分性获证．

原题解答 对给定的 n，必存在 r，使
$$2^{r-1} \leqslant n < 2^r$$

如果 $1, 2, \cdots, n$ 都可用 $A = \{a_1, a_2, \cdots, a_k\}$ 表示出来，且 k 是最小的，那么由引理，必存在 $j \leqslant k$，使
$$a_1 + a_2 + \cdots + a_{j-1} < n \leqslant a_1 + a_2 + \cdots + a_j$$
且对任何 $1 \leqslant i \leqslant j - 1$，有
$$a_{i+1} \leqslant 1 + a_1 + a_2 + \cdots + a_i$$

如果 $j < k$，则由引理的"充分性"证明可知，$1, 2, \cdots, n$ 都可用 $A_j = \{a_1, a_2, \cdots, a_j\}$ 表出，与 k 最小矛盾，所以 $j = k$．即
$$a_1 + a_2 + \cdots + a_{k-1} < n \leqslant a_1 + a_2 + \cdots + a_k$$
且对任何 $1 \leqslant i \leqslant k - 1$，有
$$a_{i+1} \leqslant 1 + a_1 + a_2 + \cdots + a_i$$

所以
$$a_1 = 1$$
$$a_2 \leqslant 1 + a_1 = 2$$
$$a_3 \leqslant 1 + a_1 + a_2 \leqslant 1 + 1 + 2 = 4 = 2^2$$

如此下去，对任何 $1 \leqslant i \leqslant k$，有 $a_i \leqslant 2^{i-1}$．

若 $k \leqslant r - 1$，则 A 能表出的最大数不大于

$$a_1 + a_2 + \cdots + a_k \leqslant a_1 + a_2 + \cdots + a_{r-1}$$
$$\leqslant 1 + 2 + 2^2 + \cdots + 2^{r-2}$$
$$= 2^{r-1} - 1$$

从而 A 不能表示出 $n \geqslant 2^{r-1}$,矛盾,所以 $k \geqslant r$.

下面证明:当 $k = r$ 时,$1, 2, \cdots, n$ 都可用 $A = \{1, 2, 2^2, \cdots, 2^{r-1}\}$ 表出.

实际上,由二进制表示可知,对任何 $t \in \{1, 2, \cdots, n\}$,$t$ 都可表示成 $A = \{1, 2, 2^2, \cdots, 2^{r-1}\}$ 中若干个数的和.

因为 $2^{r-1} \leqslant n < 2^r$,所以 $r - 1 \leqslant \log_2 n < r$,所以 $[\log_2 n] = r - 1$,所以 $r = [\log_2 n] + 1$.

综上所述,k 的最小值为 $r = [\log_2 n] + 1$.

例 9 如果可以将空间的点染 n 种颜色(每种颜色至少染一个点),使对空间任何一个平面,它至多包含 $n - 1$ 个两两异色的点,求 n 的所有可能取值.(原创题)

分析与解 我们先证明如下的引理.

引理: 当 $n \geqslant 3$ 时,可以将平面上的点染 n 种颜色,使对该平面内的任何一条直线,它至多包含 $n - 1$ 个两两异色的点.

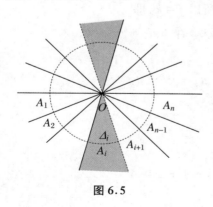

图 6.5

证明: 以 O 为圆心在平面内任作一圆,设 $A_1 A_n$ 是圆的一条直径,在半圆上按逆时针方向依次取 n 个点 $A_1, A_2, \cdots, A_n$,记 $\angle A_i O A_{i+1}$ 和其对顶角区域内部及直线 OA_i 上除 O 外的所有的点的集合为 $\Delta_i (i = 1, 2, \cdots, n - 1)$,将 Δ_i 中的点染第 i 色($i = 1, 2, \cdots, n - 1$),点 O 染第 n 色(图 6.5),下面证明这种染色合乎要求.

实际上,对任一条直线 l,若 l 不过点 O,则 l 上无第 n 色的点,从而

l 多包含 $n-1$ 个两两异色的点;若 l 过点 O,则 l 必定包含于某个集合 $\Delta_i (1 \leqslant i \leqslant n-1)$,从而 l 上只有多第 i 色和第 n 色这两种颜色的点,所以 l 至多包含 $2 \leqslant n-1$ 个两两异色的点,引理获证.

原题解答 当 $n \leqslant 3$ 时,对每一种颜色各取一个点,这 n 个点在同一平面内,矛盾,所以 $n \geqslant 4$.

反之,当 $n \geqslant 4$ 时,$n-1 \geqslant 3$,取定一个平面 α,由引理,可以将平面 α 上的点染 $n-1$ 种颜色,使对该平面内的任何一条直线,它至多包含 $n-2$ 个两两异色的点.再将平面 α 外的所有点都染第 n 色,下面证明这种染色合乎要求.

实际上,对任一平面 β,若 β 与 α 重合,则平面 β 至多包含 $n-1$ 个两两异色的点;若 β 与 α 平行,则平面 β 无第 n 色的点,从而平面 β 至多包含 $n-1$ 个两两异色的点;若 β 与 α 不平行,设 $\alpha \cap \beta = l$,因为 l 在平面 α 内,所以 l 至多包含 $n-2$ 个两两异色的点,又平面 α 外的点都是第 n 色.从而 β 上除 l 外的点都是第 n 色,连同 l 上至多 $n-2$ 个两两异色的点,平面 β 至多包含 $n-1$ 个两两异色的点,所以染色合乎要求.

综上所述,n 的所有可能取值为一切大于 3 的正整数.

例 10 给定正整数 n,求最小的正数 λ,使得对于任何 $\theta_i \in (0, \pi/2)$ $(i=1,2,\cdots,n)$,只要 $\tan \theta_1 \tan \theta_2 \cdots \tan \theta_n = 2^{\frac{n}{2}}$,就有 $\cos \theta_1 + \cos \theta_2 + \cdots + \cos \theta_n \leqslant \lambda$.

分析与解 令 $x_i = \tan^2 \theta_i$,则
$$x_1 x_2 \cdots x_n = 2^n$$
而
$$\sum_{i=1}^{n} \cos \theta_i = \sum_{i=1}^{n} \frac{1}{\sqrt{1+x_i}}$$
故只需在条件 $x_1 x_2 \cdots x_n = 2^n (x_i \in \mathbf{R}_+)$ 下,求
$$S = \sum_{i=1}^{n} \frac{1}{\sqrt{1+x_i}}$$

的上确界.为此先证明如下的引理.

引理:设 x,y 为正数,$xy \leq 4$,则

$$\frac{1}{\sqrt{1+x}} + \frac{1}{\sqrt{1+y}} \leq \frac{2}{\sqrt{1+\sqrt{xy}}} < 1 + \sqrt{\frac{2}{2+xy}}$$

实际上,设 $x+y=u,xy=v$,则

$$\frac{1}{\sqrt{1+x}} + \frac{1}{\sqrt{1+y}} = \frac{\sqrt{1+x}+\sqrt{1+y}}{\sqrt{1+x+y+xy}} = \sqrt{\frac{u+2+2\sqrt{1+u+v}}{1+u+v}}$$

令 $\dfrac{1}{\sqrt{1+u+v}} = t$,则

$$\frac{1}{\sqrt{1+x}} + \frac{1}{\sqrt{1+y}} = \sqrt{(1-v)t^2 + 2t + 1}$$

注意到 $u^2 \geq 4v$,所以 $0 < t \leq \dfrac{1}{1+\sqrt{v}}$.

若 $v \leq 1$,则 $(1-v)t^2 + 2t + 1$ 在 $(0,+\infty)$ 上递增,故在 $\left(0, \dfrac{1}{1+\sqrt{v}}\right]$ 上递增;

若 $4 \geq v > 1$,由于 $\dfrac{1}{1+\sqrt{v}} \leq \dfrac{1}{v-1}$,故 $(1-v)t^2 + 2t + 1$ 仍在 $\left(0, \dfrac{1}{1+\sqrt{v}}\right]$ 上递增.

从而当 $t = \dfrac{1}{1+\sqrt{v}}$ 时 $\sqrt{(1-v)t^2+2t+1}$ 取得最大值 $\dfrac{2}{\sqrt{1+\sqrt{v}}}$,左边不等式成立.

对于右边不等式,设 $xy = z^2$,只需证明:

$$\frac{2}{\sqrt{1+z}} < 1 + \sqrt{\frac{2}{2+z^2}}$$

$$2\sqrt{2+z^2} < \sqrt{(1+z)(z^2+2)} + \sqrt{2(1+z)}$$

上式两边平方,不等式等价于

$$z^3 - 3z^2 + 4z - 4 + 2(1+z)\sqrt{2(z^2+2)} > 0$$

注意 $2(1+z)\sqrt{2(z^2+2)} > 4$,而

$$z^3 - 3z^2 + 4z = z\left(\left(z - \frac{3}{2}\right)^2 + \frac{7}{4}\right) > 0$$

故右边不等式成立. 从而引理获证.

原题解答 当 $n = 2$ 时,由引理得

$$S \leqslant \frac{2}{\sqrt{1+\sqrt{x_1 x_2}}} = \frac{2}{\sqrt{3}}$$

当 $x_1 = x_2 = 2$ 时等号成立,故 S 的上确界为 $\frac{2}{\sqrt{3}}$.

当 $n = 3$ 时,我们证明 S 的上确界为 2. 事实上,不妨设 x_3 最大,则 $x_1 x_2 \leqslant 2$. 由引理得

$$S \leqslant \frac{2}{\sqrt{1+\sqrt{x_1 x_2}}} + \frac{1}{\sqrt{1+x_3}}$$

设 $\sqrt{x_1 x_2} = t (t \leqslant 2)$,则 $x_3 = \frac{8}{t^2}$. 为了证明 $S \leqslant 2$,只需证明:

$$\frac{2}{\sqrt{1+\sqrt{x_1 x_2}}} + \frac{1}{\sqrt{1+x_3}} \leqslant 2$$

$$\frac{2}{\sqrt{1+t}} + \frac{t}{\sqrt{t^2+8}} \leqslant 2$$

去分母,两边平方整理,只需证

$$4\sqrt{(1+t)(t^2+8)} \leqslant 3t^2 - t + 32 = 3\left(t - \frac{1}{6}\right)^2 + \frac{383}{12}$$

因为 $t \leqslant 2$,有

$$4\sqrt{(1+t)(t^2+8)} \leqslant 4\sqrt{3 \times (2^2+8)} = 24$$

而

$$3\left(t - \frac{1}{6}\right)^2 + \frac{383}{12} \geqslant \frac{383}{12} > 24$$

所以不等式 $S \leqslant 2$ 成立.

又当 $x_1, x_2 \to 0^+$ 时 $x_3 \to +\infty$, $S \to 2$, 故 S 的上确界为 2.

假设对 $n = k \geqslant 3$ 时 S 的上确界为 $k-1$, 则 $n = k+1$ 时, 不妨设 x_k, x_{k+1} 是最小的, 则 $x_k x_{k+1} \leqslant 4$. 由引理, 有

$$S < \sum_{i=1}^{k-1} \frac{1}{\sqrt{1+x_i}} + 1 + \sqrt{\frac{2}{2+x_k x_{k+1}}} = \sum_{i=1}^{k-1} \frac{1}{\sqrt{1+x_i}} + \frac{1}{\sqrt{1+u}} + 1$$

其中 $u = \frac{1}{2} x_k x_{k+1}$.

因为 $x_1 \cdots x_{k-1} u = 2^k$, 所以

$$\sum_{i=1}^{k-1} \frac{1}{\sqrt{1+x_i}} + \frac{1}{\sqrt{1+u}} \leqslant k-1$$

所以 $S \leqslant k$.

又 $x_2, x_3, \cdots, x_{k+1} \to 0^+$ 时 $x_1 \to +\infty$, $S \to k$, 所以 S 的上确界为 k, 故对一切 $n \geqslant 3$, S 的上确界为 $n-1$.

综上所述, 当 $n = 2$ 时所求最小的正数 $\lambda = \frac{2}{\sqrt{3}}$, 当 $n \geqslant 3$ 时所求最小的正数 $\lambda = n-1$.

例 11 设 q 为有理数, $|q| \leqslant 2$, 且有某个 $n \in \mathbf{N}$, 使 $\frac{q + i\sqrt{4-q^2}}{2}$ 是 n 次单位根, 试证 q 为整数.

分析与证明 为了化简 $\frac{q + i\sqrt{4-q^2}}{2}$, 容易想到三角代换. 又注意到条件 $4 - q^2 \geqslant 0$, 有 $|q| \leqslant 2$. 从而可设 $q = 2\cos\theta (0 \leqslant \theta \leqslant \pi)$, 则

$$\frac{q + i\sqrt{4-q^2}}{2} = \cos\theta + i\sin\theta$$

依题意, 存在自然数 n, 使

$$(\cos\theta + i\sin\theta)^n = \cos n\theta + i\sin n\theta = 1$$

所以, $n\theta = t\pi (t$ 为正偶数$)$, 所以 $\theta = \frac{t\pi}{n}$, 从而

6 发掘引理

$$q = 2\cos\frac{t\pi}{n}$$

为了证明 q 是整数,注意到 q 为有理数,我们期望找到整系数多项式 $f(x)$,q 是 $f(x)$ 的根,进而证明 $f(x)$ 的有理根必为整数.

为此,先证明如下的引理.

引理:对任何 $n \in \mathbf{N}_+$,都存在首项系数为 1 的 n 次整系数多项式 f,使

$$f(2\cos\theta) = 2\cos n\theta$$

对 n 归纳,当 $n = 1$ 时,取 $f(x) = x$,结论成立.

当 $n = 2$ 时,有

$$2\cos 2\theta = 2(2\cos^2\theta - 1) = (2\cos\theta)^2 - 2$$

取 $f(x) = x^2 - 2$,结论成立.

设结论对小于 n 的自然数成立,考虑 n 的情形. 由和差化积公式,有

$$\cos n\theta + \cos(n-1)\theta = 2\cos(n-1)\theta\cos\theta$$

所以

$$2\cos n\theta = 4\cos(n-1)\theta\cos\theta - 2\cos(n-2)\theta$$
$$= 2\cos(n-1)\theta \, 2\cos\theta - 2\cos(n-2)\theta$$

由归纳假设,存在 $n-1$ 次、$n-2$ 次首项系数为 1 的整系数多项式 $g(x),h(x)$,使

$$2\cos(n-1)\theta = g(2\cos\theta), \quad 2\cos(n-2)\theta = h(2\cos\theta)$$

令 $p(x) = xg(x)$,则

$$2\cos n\theta = g(2\cos\theta) \times 2\cos\theta - h(2\cos\theta)$$
$$= p(2\cos\theta) - h(2\cos\theta)$$

由于 $g(x)$ 是 $n-1$ 次多项式,从而 $p(x)$ 是 n 次多项式. 又 $h(x)$ 是 $n-2$ 次多项式,所以 $p(x) - h(x)$ 是 n 次多项式.

令 $f(x) = p(x) - h(x)$,则 $2\cos n\theta = f(2\cos\theta)$,结论成立.

原题解答 由引理,存在首项系数为 1 的整系数多项式 $f(x)$,使

$$f\left(2\cos\frac{t\pi}{n}\right) = 2\cos(t\pi) = 2 \qquad (1)$$

令 $p(x)=f(x)-2$,则 $p(x)$ 是首项系数为 1 的整系数多项式.

由式(1),知

$$p\left(2\cos\frac{t\pi}{n}\right)=0$$

即

$$2\cos\frac{t\pi}{n}$$

是 $p(x)$ 的根.

由于 $p(x)$ 的首项系数为 1,又因 $q=2\cos\dfrac{t\pi}{n}$ 是 $p(x)$ 的有理根,从而 $q=2\cos\dfrac{t\pi}{n}$ 为整数,证毕.

例 12 设 $\triangle ABC$ 的外接圆、内切圆半径分别为 R,r,外心到重心的距离为 e,内心到重心的距离为 f,求证:$R^2-e^2\geqslant 4(r^2-f^2)$.(原创题)

分析与证明 因为 e,f 都是某点到重心的距离,从而可研究任意一点到重心的距离,得到如下引理.

引理:设 $\triangle ABC$ 三边的长分别为 a,b,c,重心为 G,又 P 是 $\triangle ABC$ 所在平面上任意一点,则

$$3PG^2=PA^2+PB^2+PC^2-\frac{1}{3}(a^2+b^2+c^2)$$

为证明引理,先介绍如下的定理.

斯特瓦特定理:设 D 是 $\triangle ABC$ 的 BC 边上的点(图 6.6),$BD:DC=m:n$,则

$$AD^2=b^2\times\frac{m}{m+n}+c^2\times\frac{n}{m+n}-a^2\times\frac{m}{m+n}\times\frac{n}{m+n}$$

(也可表示为 $AD^2\times a=b^2\times x+c^2\times y-a\times x\times y$,其中 $x+y=a$)

实际上

$$b^2=AD^2+CD^2-2AD\times CD\cos\angle ADC$$

$$c^2=AD^2+BD^2-2AD\times BD\cos\angle ADB$$

第一式乘以 BD,第二式乘以 CD,然后相加,得
$$b^2 \times BD + c^2 \times CD = AD^2(BD + CD) + CD^2 \times BD + BD^2 \times CD$$
$$= AD^2 \times a + CD \times BD(CD + BD)$$
$$= AD^2 \times a + CD \times BD \times a$$

将 $BD = \dfrac{m}{m+n}a$,$CD = \dfrac{n}{m+n}a$ 代入上式即得证.

在 $\triangle GBC$ 中利用斯特瓦特定理(图 6.7),有
$$GD^2 = \frac{1}{2}GB^2 + \frac{1}{2}GC^2 - \frac{1}{4}a^2$$

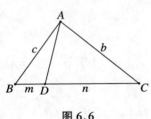

图 6.6

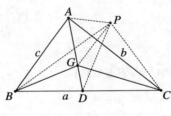

图 6.7

在 $\triangle PBC$ 中利用斯特瓦特定理,有
$$PD^2 = \frac{1}{2}PB^2 + \frac{1}{2}PC^2 - \frac{1}{4}a^2$$

在 $\triangle PAD$ 中利用斯特瓦特定理,有
$$PG^2 = \frac{1}{3}PA^2 + \frac{2}{3}PD^2 - \frac{2}{9}AD^2 = \frac{1}{3}PA^2 + \frac{2}{3}PD^2 - 2GD^2$$

三式消去 PD,GD,得
$$3PG^2 = PA^2 + PB^2 + PC^2 - (GA^2 + GB^2 + GC^2)$$
$$= PA^2 + PB^2 + PC^2 - \frac{1}{3}(a^2 + b^2 + c^2)$$

其中,$GA^2 + GB^2 + GC^2 = \dfrac{1}{3}(a^2 + b^2 + c^2)$,利用中线长公式即得证.

引理另证:设复平面上 $\triangle ABC$ 的重心为 G,则由重心性质,有

$$\overrightarrow{GA} + \overrightarrow{GB} + \overrightarrow{GC} = 0$$

注意到

$$\overrightarrow{PA} = \overrightarrow{PG} + \overrightarrow{GA}, \quad \overrightarrow{PB} = \overrightarrow{PG} + \overrightarrow{GB}, \quad \overrightarrow{PC} = \overrightarrow{PG} + \overrightarrow{GC}$$

所以

$$\overrightarrow{PA}^2 + \overrightarrow{PB}^2 + \overrightarrow{PC}^2 = \sum (\overrightarrow{PG} + \overrightarrow{GA})^2$$

$$= \sum (\overrightarrow{PG}^2 + \overrightarrow{GA}^2 + 2\overrightarrow{PG} \times \overrightarrow{GA})$$

$$= 3\overrightarrow{PG}^2 + \sum \overrightarrow{GA}^2 + 2\overrightarrow{PG} \times \sum \overrightarrow{GA}$$

$$= 3\overrightarrow{PG}^2 + \sum \overrightarrow{GA}^2$$

注意到

$$\overrightarrow{PA}^2 = \overrightarrow{PA} \cdot \overrightarrow{PA} = |\overrightarrow{PA}| \cdot |\overrightarrow{PA}| \cos 0 = |\overrightarrow{PA}|^2 = PA^2$$

所以上式即

$$PA^2 + PB^2 + PC^2 = 3PG^2 + GA^2 + GB^2 + GC^2$$
$$= 3PG^2 + \frac{1}{3}(a^2 + b^2 + c^2)$$

所以

$$3PG^2 = PA^2 + PB^2 + PC^2 - \frac{1}{3}(a^2 + b^2 + c^2)$$

原题解答 取 P 为 $\triangle ABC$ 的外心,得

$$3e^2 = 3R^2 - \frac{1}{3}(a^2 + b^2 + c^2)$$

$$9(R^2 - e^2) = a^2 + b^2 + c^2 \tag{1}$$

取 P 为 $\triangle ABC$ 的内心,得

$$3f^2 = PA^2 + PB^2 + PC^2 - \frac{1}{3}(a^2 + b^2 + c^2)$$

如图 6.8 所示,令 $x = AF, y = BD, z = CE$,则

$$2x = b + c - a$$
$$2y = c + a - b$$
$$2z = a + b - c$$

且

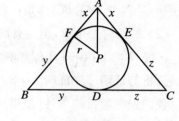

图 6.8

$$\vec{PA}^2 = x^2 + r^2$$
$$\vec{PB}^2 = y^2 + r^2$$
$$\vec{PC}^2 = z^2 + r^2$$

所以

$$\vec{PA}^2 + \vec{PB}^2 + \vec{PC}^2 = 3r^2 + x^2 + y^2 + z^2$$

代入上式,得

$$3f^2 = 3r^2 + x^2 + y^2 + z^2 - \frac{1}{3}(a^2 + b^2 + c^2)$$

所以

$$3(f^2 - r^2) = x^2 + y^2 + z^2 - \frac{1}{3}(a^2 + b^2 + c^2)$$
$$= \frac{5}{12}(a^2 + b^2 + c^2) - \frac{1}{2}(ab + bc + ca) \qquad (2)$$

将式(1)代入式(2),得

$$3(f^2 - r^2) = \frac{5}{12} \times 9(R^2 - e^2) - \frac{1}{2}(ab + bc + ca)$$
$$ab + bc + ca = 6(r^2 - f^2) + \frac{15}{2}(R^2 - e^2) \qquad (3)$$

注意到 $a^2 + b^2 + c^2 \geqslant ab + bc + ca$,于是,由式(1)、式(3)得

$$9(R^2 - e^2) \geqslant 6(r^2 - f^2) + \frac{15}{2}(R^2 - e^2)$$

$$R^2 - e^2 \geqslant 4(r^2 - f^2)$$

例 13 可将凸 $n(n \geqslant 3)$ 边形的边和对角线做 k-染色(恰含有 k 种颜色),使得:

(1) 对任何一种颜色 a 和任意两个顶点 A,B，要么 AB 是 a 色，要么存在顶点 C，使 AC,BC 都是 a 色；

(2) 对任何三角形，至少有两边同色．

试证：$k \leqslant 2$．(1998 年保加利亚数学竞赛试题)

分析与证明　先证明 $k \neq 3$．

我们先把题目的条件(1)更换一种语言表述，以方便应用：显然，条件(1)等价于"对任何颜色 a，每条非 a 色的边都至少对一个 a 色的角"．

假定 $k = 3$，新问题的条件是：K_n 的边可做 3-染色，使"对任何颜色 a，每条非 a 色的边都至少对一个 a 色的角，且无三边全异色的三角形"．

显然 $n = 3$ 是不可能的．下面要证明对任何正整数 n 都不可能．

我们先证明：若 K_n 能按要求染色，则 K_{n-1} 也能按要求染色，进而 K_3 能按要求染色，产生矛盾．

假定 K_n 已按要求染色，如何构造 K_{n-1} 按要求的染色？最常见的办法是去掉一个点．设去掉的点为 A_n，考察剩下的 K_{n-1} 中的边，其中无三边全异色的三角形是显然的，否则 K_n 中也有三边全异色的三角形．

关键是需要 K_{n-1} 的边满足："对任何颜色 a，每条非 a 色的边都至少对一个 a 色的角"．

虽然 K_n 满足这一条件，但去掉一个点后，某条非 a 色的边所对一个 a 色的角可能被去掉，从而希望去掉一个这样的角结论仍成立，这就需要加强 K_n 中的结论，有 2 个这样的角，由此发现如下的引理．

引理：若 3 色 K_n 具有性质 P：对任何颜色 a，非 a 色的边都至少对 1 个 a 色的角，则 K_n 必定具有性质 Q：对任何颜色 a，每条非 a 色的边都至少对 2 个 a 色的角．

实际上，假定 3 色 K_n 具有性质 P，我们要证明：每条非 a 色的边都至少对 2 个 a 色的角．由对称性，只需证明：每条非 1 色的边都至少对 2 个 1 色的角．

考察任意一条非 1 色的边 $AB \neq 1$（表示不是 1 色的边），不妨设

$AB=2\neq 1$,则由性质 P,存在 C,使 $AC=BC=1$(找出了一个 1 色角).

由于 $AC\neq 2$,同样存在 D,使 $AD=CD=2$.因为 $BC=1$,所以 $B\neq D$.

由 $AD=2\neq 1$(尽可能由 A 出发的边找出 1 色角),则存在 E,使 $AE=DE=1$.由 $DE\neq DC$,知 $E\neq C$.

由 $AE\neq AB$,知 $E\neq B$,所以 A,B,C,D,E 互异(图 6.9).

考察 BE(已有 A 引出的新 1 色边,可开始连三角,以发现 1 色角),若 $BE=1$,则 $\angle ACB,\angle AEB$ 为 1 色,结论成立.

若 $BE\neq 1$,则 $\triangle ABE$ 不能全异色,所以 $BE=2$.

由 $AC\neq 3$(再一次考察 A 引出的边 AC,此时 1,2 色不够,需要用到 3 色),则存在 F,使 $AF=CF=3$,易知 F 不同于 B,D,E(图 6.10).

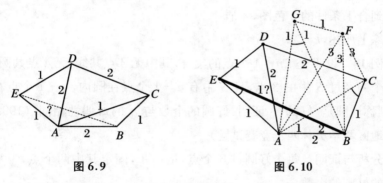

图 6.9　　　　　图 6.10

由 $AF\neq 1$(尽可能由 A 出发的边找出 1 色角),则存在 G,使 $AG=FG=1$,G 不同于 B,C,D.

以上的总体思路是:考察 A 引出的边,若它非 1 色,则必对 1 色角,此角有一条边是 A 引出的 1 色边,由此找到 AB 所对的 1 色角.

以下无需再增加点,只需讨论各边的颜色,期望最后得到的点 G 是 1 色角顶点,即 BG 是 1 色的,这先要考察 BF 的颜色.

在 $\triangle AFB$ 中,$FB\neq 1$;在 $\triangle CFB$ 中,$FB\neq 2$,所以 $FB=3$.

若 $G=E$,则 $\triangle EFB$ 的三边异色,矛盾,所以 $G\neq E$.

在 $\triangle FBG$ 中,$GB\neq 2$;在 $\triangle ABG$ 中,$GB\neq 3$,所以 $GB=1$.

由 $FG \neq FC$，知 $G \neq C$，于是 $\angle ACB, \angle AGB$ 为 1 色，结论成立.

原题解答 假定 3 色 K_n 具有性质 P，则由引理，3 色 K_n 具有性质 Q.

任意去掉一个顶点 A 及其关联的边，得到 K_{n-1}，则 K_{n-1} 也含有 3 色，否则，K_{n-1} 少于 3 色，不妨设 K_{n-1} 中没有 1 色边，则 K_{n-1} 中每条非 1 色的边在 K_n 中只对应一个以 A 为顶点的 1 色角，与引理矛盾.

考察 K_{n-1} 中任意一条非 a 色的边 e，由于 3 色 K_n 具有性质 Q，e 在 K_n 中至少对应 2 个 a 色角，去掉顶点 A 后，e 在 K_{n-1} 中至少对应 1 个 a 色角，从而 3 色 K_{n-1} 具有性质 P，如此下去，3 色 K_3 具有性质 P，矛盾.

由此可见，$k \neq 3$.

下证 $k < 4$. 若 $k \geq 4$，则将染色好的图中的 $4, 5, \cdots, k$ 色都换成 3 色，则得到合乎条件的 3 色图，矛盾.

综上所述，$k \leq 2$.

例 14 设 S 是 $2n+1$ 个点的集合，其中无 3 点共线，无 4 点共圆. 如果一个圆经过 S 中的 3 点，且 S 中有 $n-1$ 个点在圆内，$n-1$ 个点在圆外，则称该圆是"好的"。证明：好圆的个数与 n 的奇偶性相同.（1999 年亚太地区数学奥林匹克竞赛试题）

分析与证明 每个好圆过 3 个点，退一步，固定其中两个点，考察过点对的好圆的个数.

设过第 $i(i=1,2,\cdots,C_{2n+1}^2)$ 个点对的好圆的个数为 a_i，则共有 $\sum_{i=1}^{n(2n+1)} a_i$ 个好圆，但每个好圆被计算 3 次（包含 3 个点对），于是，好圆的个数为

$$S = \frac{1}{3} \sum_{i=1}^{n(2n+1)} a_i$$

即

$$3S = \sum_{i=1}^{n(2n+1)} a_i$$

6 发掘引理

要证 S 与 n 的奇偶性相同,只需证明 $3S = \sum_{i=1}^{n(2n+1)} a_i$ 与 n 的奇偶性相同,即

$$\sum_{i=1}^{n(2n+1)} a_i \equiv n \pmod{2}$$

一个充分条件是,对所有 $i = 1, 2, \cdots, C_{2n+1}^2$,$a_i$ 都是奇数.这是因为 a_i 是奇数时

$$S \equiv 3S = \sum_{i=1}^{n(2n+1)} a_i \equiv \sum_{i=1}^{n(2n+1)} 1 = n(2n+1) \equiv n \pmod{2}$$

下面证明,对所有 $i = 1, 2, \cdots, C_{2n+1}^2$,$a_i$ 都是奇数.

实际上,任取一个对子 (A, B),设 A, B 外的其他点为 $C_1, C_2, \cdots, C_{2n-1}$,又设圆 ABC_k 为好圆,我们证明,这样的点 C_k 有奇数个.

用反演的方法,将好圆的问题改变为好直线的问题.

以 A 为反演中心作反演变换,设 A 外各点的像分别为 $B', C_1', C_2', \cdots, C_{2n-1}'$,则圆 ABC_k 过反演中心,其像为不过反演中心的直线 $B'C_k'$.

显然,圆 ABC_k 是好圆(圆内外各 $n-1$ 个点)$\Leftrightarrow$ 直线 $B'C_k'$ 是好直线(直线两侧各 $n-1$ 个点),所以问题转化为证明 $2n$ 个点中,过定点 B' 的好直线有奇数条.

由此发现如下的引理.

引理:给定平面上无 3 点共线的 $2n$ 个点,如果一条直线 l 经过其中 2 个已知的点,且平分另外的 $2n-2$ 个点,即 l 的两侧各有 $n-1$ 个已知点,则称直线 l 是好的,那么对其中任何一个已知点 A,过 A 的好直线的条数为奇数.

对 n 归纳.当 $n = 1$ 时,只有一条直线,此直线为好直线,结论成立.

假定结论对小于 n 的正整数成立,考察 $2n$ 个点的情形.

因为无 3 点共线,不妨设 A 以外的 $2n-1$ 个已知点在以 A 为圆心的圆上,又设已知点连线的弦中最大的弦是 BC,那么对 A, B, C 外的任意一个已知点 P,直线 AP 必与线段 BC 相交(即点 B, C 位于直线

AP 的两侧),否则,设点 B,C 位于直线 AP 的同侧,不妨设 P 靠近于 B(图 6.11),则 $CP>CB$,与 BC 最大矛盾.

于是,对 A,B,C 外的任意一个已知点 P,直线 AP 是好的,当且仅当它平分 P,A,B,C 外的另 $2n-4$ 个点.

去掉点 B,C,由归纳假设,过 A(不过 B,C)的好直线 AP 的条数 s 为奇数.

此外,设直线 AB 交圆于 P,直线 AC 交圆于 Q,如果劣弧 PC 上有一已知点 D(图 6.12),那么 $BD>BC$,与 BC 最大矛盾.所以劣弧 PC 上没有已知点.同理,劣弧 BQ 上没有已知点.

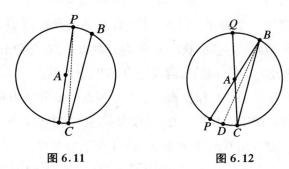

图 6.11   图 6.12

这样,直线 AB 是好的,当且仅直线 AC 是好的,于是,以 B,C 为端点的好直线条数为 0 或 2,故所有好直线的条数为 $s+0$ 或 $s+2$,为奇数,引理获证.

原题解答 设 A,B 是 S 中的一个点对.以 A 为中心,任意长为半径作反演,则 B 及其他 $2n-1$ 个点 $C_1,C_2,\cdots,C_{2n-1}$ 的像为 $2n$ 个不同的点 $B',C_1',C_2',\cdots,C_{2n-1}'$.因为 B 及 $C_1,C_2,\cdots,C_{2n-1}$ 中任何两点连线不过 A(无 3 点共线),从而 B' 及 $C_1',C_2',\cdots,C_{2n-1}'$ 中任何两点连线不过 A(否则,过 A 的直线的原像也是过 A 的直线,有 3 点共线,矛盾),由反演性质,"不过中心 A 的直线的原像是过 A 的圆",所以 B' 及 $C_1',C_2',\cdots,C_{2n-1}'$ 中无 3 点共线(否则,原像中有 4 点共圆).

显然,圆 ABC_k 是好的,等价于其像直线 $B'C_k'$ 是好的.由引理,这样的好直线有奇数条,从而过对子 (A,B) 的好圆有奇数个.

共有 $C_{2n+1}^2 = n(2n+1)$ 个对子,设第 i 个对子对应 a_i(奇数)个好圆,则所有对子共对应 $\sum_{i=1}^{n(2n+1)} a_i$ 个好圆,但每个好圆被计算 3 次(包含 3 个点对),于是,好圆的个数 $S = \frac{1}{3}\sum_{i=1}^{n(2n+1)} a_i$,即 $3S = \sum_{i=1}^{n(2n+1)} a_i$. 所以

$$S \equiv 3S = \sum_{i=1}^{n(2n+1)} a_i \equiv \sum_{i=1}^{n(2n+1)} 1 = n(2n+1) \equiv n \pmod{2}$$

例 15 将 $1,2,\cdots,10^7$ 染黑白两色之一,允许进行如下操作:选择其中一个数 a,将 a 及与 a 不互质的所有数都改变成相反的颜色.若最初所有数都是黑色,试问:能否通过有限次操作,使所有数都变成白色?(1999 年俄罗斯数学奥林匹克竞赛试题)

分析与解 答案是肯定的.

为叙述问题方便,操作中选择其中一个数 a,将 a 及与 a 不互质的所有数都改变成相反的颜色,我们称这次操作是对 a 进行的.

假定操作可以实现,而各次操作对其进行的数(除 1 外,因为 1 与所有数都互质,对 1 进行一次操作,其他数都不变色)构成一个集合 B,则 B 应具有如下性质:$T = \{2,3,\cdots,10^7\}$ 中每一个数都与 B 中奇数的个数不互质,这样才能保证每个数都操作奇数次.

为叙述问题方便,用 $g(B,x)$ 表示 B 中与 x 不互质的数的个数,则我们需要证明,存在集合 $B \subseteq T$(被操作的数只能属于 T),使对任何 $x \in T$,$g(B,x)$ 为奇数.

实际上,对任何 $x \in T$,设 $x = p_1^{\alpha_1}p_2^{\alpha_2}\cdots p_k^{\alpha_k}$($p_1,p_2,\cdots,p_k$ 为 x 的全部质数,x 被取定,从而 $p_1,p_2,\cdots,p_k$ 被取定,x 不同,相应的 k 也不同).

显然,B 中与 $x(=p_1^{\alpha_1}p_2^{\alpha_2}\cdots p_k^{\alpha_k})$ 不互质的数,就是 B 中或者被 p_1 整除,或者被 p_2 整除……或者被 p_k 整除的数.记

$$B_j = \{B \text{ 中被 } p_j \text{ 整除的数}\} \quad (j=1,2,\cdots,k)$$

则

$$g(B,x) = |B_1 \bigcup B_2 \bigcup \cdots \bigcup B_k|$$

由容斥原理,

$$g(B,x) = |B_1 \bigcup B_2 \bigcup \cdots \bigcup B_k|$$

$$= \sum_{i=1}^{k} (-1)^{i-1} \times \sum_{1 \leq j_1 < j_2 < \cdots < j_i \leq k} |B_{j_1} \bigcap B_{j_2} \bigcap \cdots \bigcap B_{j_i}|$$

为证 $g(B,x) \equiv 1 \pmod{2}$,一个充分条件是,对任何 $1 \leq j_1 \leq j_2 \leq \cdots \leq j_i \leq k$,有

$$|B_{j_1} \bigcap B_{j_2} \bigcap \cdots \bigcap B_{j_i}| \equiv 1 \pmod{2}$$

这是因为,此时有

$$g(B,x) = |B_1 \bigcup B_2 \bigcup \cdots \bigcup B_k|$$

$$= \sum_{i=1}^{k} (-1)^{i-1} \times \sum_{1 \leq j_1 < j_2 < \cdots < j_i \leq k} |B_{j_1} \bigcap B_{j_2} \bigcap \cdots \bigcap B_{j_i}|$$

$$\equiv \sum_{i=1}^{k} (-1)^{i-1} \times \sum_{1 \leq j_1 < j_2 < \cdots < j_i \leq k} 1 \equiv \sum_{i=1}^{k} (-1)^{i-1} \times C_k^i$$

$$\equiv \sum_{i=1}^{k} C_k^i \equiv 2^k - 1 \equiv 1 \pmod{2}$$

下面计算 $|B_{j_1} \bigcap B_{j_2} \bigcap \cdots \bigcap B_{j_i}|$.

$|B_{j_1} \bigcap B_{j_2} \bigcap \cdots \bigcap B_{j_i}|$ 是 B 中被乘积 $p_{j_1} p_{j_2} \cdots p_{j_i}$ 整除的数的个数,为叙述问题方便,用 $f(B,x)$ 表示 B 中被 x 整除的数的个数,则我们需要证明,对任何 $1 \leq j_1 < j_2 < \cdots < j_i \leq k$,有

$$f(B, p_{j_1} p_{j_2} \cdots p_{j_i}) \equiv 1 \pmod{2}$$

将所有形如 $p_{j_1} p_{j_2} \cdots p_{j_i}$ 的数作成一个集合 A,我们要证明,存在集合 $B \subseteq T$(被操作的数只能属于 T),使对任何 $y \in A$,有

$$f(B,y) \equiv 1 \pmod{2}$$

注意到 $x = p_1^{\alpha_1} p_2^{\alpha_2} \cdots p_k^{\alpha_k} \in T$,从而 $p_1 p_2 \cdots p_k \leq 10^7$,所以 $p_{j_1} p_{j_2} \cdots p_{j_i} \leq 10^7$,所以 $p_{j_1} p_{j_2} \cdots p_{j_i} \in T$.所以 $A \subseteq T$.为了保证 $B \subseteq T$,一个充分条件是 $B \subseteq A$.

6 发掘引理

由此发现如下的引理.

引理:对任何有限整数集 $A = \{a_1, a_2, \cdots, a_n\}$,存在 $B \subseteq A$,使对任何 $a_i \in A$,$f(B, a_i)$ 为奇数,其中,$f(B, a_i)$ 表示 B 中被 a_i 整除的数的个数.

实际上,设 $a_1 < a_2 < \cdots < a_n$,取 $a_n \in B$(保证 $f(B, a_n)$ 为奇数),假设 $a_n, a_{n-1}, a_{n-2}, \cdots, a_{j+2}, a_{j+1}$ 是否属于 B 已经确定,此时的 B 记为 B_{j+1},注意到 $a_j \mid a_j, a_j \nmid a_{j-1}, a_j \nmid a_{j-2}, \cdots, a_j \nmid a_1$,于是,当 $f(B_{j+1}, a_j)$ 为奇数时,令 $a_j \notin B_j$,即 $B_j = B_{j+1}$,此时 $f(B_j, a_j) = f(B_{j+1}, a_j)$ 为奇数(按由大到小的顺序添加,保证后添加的数不被先有的数整除).

当 $f(B_{j+1}, a_j)$ 为偶数时,令 $a_j \in B_j$,即 $B_j = B_{j+1} \cup \{a_j\}$,此时 $f(B_j, a_j) = f(B_{j+1}, a_j) + 1$ 为奇数.

由此递推,可得到合乎条件的 B.

原题解答 对任何 x 设 $x = p_1^{a_1} p_2^{a_2} \cdots p_k^{a_k}$($p_1, p_2, \cdots, p_k$ 为质数),令所有形如 $p_{j_1} p_{j_2} \cdots p_{j_i}$ 的数作成一个集合 A,由引理,存在集合 $B \subseteq T$(被操作的数只能属于 T),使对任何 $y \in A$,有

$$f(B, y) \equiv 1 \pmod{2}$$

其中,$f(B, y)$ 表示 B 中被 y 整除的数的个数.

用 $g(B, x)$ 表示 B 中与 x 不互质的数的个数,显然,B 中与 $x (= p_1^{a_1} p_2^{a_2} \cdots p_k^{a_k})$ 不互质的数,就是 B 中或者被 p_1 整除,或者被 p_2 整除……或者被 p_k 整除的数.

记 $B_j = \{B \text{ 中被 } p_j \text{ 整除的数}\}$($j = 1, 2, \cdots, k$),则 $g(B, x) = |B_1 \cup B_2 \cup \cdots \cup B_k|$.

由容斥原理,有

$$g(B, x) = |B_1 \cup B_2 \cup \cdots \cup B_k|$$
$$= \sum_{i=1}^{k} (-1)^{i-1} \times \sum_{1 \leqslant j_1 < j_2 < \cdots < j_i \leqslant k} |B_{j_1} \cap B_{j_2} \cap \cdots \cap B_{j_i}|$$

充分条件

$$= \sum_{i=1}^{k}(-1)^{i-1} \times \sum_{1 \leqslant j_1 < j_2 < \cdots < j_i \leqslant k} f(B, p_{j_1} p_{j_2} \cdots p_{j_i})$$

$$\equiv \sum_{i=1}^{k}(-1)^{i-1} \times \sum_{1 \leqslant j_1 < j_2 < \cdots < j_i \leqslant k} 1 \quad (因为 p_{j_1} p_{j_2} \cdots p_{j_i} \in A)$$

$$\equiv \sum_{i=1}^{k}(-1)^{i-1} \times C_k^i \equiv \sum_{i=1}^{k} C_k^i \equiv 2^k - 1 \equiv 1 \pmod{2}$$

对 B 中的数都操作一次,则除 1 外,所有数都改变一次颜色,最后对 1 操作一次即可.

例 16 设复系数多项式 $f(z) = z^n + a_1 z^{n-1} + \cdots + a_{n-1} z + a_n$ 的 n 个根为 $z_1, z_2, \cdots, z_n$,且 $|a_k|^2 \leqslant 1$,求证:$|z_k|^2 \leqslant n$.(2003 年国际数学奥林匹克竞赛中国国家集训队测试题)

分析与证明 设 $f(z) = (z - z_1)(z - z_2) \cdots (z - z_n)$,且不妨设 $a_n \neq 0$(否则化为 $n-1$ 的情形),且

$$|z_1| \geqslant |z_2| \geqslant \cdots \geqslant |z_k| \geqslant 1 > |z_{k+1}| > \cdots > |z_n| \quad (0 \leqslant k \leqslant n)$$

当 $k = 0$ 时,要证不等式显然成立.下设 $k > 1$,而 $k = n$ 时,由 $|a_n|^2 \leqslant 1$,得 $|z_1 \cdots z_n|^2 \leqslant 1$,所以 $|z_1| = |z_2| = \cdots = |z_n| = 1$,于是只需讨论 $1 \leqslant k \leqslant n-1$ 的情形. 为此,我们先证:

引理 1:

$$|z_i|^2 \leqslant k - 1 + |z_1 \cdots z_k|^2 \tag{1}$$

$$|z_i|^2 \leqslant n - k + |z_{k+1} \cdots z_n|^2 \tag{2}$$

实际上,记

$$\pi_j = |z_1 \cdots z_j|^2 > 1 \quad (1 \leqslant j \leqslant k)$$

约定 $\pi_0 = 1$,则

$$(\pi_j - 1)(|z_{j+1}|^2 - 1) \geqslant 0 \quad (0 \leqslant j \leqslant k-1)$$

$$\pi_j |z_{j+1}|^2 - \pi_j + 1 \geqslant |z_{j+1}|^2$$

$$\pi_{j+1} - \pi_j + 1 \geqslant |z_{j+1}|^2$$

对 $j = 0, 1, 2, \cdots, k-1$ 求和,得

$$\pi_k - \pi_0 + k \geqslant |z_i|^2$$

式(1)获证,而式(2)类似可证.

引理 2: $|z_1 \cdots z_k|^2 + |z_{k+1} \cdots z_n|^2 \leqslant 2$.

实际上,考虑 $f^*(z) = \left(z - \dfrac{1}{z_1}\right)\left(z - \dfrac{1}{z_2}\right)\cdots\left(z - \dfrac{1}{z_n}\right)$,

$$f^*(z) = \frac{z^n}{a_n}\left(\left(\frac{1}{z}\right)^n + a_1\left(\frac{1}{z}\right)^{n-1} + \cdots + a_n \times 1\right)$$

显然,$f(z)f^*(z)$ 中 z^n 项的系数为 $\dfrac{1}{a_n}(1 + |a_1|^2 + \cdots + |a_n|^2)$.

再定义

$$g(z) = (z - z_1)\cdots(z - z_k)\left(z - \frac{1}{z_{k+1}}\right)\cdots\left(z - \frac{1}{z_n}\right)$$

及

$$g^*(z) = \left(z - \frac{1}{z_1}\right)\cdots\left(z - \frac{1}{z_k}\right)(z - z_{k+1})\cdots(z - z_n)$$

设 $g(z) = z^n + b_1 z^{n-1} + \cdots + b_n$,其中

$$b_n = (-1)^n \frac{z_1 \cdots z_k}{z_{k+1} \cdots z_n} = \frac{1}{a_n}|z_1 \cdots z_k|^2 \tag{3}$$

同理,$g(z)g^*(z)$ 中 z^n 项的系数为 $\dfrac{1}{b_n}(1 + |b_1|^2 + \cdots + |b_n|^2)$。利用 $g(z)g^*(z) = f(z)f^*(z)$,比较 z^n 的系数,可得

$$\frac{1}{a_n}(1 + |a_1|^2 + \cdots + |a_n|^2) = (1 + |b_1|^2 + \cdots + |b_n|^2)\frac{1}{b_n}$$

把式(3)代入上式,可得

$$\frac{1}{|b_n|^2}(1 + |b_1|^2 + \cdots + |b_n|^2)|z_1 \cdots z_k|^2$$
$$= 1 + |a_1|^2 + \cdots + |a_n|^2 \leqslant 2$$

由此即得

$$\frac{1}{|a_n|^2}|z_1 \cdots z_k|^2 + |z_1 \cdots z_k|^2$$

$$\leqslant \frac{1}{|a_n|^2}(1+|b_1|+\cdots+|b_n|^2)|z_1\cdots z_k|^2 \leqslant 2$$

即

$$|z_{k+1}\cdots z_n|^2 + |z_1\cdots z_k|^2 \leqslant 2$$

引理 2 得证.

下证原不等式,由引理 1 和引理 2,得

$$\sum_{i=1}^{n}|z_i|^2 = \sum_{i=1}^{k}|z_k|^2 + \sum_{i=k+1}^{n}|z_i|^2$$

$$\leqslant (k-1)+|z_1\cdots z_k|^2 + (n-k-1)+|z_{k+1}\cdots z_n|^2$$

$$= (n-2) + |z_1\cdots z_k|^2 + |z_{k+1}\cdots z_n|^2 \leqslant n$$

6.2 命题分拆

所谓命题分拆,就是原问题涉及的内容过于复杂,我们可以将原问题分割为几个较为简单的问题,然后通过各个击破,最终使问题获解.

例 1 记正整数 n 的所有约数之和为 $f(n)$,例如

$$f(4) = 1 + 2 + 4 = 7$$

若正整数 $n = 2^k m$(k 为正整数,m 为奇数),且 $f(n) = 2n$,试问:是否存在质数 p,使 $n = 2^{p-1}(2^p - 1)$?

分析与解 答案是肯定的,我们证明 $k+1$ 必定是质数,且质数 $p = k+1$ 合乎题目要求.

先考虑如何利用条件 $2n = f(n) = f(2^k m)$,注意到 m 为奇数,有 $(2^k, m) = 1$,由此发现如下的引理.

引理 1:设 m 与 n 是互质的正整数,则 $f(mn) = f(m)f(n)$.

设 m 的正约数为 $1 = m_1 < m_2 < \cdots < m_p = m$,$n$ 的约数为 $1 = n_1 < n_2 < \cdots < n_q = n$. 因 $(m,n) = 1$,故 mn 的约数为 $m_i n_j$($i = 1, 2, \cdots, p$;$j = 1, 2, \cdots, q$),有

$$f(mn) = m_1 n_1 + m_1 n_2 + \cdots + m_1 n_q + m_2 n_1 + m_2 n_2 + \cdots$$

$$+ m_2n_q + \cdots + m_pn_1 + m_pn_2 + \cdots + m_pn_q$$
$$= (m_1 + m_2 + \cdots + m_p)(n_1 + n_2 + \cdots + n_q) = f(m)f(n)$$

由引理 1,有
$$2n = f(n) = f(2^k m) = f(2^k)f(m) = (2^{k+1} - 1)f(m)$$

即
$$2^{k+1} m = (2^{k+1} - 1)f(m) \tag{1}$$

所以 $2^{k+1} - 1 | 2^{k+1} m$. 又因 $(2^{k+1} - 1, 2^{k+1}) = 1$,所以 $2^{k+1} - 1 | m$.

令 $m = (2^{k+1} - 1)r$,代入式(1),得
$$2^{k+1}(2^{k+1} - 1)r = (2^{k+1} - 1)f((2^{k+1} - 1)r)$$

即
$$2^{k+1} r = f((2^{k+1} - 1)r) \tag{2}$$

若 $r \neq 1$,则由 $f(n)$ 的定义,有
$$2^{k+1} r = f((2^{k+1} - 1)r) \geqslant (2^{k+1} - 1) + r + (2^{k+1} - 1)r$$

化简,得 $2^{k+1} - 1 \leqslant 0$,矛盾.

所以 $r = 1$,于是式(2)变为
$$2^{k+1} = f(2^{k+1} - 1)$$

但
$$f(2^{k+1} - 1) \geqslant (2^{k+1} - 1) + 1 = 2^{k+1}$$

于是不等式成立等号,这表明 $2^{k+1} - 1$ 只有 1 和本身这两个因子,所以 $2^{k+1} - 1$ 是质数.

下面证明 $k + 1$ 也是质数,由此发现如下的引理.

引理 2:如果正整数 t 使 $2^t - 1$ 是质数,则 t 也是质数.

事实上,由于
$$x^r - 1 = (x - 1)(x^{r-1} + x^{r-2} + \cdots + x + 1)$$

如果 $t = pq(p, q > 1)$,则
$$2^t - 1 = (2^p)^q - 1 = (2^p - 1)(2^{(q-1)p} + \cdots + 1)$$

它的两个因数也不为 1,因此 $2^t - 1$ 不是质数,矛盾!

由引理 2，$k+1$ 是质数．令 $k+1=p$，则
$$m = (2^{k+1}-1)r = 2^p - 1$$
故
$$n = 2^k \times m = 2^{p-1}(2^p-1)$$
其中，$p = k+1$ 为质数．

例 2　在 $1 \times n$ 数表的每格中任意填入 1 或 -1，对怎样的 n，总可以通过"邻积变换"（各格同时换作其所有邻格，即有公共边的格内各数的积），使各数都变为 1？

分析与解　若在 $1 \times n$ 数表内任意填数，都可操作到各格中的数都变为 1，则称 n 是好的．

首先，通过特例可以发现：若设第 k 个好数为 a_r，则 $a_{r+1}=2a_r+1$．

引理 1：若 n 为好的，则 n 为奇数．

由于 n 是好的，所以对任何 $1 \times n$ 的数表 B，都可操作有限次，使各个格中的数都变为 1，考察最先变为 $(1,1,\cdots,1)$ 的前一状态，可取定 $B \neq (1,1,\cdots,1)$，则"前一状态"只能是 $(-1,1,-1,1,\cdots,1,-1)$，即 $+1,-1$ 交错出现，且首尾两端都为 -1，从而共有奇数个格，即 n 为奇数．

引理 2：奇数 $n(n>1)$ 是好的，等价于 $2n+1(n>1)$ 是好的．

一方面，设 n 是好的，我们证明 $2n+1$ 是好的．

考虑 $1 \times (2n+1)$ 数表 $A=(a_1,a_2,\cdots,a_{2n+1})$，注意到奇数 $n>1$，有 $n \geqslant 3$，于是数表 A 变换两次，先后得到
$$A \to (a_2, a_1 a_3, a_2 a_4, \cdots, a_{2n-1}a_{2n+1}, a_{2n})$$
$$\to (a_1 a_3, a_2^2 a_4, a_3^2 a_1 a_5, a_1^2 a_2 a_6, \cdots, a_{2n}^2 a_{2n-2}, a_{2n-1}a_{2n+1})$$

它的偶数格组成 $1 \times n$ 数表 $(a_2^2 a_4, a_1^2 a_6, \cdots, a_{2n}^2 a_{2n-2}) = (a_4, a_2 a_6, \cdots, a_{2n-2})$，它是由 $B=(a_2, a_4, \cdots, a_{2n})$ 进行 1 次类似的操作得到的．

由此可见，数表 A 每变换 2 次，数表 B 就进行了 1 次类似的操作．

（＊）由于 B 可经有限次操作全变为 1，从而 A 可操作到所有偶格全变为 1．

由操作规则可知,再操作 1 次,A 的所有奇格都变为 1(注意此时 A 的偶格不一定都是 1),记此时的数表为

$$A' = (1, a_2, 1, a_4, 1, \cdots, 1, a_{2n}, 1)$$

A' 操作一次可使偶格全变为 1,操作 2 次,可使奇格全变为 1. 如此下去,操作奇数次,可使 A' 的偶格全变为 1;操作偶数次,可使 A' 的奇格全变为 1.

但 A' 也是长为 $2n+1$ 的数表,由判断(*),可操作偶数次使 A' 的偶格全变为 1,但 A' 操作偶数次,其所有奇格都变为 1,所以 A' 可操作偶数次使各个数都变为 1,即 $2n+1$ 是好的.

另一方面,若 $2n+1(n>1)$ 是好的,我们证明 $n(n>1)$ 是好的.

考察任意一个 $1 \times n$ 的数表 B,将 B 的各格依次作为 $1 \times (2n+1)$ 的数表 A 的各个偶格,得到数表

$$A = (a_1, a_2, \cdots, a_{2n+1})$$

同上面的讨论,数表 $A = (a_1, a_2, \cdots, a_{2n+1})$ 每变换两次,则数表 $B = (a_2, a_4, \cdots, a_{2n})$ 进行了类似的操作一次.

而 A 可以经过有限次(设为 t 次)操作后可使各个格中的数都变为 1,那么 $2t$ 次操作后,A 的各个格中的数也都变为 1,此时 B 中的数都为 1. 这表明对 B 进行 t 次操作后各个格中的数都变为 1,即 n 是好的.

最后,我们证明:$a_{r+1} = 2a_r + 1$.

首先,显然 $a_1 = 3$. 若 5 是好的,由引理 2,知 $\frac{5-1}{2} = 2$ 是好的,与引理 1 矛盾. 又由引理 2,知 $3 \times 2 + 1 = 7$ 是好的,所以 $a_2 = 7 = 2a_1 + 1$,即 $r = 1$ 时结论成立.

设结论对小于 r 的正整数成立,考察 r 的情形.

由引理 2,$2a_r + 1$ 是好的,所以 $a_{r+1} \leqslant 2a_r + 1$.

若 $a_{r+1} < 2a_r + 1$,由引理 2,知 $p = \frac{a_{r+1} - 1}{2}$ 是好的. 因为

$$2a_{r-1} + 1 = a_r < a_{r+1} < 2a_r + 1$$

所以
$$a_{r-1} < p < a_r$$
这与 a_r 的定义矛盾,所以 $a_{r+1} = 2a_r + 1$.

解此递归数列,得一切好数为 $n = 2^r - 1 (r \geq 1)$.

下面介绍另一种解法,其方法非常巧妙,但思路不大自然.

另解 对任意一个数表 $(a_1, a_2, \cdots, a_n)$,构造一个以 $2(n+1)$ 为周期的双向无穷数表:

$$\cdots, a_1, a_2, \cdots, a_n, 1, a_n, a_{n-1}, \cdots, a_1, 1, a_1, a_2, \cdots, a_n, 1, \cdots$$

将此表中某个 a_1 称为第一格,此外,将第 i 格前面一格称为第 $i-1$ 格,第 i 格后面的一个格称为第 $i+1$ 个格.设第 k 格 $a(k)$ 经 i 次变换后得到的数为 $a(k, i)$,利用数学归纳法可以证明:

$$a(k, 2j) = a(k + 2j) \times a(k - 2j) \quad (\text{证明留给读者完成})$$

若对 n,任意填数,都可操作到各数全为 1,由于只有有限种填数方法,必存在数 t,使操作次数大于 t 时,数表中的数全为 1.取自然数 m,使 $2^m > t$,那么对任何填数,操作 2^m 次以后各数全变为 1.于是,对任何自然数 k,有 $a(k, 2^m) = 1$.所以

$$a(0, k + 2^m) \times a(0, k - 2^m) = 1$$

又 $a(i, j) = 1 (\text{或} -1)$,所以

$$a(0, k + 2^m) = a(0, k - 2^m) = 1 (\text{或} -1)$$

取 $k = k' + 2^m$,有
$$a(0, k' + 2 \times 2^m) = a(0, k')$$

即 $a(0, k + 2^{m+1}) = a(0, k)$ 对一切自然数 k 成立,于是,数列 $\{a(0, k)\}$ 是以 2^{m+1} 为周期的周期数列.

适当选取 $a_1, a_2, \cdots, a_n$,其中 $a_i^2 = 1$,可使无穷数列的最小正周期为 $2(n+1)$,而对选定的 $a_1, a_2, \cdots, a_n$,2^{m+1} 仍是数列的正周期,所以

$$2(n+1) \mid 2^{m+1}, \quad n+1 \mid 2^m$$

所以 $n + 1 = 2^r, n = 2^r - 1$.

反之，当 $n = 2^r - 1$ 时，构造上述类似的无穷数列，使此数列的周期为 $2n+2 = 2^{r+1}$，从而
$$a(0,k) = a(0, k+2^{r+1}), a(0, k-2^r)$$
$$= a(0, k - 2^r + 2^{r+1}) = a(0, k + 2^r)$$
所以
$$a(2^r, k) = a(0, k - 2^r) a(0, k + 2^r) = a(0, k + 2^r)^2 = 1$$
综上所述，经过 2^r 次操作后必全变为 1.

注：本题可以推广到 $m \times n$ 数表的情形，所有合乎条件的数表满足：$m = 2^r - 1, n = 2^t - 1$ 或 $m = n = 2$.

例 3 设正整数 n 具有如下性质：对 K_n 的边任意做 2-染色，都存在 4 个两两没有公共边的单色三角形. 求 n 的最小值.（原创题）

分析与解 为了找到 4 个两两没有公共边的单色三角形，我们将其分解为找 2 对没有公共边的单色三角形. 为此，可先找 2 个单色三角形，进而找 2 个没有公共边的单色三角形. 由此发现如下的两个引理.

引理 1：在 2 色 K_6 中，必有 2 个单色三角形.

证明：如果一个顶点引出 2 条边，则称这 2 条边构成一个角. 如果一个角的两边异色，则称之为异色角.

因为 K_6 中共有 $C_6^3 = 20$ 个三角形，设其中有 x 个单色三角形，则有 $20 - x$ 个异色三角形，单色三角形中没有异色角，而一个异色三角形对应 2 个异色角，所以异色角的个数
$$S = 2(C_6^3 - x) = 40 - 2x$$

另一方面，对每个给定的点 x，设 x 引出了 r 条红色边、$5-r$ 条蓝色边，则以 x 为顶点的异色角的个数为
$$C_r^1 C_{5-r}^1 = r(5-r) \leqslant \left[\left(\frac{5}{2}\right)^2\right] = 6$$
所以 $S \leqslant 6 \times 6 = 36$.

因此 $40 - 2x = S \leqslant 36$，解得 $x \geqslant 2$，引理 1 获证.

引理 2：在 2 色 K_7 中，必有 2 个无公共边的单色三角形．

证明：由引理 1，在 6 个点 $A_1, A_2, \cdots, A_6$ 组成的 K_6 中存在 2 个单色三角形．若这 2 个同色的三角形无公共边，则结论成立．下设这 2 个单色三角形有公共边，不妨设为 2 个红色 $\triangle A_1 A_2 A_3, \triangle A_1 A_2 A_4$（图 6.13）．

考察点 A_1（公共边的一个端点）外的 6 个点 $A_2, A_3, \cdots, A_7$ 组成的 K_6，又有 2 个单色三角形 $\triangle_1$ 和 $\triangle_2$．

下面证明：$\triangle A_1 A_2 A_3, \triangle A_1 A_2 A_4, \triangle_1, \triangle_2$ 中至少有 2 个没有公共边．

如果 $\triangle_1, \triangle_2$ 中的某一个（设其是 $\triangle_1$），同时与 $\triangle A_1 A_2 A_3, \triangle A_1 A_2 A_4$ 都有公共边，注意到 $\triangle_1$ 不含点 A_1，则公共边不是 A_1 为端点的边，而 $\triangle A_1 A_2 A_3, \triangle A_1 A_2 A_4$ 去掉 A_1 为端点的边后只剩下边 $A_2 A_3, A_2 A_4$，从而 $\triangle_1$ 同时含有边 $A_2 A_3, A_2 A_4$，所以 $\triangle_1$ 与 $\triangle A_2 A_3 A_4$ 重合（图 6.14）．

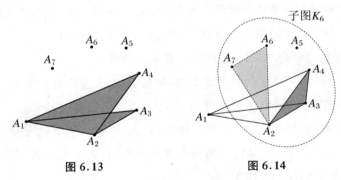

图 6.13　　　　　图 6.14

这样，另一个三角形 $\triangle_2$ 至少与 $\triangle A_1 A_2 A_3, \triangle A_1 A_2 A_4$ 中的一个无公共边，引理 2 得证．

原题解答　首先，当 $n \leqslant 9$ 时，取如图 6.15 所示的 2 色 K_9 中的 n 个点构成的 2 色子图，其中不存在 4 个两两没有公共边的单色三角形，矛盾，从而 $n \geqslant 10$．

下面证明，当 $n = 10$ 时，对 K_n 的边做 2-染色，必存在 4 个两两没有公共边的单色三角形．

用反证法,假定结论不成立,我们有如下结论:

(1) 不存在恰有一个公共顶点的 2 个单色三角形.

否则,不妨设 2 个单色三角形为 $\triangle A_1A_2A_3$ 和 $\triangle A_3A_4A_5$. 那么,去掉点 A_2, A_3, A_4,则剩下 7 个点构成的 K_7 中又有 2 个没有公共边的单色三角

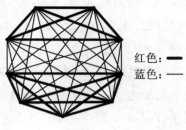

图 6.15

形,一共得到 4 个两两没有公共边的单色三角形,矛盾.

(2) 不存在 2 个没有公共边的颜色不同的单色三角形.

否则,由(1),这 2 个单色三角形不能有公共顶点,可设红色三角形为 $\triangle A_1A_2A_3$,蓝色三角形为 $\triangle A_4A_5A_6$. 考察 $\triangle A_1A_2A_3$ 与 $\triangle A_4A_5A_6$ 之间的 9 条边,其中必有 5 条边同色,由对称性,不妨设为蓝色. 将此 5 条蓝色边归入顶点 A_1, A_2, A_3,必有某个点,设为 A_3,引出 2 条蓝色边,设此 2 条蓝色边为 A_3A_4, A_3A_5,得到蓝色 $\triangle A_3A_4A_5$,它与红色 $\triangle A_1A_2A_3$ 恰有一个公共顶点 A_3,与(1)矛盾.

现在,考察 $A_1, A_2, \cdots, A_9$ 构成的 2 色 K_9,取其中的一个单色三角形,去掉这个三角形的 2 个顶点及与其关联的边,得到一个 2 色 K_7,由引理 2,又存在 2 个两两没有公共边的单色三角形,于是 2 色 K_9 中存在 3 个两两没有公共边的单色三角形,再由(1),(2)知,这 3 个单色三角形两两没有公共点,且 3 个单色三角形同色,不妨设有 3 个红色 $\triangle A_1A_2A_3$, $\triangle A_4A_5A_6$, $\triangle A_7A_8A_9$.

再考察 $A_2, A_3, \cdots, A_{10}$ 构成的 2 色 K_9. 同以上理由,存在 3 个两两没有公共边的单色三角形,同样,这 3 个单色三角形两两没有公共点,且 3 个单色三角形同色. 再由(2),它们只能是红色三角形,于是 A_{10} 是某个红色三角形的顶点.

考察以 A_{10} 为顶点的红色 $\triangle A_{10}A_iA_j$. 由(1),i, j 必须同时属于

$\{1,2,3\}$,或同时属于$\{4,5,6\}$,或同时属于$\{7,8,9\}$(否则,如果$i=1$,$j=4$,则$\triangle A_1 A_2 A_3$,$\triangle A_{10} A_1 A_4$恰有一个公共顶点A_1,矛盾),不妨设$i=8, j=9$.

再考察以A_7为顶点的红色$\triangle A_7 A_p A_q$(去掉点A_1后得到的3个单色三角形之一),它与$\triangle A_8 A_9 A_{10}$没有公共顶点.再由(1),p,q必须同时属于$\{1,2,3\}$,或同时属于$\{4,5,6\}$,不妨设$p=5, q=6$,此时$\triangle A_5 A_6 A_7$,$\triangle A_7 A_8 A_9$恰有一个公共顶点A_7,矛盾.

综上所述,$n_{\min}=10$.

例4 如果对K_n的任意边做2-染色,都必有2个单色三角形,且这2个单色三角形同色,求n的最小值.(原创题)

分析与解 假定n的最小值为r,则我们要证明2色K_r中一定有2个单色三角形,且这2个单色三角形同色(图6.16).

由找"拟对象"的思想,我们可去掉"2个单色三角形同色"的要求,寻找最小的正整数r,使2色K_6中一定有2个单色三角形.由此可发现如下的引理.

引理:2色K_6中一定有2个单色三角形.

原题解答 我们先证明$n=7$合乎要求.

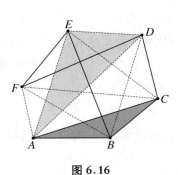

图6.16

实际上,由引理,2色K_7中一定有2个单色三角形,取其中一个同色$\triangle ABC$,去掉点A及与其关联的边,在剩下的2色K_6中又一定有2个单色三角形,连同$\triangle ABC$,一共有3个单色三角形,从而必有2个单色三角形同色.

最后证明$n \geqslant 7$,用反证法.

若$n=6$,则构造如下的2色K_6,其中只有2个单色三角形,但这两个单色三角形不同色,矛盾(图6.17).

若 $n \leqslant 6$,则在上图中去掉 $6-n$ 个点及与其关联的边,同样矛盾.

构图的发现:2 色 K_6 中必有 2 个单色三角形,设有一个红色 $\triangle ABC$ 和一蓝色(深色)三角形(图 6.18).

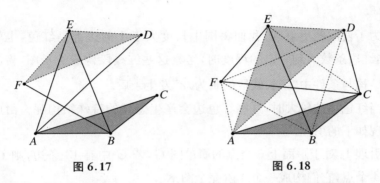

图 6.17　　　　　　　　　　图 6.18

如果蓝色三角形与红色 $\triangle ABC$ 没有公共顶点,则设蓝色三角形为 $\triangle DEF$,考察 A 向 $\triangle DEF$ 引出的 3 条边,其中必有 2 条同色,不妨设 AD, AE 同色.

若 AD, AE 同为蓝色,则有 2 个蓝色三角形 $\triangle DEF, \triangle DEA$,不合要求.于是 AD, AE 同为红色.同理,B 向 $\triangle DEF$ 也引出 2 条红边,这 2 条红边的另 2 个端点中必有一个属于 $\{D, E\}$,不妨设 BE 为红色,则得到 2 个红色三角形 $\triangle ABC, \triangle ABE$,不合要求.

如果蓝色三角形与红色 $\triangle ABC$ 有一个公共顶点,则设蓝色三角形为 $\triangle ADE$.由对称性,不妨设 FB 为蓝色.如果 FC 为红色,则由 $\triangle CEF$,得 CE 为蓝色,由 $\triangle CDE$,得 CD 为红色,由 $\triangle CDF$,得 FD 为蓝色,由 $\triangle AFD$,得 AF 为红色,由 $\triangle BCD$,得 BD 为蓝色,由 $\triangle BDE$,得 BE 为蓝色,从而得到 2 个红色三角形 $\triangle ADE, \triangle BDE$,不合要求.

于是,FC 为蓝色,如此下去,得到上述构图.

例 5　平面上给定了 6 个点,将每两个点连线,得到 15 条线段,其中最长线段的长为 $\sqrt{2}$,求长度大于 1 的线段条数的最大值.(原创题)

分析与证明　设长度大于 1 的线段条数为 t,假定 t 的最大值为 c,

我们要证明 $t \leqslant c$.

由于从正面估计比较困难,我们可从反面假定 $t > c$,由此导出矛盾. 这就要研究,当 t 充分大时,平面上给定的 6 个点构成的图形会具有怎样的性质.

为了使问题更直观,我们将图中长度大于 1 的边都染红色,也就是说,当红边条数大到一定的程度时,考察这些红线段构成的子图,将出现某种结构与条件中"最长线段的长为 $\sqrt{2}$"发生矛盾.

当红色边数较大时,这些红色边会产生怎样的特殊结构呢?由此我们发现如下的引理.

引理 1:对于平面上 6 个点的简单图 G,若 G 中有 13 条边,则 G 中必有 4 个点,它们构成一个 4 阶完全图 K_4.

实际上,考察 6 个点的完全图 K_6,共有 $C_6^2 = 15$ 条边. 而题中的图 G 有 13 条边,从而 G 是由 K_6 去掉 2 条边而得到的图.

考察 K_6 中的任意一条边,含该边的 K_4 有 $C_4^2 = 6$ 个(在除该边两端点外的另 4 个点中取 2 个点与该边端点构成 4 点组),于是,每去掉一条边,最多去掉 $C_4^2 = 6$ 个 K_4,去掉 2 条边,最多去掉 $2 \times 6 = 12$ 个 K_4.

又 K_6 中有 $C_6^4 = 15$ 个 K_4,从而至少还有 3 个 K_4 未被去掉,引理 1 获证.

利用引理 1 可知,如果 G 中红色边数 $t \geqslant 13$,那么 G 中存在一个红色的 K_4. 现在的问题是,这个红色的 K_4 是否会与题中条件"最长线段的长为 $\sqrt{2}$"发生矛盾?这只需研究这 4 个点中最长边与最短边的长度比,由此我们发现如下的引理.

引理 2:平面上给定 4 个点,则这些点之间的最大距离与最小距离的比 $\lambda \geqslant \sqrt{2}$.

证明:(1) 若存在 3 点共线,设 A,B,C 在线段上依次排列,则
$$\lambda \geqslant \frac{AC}{\min\{AB, BC\}} \geqslant 2 > \sqrt{2}$$

(2) 若无 3 点共线,考虑 4 点的凸包.

若凸包为 $\triangle ABC$,则 D 在 $\triangle ABC$ 内,连 DA, DB, DC.

由平均值抽屉原理,在 $\angle ADB, \angle BDC, \angle CDA$ 中至少有一个大于 $90°$,不妨设 $\angle ADB > 90°$(图 6.19).

又设 $BD \geqslant AD$,则
$$AB^2 > AD^2 + BD^2 \geqslant 2AD^2$$
在 $\triangle ABD$ 中,AB 是最大边,BD 是最小边,所以
$$\lambda \geqslant \frac{AB}{AD} > \sqrt{2}$$

(3) 若凸包为四边形 $ABCD$,则由平均值抽屉原理,四边形必有一个内角不小于 $90°$,不妨设 $\angle ABC \geqslant 90°$(图 6.20).

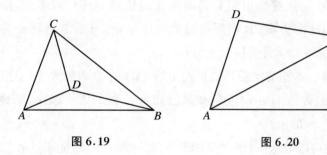

图 6.19　　　　　图 6.20

又设 $BC \geqslant AB$,则
$$AC^2 \geqslant AB^2 + BC^2 \geqslant 2AB^2$$
在 $\triangle ABC$ 中,AB 是最大边,BC 是最小边,所以
$$\lambda \geqslant \frac{AC}{AB} \geqslant \sqrt{2}$$

原题解答　我们先证明 $t \leqslant 12$.

反设 $t \geqslant 13$,将所有长度大于 1 的线段染红色,6 个点之间至少连了 13 条红色的边.由引理 1,必有 4 个点两两连了红边,其中最长红边不大于 $\sqrt{2}$,最短红边大于 1,于是最长红边与最短红边的比小于 $\sqrt{2}$,与引理 2

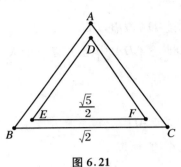

图 6.21

矛盾.

其次,恰存在 12 条线段大于 1 的图形. 利用对称构造,作正 $\triangle ABC$,使 $AB = \sqrt{2}$. 在正 $\triangle ABC$ 内部再作一个正 $\triangle DEF$,使 $DE = \frac{\sqrt{5}}{2}$,且两个正三角形的中心重合,且其边对应平行(图 6.21).

此时,$AB > DE > 1$,$AE > DE > 1$,由对称性可知,图中恰有 12 条线段大于 1.

综上所述,$t_{\max} = 12$.

例 6 有 64 匹马,速度各不相同,每场比赛只能有 8 匹马参赛. 问: 能否用不超过 50 场比赛排出所有马的速度的快慢顺序? 若不能,给出证明; 若能,给出比赛方案,其中所有马的速度恒定,且不考虑马疲劳等因素. (2009 年清华大学自主招生试题)

分析与解 本题的实质是要排列出给定的 64 个数的大小顺序. 为了使目标更清晰,先给出如下定义: 如果已知 n 个数的大小顺序,则称它们构成一个长为 n 的串.

每次比赛可以得到一个长为 8 的串,自然的想法是: 若能通过适当操作,将两个串合并成一个串,那么若干次操作后可将所有串全部并成一个串.

注意到每场比赛有 8 匹马参赛,k 次比赛后有 $8k$ 匹马已参赛. 因此,发现如下的引理.

引理: 设 A,B 是 2 个长为 $8k$ 的串,如果每次操作可以排出其中 8 个数的大小顺序,那么可以通过 $4k-1$ 次操作,将 A,B 合并成一个长为 $16k$ 的串 C.

引理的证明: 对于长为 $16k$ 的串 C,将 C 中的数按由小到大的顺序排列,然后每 4 个一组将 C 分割为 $4k$ 组,从左至右分别称为第 1 组、第 2 组……第 $4k$ 组.

将 A,B 中的数都按由小到大的顺序排列,先取出 A,B 中最前面的 4 个数进行操作,得到一个长为 8 的串 C_1,则 C_1 的前 4 个数是 C 的第一组.

实际上,考察 C_1 的后 5 个数. 因为 $5>4$,所以其中既有 A 中的数,又有 B 中的数. 设其中属于 A 中的数为 a_1,则 A 中未取出的数都大于 a_1,所以 A 中未取出的数都大于 C_1 的前 4 个数. 同理,B 中未取出的数都大于 C_1 的前 4 个数.

今要再取出 4 个数与 C_1 的后 4 个数一起比较大小以得到一个长为 8 的串 C_2. 取哪 4 个数?其原则是我们应保证 C_2 的后 5 个数中既有 A 中的数,又有 B 中的数.

因为 $5>4$,所以 C_2 的后 5 个数中既有旧数(前一次取出的数),又有新数(后一次取出的数). 设 C_1 的最后一个数为 b_1(图 6.22),则 b_1 在 C_2 的后 5 个数中. 这是因为 b_1 前面至少有 3 个数,于是,只需取出的数与 b_1 不在同一集合中即可.

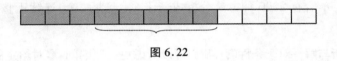

图 6.22

于是,取出 b_1 不在集合中最前面的 4 个数与 C_1 的后 4 个数一起比较大小以得到一个长为 8 的串 C_2,则 C_2 的前 4 个数是 C 的第 2 组.

实际上,因为 b_1 在 C_2 的后 5 个数中,又 C_2 的后 5 个数不可能都是旧数,一定有一新取出的数,该新数与 b_1 不属于同一集合,所以 C_2 的后 5 个数中既有 A 中的数,又有 B 中的数. 同以上所证,A,B 中未取出的数都大于 C_2 的前 4 个数.

如此下去,第 i 次操作确定了 C 中第 i 组的数,操作 $4k-1$ 次之后,C 中前 $4k-1$ 组都被确定,剩下最后 4 个数属于串 C_{4k-1} 的后 4 个数,已在 C_{4k-1} 中确定了大小顺序,从而无需再进行操作,直接作为 C 的第 $4k$ 组,引理获证.

原题解答 先将 64 匹马平均分成 8 组,每组 8 匹马,每一组进行一

次比赛,共进行 8 次比赛,得到 8 个长为 8 的串.

将 8 个长为 8 的串平均分成 4 组,每组 2 个长为 8 的串.由引理,同一组中的 2 个长为 8×1 的串可进行 $4 \times 1 - 1 = 3$ 场比赛,将其合并成长为 16 的串,于是,共进行 $4 \times 3 = 12$ 次比赛,得到 4 个长为 16 的串.

将 4 个长为 16 的串平均分成 2 组,每组 2 个长为 16 的串.由引理,同一组中的 2 个长为 $16 = 8 \times 2$ 的串可进行 $4 \times 2 - 1 = 7$ 场比赛,将其合并成长为 32 的串,于是,共进行 $2 \times 7 = 14$ 次比赛,得到 2 个长为 32 的串.

最后,由引理,2 个长为 $32 = 8 \times 4$ 的串可进行 $4 \times 4 - 1 = 15$ 场比赛,将其合并成长为 64 的串.

综上所述,可进行 $8 + 12 + 14 + 15 = 49$ 场比赛,排出所有马的速度的大小顺序.故可以进行不超过 50 场比赛,排出所有马的速度的大小顺序.

例7 求出所有的正整数 n,使得 n 同时满足以下两个条件:

(1) n 可以分拆成 2006 个连续正整数之和;

(2) n 恰有 2006 种方法分拆成若干个(至少两个)连续正整数之和.

(原创题)

分析与解 对于条件(1),我们可以考虑更一般的问题,对给定的正整数 r,怎样的正整数 n 可以分成 r 个连续正整数的和?由此发现如下的引理.

引理 1:对给定的正整数 r,正整数 n 可以分成 r 个连续正整数的和的充分必要条件是:$\dfrac{2n - r^2 - r}{r}$ 为非负的偶数.

对于条件(2),我们可以考虑更一般的问题,对给定的正整数 n,有多少种方法可将它分拆成若干个(至少 2 个)连续正整数之和?由此发现如下的引理.

引理 2:将正整数 n 分拆成若干个(至少 2 个)正整数的和的方法数等于 n 的大于 1 的不同奇数因子的个数.

我们先证明引理 1.

必要性.假设 n 可以分成 r 个连续正整数的和,不妨设

$$n = (p+1) + (p+2) + \cdots + (p+r)$$

其中,$p \in \mathbf{Z}, p \geq 0$,则

$$2n = (2p + r + 1)r$$

所以 $\dfrac{2n - r^2 - r}{r} = 2p$ 为非负的偶数.

充分性. 若 $r = 1$,则 n 显然可分成 $r = 1$ 个连续正整数之和.

设 $r > 1$,$\dfrac{2n - r^2 - r}{r}$ 为非负的偶数.

(1) 若 r 为奇数,令 $r = 2t + 1 (t \in \mathbf{N})$.

因为 $\dfrac{2n - r^2 - r}{r} = \dfrac{2n}{r} - r - 1$ 为偶数,所以 $\dfrac{2n}{r}$ 为偶数. 令

$$\dfrac{2n}{r} = 2s \quad (s \in \mathbf{N})$$

则

$$n = sr = s(2t+1) = (s-t) + (s-t+1) + \cdots + (s+t) \quad (1)$$

注意到 $\dfrac{2n - r^2 - r}{r} \geq 0$,有 $2n \geq r^2 + r$,所以

$$\dfrac{n}{r} \geq \dfrac{r+1}{2}$$

即 $s \geq t + 1$.

所以式(1)右边各项都是正整数,即 n 表成了 $2t + 1 = r$ 个连续正整数之和.

(2) 若 r 为偶数,令 $r = 2s (s \in \mathbf{N})$.

因为

$$\dfrac{2n - r^2 - r}{r} = \dfrac{2n}{r} - r - 1$$

为偶数,所以 $\dfrac{2n}{r}$ 为奇数. 又

$$\dfrac{2n - r^2 - r}{r} \geq 0$$

即 $2n \geqslant r^2+r$,所以 $2n \geqslant r+1>1$.

令
$$\frac{2n}{r}=2t+1 \quad (t \in \mathbf{N})$$

则
$$n = sr = s(2t+1) = (t-s+1)+\cdots+(t+s) \quad (2)$$

注意到 $2n \geqslant r^2+r$,有
$$\frac{n}{r} \geqslant \frac{r+1}{2}$$

所以 $\frac{n}{r}-\frac{1}{2} \geqslant \frac{r}{2}$,即 $t \geqslant s$.

所以式(2)右边各项都是正整数,即 n 表成了 $2s=r$ 个连续正整数之和.

显然,引理 1 可等价叙述为,n 可以分拆为 r 个连续正整数的和的充要条件是 n 同时满足以下 3 个条件:

① $r \mid 2n$;

② $\frac{2n}{r}$ 与 r 的奇偶性不同;

③ $2n \geqslant r(r+1)$.

下面证明引理 2.

设 $2t+1$ 是 n 的一个大于 1 的不同奇数因子,令 $n=s(2t+1)$.

(1) 若 $s>t$,则
$$n = s(2t+1) = (s-t)+(s-t+1)+\cdots+(s+t) \quad (1)$$
即 n 可分拆为 $2t+1$ 个连续正整数的和,其最大项为 $s+t$.

(2) 若 $s \leqslant t$,则
$$n = s(2t+1) = (t+1-s)+(t+2-s)+\cdots+(t+s) \quad (2)$$
即 n 可分拆为 $2s$ 个连续正整数的和,其最大项为 $s+t$.

由此可见,n 的每一个奇数因子 $2t+1$,都对应一个最大项为 $s+t$

的分拆,其中

$$s = \frac{n}{2t+1}$$

此外,对正整数 n 的两个不同的大于 1 的奇数因子 $2t+1, 2t'+1$,其中

$$s = \frac{n}{2t+1}, \quad s' = \frac{n}{2t'+1}$$

我们证明它们对应的分拆不同.

这只需证明 $s+t \neq s'+t'$,即它们所含的最大项不同.

实际上,反设

$$s + t = s' + t' = m + 1$$

令

$$f(x) = x(2m - 2x + 3)$$

则

$$n = s(2t+1) = s(2(s+t-1) - 2s + 3)$$
$$= s(2m - 2s + 3) = f(s)$$
$$n = s'(2t'+1) = s'(2(s'+t'-1) - 2s' + 3)$$
$$= s'(2m - 2s' + 3) = f(s')$$

所以 $f(s) = f(s')$.

但 $s \neq s'$,由二次函数 $y = f(x)$ 的图像的对称性,知 s, s' 关于其对称轴对称. 注意到该图像的顶点横坐标为 $\dfrac{2m+3}{4}$,所以

$$\frac{s+s'}{2} = \frac{2m+3}{4}$$

$$2m + 3 = 2(s+s')$$

此式左边为奇数,右边为偶数,矛盾.

反之,对 n 的任意一个分拆:

$$n = (p+1) + (p+2) + \cdots + (p+r) \tag{3}$$

其中,$p,r\in \mathbf{N}, r\geqslant 2$,有
$$2n = r(2p + r + 1)$$

若 r 为奇数,则 $2p + r + 1$ 为偶数. 令
$$r = 2t + 1 \quad (t \in \mathbf{N})$$
$$\frac{1}{2}(2p + r + 1) = s$$

则 $n = s(2t+1)$,且 $p = s - t - 1$.

于是分拆式(3)中的最大项为
$$p + r = (s - t - 1) + (2t + 1) = t + s$$

若 r 为偶数,则 $2p + r + 1$ 为大于 1 的奇数. 令
$$2p + r + 1 = 2t + 1 \quad (t \in \mathbf{N})$$
$$\frac{r}{2} = s$$

则 $n = s(2t+1)$,且 $p = t - s$. 于是分拆式(1)中的最大项为
$$p + r = (t - s) + (2s) = t + s$$

于是,n 的任何一个分拆都对应 n 的一个奇因子 $2t+1$,且此分拆的最大项为 $t+s$,其中 $s = \dfrac{n}{2t+1}$.

因此上述映射是一一映射,引理 2 获证.

原题解答 设 n 是合乎条件的正整数,由引理 1 知,条件(1)等价于:

($1'$) $2006 + \dfrac{n}{1003}$ 为奇数,且 $2n \geqslant 2006 \times 2007$.

于是 $\dfrac{n}{17 \times 59}$ 为奇数,所以 $n = 17 \times 59 \times (2k-1)$ 为奇数.

此外,由引理 2 知,条件(2)等价于:

($2'$) n 恰有 2006 个大于 1 的不同奇数因子.

但 n 为奇数,n 只有奇数因子,所以 n 恰有 2007 个因数(2006 个大于 1 的不同奇数因子与 1).

由$(1')$，可设
$$n = 17^a 59^b p_1^{t_1} p_2^{t_2} \cdots p_r^{t_r}$$
其中，$p_1, p_2, \cdots, p_r$ 为奇质数，$a, b, t_1, t_2, \cdots, t_r$ 为正整数，$r \geqslant 0$.

再由$(2')$，有
$$(a+1)(b+1)(t_1+1)(t_2+1)\cdots(t_r+1) = 2007 \quad (4)$$
注意到 $2007 = 3^2 \times 223$，且 223 为质数，所以 $r = 0$ 或 1.

当 $r = 0$ 时，式(4)变为
$$(a+1)(b+1) = 9 \times 223 = 3 \times 669$$
解得
$$(a,b) = (8,222),(222,8),(2,668),(668,2)$$
此时 $n = 17^8 \times 59^{222}, 17^{222} \times 59^8, 17^2 \times 59^{668}, 17^{668} \times 59^2$.

当 $r = 1$ 时，$n = 17^a 59^b \times p^t$，于是式(4)变为
$$(a+1)(b+1)(t+1) = 3 \times 3 \times 223$$
所以 $a = 2$ 或 222，于是
$$(a,b,t) = (2,2,222),(2,222,2),(222,2,2)$$
此时 $n = 17^2 \times 59^2 \times p^{222}, 17^2 \times 59^{222} \times p^2, 17^{222} \times 59^2 \times p^2$，其中 p 为不等于 17, 59 的奇质数.

综上所述，所求的 n 为：$17^8 \times 59^{222}, 17^{222} \times 59^8, 17^2 \times 59^{668}, 17^{668} \times 59^2$，$17^2 \times 59^2 \times p^{222}, 17^2 \times 59^{222} \times p^2, 17^{222} \times 59^2 \times p^2$，其中 p 为不等于 17, 59 的奇质数.

例 8 试确定所有整数 $n > 3$，使得在平面上存在 n 个点 $A_1, A_2, \cdots, A_n$，并存在实数 $r_1, r_2, \cdots, r_n$，满足以下条件：

(1) $A_1, A_2, \cdots, A_n$ 中任意 3 点都不在同一条直线上；

(2) 对于每个 3 元组 $i, j, k (1 \leqslant i < j < k \leqslant n)$，$\triangle A_i A_j A_k$ 的面积等于 $r_i + r_j + r_k$. (1995 年国际数学奥林匹克竞赛试题)

分析与解 首先证明两个引理，并且在下面的讨论中，将 $\triangle A_i A_j A_k$ 的面积记为 $[ijk]$.

引理 1：如果某个凸四边形的顶点为满足条件的 4 个点 A_i, A_j, A_k 和 A_l，那么相应的实数之间有以下关系 $r_i + r_k = r_j + r_l$.

实际上，用两种方式将凸四边形 $A_i A_j A_k A_l$ 分成三角形，我们得到
$$[ijk] + [kli] = [jkl] + [lij]$$

因而
$$2r_i + r_j + 2r_k + r_l = r_i + 2r_j + r_k + 2r_l$$

由此得
$$r_i + r_k = r_j + r_l$$

引理 1 获证.

引理 2：若有 5 个点 A_1, A_2, A_3, A_4, A_5 适合条件，则相应的实数 r_1, r_2, r_3, r_4, r_5 中至少有两个相等.

实际上，考察这 5 个点的凸包，有三种可能的情形.

① 凸包是五边形. 不妨设其顶点依次为 A_1, A_2, A_3, A_4, A_5. 于是 $A_1 A_2 A_3 A_4$ 和 $A_1 A_2 A_3 A_5$ 都是凸四边形. 根据引理 1，$r_2 + r_4 = r_1 + r_3 = r_2 + r_5$，因而 $r_4 = r_5$.

② 凸包是四边形，其顶点依次为 A_1, A_2, A_3, A_4. 不妨设另一点 A_5 在 $\triangle A_3 A_4 A_1$ 内，于是 $A_1 A_2 A_3 A_4$ 和 $A_1 A_2 A_3 A_5$ 都是凸四边形.

此时，同①的讨论，有 $r_4 = r_5$.

③ 凸包是 $\triangle A_1 A_2 A_3$，另两点 A_4 和 A_5 在该三角形内，于是
$$[124] + [234] + [314] = [125] + [235] + [315]$$

由此得 $r_4 = r_5$.

设 5 个点 A_1, A_2, A_3, A_4, A_5 合乎条件，由引理 2，可设 $r_4 = r_5$.

如果 A_1, A_2, A_3 在直线 $A_4 A_5$ 的同侧，那么由
$$[124] = [125], \quad [234] = [235]$$

得 $A_1 A_2 \parallel A_4 A_5, A_2 A_3 \parallel A_4 A_5$. 因而 A_1, A_2, A_3 这 3 点在同一条直线上，矛盾.

如果 A_1, A_2 在直线 $A_4 A_5$ 的同侧，而 A_3 在另一侧，那么由

$$[124] = [125]$$

可知 $A_1A_2 /\!/ A_4A_5$,因而 $[145] = [245]$.

由此得 $r_1 = r_2$,而此时 A_3, A_4, A_5 这 3 点在直线 A_1A_2 的同一侧,仿照上面的讨论同样得出矛盾.

于是,$n \leqslant 4$.

取 A_1, A_2, A_3, A_4 为单位正方形的 4 个顶点,并取 $r_1 = r_2 = r_3 = r_4 = \frac{1}{6}$,则条件(1)、条件(2)均成立. 所以 $n = 4$.

例 9 当 $n \geqslant p$ 时,至少有两种方法把正方形分割为 n 个正方形;当 $n \geqslant q$ 时,L 形(由 3 个同样大小的正方形构成的图形)可分割为 n 个 L 形,所谓不同分法是指分出来的图形不能全部对应相同,求 p, q 的最小值. (原创题)

分析与解 本题我们只求出了 p 的最小值,而 q 的最小值还只是一个猜想.

因为一个正方形可以分割为 4 个正方形,于是,若正方形有 2 种不同方法的 k-分割(即分割为 k 个正方形的分割),则必有 2 种不同方法的 $(k+3)$-分割.

如图 6.23 所示,$k = 8, 9, 10$ 时,正方形都有 2 种不同的 k-分割,所以,利用归纳法可知,当 $k \geqslant 8$ 时,正方形都有 2 种不同方法的 k-分割.

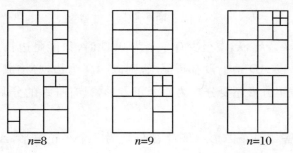

图 6.23

下面证明,正方形只有唯一的一种7-分割.

引理1:在矩形的分割中,小矩形的边必平行原矩形的边.

实际上,若存在一个小矩形,其边与原矩形的边不平行,考察这样的矩形,其顶点到原矩形的边的距离的最小,此矩形的此顶点必在另一个矩形的边上,但另一个正方形的边与原矩形平行,从而另一个矩形的边必与此矩形的边形成一个非90°的角,矛盾.

引理2:1×2矩形只有唯一的5-正方形分割.

实际上,设1×2矩形$ABCD$有两种不同的5-正方形分割.称分割中非原矩形的顶点的正方形的顶点为新顶点.设AB,BC,CD,DA边上分别有k_1,k_2,k_3,k_4个新顶点.

(1)所有k_1,k_2,k_3,k_4都不为0.此时必有一个$k_i>1$,否则,矩形只能被分割为4块,矛盾.如果只有一个$k_i>1$,则$k_j=1(j\neq i)$.此时,矩形只有2种本质上不同的分割方式(图6.24),从而至少有2个$k_i>1$.这样,由引理1易知,分割块数大于5,矛盾.

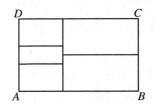 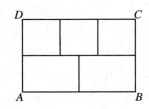

图6.24

(2)k_1,k_2,k_3,k_4中至少有一个为0.此时,只能是边长为1的边上没有新顶点,设AD边上没有新顶点,则以AD为边,必构成一个单位正方形,另单位正方形还要分割为4个正方形,只有唯一的分割方法,结论成立.

原题解答 设正方形$ABCD$被分割为7个小正方形,AB,BC,CD,DA边上分别有k_1,k_2,k_3,k_4个新顶点.那么$k_i(1\leqslant i\leqslant 4)$满足:

(1)所有$k_i>0$.否则,某边上无新顶点,则以此边为边必构成一个正方形,矛盾.

(2) 至少有一个 $k_i = 1$. 否则,所有 $k_i > 1$,由引理 1 易知,分割块数大于 7,矛盾.

由(1)和(2),可设 $k_1 = 1$,AB 上的新顶点为 P. 若 P 为 AB 的中点,则必有图 6.25 所示的分割,其中 $RCDS$ 是 1×2 矩形. 由引理 2,它只有唯一的 5-正方形分割,结论成立.

若 P 非 AB 的中点,不妨设 $AP < BP$,考察正方形 $NDMQ$(图 6.26),它的顶点 Q 必属于一个小正方形.

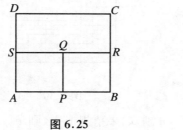
图 6.25

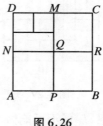
图 6.26

由于 $QN = QM$,于是,此小正方形要么就是 $QMDN$,要么不覆盖 $QMDN$.

对于前一种情形,$APQN$ 若可分割为 2 个小正方形,则分割块数为 $1+1+2+2=6$,矛盾.

若 $APQN$ 至少分割为 3 个小正方形,则分割块数不少于 $1+1+3+3=6$,亦矛盾.

对于后一种情形,小正方形 $QMDN$ 内部至少分割出 2 个小正方形,剩下 2 个矩形条,其中一个至少分割为 2 个小正方形,另一个至少分割为 3 个正方形,分割块数不少于 $1+2+3+2=8$,矛盾.

综上所述,正方形的 7-分割是唯一的,故 $p_{\min} = 8$.

因为每个 L 形可以分割为 $4=1+3$ 个 L 形(图 6.27),所以,若 L 形可做 k-分割(即分割为 k 个 L 形),则必可做 $(k+3)$-分割.

如图 6.28、图 6.29、图 6.30 所示,当 $k=9,10,11$ 时,L 形可做 k-分割.利用归纳法可知,当 $n\geqslant 9$ 时,L 形可做 n-分割.

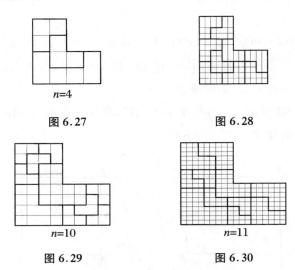

图 6.27　　　　图 6.28

图 6.29　　　　图 6.30

我们猜想,L 形不可能做 8-分割,如果猜想成立,则 $q_{\min}=9$,希望读者能给出证明或否定.

习　题　6

1. 求证:对任何自然数 $n\geqslant 3$,存在质数 $p<n$,使 $(p,n)=1$.

2. 如果一个正整数 n 在三进制下表示的各数字之和可以被 3 整除,那么我们称 n 为"好的",则前 2005 个"好的"正整数之和是多少?

3. 试证:除了有限个正整数外,其他的正整数 n 均可表示为 2004 个正整数之和 $n=a_1+a_2+\cdots+a_{2004}$,且满足

$$1\leqslant a_1<a_2<\cdots<a_{2004},a_i\mid a_{i+1}\quad(i=1,2,\cdots,2003)$$

4. 如果自然数 n 使 $C_n^0,C_n^1,C_n^2,\cdots,C_n^n$ 都是奇数,则称 n 是好数,问 $[1,2010]$ 中共有多少个好数?(原创题)

5. 有多少个自然数 q 可使方程 $\dfrac{1}{x}+\dfrac{1}{y}=\dfrac{q}{332}$ 有正整数解?

6. 给定整数 n,求证:方程 $x^2+y^2-z^2=n$ 有无数个正整数解.

7. 给定平面上 6 个点 $A_1,A_2,\cdots,A_6$,每两点连一条线段,共连 15 条线段.将这些线段染红、蓝两色之一,使任何两个三角形中都至少有两条边异色,问有多少种不同的染色方法? 其中,对一种染色方法,若将顶点重新编号,可使红边集合与另一种染色方法的红边集合相同,则称这两种染色方法是相同的.(原创题)

8. 对给定的正整数 $t(t\geqslant 2)$,求最大的正整数 r,使以任何方式将 K_{3t+1} 的边做 2-染色时,总存在 r 个单色三角形,其中任何两个三角形没有公共顶点,而且这些单色三角形的颜色未必相同.(原创题)

9. 求最大的自然数 n,使平面上存在 n 个点,其中任何 5 个点不共圆,但任何 5 个点中必有 4 个点共圆.

10. n 元实数数组 $(a_1,a_2,\cdots,a_n),(b_1,b_2,\cdots,b_n),(c_1,c_2,\cdots,c_n)$ 满足:

$$\begin{cases} a_1^2+a_2^2+\cdots+a_n^2=1 \\ b_1^2+b_2^2+\cdots+b_n^2=1 \\ c_1^2+c_2^2+\cdots+c_n^2=1 \\ b_1c_1+b_2c_2+\cdots+b_nc_n=0 \end{cases}$$

试证:$(a_1b_1+\cdots+a_nb_n)^2+(a_1c_1+\cdots+a_nc_n)^2\leqslant 1$.

11. 求最小的实数 a,使对 $x,y,z\geqslant 0,x+y+z=1$,恒有

$$a(x^2+y^2+z^2)+xyz\geqslant \frac{a}{3}+\frac{1}{27}$$

12. 已知正实数 x,y,z 满足 $x^2+y^2+z^2=3$,求 $u=\dfrac{2-x}{4x-x^2}+\dfrac{2-y}{4y-y^2}+\dfrac{2-z}{4z-z^2}$ 的最小值.

13. 设 a,b,c,d 是正实数,且满足 $abcd=1$,求证:

$$\frac{1}{(1+a)^2}+\frac{1}{(1+b)^2}+\frac{1}{(1+c)^2}+\frac{1}{(1+d)^2}\geqslant 1$$

(2005年国际数学奥林匹克竞赛中国国家集训队测试题)

14. n 是正整数,$a_j(j=1,2,\cdots,n)$ 为复数,且对集合 $\{1,2,\cdots,n\}$ 的任一非空子集 I,均有 $\left|\prod_{j\in I}(1+a_j)-1\right|\leqslant\frac{1}{2}$,求证:$\sum_{j=1}^{n}|a_j|\leqslant 3$.

(2005年国际数学奥林匹克竞赛中国国家集训队选拔考试试题)

15. 设 n 是任意给定的正整数,x 是正实数,求证:
$$\sum_{k=1}^{n}\left(x\left[\frac{k}{x}\right]-(x+1)\left[\frac{k}{x+1}\right]\right)\leqslant n$$

其中,$[a]$ 表示不超过实数 a 的最大整数.(2005年国际数学奥林匹克竞赛中国国家集训队选拔考试试题)

16. 设 $f(x)$ 定义在非负整数集上,且

(1) $f(0)=0,f(1)=1$;

(2) $n\in\mathbf{Z},n\geqslant 0,f(n+2)=23f(n+1)+f(n)$.

求证:对任意 $m\in\mathbf{N}_+$,都存在 $d\in\mathbf{N}_+$,使 $m|f(f(n))\Leftrightarrow d|n$.

17. 设 $a,b,n\in\mathbf{N}_+,a\neq b,a^n+b^n|a^{n+1}+b^{n+1}$,对给定的 n,求 $a+b$ 的最小值.

18. 对于实数 x,用 $[x]$ 表示不超过 x 的最大整数,试证:对于任意整数 n,$\left[\dfrac{(n-1)!}{n(n+1)}\right]$ 为偶数.

19. 给定2个七棱锥,它们有公共的底面 $A_1A_2\cdots A_7$,另2个顶点分别为 B_1,B_2,现将下述线段中的每一条染红、蓝两色之一:$B_iA_j(i=1,2;j=1,2,\cdots,7)$,$B_1B_2$ 及底面上的所有对角线(注意底面上的边不染色).求证:图中存在一个单色三角形.(1993年保加利亚数学奥林匹克竞赛第四轮试题)

20. 设 $n_1,n_2,\cdots,n_{26}$ 是26个互不相同的正整数,满足:

(1) 每个 n_i 在十进制表示中的数码均属于集合 $\{1,2\}$;

(2) 对任意的 $i\neq j(1\leqslant i,j\leqslant 26)$,在 n_i 的末位后添加若干个数码,不能得到 n_j.

试求 $\sum_{i=1}^{26} S(n_i)$ 的最小值,这里 $S(m)$ 表示正整数 m 的十进制表示的各位数码之和.(2010 年国际数学奥林匹克竞赛中国国家集训队测试题)

21. 试求使 $\sqrt{\dfrac{2006}{x+y}}+\sqrt{\dfrac{2006}{y+z}}+\sqrt{\dfrac{2006}{z+x}}$ 为整数的正整数解 (x,y,z).(2007 年中国台湾数学能力竞赛决赛)

22. 是否存在正整数 n,使 n 恰好能够被 2000 个互不相同的质数整除,且 2^n+1 能够被 n 整除?(2000 年国际数学奥林匹克竞赛试题)

23. 如果一个正整数的所有正约数之和为该整数的 2 倍,则称该数为一个完全数,求所有的正整数 n,使得 $n-1$ 和 $\dfrac{n(n+1)}{2}$ 都是完全数.

24. 设 A 是 $\mathbf{N}_+$ 的有限子集,证明:存在一个 $\mathbf{N}_+$ 的有限子集 B,使 $A \subseteq B$,且 $\prod\limits_{x \in B} x = \sum\limits_{x \in B} x^2$.(2004 年国际数学奥林匹克竞赛美国国家队选拔考试试题)

25. 设 $k \geqslant 2, n_1, n_2, \cdots, n_k$ 是 k 个正整数,$1<n_1<n_2<\cdots<n_k$,正整数 a,b 满足
$$\left(1-\dfrac{1}{n_1}\right)\left(1-\dfrac{1}{n_2}\right)\cdots\left(1-\dfrac{1}{n_k}\right)$$
$$\leqslant \dfrac{a}{b} < \left(1-\dfrac{1}{n_1}\right)\left(1-\dfrac{1}{n_2}\right)\cdots\left(1-\dfrac{1}{n_{k-1}}\right)$$
试证:$n_1 n_2 \cdots n_k \leqslant (4a)^{2^k-1}$.(2004 年国际数学奥林匹克竞赛中国国家集训队测试题)

26. 在凸四边形 $ABCD$ 中,$BA \neq BC$.ω_1 和 ω_2 分别是 $\triangle ABC$ 和 $\triangle ADC$ 的内切圆.假设存在一个圆 ω 与射线 BA(不包括线段 BA)相切,与射线 BC(不包括线段 BC)相切,且与直线 AD 和直线 CD 都相切.试证:圆 ω_1 和 ω_2 的 2 条外公切线的交点在圆 ω 上.(第 49 届国际数学奥林匹克竞赛试题)

27. 设 S 由平面上 $n \geqslant 2$ 个点组成,其中任意 3 点不共线.所谓"风

车"是这样一个过程:从只经过 S 中的一个点 P 的一条直线 l 出发,以 P 为中心顺时针旋转,直到首次遇到一个 S 中的点,记作 Q,接着这条直线以 Q 为中心顺时针旋转,直到首次遇到一个 S 中的点,再更换此点为新的中心,这样的过程无限持续下去.

求证:可以适当地选择 S 中的一个点 P 以及一条过 P 的直线 l,使得由此形成的"风车"能将 S 中的每个点都无限次用作旋转中心.(2011 年国际数学奥林匹克竞赛试题)

28. 在 49×69 的方格表纸上标出所有 50×70 个小方格的顶点.两个人玩游戏,轮流进行如下操作:

游戏者将某两个顶点用线段连接,其中一个点不能是两条已连线段的端点.所连线段可以有公共点.这样的操作进行到点用完为止.在这以后,如果第一人可以为所有连接线段选择一个适当的方向,使得所有这样得到的向量之和是一个零向量,那么他获胜,否则第二人获胜.

问:在正确游戏下谁有必胜的策略?

习题 6 解答

1. 先证明引理.

引理:将所有质数由小到大排成一列:$p_1 < p_2 < \cdots$,那么,对任何 $i \geqslant 3$,有 $p_i < p_1 p_2 \cdots p_{i-1}$.

用反证法.若 $p_i \geqslant p_1 p_2 \cdots p_{i-1}$,由于 p_i 为质数,必有
$$p_i > p_1 p_2 \cdots p_{i-1}$$
这样
$$p_{i-1} < 2p_{i-1} - 1 \leqslant p_1 p_2 \cdots p_{i-1} - 1 < p_1 p_2 \cdots p_{i-1} + 1 \leqslant p_i$$
由于 $p_1 p_2 \cdots p_{i-1} - 1$ 在两个相邻的质数之间,所以 $p_1 p_2 \cdots p_{i-1} - 1$ 为合数,从而存在质数 p,使
$$p \mid p_1 p_2 \cdots p_{i-1} - 1$$
且
$$p < p_1 p_2 \cdots p_{i-1} - 1 \leqslant p_i$$

但 $p\neq p_1p_2\cdots p_{i-1}$，必有 $p>p_{i-1}$，所以 $p\geqslant p_i$，与前面的 $p<p_i$ 矛盾.

原题证明 设 $n=p_1^{t_1}p_2^{t_2}\cdots p_r^{t_r}$，其中 $p_1<p_2<\cdots<p_r$ 为质数.

(1) 若 n 为奇数，则取 $p=2$，有 $(p,n)=1$，结论成立.

(2) 若 n 为偶数，则 $n=2^{t_1}p_2^{t_2}\cdots p_r^{t_r}$. 当 $r=1$ 时，$n=2^t(t\geqslant 1)$，取 $p=3$，结论成立.

当 $r>1$ 时，若 $2=p_1,p_2,\cdots,p_r$ 是前 r 个最小的质数，则取 p 为大于 p_r 的最小质数. 由引理，$p<2p_2p_3\cdots p_r\leqslant n$，且显然有 $(p,n)=1$，结论成立.

若 $2=p_1,p_2,\cdots,p_r$ 不是前 r 个最小的质数，则存在 i 及质数 p，使 $p_i<p<p_{i+1}$，此时 $p<n$，且 $(p,n)=1$，结论成立.

另证：反设对所有小于 n 的质数 p，都有 $(p,n)\neq 1$，则 $p\mid n$.

因为 $n\geqslant 3$，从而 $n-1\geqslant 2$，取 $n-1$ 的一个质因数 p'，则 $p'\mid n-1$. 而 $p'\leqslant n-1<n$，由反设，$p'\mid n$，于是 $p'\mid n-(n-1)$，所以 $p'\mid 1$，矛盾.

2. 首先考虑"好的"自然数，发现如下两个引理.

引理 1：在 3 个连续自然数 $3n,3n+1,3n+2$（n 是自然数）中，有且仅有 1 个是"好的".

实际上，在这 3 个自然数的三进制表示中，0,1,2 各在最后一位出现一次，于是 3 个数各位数字之和是 3 个连续的正整数，其中有且仅有一个能被 3 整除（即"好的"），引理 1 得证.

引理 2：在 9 个连续自然数 $9n,9n+1,\cdots,9n+8$（n 是自然数）中，有且仅有 3 个是"好的". 把这 3 个"好的"自然数化成三进制，0,1,2 恰好在这 3 个三进制数的最后一位各出现一次.

实际上，由引理 1 不难得知，在 9 个连续自然数 $9n,9n+1,\cdots,9n+8$（n 是自然数）中，有且仅有 3 个是"好的". 另一方面，在这 3 个"好的"自然数的三进制表示中，最高位与倒数第三位完全相同，倒数第二位分别取 0,1,2. 若它使它们成为"好的"自然数，则最后一位不相同，引理 2 得证.

原题解答 将所有"好的"自然数按从小到大的顺序排成一列，设第 2004 个"好的"自然数为 m. 根据引理 1，得

$$2003\times 3\leqslant m<2004\times 3$$

即
$$6009 \leqslant m < 6012$$

设前 m 个"好的"正整数之和为 S_m，由于前 2003 个"好的"正整数之和等于前 2004 个"好的"自然数之和，因此
$$S_{2003} = (0 + 1 + 2 + \cdots + 2003) \times 3 + 2004 = 6023022$$

又由于 $(6013)_{10} = (22020201)_3, (6015)_{10} = (22020210)_3$ 都是"好的"正整数，因此前 2005 个"好的"正整数之和是
$$S_{2005} = S_{2003} + 6013 + 6015 = 6035050$$

3. 先证引理：对任何合数 $n \geqslant 125$，都存在 n 的一个约数 p，满足 $\sqrt[3]{n} \leqslant p < n$，且 $p-1$ 为合数.

事实上，设 $n = 2^\alpha q$，其中 q 为奇数.

(1) 如果 $q \geqslant \sqrt[3]{n}$，则 $q \geqslant 5$.

若 $\alpha \neq 0$，我们取 $p = q$；若 $\alpha = 0$，则 $q = n$ 为合数，且 $q \geqslant 125$. 我们取 p 为 q 除本身外的最大因子，则 $\sqrt[3]{n} \leqslant p < n$，且 $p - 1$ 为不小于 4 的偶数，从而为合数，结论成立.

(2) 如果 $q < \sqrt[3]{n}$，且 $q \neq 1$，则 $2^\alpha \geqslant n^{2/3} \geqslant 25, \alpha \geqslant 5$. 此时
$$n > 2^\alpha > 2^{\alpha-1} \geqslant \frac{1}{2} \sqrt[3]{n^2} \geqslant \sqrt[3]{n} \quad (\text{因 } n \geqslant 125 > 8)$$

且 α 和 $\alpha - 1$ 中至少有一个偶数，故 $2^\alpha - 1$ 和 $2^{\alpha-1} - 1$ 中有一个合数.

又 2^α 和 $2^{\alpha-1}$ 均为 n 的约数，故结论成立.

(3) 如果 $q = 1$，则 $\alpha - 1$ 和 $\alpha - 2$ 中至少有一个偶数，故 $2^{\alpha-1} - 1$ 和 $2^{\alpha-2} - 1$ 中有一个合数，$2^{\alpha-1}$ 和 $2^{\alpha-2}$ 均为 n 的不小于 $\sqrt[3]{n}$ 的约数，结论成立.

综上所述，引理获证.

原题解答　设 $N_1 = 4, N_{k+1} = (N_k + 1)^3 (k \geqslant 1)$.

下面证明：对任何合数 $n \geqslant N_k$，均存在整数 $x_1, x_2, \cdots, x_k \geqslant 2$，使
$$n = x_1 + x_1 x_2 + \cdots + x_1 \cdots x_k$$

事实上，当 $k = 1$ 时，取 $x_1 = n$ 即可. 假设 $k = j$ 时成立 $(j \geqslant 1)$，对任

何合数 $n \geq N_{j+1}$(从而 $n \geq 125$). 由引理,可设 $n = pq$,其中 $q \geq 2$, $p \geq \sqrt[3]{n}$,且 $p-1$ 为合数. 由于

$$p - 1 \geq \sqrt[3]{n} - 1 \geq \sqrt[3]{N_{j+1}} - 1 = N_j$$

由归纳假设知,存在整数 $x_2, \cdots, x_{j+1} \geq 2$,使得 $p - 1 = x_2 + x_2 x_3 + \cdots + x_2 \cdots x_{j+1}$. 取 $x_1 = q$,由 $n = pq$,得 $n = x_1 + x_1 x_2 + \cdots + x_1 \cdots x_{j+1}$,结论成立.

最后证明:对任何质数 $n \geq N_k$,均存在整数 $x_1 \geq 1, x_2, \cdots, x_k \geq 2$,使

$$n = x_1 + x_1 x_2 + \cdots + x_1 \cdots x_k$$

事实上,$p-1$ 必为合数. 又 $p-1 \geq N_k - 1 > N_{k-1}$,故存在整数 $x_2, \cdots, x_k \geq 2$,使 $p - 1 = x_2 + x_2 x_3 + \cdots + x_2 \cdots x_k$. 再取 $x_1 = 1$,便有

$$n = x_1 + x_1 x_2 + \cdots + x_1 \cdots x_k$$

特别地,取 $n \geq N_{2004}$,由上述证明知,无论 n 是质数还是合数,都存在整数 $x_1 \geq 1, x_2, \cdots, x_{2004} \geq 2$,使

$$n = x_1 + x_1 x_2 + \cdots + x_1 \cdots x_{2004}$$

令 $a_i = x_1 \cdots x_i$,则 a_i 满足所有条件,命题得证.

4. 对于整系数多项式 $f(x)$ 与 $g(x)$,如果它们同次项的系数的奇偶性相同,则记为

$$f(x) \equiv g(x) \pmod 2$$

由数学归纳法可知,对一切自然数 k,有

$$(1+x)^{2^k} \equiv 1 + x^{2^k} \pmod 2$$

设 $n = 2^{k_1} + 2^{k_2} + \cdots + 2^{k_t}$ ($0 \leq k_1 < k_2 < \cdots < k_t$)(即 n 的二进制表示中有 t 个 1),那么

$$(1+x)^n = (1+x)^{2^{k_1} + 2^{k_2} + \cdots + 2^{k_t}}$$
$$= (1+x)^{2^{k_1}} (1+x)^{2^{k_2}} \cdots (1+x)^{2^{k_t}}$$
$$\equiv (1 + x^{2^{k_1}})(1 + x^{2^{k_2}}) \cdots (1 + x^{2^{k_t}})$$
$$= 1 + x^{r_1} + x^{r_2} + \cdots + x^{r_{2^t - 1}}$$

又

$$(1+x)^n = C_n^0 x^0 + C_n^1 x^1 + C_n^2 x^2 + \cdots + C_n^n x^n$$

所以 $C_n^0, C_n^1, C_n^2, \cdots, C_n^n$ 中共有 2^t 个奇数. 因为 n 是好的,所以 $C_n^0, C_n^1, C_n^2, \cdots, C_n^n$ 中有 $n+1$ 个奇数,于是, $n+1 = 2^t$ (其中 t 是 n 的二进制表示中"1"的个数). 这表明,好数只能是形如 $2^t - 1$ 的形式. 反之,设 $n = 2^t - 1$,则 $n = 2^t - 1 = 100\cdots0$(共有 t 个 0)$- 1 = 11\cdots1$(共有 t 个 1),这里 t 恰好是 n 的二进制表示中"1"的个数. 由此可见,对任何正整数 t, $2^t - 1$ 都是好数. 注意到 $2^{10} - 1 < 2010 < 2^{11} - 1$,从而当 $t = 1, 2, \cdots, 10$ 时, $2^t - 1$ 都是 $[1, 2010]$ 中的好数,故 $[1, 2010]$ 中共有 10 个好数.

5. 利用 6.1 节例 4 中的引理,只需计算 q 的个数,使存在自然数 p_1, p_2,满足 $p^2 = p_1 p_2$,且 $q | p + p_1, q | p + p_2$. 由此可得 $q | (p + p_1, p + p_2)$,于是,只需计算有多少个互异的 q,使 $q | (p + p_1, p + p_2)$. 因为 $p = 332$,故 $p^2 = 332^2 = 2^4 \times 83^2$,于是, p^2 的约数有 15 个. 由 $p^2 = p_1 p_2$,不妨设 $p_1 \leqslant p_2$,则无序对 (p_1, p_2) 共有 $\dfrac{15+1}{2} = 8$ 个,其中有一个 $p_1 = p_2$ 的对 (p_1, p_1). 各种情况如表 6.1 所示.

表 6.1

p_1	2^0	2^1	2^2	2^3
p_2	$2^4 \times 83^2$	$2^3 \times 83^2$	$2^2 \times 83^2$	2×83^2
$p + p_1$	$3^2 \times 37$	2×167	$2^4 \times 3 \times 7$	$2^2 \times 5 \times 17$
$p + p_2$	$2^2 \times 83 \times 3^2 \times 37$	$2^2 \times 83 \times 167$	$2^4 \times 3 \times 7 \times 83$	$2 \times 83 \times 5 \times 17$
$(p + p_1, p + p_2)$	$3^2 \times 37$	2×167	$2^4 \times 3 \times 7$	$2 \times 5 \times 17$
q 的个数	$3 \times 2 = 6$	$2 \times 2 = 4$	$5 \times 2 \times 2 = 20$	$2 \times 2 \times 2 = 8$
p_1	2^4	83	2×83	$2^2 \times 83$
p_2	83^2	24×83	$2^3 \times 83$	$2^2 \times 83$
$p + p_1$	$2^2 \times 3 \times 29$	5×83	$2 \times 3 \times 83$	$2^3 \times 83$
$p + p_2$	$32 \times 29 \times 83$	$2^2 \times 5 \times 83$	$2^2 \times 3 \times 83$	$2^3 \times 83$
$(p + p_1, p + p_2)$	3×29	5×83	$2 \times 3 \times 83$	$2^3 \times 83$
q 的个数	$2 \times 2 = 4$	$2 \times 2 = 4$	$2 \times 2 \times 2 = 8$	$4 \times 2 = 8$

故 q 的个数为 $6+4+20+8+4+4+8+8=62$. 但其中"1"计算了 8 次,每个位置都计算了形如 $p_1^0 p_2^0 \cdots p_i^0$ 的 q. "2"计算了 5 次,因为 $(p+p_1, p+p_2)$ 的各种值中有 5 个含有因子 2. 类似地,"4"计算了 2 次,"8"计算了 2 次,"3"计算了 4 次,"5"计算了 2 次,"83"计算了 3 次,"2×3"计算了 2 次,"2×83"计算了 2 次. 故 q 的实际个数为

$$62-(7+4+1+1+3+1+2+1+1)=41$$

6. 先证明引理:当 $n \neq 4k+2$ 时,$x^2-y^2=n$ 有正整数解.

实际上,$n=2k+1$ 时,有

$$(k+1)^2-k^2=2k+1$$

$n=4k$ 时,有

$$(k+1)^2-(k-1)^2=4k$$

原题解答 将方程变为 $n-x^2=y^2-z^2$. 由引理,我们只需证明,对给定整数 n,有无数个 x,使 $n-x^2 \neq 4k+2$.

实际上,当 n 为奇数时,取 x 为偶数即可;当 n 为偶数时,取 x 为奇数即可.

综上所述,命题获证.

7. 由 6.2 节例 3 中的引理 1,在 2 色 K_6 中,必有两个单色三角形. 而由题意,这两个三角形不同色. 如果这两个三角形没有公共顶点,可设红色(粗线)三角形为 $\triangle A_1 A_2 A_3$,蓝色(细线)三角形为 $\triangle A_3 A_4 A_5 A_6$,考察 $\triangle A_1 A_2 A_3$ 与 $\triangle A_4 A_5 A_6$ 之间的 9 条边,其中必有 5 条边同色. 由对称性,不妨设为蓝色. 将此 5 条蓝色边归入顶点 A_1, A_2, A_3,必有某个点,设为 A_3,引出两条蓝色边,设此两条蓝色边为 $A_3 A_4, A_3 A_5$,得到蓝色 $\triangle A_3 A_4 A_5$ 及蓝色 $\triangle A_4 A_4 A_5 A_6$,与题意矛盾.

所以,K_6 中两个单色三角形有公共顶点,可设红色三角形为 $\triangle A_1 A_2 A_3$,蓝色三角形为 $\triangle A_3 A_4 A_5$(图 6.31).

考察 $\triangle A_1 A_2 A_3$ 与 $\triangle A_3 A_4 A_5$ 之间的边的颜色. 如果 $A_4 A_1, A_4 A_2$ 都是蓝色,则由 $\triangle A_1 A_4 A_5$ 与 $\triangle A_2 A_4 A_5$ 可知,$A_1 A_5, A_2 A_5$ 都是红色,得到

红色 $\triangle A_1A_2A_5$, 矛盾. 所以 A_4A_1, A_4A_2 不同色, 不妨设 A_4A_1 为红色, A_4A_2 都是蓝色, 否则交换 A_1, A_2 的编号(图 6.32).

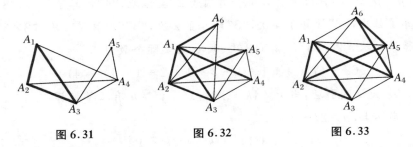

图 6.31　　　　　图 6.32　　　　　图 6.33

如果 A_6A_1 为红色, 则由 $\triangle A_6A_1A_2$ 与 $\triangle A_6A_1A_3$ 可知, A_6A_2, A_6A_3 都是蓝色, 此时由 $\triangle A_6A_1A_4$ 与 $\triangle A_6A_3A_4$ 可知, A_6A_4 无法染色, 矛盾. 所以 A_6A_1 为蓝色(图 6.33).

再由 $\triangle A_6A_1A_5$ 可知, A_6A_5 是红色, 进而由 $\triangle A_6A_5A_2$ 可知, A_6A_2 是蓝色, 由 $\triangle A_6A_2A_4$ 可知, A_6A_4 是红色.

至此, A_6A_3 可任意染色, 故共有 2 种不同的染色方法.

8. 首先, 当 t 为奇数时, 令 $t=2s-1$, 则 $3t+1=6s-2$. 构造两个没有公共顶点的红色 K_{3s-1}, 两个红色 K_{3s-1} 之间的边都染蓝色, 得到一个 2 色的 $3t+1$ 阶完全图 G. 对 G 中任何 3 个顶点, 必有两个点在同一个 K_{3s-1} 中, 从而连接这两点的边为红色, 所以 G 中没有蓝色三角形.

又 G 中的红色三角形必定属于某个 K_{3s-1} 中. 如果 $r \geqslant t=2s-1$, 考察 G 中 $2s-1$ 个红色三角形, 必有 s 个红色三角形在同一个 K_{3s-1} 中, 但 K_{3s-1} 只有 $3s-1$ 个顶点, 从而必有两个三角形有公共点, 矛盾. 所以 $r \leqslant t-1$.

当 t 为偶数时, 令 $t=2s$, 则 $3t+1=6s+1$. 构造一个红色 K_{3s-1} 和一个红色 K_{3s+2}, 使 K_{3s-1} 与 K_{3s+2} 没有公共顶点, 将 K_{3s-1} 与 K_{3s+2} 之间的边都染蓝色, 得到一个 2 色的 $3t+1$ 阶完全图 G. 对 G 中任何 3 个顶点, 必有 2 个点在红色 K_{3s-1} 或 K_{3s+2} 中, 从而连接这两点的边为红色, 所

以 G 中没有蓝色三角形,即 G 中的单色三角形都为红色.

又 G 中的红色三角形必定属于 K_{3s-1} 或 K_{3s+2} 中. 如果 $r \geq t = 2s$,考察 G 中 $2s$ 个红色三角形,必有 s 个红色三角形在红色 K_{3s-1} 中,但 K_{3s-1} 只有 $3s-1$ 个顶点,从而必有两个三角形有公共点,矛盾.或者有 $s+1$ 个红色三角形在红色 K_{3s+2} 中,但 K_{3s+2} 只有 $3s+2$ 个顶点,从而这 $s+1$ 个三角形中必有两个有公共点,矛盾.所以 $r \leq t$.

其次,用归纳法证明:以任何方式将 K_{3t+1} 的边做 2-染色时,总存在 $t-1$ 个单色三角形,其中任何两个三角形都没有公共顶点.

当 $t=2$ 时,结论显然成立.设 $t=k$ 时结论成立.当 $t=k+1$ 时,取其中一个单色 $\triangle ABC$,去掉点 A, B, C,剩下的图由归纳假设有 $k-1$ 个单色三角形,其中任何两个三角形都没有公共顶点.连同 $\triangle ABC$,共有 k 个两两没有公共点的单色三角形.故 $r_{\max} = t-1$.

9. 先证明引理:对平面上给定的任何 7 个点,过其中共圆的 4 点作圆,至多可作 6 个不同的圆.实际上,设 AD, BE, CF 为锐角 $\triangle ABC$ 的三条高,H 为垂心,则过 A, B, C, D, E, F, H 这 7 个点中的 4 点作圆,共可作出 6 个不同的圆 $AFHE, BDHF, CEHD, BCEF, CAFD, ABDE$.

此外,假设能作出 7 个圆,我们证明:7 个点中的每个点都在 4 个圆上.实际上,我们可发现如下一些事实:

(1) 过 2 个固定点的圆至多有 2 个.

若有 3 个,则两两之间没有其他公共点,而除了 2 个固定点之外每个圆上还有 2 个点,这样共有 8 个点,矛盾.

(2) 过一个固定点的圆至多有 4 个.

若有 5 个,则每两圆至多还有一个公共点,且由事实(1)以及 5 个圆中的任何 3 个圆不能再交于另外一点,这样,至少有 10 个点,矛盾.

由于每个圆上有 4 个点,7 个圆上共有 28 个点(包括重复计数),但由事实(2)知,每个点至多在 4 个圆上,从而 7 个点中每个点都恰在 4 个圆上.设 7 个点为 A, B, C, D, E, F, G,以 G 为中心作反演变换,则过 G

的 4 个圆变成过 G 的 4 条直线,另外 3 个圆仍为圆. 设点 A,B,C,D,E,F 反演后的像分别为 A',B',C',D',E',F',这 6 个点中任何 4 个点共圆,其中 3 点不能在同一直线上,故另外 3 个 4 点圆只可能是 $A'B'D'F'$,$B'C'E'F'$ 和 $A'C'D'E'$. 但 D' 在 $\triangle A'C'E'$ 内,当然不能共圆,矛盾.

原题解答 先证 $n \leqslant 6$. 反设 $n \geqslant 7$,任取其中的 7 个点,它们可构成 21 个 5 点组,从而有 21 个共圆的 4 点组. 又每个 4 点组至多属于 $7-4=3$ 个不同的 5 点组,且任何 5 点不共圆,从而至少有 $\dfrac{21}{3}$ 个不同的共圆 4 点组,与引理矛盾.

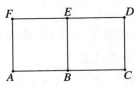

图 6.34

其次,$n=6$ 是可行的. 如图 6.34 所示,$ABEF$,$BCDE$ 都是单位正方形,则 A,B,C,D,E,F 合乎条件.

综上所述,n 的最大值为 6.

10. 先证明引理:设 $a_1,a_2,\cdots,a_n \in \mathbf{R}$,$z_1,z_2,\cdots,z_n \in \mathbf{C}$ 则

$$|a_1 z_1 + \cdots + a_n z_n|^2$$
$$\leqslant \frac{1}{2}(a_1^2 + \cdots + a_n^2)(|z_1|^2 + \cdots + |z_n|^2 + |z_1 + \cdots + z_n|^2)$$

实际上,如果 $a_1 z_1 + a_2 z_2 + \cdots + a_n z_n = 0$,引理显然成立. 如果 $a_1 z_1 + a_2 z_2 + \cdots + a_n z_n \neq 0$,则总能选取 $\theta \in [0, 2\pi]$ 使数 $(a_1 z_1 + \cdots + a_n z_n)\mathrm{e}^{\mathrm{i}\theta}$ 为实数. 我们用 $z_1 \mathrm{e}^{\mathrm{i}\theta}, z_2 \mathrm{e}^{\mathrm{i}\theta}, \cdots, z_n \mathrm{e}^{\mathrm{i}\theta}$ 分别取代 $z_1, z_2, \cdots, z_n$,命题不改变. 此时,设新的 $z_j = x_j + y_j \mathrm{i}$ $(1 \leqslant j \leqslant n)$,则由

$$a_1 z_1 + a_2 z_2 + \cdots + a_n z_n = a_1 x_1 + a_2 x_2 + \cdots + a_n x_n$$

得

$$|a_1 z_1 + a_2 z_2 + \cdots + a_n z_n|^2$$
$$= (a_1 x_1 + a_2 x_2 + \cdots + a_n x_n)^2$$
$$\leqslant (a_1^2 + a_2^2 + \cdots + a_n^2)(x_1^2 + x_2^2 + \cdots + x_n^2) \quad (1)$$

又因为

$$|z_j|^2 = x_j^2 + y_j^2$$

而
$$\left|\sum_{j=1}^{n} z_j^2\right| = \left|\sum_{j=1}^{n}(x_j - y_j)^2 + i\sum_{j=1}^{n} 2x_j y_j\right| \geqslant \sum_{j=1}^{n}(x_j^2 - y_j^2)$$
所以
$$|z_1|^2 + |z_2|^2 + \cdots + |z_n|^2 + |z_1 + z_2 + \cdots + z_n|^2$$
$$\geqslant \sum_{j=1}^{n}(x_j + y_j)^2 + \sum_{j=1}^{n}(x_j - y_j)^2 = 2\sum_{j=1}^{n} x_j^2$$

结合式(1)知引理成立.

原题解答 令 $z_j = b_j + c_j i$ $(1 \leqslant j \leqslant n)$，则由条件知
$$\sum_{j=1}^{n} z_j^2 = \sum_{j=1}^{n}(b_j^2 - c_j^2) + i\sum_{j=1}^{n} b_j c_j = 0$$
及
$$\sum_{j=1}^{n}|z_j|^2 = \sum_{j=1}^{n}(b_j^2 + c_j^2) = \sum_{j=1}^{n} b_j^2 + \sum_{j=1}^{n} c_j^2 = 2$$

因此，由引理知
$$|a_1 z_1 + \cdots + a_n z_n|^2 \leqslant \frac{1}{2}(a_1^2 + \cdots + a_n^2)\left(\sum_{j=1}^{n}|z_j|^2 + \left|\sum_{j=1}^{n} z_j^2\right|\right)$$
$$= \frac{1}{2} \times 1 \times (2 + 0) = 1$$
又
$$a_1 z_1 + \cdots + a_n z_n = (a_1 b_1 + \cdots + a_n b_n) + (a_1 c_1 + \cdots + a_n c_n)i$$
所以
$$(a_1 b_1 + a_2 b_2 + \cdots + a_n b_n)^2 + (a_1 c_1 + a_2 c_2 + \cdots + a_n c_n)^2 \leqslant 1$$

11. 令 $x = y = \frac{1}{2}, z = 0$，有 $a \geqslant \frac{2}{9}$.

下面证明：对所有 $x, y, z \geqslant 0, x + y + z = 1$，恒有
$$\frac{2}{9}(x^2 + y^2 + z^2) + xyz \geqslant \frac{2}{27} + \frac{1}{27} = \frac{1}{9} \tag{1}$$

注意不等式左边，其中 $a(x^2 + y^2 + z^2)$ 是 2 次的，而 xyz 是 3 次的，不等

式是非齐次式,于是将 $a(x^2+y^2+z^2)$ 乘以 $1=x+y+z$,使之化为齐次式,于是想到先证如下的引理.

引理:对任何 $x,y,z \geqslant 0$,恒有
$$x^3+y^3+z^3+3xyz \geqslant \sum x^2 y + \sum xy^2$$

实际上,不妨设 $x \geqslant y \geqslant z$,则不等式等价于
$$x(x-y)(x-z)+z(z-x)(z-y) \geqslant y(x-y)(y-z)$$

因为
$$x(x-y)(x-z) \geqslant y(y-z)$$

所以
$$x(x-y)(x-z) \geqslant y(x-y)(y-z)$$

又 $z(z-x)(z-y) \geqslant 0$,引理获证.

由引理,得
$$1 = \left(\sum x\right)^3 = \left(\sum x\right)^2 \sum x = \sum (x^2+2xy) \sum x$$
$$= \sum x^2 \sum x + 2\sum xy \sum x = \sum x^2 + 2\sum xy \sum x$$
$$= \sum x^2 + 2\sum(x^2 y + xy^2) + 6xyz \leqslant \sum x^2 + \sum x \sum x^2 + 9xyz$$
$$= 2\sum x^2 + 9xyz$$

所以,$\dfrac{2}{9}\sum x^2 + xyz \geqslant \dfrac{1}{9}$,不等式(1)成立,故 $a_{\min} = \dfrac{2}{9}$.

另解 将 x,y,z 归入 $\left[0, \dfrac{1}{3}\right]$, $\left[\dfrac{1}{3}, \infty\right)$,必有 2 个数在同一区间,不妨设 $x, y \geqslant \dfrac{1}{3}$,令 $x = \dfrac{1}{3}+\alpha$,$y = \dfrac{1}{3}+\beta$,$z = \dfrac{1}{3}-(\alpha+\beta)$ $\left(\alpha, \beta \geqslant 0, \alpha+\beta \leqslant \dfrac{1}{3}\right)$,则不等式(1)化为
$$4(\alpha^2+\beta^2+\alpha\beta) - 3(\alpha^2+\beta^2+\alpha\beta+3\alpha\beta(\alpha+\beta)) \geqslant 0$$

即 $\alpha^2+\beta^2+\alpha\beta \geqslant 9\alpha\beta(\alpha+\beta)$. 因为
$$\alpha^2+\beta^2+\alpha\beta \geqslant 2\alpha\beta+\alpha\beta = 3\alpha\beta = 9 \times \dfrac{1}{3}\alpha\beta$$

$$\geqslant 9\alpha\beta(\alpha+\beta) \quad (\alpha+\beta \leqslant \frac{1}{3})$$

不等式(1)获证.

12. 先证明引理: 当 $0 < x < 2$ 时, $\dfrac{9}{4x-x^2} + \dfrac{2}{2-x} \geqslant 5$.

实际上

$$\frac{9}{4x-x^2} + \frac{2}{2-x} \geqslant 5 \Leftrightarrow \frac{9}{4x-x^2} \geqslant \frac{8-5x}{2-x} \Leftrightarrow 5x^3 - 28x^2 + 41x - 18 \leqslant 0$$

令

$$f(x) = 5x^3 - 28x^2 + 41x - 18$$

则

$$f'(x) = 15x^2 - 56x + 41 = (15x-41)(x-1)$$

则 $0 < x < 1$ 时, $f'(x) > 0$, $1 < x < 2$ 时, $f'(x) < 0$, 所以 $f(x)$ 在 $(0,1]$ 上递增, 在 $[1,2)$ 上递减. 因此, 当 $0 < x < 2$ 时, $f(x) \leqslant f(1) = 0$, 引理获证.

或者

$$(4-x) \times 3x \leqslant (2+x)^2$$

$$\frac{9}{4x-x^2} + \frac{2}{2-x} \geqslant \frac{27}{(2+x)^2} + \frac{2}{2-x}$$

$$= \left(\frac{27}{(2+x)^2} + 3\right) \frac{2}{2-x} - 3$$

$$\geqslant 2\sqrt{\frac{27}{(2+x)^2} \times 3} + \frac{2}{2-x} - 3$$

$$= 2\left(\frac{9}{2+x} + \frac{1}{2-x}\right) - 3$$

$$\geqslant 2 \times \frac{(3+1)^2}{2+x+2-x} - 3 = 5$$

原题解答 因为正实数 x, y, z 满足 $x^2 + y^2 + z^2 = 3$, 所以

$$0 < x < \sqrt{3} < 2$$

由引理, $\dfrac{9}{4x-x^2} + \dfrac{2}{2-x} \geqslant 5$, 移项变形, 得

$$\frac{2-x}{4x-x^2} \geqslant \frac{1}{9}(5(2-x)-2) = \frac{8-5x}{9}$$

同理

$$\frac{2-y}{4y-y^2} \geqslant \frac{8-5y}{9}, \quad \frac{2-z}{4z-z^2} \geqslant \frac{8-5z}{9}$$

所以

$$\frac{2-x}{4x-x^2} + \frac{2-y}{4y-y^2} + \frac{2-z}{4z-z^2} \geqslant \frac{8}{3} - \frac{5}{9}(x+y+z)$$

又

$$(x+y+z)^2 \leqslant 3(x^2+y^2+z^2) = 9$$

所以

$$x+y+z \leqslant 3$$

所以

$$\frac{8}{3} - \frac{5}{9}(x+y+z) \geqslant 1$$

所以

$$\frac{2-x}{4x-x^2} + \frac{2-y}{4y-y^2} + \frac{2-z}{4z-z^2} \geqslant 1$$

又 $x = y = z = 1$ 时,有

$$\frac{2-x}{4x-x^2} + \frac{2-y}{4y-y^2} + \frac{2-z}{4z-z^2} = 1$$

故

$$\frac{2-x}{4x-x^2} + \frac{2-y}{4y-y^2} + \frac{2-z}{4z-z^2}$$

的最小值为 1.

13. 先证明引理:设 $a, b > 0, ab = t$,则对固定的 t,有

$$\frac{1}{(a+1)^2} + \frac{1}{(b+1)^2} \geqslant \begin{cases} \dfrac{2}{(\sqrt{t}+1)^2} & (t \geqslant \dfrac{1}{4}) \\ \dfrac{1-2t}{(1-t)^2} & (0 < t < \dfrac{1}{4}) \end{cases}$$

实际上，令 $u = a+b+1$，则 $u = (a+b)+1 \geq 2\sqrt{t}+1$. 因为

$$\frac{1}{(a+1)^2} + \frac{1}{(b+1)^2} = \frac{u^2+1-2t}{(u+t)^2} = \frac{(t-1)^2}{(u+t)^2} - \frac{2t}{u+t} + 1$$

设 $x = \dfrac{1}{u+t}$，$f(x) = (t-1)^2 x^2 - 2tx + 1$，则

$$x = \frac{1}{u+t} \leq \frac{1}{2\sqrt{t}+1+t} = \frac{1}{(\sqrt{t}+1)^2}$$

$$f(x) = (t-1)^2 \left(x - \frac{t}{(t-1)^2}\right)^2 + \frac{1-2t}{(t-1)^2}$$

当 $0 < t < \dfrac{1}{4}$ 时，有 $1 - 2\sqrt{t} > 0$，得 $\dfrac{t}{(\sqrt{t}-1)^2} < 1$，于是 $\dfrac{1}{(\sqrt{t}+1)^2} > \dfrac{t}{(t-1)^2}$，所以

$$f(x) \geq \frac{1-2t}{(t-1)^2}$$

当 $t \geq \dfrac{1}{4}$ 时，有 $1 - 2\sqrt{t} \leq 0$，得 $\dfrac{1}{(\sqrt{t}+1)^2} \leq \dfrac{t}{(t-1)^2}$，所以

$$f(x) \geq f\left(\frac{1}{(\sqrt{t}+1)^2}\right) = \frac{2}{(\sqrt{t}+1)^2}$$

等号当且仅当 $a = b = \sqrt{t}$ 时成立，引理得证.

原题解答 不妨设 $0 < a \leq b \leq c \leq d$，令 $t = ab$，则

$$t = ab \leq 1, \quad cd = \frac{1}{t} \geq 1 > \frac{1}{4}$$

若 $t \geq \dfrac{1}{4}$，则由引理，得

$$\sum \frac{1}{(a+1)^2} \geq \frac{2}{(\sqrt{t}+1)^2} + \frac{2}{\left(\frac{1}{\sqrt{t}}+1\right)^2} \geq \frac{4}{(1+1)^2}$$

$$= 1 \quad \left(\text{因为}\sqrt{t} \times \frac{1}{\sqrt{t}} = 1 > \frac{1}{4}\right)$$

若 $0 < t < \dfrac{1}{4}$，则 $t + 2 > 2 > 4\sqrt{t}$，于是

$$\sum \dfrac{1}{(a+1)^2} \geqslant \dfrac{1-2t}{(1-t)^2} + \dfrac{2t}{(1+\sqrt{t})^2} = \dfrac{1 - 2t + 2t(1-\sqrt{t})^2}{(1-t)^2}$$

$$= \dfrac{(1-t)^2 + t(t+2-4\sqrt{t})}{(1-t)^2} > \dfrac{(1-t)^2}{(1-t)^2} = 1$$

此时 $\sum \dfrac{1}{(1+a)^2} > 1$.

综上所述,原题得证.

另证 先证明引理:设 $a, b \in \mathbf{R}_+$，则

$$\dfrac{1}{(1+a)^2} + \dfrac{1}{(1+b)^2} \geqslant \dfrac{1}{1+ab}$$

事实上

$$\dfrac{1}{(1+a)^2} + \dfrac{1}{(1+b)^2} \geqslant \dfrac{1}{1+ab}$$

$\Leftrightarrow (1+ab)((1+a)^2 + (1+b)^2) \geqslant (a+b+ab+1)^2$

$\Leftrightarrow (1+ab)(2 + 2(a+b) + a^2 + b^2) \geqslant (a+b+ab+1)^2$

$\Leftrightarrow 2(1+ab) + 2(1+ab)(a+b) + ab(a^2+b^2) + a^2 + b^2$

$\qquad \geqslant (a+b)^2 + (1+ab)^2 + 2(1+ab)(a+b)$

$\Leftrightarrow 1 + ab(a^2 + b^2) \geqslant 2ab + a^2 b^2$

$\Leftrightarrow a^3 b + ab^3 - 2a^2 b^2 + a^2 b^2 - 2ab + 1 \geqslant 0$

$\Leftrightarrow ab(a-b)^2 + (ab-1)^2 \geqslant 0$

从而引理得证.

原题解答 由引理,有

$$\dfrac{1}{(1+a)^2} + \dfrac{1}{(1+b)^2} + \dfrac{1}{(1+c)^2} + \dfrac{1}{(1+d)^2}$$

$$\geqslant \dfrac{1}{1+ab} + \dfrac{1}{1+cd} = \dfrac{1}{1+ab} + \dfrac{ab}{ab+abcd} = 1$$

14. 设 $1 + a_j = r_j \mathrm{e}^{\mathrm{i}\theta_j}$，$|\theta_j| \leqslant \pi$ $(j = 1, 2, \cdots, n)$，则条件变为

$$\left|\prod_{j\in I} r_j \times e^{i\sum_{j\in I}\theta_j} - 1\right| \leqslant \frac{1}{2} \tag{1}$$

先证引理:设 r,θ 为实数,$r>0$,$|\theta|\leqslant\pi$,$|re^{i\theta}-1|\leqslant\frac{1}{2}$,则 $\frac{1}{2}\leqslant r\leqslant\frac{3}{2}$,$|\theta|\leqslant\frac{\pi}{6}$,$|re^{i\theta}-1|\leqslant|r-1|+|\theta|$.

实际上,如图 6.35 所示,由复数的几何意义,有 $\frac{1}{2}\leqslant r\leqslant\frac{3}{2}$,$|\theta|\leqslant\frac{\pi}{6}$.又

$$|re^{i\theta}-1| = |r(\cos\theta+i\sin\theta)-1|$$
$$= |(r-1)(\cos\theta+i\sin\theta)+((\cos\theta-1)+i\sin\theta)|$$
$$\leqslant |r-1|+\sqrt{(\cos\theta-1)^2+\sin^2\theta}$$
$$= |r-1|+\sqrt{2(1-\cos\theta)}$$
$$= |r-1|+2\left|\sin\frac{\theta}{2}\right| \leqslant |r-1|+|\theta|$$

引理得证.

原题解答 由式(1)及引理,对 $|I|$ 用数学归纳法,有

$$\frac{1}{2} \leqslant \prod_{j\in I} r_j \leqslant \frac{3}{2}, \quad \left|\sum_{j\in I}\theta_j\right| \leqslant \frac{\pi}{6} \tag{2}$$

此外,由式(1)及引理,有

$$|a_j| = |r_j e^{i\theta_j}-1| \leqslant |r_j-1|+|\theta_j|$$

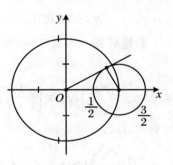

图 6.35

因此

$$\sum_{j=1}^n |a_j| \leqslant \sum_{j=1}^n |r_j-1|+\sum_{j=1}^n |\theta_j| = \sum_{r_j\geqslant 1}|r_j-1|$$
$$+ \sum_{r_j<1}|r_j-1|+\sum_{\theta_j\geqslant 0}|\theta_j|+\sum_{\theta_j<0}|\theta_j|$$

由式(2),知

$$\sum_{r_j\geqslant 1}|r_j-1| = \sum_{r_j\geqslant 1}(r_j-1) \leqslant \prod_{r_j\geqslant 1}(1+r_j-1)-1 \leqslant \frac{3}{2}-1 = \frac{1}{2}$$

$$\sum_{r_j<1} |r_j - 1| = \sum_{r_j<1}(1-r_j) \leqslant \prod_{r_j<1}(1-(1-r_j))^{-1} - 1 \leqslant 2-1 = 1$$

$$\sum_{j=1}^{n}|\theta_j| = \sum_{\theta_j \geqslant 0}\theta_j - \sum_{\theta_j<0}\theta_j \leqslant \frac{\pi}{6} - \left(-\frac{\pi}{6}\right) \leqslant \frac{\pi}{3}$$

于是,我们有

$$\sum_{j=1}^{n}|a_j| \leqslant \frac{1}{2} + 1 + \frac{\pi}{3} < 3$$

15. 先证明引理:对任意实数 α 及 $\beta > 0$,有整数 u 及实数 γ 使得 $\alpha = \beta u + \gamma$,其中 $0 \leqslant \gamma < \beta$,并且上述 u 及 γ 唯一.

实际上,取 $u = \left[\dfrac{\alpha}{\beta}\right]$ 及 $\gamma = \alpha - \beta\left[\dfrac{\alpha}{\beta}\right]$,则 $\alpha = \beta u + \gamma$,且易知

$$0 \leqslant \gamma < \beta$$

此外,若另有整数 u' 及实数 γ' ($0 \leqslant \gamma' < \beta$),满足 $\alpha = \beta u' + \gamma'$,则

$$\beta(u - u') = \gamma' - \gamma$$

上式左边的绝对值或是 0 或不小于 β,而右边的绝对值小于 β,必须有 $u = u'$ 及 $\gamma' = \gamma$,引理获证.

原题解答 由引理知,对任意的 $k = 1, 2, \cdots, n$,有

$$k = a_k x + b_k = c_k(x+1) + d_k \tag{1}$$

这里,$a_k = \left[\dfrac{k}{x}\right]$,$c_k = \left[\dfrac{k}{x+1}\right]$,$0 \leqslant b_k < x$,$0 \leqslant d_k < x+1$. 记不等式左边的和为 S,则

$$S = \sum_{k=1}^{n}(a_k x - c_k(x+1)) = \sum_{k=1}^{n}((k-b_k)-(k-d_k))$$
$$= \sum_{k=1}^{n}d_k - \sum_{k=1}^{n}b_k \tag{2}$$

记 $I = \{1 \leqslant k \leqslant n \mid d_k > 1\}$,令 $f(k) = k - c_k - 1$. 因为当 $k \in I$ 时,有

$$k = c_k(x+1) + d_k > c_k + 1$$

所以 $0 < f(k) < n$,即 f 是 I 到集合 $\{1, 2, \cdots, n\}$ 的一个映射,我们证明 f 必是单射.

事实上,若有 $k,l \in I (k \neq l)$ 使 $f(k)=f(l)$,则 $k-l=c_k-c_l$,结合式(1)易知

$$(c_k - c_l)x = d_l - d_k \tag{3}$$

另一方面,因 $k,l \in I$,故 $d_k, d_l \in (1, x+1)$,从而

$$|d_k - d_l| < |x|.$$

但

$$|c_k - c_l| \times |x| = |k - l| \times |x| \geqslant |x|$$

从而式(3)两边的绝对值不等,矛盾!此外,由

$$k = c_k(x+1) + d_k$$

知

$$f(k) = c_k x + (d_k - 1)$$

因为当 $k \in I$ 时,有 $0 < d_k - 1 < x$,于是由引理中的唯一性,知 $c_k = a_{f(k)}$ 及 $d_k - 1 = b_{f(k)}$. 因此,由式(2)(注意对所有 k 有 $b_k \geqslant 0$),有

$$S = \sum_{k \in I} d_k + \sum_{k \in I} d_k - \sum_{k=1}^{n} b_k \leqslant \sum_{k \in I} d_k - \sum_{k \in I} b_{f(k)} + \sum_{k \in I} d_k$$

$$= \sum_{k \in I}(d_k - b_{f(k)}) + \sum_{k \in I} d_k = \sum_{k \in I} 1 + \sum_{k \in I} d_k$$

$$\leqslant |I| + (n - |I|) = n$$

16. 由数学归纳法可得,对任何正整数 m, n,有

$$f(m+n-1) = f(m)f(n) + f(m-1)f(n-1)$$

且

$$(f(n), f(n-1)) = 1$$

先证引理:对任何正整数 p,存在正整数 q,使

$$p | f(n) \Leftrightarrow q | n \quad (n \in \mathbf{N}_+)$$

实际上,由于 $f(n)$ 是线性递归数列,所以 $f(n)$ 是 mod p 的周期数列. 由

$$f(n-1) = 23f(n) - f(n+1)$$

可知,$f(n)$是 mod p 的纯周期数列.所以,由
$$f(0) = 0$$
知,存在正整数 n,使
$$f(n) \equiv 0 \pmod{p}$$
设 q 是使 $f(q) \equiv 0 \pmod{p}$ 成立的最小正整数,因为
$$(f(q-1), f(q)) = 1$$
所以
$$(f(q-1), p) = 1$$
对任何非负整数 n,令
$$n = kq + r \quad (0 \leqslant r < q)$$
则
$$f(n) = f(kq + r)$$
$$= f(q)f((k-1)q + r + 1) + f(q-1)f((k-1)q + r)$$
$$\equiv f(q-1)f((k-1)q + r) \pmod{p}$$
迭代得
$$f(n) \equiv (f(q-1))^k f(r)$$
所以
$$f(r) \equiv 0 \pmod{p} \Leftrightarrow r = 0 \Leftrightarrow q \mid n$$

原题解答 由引理知,对任何正整数 m,存在正整数 d, d_1,使
$$m \mid f(f(n)) \Leftrightarrow d_1 \mid f(n) \Leftrightarrow d \mid n$$
证毕.

17. 先证明引理:当 $(p, q) = 1$ 时,$(p^n + q^n, p^{n+1} + q^{n+1}) = 1$ 或 2.

对 n 归纳.

当 $n = 0$ 时,$(2, p + q) = 1$ 或 2,结论成立.

设结论对 $n - 1$ 成立,那么
$$(p^n + q^n, p^{n+1} + q^{n+1}) = (p^n + q^n, p^{n+1} + q^{n+1} - (p+q)(p^n + q^n))$$
$$= (p^n + q^n, -pq(p^{n-1} + q^{n-1}))$$

$$= (p^n + q^n, p^{n-1} + q^{n-1})$$
$$= (p^{n-1} + q^{n-1}, p^n + q^n) = 1(或 2)$$

结论成立(其中利用了$(pq, p^n + q^n) = 1$),引理获证.

原题解答 设$(a,b) = d$,令 $a = pd, b = qd$,则$(p,q) = 1, p \neq q$,所以
$$a^n + b^n \mid a^{n+1} + b^{n+1} \Leftrightarrow p^n + q^n \mid d(p^{n+1} + q^{n+1}) \qquad (1)$$

(1) p, q 都为奇数. 由引理及式(1),有 $p^n + q^n \mid 2d$,所以
$$d \geqslant \frac{1}{2}(p^n + q^n)$$

此时
$$a + b = d(p + q) \geqslant \frac{1}{2}(p + q)(p^n + q^n)$$
$$\geqslant \frac{1}{2}(1 + 3)(1^n + 3^n) = 2(3^n + 1)$$

(2) p, q 中一个为奇数,一个为偶数. 由引理及式(1),有 $p^n + q^n \mid d$,所以
$$d \geqslant p^n + q^n$$

此时
$$a + b = d(p + q) \geqslant (p^n + q^n)(p + q)$$
$$\geqslant (1^n + 2^n)(1 + 2) = 3(1 + 2^n)$$

若 $n = 1$,则 $2(3^n + 1) < 3(1 + 2^n)$,此时
$$a + b \geqslant 2(3^n + 1) = 8$$

等号在 $a = 2, b = 6$ 成立,所以$(a + b)_{\min} = 8$.

若 $n \geqslant 2$,则 $2(3^n + 1) > 3(1 + 2^n)$,此时
$$a + b \geqslant 2(2^n + 1)$$

为了使等号成立,取 $p = 1, q = 2$ (p, q 中一个为奇数,一个为偶数),则 $q = 2p$,所以 $b = 2a$,结合 $a + b = 3(2^n + 1)$,有 $a = 1 + 2^n, b = 2 + 2^{n+1}$.

又 $a = 1 + 2^n, b = 2 + 2^{n+1}$时,有

$$a^n + b^n = a^n + (2a)^n = (1+2^n)a^n = (1+2^n)^{n+1} = a^{n+1}$$
$$a^{n+1} + b^{n+1} = a^{n+1} + (2a)^{n+1} = (1+2^{n+1})a^{n+1}$$

所以
$$a^n + b^n \mid a^{n+1} + b^{n+1}$$

且
$$b + a = 3(1+2^n)$$

所以
$$(a+b)_{\min} = 3(1+2^n)$$

综上所述,知
$$(a+b)_{\min} = \begin{cases} 8 & (n=1) \\ 3(1+2^n) & (n \geq 2) \end{cases}$$

18. 先证明引理:若 $n \in \mathbf{N}_+$,$n \geq 7$,且 n 或 $n+1$ 为合数,则 $n \mid (n-1)!$ 或 $n+1 \mid (n-1)!$,并且所得的商为偶数.

事实上,我们只需证 $n+1$ 为合数的情况(n 为合数的情况类似). 若 $n+1$ 可写成
$$n+1 = pq \quad (2 \leq p < q; p, q \in \mathbf{N}_+)$$

则
$$2 \leq p < q \leq \frac{n+1}{2} \leq n-1$$

从而
$$n+1 \mid (n-1)!$$

而当 $n \geq 7$ 时,$1, 2, \cdots, n-1$ 中至少有 3 个偶数,所以 $(n-1)!$ 中除 p, q 外还有偶数,即 $\dfrac{(n-1)!}{n+1}$ 为偶数.

若 $n+1$ 不能写成 $n+1 = pq$ 的形式,由 $n+1$ 为合数可知,可写成 $n+1 = pn$($n \geq 2$,p 为质数)的形式. 又 $n \geq 7$,所以 $p \geq 3$,从而 $1 < p < 2p < \cdots < np < n-1$,所以 $n+1 \mid (n-1)!$ 且 $\dfrac{(n-1)!}{n+1}$ 为偶数,因此,引理

得证.

原题解答 当 $n\leqslant 6$ 时,由计算可得 $\left[\dfrac{(n-1)!}{n(n+1)}\right]$ 都是偶数;当 $n\geqslant 7$ 时, n 与 $n+1$ 中至多有一个质数. 若 n 与 $n+1$ 中有一个为质数,不妨设 n 为质数,则由 Wilson 定理得

$$(n-1)!\equiv -1\pmod{n}$$

因此 $\dfrac{(n-1)!+n+1}{n}$ 为整数且为奇数,又此时 $n+1$ 为合数,所以

$$n+1\mid (n-1)!$$

且 $\dfrac{(n-1)!}{n+1}$ 为偶数,从而 $\dfrac{(n-1)!+n+1}{n(n+1)}$ 为奇数,因此

$$\left[\dfrac{(n-1)!}{n(n+1)}\right]=\dfrac{(n-1)!+n+1}{n(n+1)}-1$$

为偶数.

当 $n+1$ 为质数时,同理可得: $\left[\dfrac{(n-1)!}{n(n+1)}\right]$ 为偶数.

如果 n 与 $n+1$ 都是合数,那么 $n\geqslant 8$. 此时,由引理可得 $n\mid (n-1)!$, $n+1\mid (n-1)!$,而 $(n,n+1)=1$,因此 $\dfrac{(n-1)!}{n(n+1)}$ 为整数. 又由 n 与 $n+1$ 的奇偶性不同,可得 $\dfrac{(n-1)!}{n(n+1)}$ 为偶数.

综上所述,对任意的整数 n, $\left[\dfrac{(n-1)!}{n(n+1)}\right]$ 为偶数.

19. 先证明引理:若有某个 $B_i(i=1,2)$,使 $B_iA_j(j=1,2,\cdots,7)$ 中有 5 条同色,则有单色三角形.

实际上,考察同一点引出的 5 条同色边的端点 A_i,A_j,A_k,A_l,A_m ($1\leqslant i<j<k<l<m\leqslant 7$) 之间非底面的边的连线,它们必为另一色,于是 $A_iA_kA_m$ 是单色三角形.

原题解答 不妨设 B_1B_2 染红色,考虑所有的序对 $T_i(B_1A_i$ 的颜色, B_2A_i 的颜色, $1\leqslant i\leqslant 7)$,只有 4 种可能:(红,红),(红,蓝),(蓝,红),(蓝,

蓝).若有个 T_i 为(红,红),则 $B_1A_iB_2$ 是单色三角形.若所有 T_i 都不是(红,红),则由抽屉原理,存在 $1 \leqslant i < j < k \leqslant 7$,使 $T_i = T_j = T_k$.

(1) 若 T_i, T_j, T_k 为(红,蓝)或(蓝,红),则因 T_i, T_j, T_k 中必有 2 个点不相邻(不是底面上一条边的 2 个端点),设此两点为 T_i, T_j,则 T_iT_j 无论如何染色都有单色三角形.

(2) 若 T_i, T_j, T_k 不是(红,蓝),也不是(蓝,红),则 $|\{T_i | T_i = (红,蓝)\}| = |\{T_i | T_i = (蓝,红)\}| = 2$,于是,$B_1, B_2$ 引出的异于 B_1, B_2 的边都有 5 条,由引理,结论成立.

20. 对于两个十进制正整数 a, b,若在 b 的末位后添加数码可以得到 a,则称 a 包含 b.

先证明引理:给定一些互不相同的正整数 $n_1, n_2, \cdots, n_r$,每一个 n_i 的十进制表示中的数码均为 1 或 2.若它们当中的任意两个互相不包含,则对于任意正整数 t,满足 $S(n_i) \leqslant t$ 的 i 最多有 F_t 个,这里 F 是斐波那契数列:$F_1 = 1, F_2 = 2, F_{n+2} = F_{n+1} + F_n (n \geqslant 1)$.

对 t 进行归纳,当 $t = 1, 2$ 时显然成立($t = 2$ 时 1 和 11 不能同时存在).

若引理对小于 t 的正整数都成立,考虑 t 的情况,不妨设 $S(n_1), S(n_2), \cdots, S(n_p)$ 是所有不大于 t 的 $S(n_i)$,其中 $n_1, n_2, \cdots, n_j$ 的首位为 1,$n_{j+1}, n_{j+2}, \cdots, n_p$ 的首位为 2.若 $n_1, n_2, \cdots, n_j$ 中有一位数,则其必然为 1,此时 $j = 1 \leqslant F_{t-1}$,若不然,则将 $n_1, n_2, \cdots, n_j$ 首位的 1 去掉,剩下的数仍然互不包含,由归纳假设亦知 $j \leqslant F_{t-1}$,同理 $p - j \leqslant F_{t-2}$.因此 $p \leqslant F_{t-1} + F_{t-2} = F_t$,故引理对 t 也成立,至此引理得证.

原题解答 设将题目中的 26 改为 m 后,$\sum_{i=1}^{m} S(n_i)$ 的最小值为 $f(m)$.对于任何 $m \geqslant 3$,由 $f(m)$ 的定义知,存在互不包含且各位数码均为 1 或 2 的正整数 $n_1, n_2, \cdots, n_m$,使得它们的各位数码之和满足

$$\sum_{i=1}^{m} S(n_i) = f(m)$$

不妨设
$$\max_{1 \leqslant i \leqslant m} S(n_i) = S(n_1)$$
且 n_1 是所有这些各位数码和为 $S(n_1)$ 的数中最大的一个. 由 $m \geqslant 3$ 知, n_1 不是一位数. 若 n_1 的末位数字为 1, 则由 $n_1, n_2, \cdots, n_m$ 互不包含知, $\dfrac{n_1-1}{10}$ 不在 $n_2, \cdots, n_m$ 中, 注意到
$$S\left(\dfrac{n_1-1}{10}\right) = S(n_1) - 1$$
于是, $\dfrac{n_1-1}{10}, n_2, \cdots, n_m$ 两两不同且各位数码之和为 $f(m) - 1$.

由 $f(m)$ 的定义知, $\dfrac{n_1-1}{10}, n_2, \cdots, n_m$ 中有 2 个数, 一个包含另一个. 由 $n_1, n_2, \cdots, n_m$ 互不包含, 知 $n_1, n_2, \cdots, n_m$ 中有一个包含 $\dfrac{n_1-1}{10}$, 不妨设 n_2 包含 $\dfrac{n_1-1}{10}$, 则 n_2 的各位数码之和至少比 $\dfrac{n_1-1}{10}$ 的各位数码之和多 2 ($\ \text{在} \dfrac{n_1-1}{10}$ 后添加一个 1 即为 n_1), 这说明 $S(n_2) > S(n_1)$, 矛盾. 因此 n_1 的末位数码为 2.

若 $n_1 - 1$ 不在 $n_2, n_3, \cdots, n_m$ 中, 则由于
$$S(n_1 - 1) = S(n_1) - 1$$
所以 $n_1 - 1, n_2, \cdots, n_m$ 两两不同且各位数码之和为 $f(m) - 1$. 由 $f(m)$ 的定义知, $n_1 - 1, n_2, \cdots, n_m$ 中有 2 个数, 一个包含另一个. 由于 $n_1, n_2, \cdots, n_m$ 互不包含, 故只能是 $n_1 - 1$ 与某个 n_i 间存在包含关系.

若 n_i 包含 $n_1 - 1$, 则由 $S(n_1 - 1) = S(n_1) - 1$ 知, 这个 n_i 只能是在 $n_1 - 1$ 的十进制表示的末位加上一个 1, 即 $n_i = 10(n_1 - 1) + 1$, 因此 $S(n_i) = S(n_1)$ 且 $n_i > n_1$, 这与 n_1 的定义矛盾.

若 $n_1 - 1$ 包含某个 n_i, 则 n_1 也包含 n_i (因 n_1 与 $n_1 - 1$ 仅是末位不同), 与假设矛盾. 因此 n_1 的末位数码为 2 且 $n_1 - 1$ 在 $n_1, n_2, \cdots, n_m$ 中,

不妨设 $n_2 = n_1 - 1$.

考虑 $\dfrac{n_1-2}{10}, n_3, n_4, \cdots, n_m$，显然 $n_3, n_4, \cdots, n_m$ 互不包含，$\dfrac{n_1-2}{10}$ 也不可能包含 $n_3, n_4, \cdots, n_m$ 中的任何一个（因 n_1 包含 $\dfrac{n_1-2}{10}$，且包含具有传递性）. 若 $n_3, n_4, \cdots, n_m$ 中的某一个包含 $\dfrac{n_1-2}{10}$，不妨设为 n_3，由于

$$S\left(\dfrac{n_1-2}{10}\right) = S(n_1) - 2$$

故 n_3 只能是在 $\dfrac{n_1-2}{10}$ 的末位后加上 $1,2$ 或 11 得到. 但在 $\dfrac{n_1-2}{10}$ 后加上 1，2 分别构成 n_2, n_1，故只能有

$$n_3 = 100 \times \dfrac{n_1-2}{10} + 11 = 10n_1 - 9$$

又 $S(n_3) = S(n_1)$ 且 $n_3 > n_1$，与 n_1 的定义矛盾，因此 $\dfrac{n_1-2}{10}, n_3, n_4, \cdots, n_m$ 互不包含. 由 f 的定义知，它们的各位数码之和的总和应不小于 $f(m-1)$. 因此

$$f(m) - S(n_1) - (S(n_1)-1) + (S(n_1)-2) \geqslant f(m-1)$$

即

$$f(m) \geqslant f(m-1) + S(n_1) + 1$$

设 u 是满足 $F_{u-1} < m \leqslant F_u$ 的整数，则由引理知，$S(n_1), S(n_2), \cdots, S(n_m)$ 中最多有 F_{u-1} 个小于或等于 $u-1$，因此 $S(n_1) \geqslant u$. 由此得

$$f(m) \geqslant f(m-1) + u + 1 \tag{1}$$

易知 $f(1)=1, f(2)=3$，所以

$$f(26) = f(2) + \sum_{i=3}^{26}(f(i)-f(i-1))$$

$$= f(2) + (f(3)-f(2))$$

$$+ (f(5)-f(3)) + (f(8)-f(5)) + (f(13)-f(8))$$

6 发掘引理

$$+ (f(21) - f(13)) + (f(26) - f(21))$$
$$\geqslant 3 + 4 \times 1 + 5 \times 2 + 6 \times 3 + 7 \times 5$$
$$+ 8 \times 8 + 9 \times 5 \quad (\text{由式}(1))$$
$$= 179$$

即

$$\sum_{i=1}^{26} S(n_i) \geqslant 179$$

另一方面,由斐波那契数的性质易知,恰有 8 个由数码 1 和 2 组成,且各位数码之和为 5 的正整数,设它们为 $a_1, a_2, \cdots, a_8$. 恰有 13 个由数码 1 和 2 组成,且各位数码之和为 6 的正整数,设它们为 $b_1, b_2, \cdots, b_{13}$. 在 $a_1, a_2, \cdots, a_8$ 末位后各添一个 2 组成 8 个新数 $c_1, c_2, \cdots, c_8$;在 b_1, b_2, b_3, b_4, b_5 的末位后各添上 1 和 2 分别组成 5 个新数 d_1, d_2, d_3, d_4, d_5 和 e_1, e_2, e_3, e_4, e_5. 考虑 $c_1, c_2, \cdots, c_8, d_1, d_2, d_3, d_4, d_5, e_1, e_2, e_3, e_4, e_5, b_6, b_7, \cdots, b_{13}$ 这 26 个数,它们均由数码 1 和 2 组成,各位数码之和的总和为

$$7 \times 8 + 7 \times 5 + 8 \times 5 + 6 \times 8 = 179$$

且没有两个互相包含(事实上,若有 x 包含 y,考虑到它们的各位数码之和都是 6,7 或 8,且各位数码之和为 8 的数的末位都是 2,则 x 应当恰比 y 多一个末位,而 d_1, d_2, d_3, d_4, d_5 和 e_1, e_2, e_3, e_4, e_5 去掉末位后是 b_1, b_2, b_3, b_4, b_5,而 $c_1, c_2, \cdots, c_8$ 去掉末位后是 $a_1, a_2, \cdots, a_8$,均不能与集合中其他数相同).

综上所述,$\sum_{i=1}^{26} S(n_i)$ 的最小值为 179.

21. 将命题一般化,可发现如下引理.

引理:设 $a, b, c \in \mathbf{Q}$,且 $\sqrt{a} + \sqrt{b} + \sqrt{c} \in \mathbf{Q}$,则 $\sqrt{a}, \sqrt{b}, \sqrt{c} \in \mathbf{Q}$.

实际上,设 $\sqrt{a} + \sqrt{b} + \sqrt{c} = q$($q$ 为有理数),则

$$a + b + 2\sqrt{ab} = q^2 - 2q\sqrt{c} + c$$

$$\Rightarrow 2\sqrt{ab} = \underbrace{q^2 + c - a - b}_{\text{令为}t} - 2q\sqrt{c}$$

于是

$$4ab = t^2 - 4qt\sqrt{c} + 4q^2 c \Rightarrow \sqrt{c} = \frac{-4ab + t^2 + 4q^2 c}{4qt}$$

为有理数.同理,$\sqrt{a},\sqrt{b}$为有理数.

原题解答 由引理,$\sqrt{\dfrac{2006}{x+y}} \in \mathbf{Q}$,令 $y+z=2006k_1^2, z+x=2006k_2^2$,$x+y=2006k_3^2$,则 $\dfrac{1}{k_1}+\dfrac{1}{k_2}+\dfrac{1}{k_3}$ 为正整数,进而 $\dfrac{1}{k_1}+\dfrac{1}{k_2}+\dfrac{1}{k_3}=1,2$ 或 3,故共有 8 组解.

22. 我们用归纳法来证明一个更一般的命题:对每一个自然数 k,都存在自然数 $n=n(k)$,满足 $n\mid 2^n+1, 3\mid n$,且 n 恰好能够被 k 个互不相同的质数整除.

当 $k=1$ 时,取 $n(1)=3$,命题成立.假设对于 $k\geqslant 1$,存在满足要求的

$$n = n(k) = 3^r \times t$$

其中,$r\geqslant 1$ 且 3 不能整除 t,于是 n 为奇数,所以

$$2^{2n} - 2^n + 1 \equiv (-1)^{2n} - (-1)^n + 1$$
$$= 1 - (-1) + 1 \equiv 0 \pmod{3}$$

从而

$$2^{3n} + 1 = (2^n + 1)(2^{2n} - 2^n + 1) \equiv 0 \pmod{3}$$

根据下面的引理,存在一个奇质数 p,满足 $p\mid 2^{3n}+1$,但是 p 不能整除 2^n+1,于是自然数 $n(k+1)=3p\times n(k)$ 即满足命题对于 $k+1$ 的要求.

引理:对于每一个整数 $a\geqslant 2$,存在一个质数 p 满足 $p\mid a^3+1$,但 $p\nmid a+1$.

实际上,假设对某个 $a\geqslant 2$ 引理不成立,则 a^2-a+1 的每一个质因子都要整除 $a+1$.而恒等式 $a^2-a+1=(a+1)(a-2)+3$ 说明能够整除 a^2-a+1 的唯一质数是 3.换言之,a^2-a+1 是 3 的方幂.因为 $a+1$ 是 3 的倍数,所以 $a-2$ 也是 3 的倍数,于是 a^2-a+1 能够被 3 整除,但不能被 9 整除,得 $a^2-a+1=3$.另一方面,由 $a\geqslant 2$,知 $a^2-a+1\geqslant 3$,矛

盾. 引理获证.

23. 用 $S(n)$ 表示正整数 n 的正约数之和. 显然对互质的 m,n 有
$$S(mn) = S(m)S(n)$$
先证明如下引理.

引理：若 n 是偶完全数, 则 $n = 2^{p-1}(2^p - 1)$, 其中 $p \geq 2$, 且 $2^p - 1$ 为质数.

事实上, 设 $n = 2^a q$, 其中 $a \in \mathbf{N}_+$, q 为奇数, 则
$$2^{a+1}q = 2n = S(n) = S(2^a)S(q) = (2^{a+1} - 1)S(q)$$
所以 $2^{a+1} - 1 \mid 2^{a+1}q$, 但 $(2^{a+1} - 1, 2^{a+1}) = 1$, 所以 $2^{a+1} - 1 \mid q$.

设 $q = m(2^{a+1} - 1)$, 则
$$2^{a+1}m = S((2^{a+1} - 1)m) \geq m + (2^{a+1} - 1)m = 2^{a+1}m$$
所以 $(2^{a+1} - 1)m$ 只有 m 和自身两个正约数, 所以
$$m = 1, \quad n = 2^{p-1}(2^p - 1) \quad (p = a + 1)$$
同时 $2^p - 1 = 2^{a+1} - 1$ 为质数.

原题解答 (1) 若 $\dfrac{n(n+1)}{2}$ 为偶数, 则由引理, 有
$$\frac{n(n+1)}{2} = 2^{p-1}(2^p - 1) \quad (p \geq 2)$$
解得 $n = 2^p - 1$, 从而 $n - 1 = 2^p - 2$ 也是偶数, 所以
$$2^p - 2 = 2^{q-1}(2^q - 1)$$
但左边不被 4 整除, 故 $q - 1 \leq 1$, 进而 $q = 2$, 于是 $n = 7$.

(2) 若 $\dfrac{n(n+1)}{2}$ 为奇数, 则 $n \equiv 1, 2 \pmod{4}$. 分两种情况:

① $n = 4k + 2$, 则
$$\frac{n(n+1)}{2} = (2k + 1)(4k + 3)$$
是完全数. 从而
$$2(2k+1)(4k+3) = S((2k+1)(4k+3))$$
$$= S(2k+1)S(4k+3)$$

所以 $S(2k+1)S(4k+3)$ 不被 4 整除.

但对 $4k+3$ 的每个正因数 x,取 $y=\dfrac{4k+3}{x}$,易知

$$x \equiv 1 \pmod 4, \quad y \equiv 3 \pmod 4$$

或者

$$x \equiv 3 \pmod 4, \quad y \equiv 1 \pmod 4$$

总有 $4 \mid x+y$. 又显然 $x \neq y$,故 $4 \mid S(4k+3)$,矛盾.

② $n = 4k+1$,则

$$\frac{n(n+1)}{2} = (2k+1)(4k+1)$$

是完全数,从而

$$2(2k+1)(4k+1) = S((2k+1)(4k+1))$$
$$= S(2k+1)S(4k+1) \qquad (1)$$

若奇数 t 不是平方数,则 t 的正约数有偶数个,每个都是奇数,故 $S(t)$ 为偶数个奇数之和,从而为偶数.

于是若 $2k+1, 4k+1$ 都不是平方数,则 $S(2k+1), S(4k+1)$ 都是偶数,式(1)不符.

于是 $2k+1, 4k+1$ 中有一个是平方数. 又 $4k = n-1$ 是偶完全数,所以由引理知

$$4k = 2^{r-1}(2^r - 1) \quad (r \geqslant 3)$$

进而 $A = 2^{2r-1} - 2^{r-1} + 1$ 和 $B = 2^{2r-2} - 2^{r-2} + 1$ 中有一个是平方数. 由于 $r \geqslant 3$ 且 $2^r - 1$ 为质数,故 r 为奇数,于是

$$A \equiv 2 - 1 + 1 = 2 \pmod 3$$

A 不是平方数.

又设 $u = 2^{r-2}$,则 $u \geqslant 2$,且 $B = 4u^2 - u + 1$,所以

$$(2u-1)^2 < B < (2u)^2$$

B 也不是平方数,矛盾.

综上所述,$n = 7$.

24. 记
$$\prod(X) = \prod_{x \in B} x, \quad S_2(X) = \sum_{x \in B} x^2, \quad D(X) = \prod(X) - S_2(X)$$

则问题变成:找到 $\mathbf{N}_+$ 的一个包含 A 的有限子集 B,使 $D(B)=0$. 显然 B 要满足 2 个条件:一是 $D(B)=0$,二是 $A \subseteq B$. 条件一比较难满足,所以先找到满足该条件的拟对象,为此想到如下的引理.

引理:若 $\prod(X) - 1 \notin X$,则 $D(X \cup \{\prod(X) - 1\}) = D(X) - 1$.

实际上

$D(X \cup \{\prod(X) - 1\})$

$= \prod_{x \in B}(X \cup \{\prod(X) - 1\}) - S_2(X \cup \{\prod(X) - 1\})$

$= \prod(X) \times (\prod(X) - 1) - (S_2(X) + (\prod(X) - 1)^2)$

$= (\prod(X))^2 - \prod(X) - (S_2(X) + (\prod(X))^2 - 2\prod(X) + 1)$

$= \prod(X) - S_2(X) - 1 = D(X) - 1$

引理获证.

原题解答 取 $B_0 = \{1, 2, \cdots, n\}(n \geq 5)$,(然后用递归方式逐步补充元素,直至满足 $D(B)=0$). 对 $k \geq 0$,递归定义:

$$B_{k+1} = B_k \cup \{\prod(B_k) - 1\}$$

下证

$$\prod(B_k) - 1 \notin B_k$$

这只需 $\prod(B_k) - 1$ 大于 B_k 的最大元. 设 B_k 的最大元为 u,则 $u \geq n \geq 5$,于是

$$\prod(B_k) - 1 \geq 1 \times 2 \times 3 \times 4 \times u - 1$$
$$> 2u - 1 > 2u - u = u$$

从而 $\prod(B_k) - 1 \notin B_k$. 由引理,

$$D(B_{k+1}) = D(B_k) - 1$$

迭代得,对任何正整数 m,$D(B_m) = D(B_0) - m$. 显然,要使 $D(B_m) = 0$,只需 m 满足 $D(B_0) = m$,也只需 $D(B_0)$ 为正整数. 因为 $n \geqslant 5$,所以

$$D(B_0) = D(\{1,2,\cdots,n\}) = n! - \frac{1}{6}n(n+1)(2n+1) > 0$$

设 $D(B_0) = m$,则

$$D(B_m) = D(B_0) - m = m - m = 0 \quad (B_m \text{ 满足条件一})$$

下面设法使 $A \subseteq B_m$. 注意到 $B_0 \subseteq B_1 \subseteq B_2 \cdots \subseteq B_m$,从而只需 $A \subseteq B_0$. 这是容易办到的:对任何有限集 $A \subseteq \mathbf{N}_+$,总可以找到 $n \geqslant 5$(充分大),使 $A \subseteq B_0$. 由这样的 B_0,按递归方式找到的 B_m 满足全部条件.

25. 先证明引理:若正整数 $n_1,\cdots,n_k$ 及 a,b 满足问题中的不等式,则必有一个 r $(1 \leqslant r \leqslant k)$,使得 $n_1 \cdots n_k \leqslant (2^{r+1}a)^r$.

我们先证明,存在 n_i $(1 \leqslant i \leqslant k)$,使得 $n_i \leqslant 2^{i+1}a$. 注意 $\frac{a}{b} < \prod_{i=1}^{k-1}\left(1 - \frac{1}{n_i}\right) < 1$ 及 a,b 为正整数,故 $b \geqslant a+1$. 若所有 n_i 均满足 $n_i > 2^{i+1}a$,则易知

$$\frac{a}{a+1} \geqslant \frac{a}{b} \geqslant \prod_{i=1}^{k-1}\left(1 - \frac{1}{n_i}\right) > 1 - \prod_{i=1}^{k-1}\frac{1}{n_i}$$

$$> 1 - \frac{1}{a}\prod_{i=1}^{k-1}\frac{1}{2^{i+1}} > 1 - \frac{1}{2a}$$

即有 $1 - \frac{1}{a+1} > 1 - \frac{1}{2a}$,得出 $2a < a+1$,这不可能,从而上述断言成立. 现在设 r 是最小的下标 i,使 $n_i \leqslant 2^{i+1}a$,则由 $n_1 < \cdots < n_r$,得

$$n_1 \cdots n_r \leqslant n_r^r \leqslant (2^{r+1}a)^r \tag{1}$$

引理得证.

现在我们对 k 用归纳法证明结论. 对 $k=1$,我们要从

$$1 - \frac{1}{n_1} \leqslant \frac{a}{b} < 1 \tag{2}$$

导出 $n_1 \leqslant (4a)^{2^1-1}$. 因为式(2)意味着 $b > a$,从而 $b \geqslant a+1$,故

6 发掘引理

$$1 - \frac{1}{n_1} \leqslant \frac{a}{a+1} = 1 - \frac{1}{a+1}$$

由引理得 $n_1 \leqslant a+1 < 4a$.

假设本题的结论对小于 k 的正整数都成立,现证明结论在 k 时也成立. 设 r 是上述引理所确定的一个正整数,设 $1 \leqslant r \leqslant k-1$,由已知条件得

$$\prod_{i=r+1}^{k}\left(1-\frac{1}{n_i}\right) \leqslant \frac{A}{B} < \prod_{i=r+1}^{k-1}\left(1-\frac{1}{n_i}\right)$$

这里

$$A = a\prod_{i=1}^{r} n_i, \quad B = b\prod_{i=1}^{r}(n_i - 1)$$

由归纳假设知

$$\prod_{i=r+1}^{k} n_i \leqslant (4A)2^{k-r} - 1 = (4a)2^{k-r} - 1\left(\prod_{i=1}^{r} n_i\right)2^{k-r} - 1$$

故由引理得出

$$\prod_{i=1}^{k} n_i \leqslant (4a)2^{k-r} - 1\left(\prod_{i=1}^{r} n_i\right)2^{k-r} - 1$$

$$\leqslant (4a)2^{k-r} - 1(2^{r+1}a)r \times 2^{k-r} \tag{3}$$

由引理知,上述不等式在 $r = k$ 时也成立.由式(3)可见,为了完成归纳证明,只需证明

$$4 \times 2^{k-r} - 1 \times 2r(r+1)2^{k-r} \leqslant 4 \times 2^k - 1$$

及

$$a2^{k-r} - 1 \times ar \times 2^{k-r} \leqslant a2^k - 1$$

利用

$$2 + 2r(r+1) \leqslant 2^{r+1}$$

及

$$1 + r \leqslant 2^r \quad (对 r \geqslant 1)$$

易知上述两个不等式都成立.

26. 先证两个引理.

引理 1:设 $ABCD$ 是凸四边形,圆 ω 与射线 BA(不包括线段 BA)相

切,与射线 BC(不包括线段 BC)相切,且与直线 AD 和直线 CD 都相切,则 $AB + AD = CB + CD$.

实际上,设直线 AB, BC, CD, DA 分别与圆 ω 相切于点 P, Q, R, S,如图 6.36 所示,则

$$AB + AD = CB + CD$$
$$\Leftrightarrow AB + (AD + DS) = CB + (CD + DR)$$
$$\Leftrightarrow AB + AS = CB + CR$$
$$\Leftrightarrow AB + AP = CB + CQ$$
$$\Leftrightarrow BP = BQ$$

从而引理 1 得证.

引理 2:设三个圆 $\odot O_1, \odot O_2, \odot O_3$ 的半径两两不等,则它们的外位似中心共线.

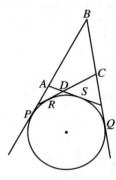

图 6.36

实际上,设 X_3 是 $\odot O_1$ 与 $\odot O_2$ 的外位似中心,X_2 是 $\odot O_1$ 与 $\odot O_3$ 的外位似中心,X_1 是 $\odot O_2$ 与 $\odot O_3$ 的外位似中心,r_i 是 $\odot O_i (i = 1, 2, 3)$ 的半径,由位似的性质知

$$\frac{\overline{O_1 X_3}}{\overline{X_3 O_2}} = -\frac{r_1}{r_2}$$

这里的 $\overline{O_1 X_3}$ 表示有向线段 $O_1 X_3$,如图 6.37 所示. 同理

$$\frac{\overline{O_2 X_1}}{\overline{X_1 O_3}} = -\frac{r_2}{r_3}$$

$$\frac{\overline{O_3 X_2}}{\overline{X_2 O_1}} = -\frac{r_3}{r_1}$$

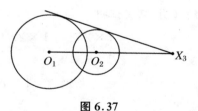

图 6.37

所以

$$\frac{\overline{O_1 X_3}}{\overline{X_3 O_2}} \times \frac{\overline{O_2 X_1}}{\overline{X_1 O_3}} \times \frac{\overline{O_3 X_2}}{\overline{X_2 O_1}} = \left(-\frac{r_1}{r_2}\right)\left(-\frac{r_2}{r_3}\right)\left(-\frac{r_3}{r_1}\right) = -1$$

由梅内劳斯定理知,X_1, X_2, X_3 三点共线. 设 U, V 分别是 ω_1 和 ω_2 与 AC 的切点,如图 6.38 所示,则

$$AV = \frac{AD + AC - CD}{2} = \frac{AC}{2} + \frac{AD - CD}{2} = \frac{AC}{2} + \frac{CB - AB}{2}$$

$$= \frac{AC + CB - AB}{2} \quad \text{(由引理1)}$$
$$= CU$$

所以，△ABC 的关于顶点 B 的旁切圆 ω_3 与边 AC 的切点亦为 V. 因此，ω_2 与 ω_3 内切于点 V，即 V 为 ω_2 与 ω_3 的外位似中心.

设 K 是 ω_1 与 ω_2 的外位似中心（即 2 条外公切线的交点），由引理 2 知，K，V，B 三点共线. 类似地可得 K，D，U 三点共线. 因为 $BA \neq BC$，所以 $U \neq V$（否则，由 $AV = CU$ 知，$U = V$ 是边 AC 的中点，与 $BA \neq BC$ 矛盾）. 从而直线 BV 与 DU 不重合，所以 $K = BV \cap DU$. 于是只需证明直线 BV 与 DU 的交点在圆 ω 上. 作圆 ω 的一条平行于 AC 的切线 l（靠近边 AC 的那条），设 l 与圆 ω 相切于点 T，下证 B，V，T 三点共线.

如图 6.39 所示，设 l 与射线 BA，BC 分别交于点 A_1，C_1，则圆 ω 是 △BA_1C_1 的关于顶点 B 的旁切圆，T 是它与 A_1C_1 的切点，而圆 ω_3 是 △BAC 关于点 B 的旁切圆，圆 ω_3 与 AC 相切于点 V. 由 $A_1C_1 \parallel AC$ 知，△BAC 与 △BA_1C_1 以 B 为中心位似，而 V，T 分别是对应旁切圆与对应边的切点，因此 V，T 是这一对位似形中的对应点，而 B 是位似中心，故 B，V，T 共线，从而命题得证.

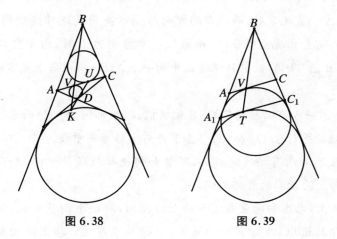

图 6.38　　　　　　图 6.39

27. 任取一条过 P 的有向直线 l, 当 l 绕其上的点顺时针方向旋转 $180°$ 时, 其箭头所扫描到的区域称为 l 下方, 另一半区域称为 l 上方, 记 l 下方点数减去 l 上方点数的差为 Δ. 以下直线均指有向直线, 两直线平行是指它们的方向相同, 显然对于过 S 中点的两条不同直线 $l_1 /\!/ l_2$, 有 $\Delta_1 \neq \Delta_2$.

先证明引理: 对于 S 中任意一点 P, 都有一条只过 S 中点 P 的有向直线 l, 使得 $\Delta = 0$ 或 1, 并使得 l 与 S 中任意两点连线不平行(称此直线 l 为 P 的好线). 实际上, 任取一条只经过 S 中点 P 的直线 l, 不妨设 $\Delta \geq 2$, 则 l 旋转 $180°$ 时, Δ 变成 $-\Delta$. 由于每越过一个点, Δ 的增量为 ± 2, 即相邻两个 Δ 之差为 2, 在从 $\Delta \geq 2$ 到 $\Delta \leq -2$ 的过程中, 必有一个时刻使得 $\Delta = 0$ 或 1. 由于在遇到新的点前 Δ 不变, 而 S 中任意两点连线只有有限条, 因此可以取到与 S 中所有连线不平行的好线. 事实上对于任意好线, $|S|$ 为偶数时 $\Delta = 1$, S 为奇数时 $\Delta = 0$.

原题解答 设 S 中的点为 $P_1, P_2, \cdots, P_n$, 每个点都取一个好线的方向 $l_1, l_2, \cdots, l_n$.

取点 P_1, 我们取它的一条好线为 l_1 开始转动"风车", 每次更换旋转中心的前后瞬间 Δ 保持不变. 所以在整个过程中, 只要直线只经过 S 的一个点, Δ 一直是常数. 而风车的方向与 l_i 的夹角是连续递增的, 因此每个方向 l_i 都会出现无限多次. 而每次风车方向为 l_i 时, 由于它只过 S 中一个点, 且 $\Delta = 0, 1$, 故它只经过 S 中的一个点 P_i, 所以每个点可以无限次作为中心.

28. 第一人有必胜的策略. 我们将假设, 矩形(记为 R)的长边平行于 Ox 轴, 短边平行于 Oy 轴, 矩形左下角与坐标原点重合.

引理 1: 在所有操作完成后, 不管如何选择线段的方向, 和向量在两个坐标轴上的投影的长都为偶数.

实际上, 考虑和向量在 Ox 轴上的投影, 对每个向量来说, 依赖于对它的方向的选取, 在计算和向量时, 它的端点在 Ox 轴上的坐标或取正号,或取负号.所有端点的横坐标(带有相应的符号)的代数和的绝对值给出了和向量在 Ox 轴上的投影长.这些数中共有偶数个奇数,这表明它们的代数和必为偶数,即横坐标方向上的投影长为偶数.类似地可得,和向量在纵坐标 Oy 方向的投影长也为偶数.引理 1 证明完毕.

引理 2:对于矩形 $R(49\times 69)$ 中任意有限个端点为整点的线段,都可以通过对每个线段选取适当的方向,使得到的所有向量的和向量在 Ox 轴上的投影的长小于 140,在 Oy 轴上的投影的长小于 100.

实际上,将所有线段分为 4 组:与 Ox 平行(A 组),与 Oy 平行(B 组),右端点比左端点高(C 组),右端点比左端点低(D 组).

注意到,同一组中的两个线段在适当选取方向后得到的和向量(称为辅助向量)在 Ox 轴和 Oy 轴上的投影长分别不超过 69 和 49.我们还注意到,如果向量组中所有方向换成相反的,则和向量只改变正负号.

我们进行如下操作:每一步在同一组中任意选取两个线段,它们用其辅助向量对应的线段(新线段可能属于其他的组)替代.如果在这一过程中得到长度为 0 的线段,则去掉它.

通过若干步操作后,我们遇到下面的情景:每一组中将包含不超过一个线段.首先注意到将 C 组和 D 组中的线段任意给定方向后得到的和向量在 Ox 轴和 Oy 轴上的投影长分别不超过 140 和 100.最后适当选取 A 组和 B 组中线段的方向得到的向量与 C,D 组得到的和向量满足要求.

原题解答 我们给出第一个游戏者的策略.

他只需作出 140 条水平的和 100 条垂直的单位长线段(这些线段称为好的)即可.

事实上,由引理 2,可对所有非好的线段适当选取方向,使得它们的和向量在水平和垂直方向上的投影长分别不超过 140 和 100.

由引理 1,它们都是偶数(事实上,由引理 1,好的和非好的线段对应的和向量在两坐标轴上的投影长为偶数;另一方面,好的线段对应的和向量的投影长显然为偶数,故非好的线段对应的和向量的投影长为偶数).

这样经过适当选取好的线段的方向使得它们的和向量与非好的线段对应的和向量互为反向量,即它们的和为零向量.下面说明第一个游戏者如何连接出所需要的好线段.

考虑 R 中以点 $(2i, 2j)$ ($i = 0, 1, \cdots, 34; j = 0, 1, \cdots, 24$) 为左下角的单位边长的正方形.在每一轮操作中,第一个游戏者可选择在 $25 \times 35 = 875$ 个正方形中的一条边作为好的线段.这一共需要 240 步操作.在每一轮操作中,第二个游戏者至多"染指"两个正方形,而 $240 \times 3 = 720 < 875$,故第一个游戏者有机会连接出所需要的 140 条水平的和 100 条垂直的单位长线段.